Teoria do Direito

Teoria do Direito
PRIMEIRAS REFLEXÕES

2020

Guilherme Roman Borges

TEORIA DO DIREITO
PRIMEIRAS REFLEXÕES
© Almedina, 2020
AUTOR: Guilherme Roman Borges
DIAGRAMAÇÃO: Almedina
DESIGN DE CAPA: Roberta Bassanetto
ISBN: 9786556270098

Dados Internacionais de Catalogação na Publicação (CIP)
(Câmara Brasileira do Livro, SP, Brasil)

Borges, Guilherme Roman
Teoria do direito : primeiras reflexões /
Guilherme Roman Borges. – São Paulo : Almedina,
2020.

Bibliografia.
ISBN 978-65-5627-009-8

1. Direito – Teoria I. Título.

20-34962   CDU-340.11

Índices para catálogo sistemático:

1. Direito : Teoria 340.11

Cibele Maria Dias – Bibliotecária – CRB-8/9427

Universidade Católica de Brasília – UCB
Reitor: *Prof. Dr. Ricardo Pereira Calegari*
Pró-Reitora Acadêmica: *Prof.ª Dr.ª Regina Helena Giannotti*
Pró-Reitor de Administração: *Prof. Me. Edson Cortez Souza*
Diretor de Pós-Graduação, Identidade e Missão: *Prof. Dr. Ir. Lúcio Gomes Dantas*
Coordenador do Programa de Pós Graduação em Direito: *Prof. Dr. Maurício Dalri Timm do Valle*
Editor-Chefe do Convênio de Publicações: *Prof. Dr. Marcos Aurélio Pereira Valadão*

Este livro segue as regras do novo Acordo Ortográfico da Língua Portuguesa (1990).

Todos os direitos reservados. Nenhuma parte deste livro, protegido por copyright, pode ser reproduzida, armazenada ou transmitida de alguma forma ou por algum meio, seja eletrônico ou mecânico, inclusive fotocópia, gravação ou qualquer sistema de armazenagem de informações, sem a permissão expressa e por escrito da editora.

Maio, 2020

EDITORA: Almedina Brasil
Rua José Maria Lisboa, 860, Conj.131 e 132, Jardim Paulista | 01423-001 São Paulo | Brasil
editora@almedina.com.br
www.almedina.com.br

'Critical' does not mean destructive, but only willing to examine what we sometimes presuppose in our way of thinking, and that gets in the way of making a more livable world.

(Judith Butler)

A minha amada mãe, Dona Erna, por tudo o que vivemos juntos nessa vida.

APRESENTAÇÃO

Este é um livro que, na palavra do autor, é destinado ao acadêmico que se apresenta originalmente à filosofia e à filosofia do direito. Na verdade, um esforço imenso de exposição condensada que só a mente lúcida e a fantástica erudição de Guilherme Roman Borges poderiam produzir. Conheço-o desde a juventude, tive a oportunidade de acolhê-lo em curso de pós-graduação na USP. Impressionado com sua capacidade de pesquisa e reflexão, a fazer dele uma promessa realizada antes de prometida, encantei-me com seus trabalhos no campo da cultura grega, que faz dele, aliás, um dos poucos helenistas brasileiros da atualidade.

A proposta do livro é um desafio: para que filosofia? Para que filosofia do direito? Quem, neste mundo informatizado em que vivemos, ainda se interessaria por elas?

Nosso tempo está dominado, de modo imperceptível para o homem comum, por um "sentido pantécnico" sem par (a expressão é de Martin Buber). Não estabelece grandes diferenças sobre tratar-se ora de técnica, ora do ser humano. Nesse mundo, no qual todo objeto e qualquer sujeito é um *dado*, a tecnologia apaga as diferenças entre normal e normativo, gerando um *ethos* que nem se funda em convicções nem em resultados, mas nessa vaga e angustiosa percepção da *virtualidade*, modo como hoje tomamos contato com tudo.

Não faz muito tempo, comunicávamos por meios físicos, por carta, via telegrama ou por telefone, fenômenos físicos, portadores de uma significação: a escritura, a pontuação do código Morse, a voz. A escritura reflete a palavra, sendo a leitura consistente nessa automatização do reconhecimento de letras em palavras, pronunciando as palavras mentalmente ou oralmente, para daí fazer surgir um sentido. O telégrafo estabelecia uma correlação de sinais com o alfabeto, que permitia o reconhecimento das palavras e a apreensão do sentido. Na telefonia, é o acesso direto aos sons, que aprendemos a distinguir dentro de uma dada língua. Em todos esses casos ocorre uma simultaneidade entre a percepção dos caracteres materiais (sejam as marcas gráficas propriamente ditas: alfabeto e código Morse, sejam os fonemas escutados) e a compreensão da significação. Ler, telegrafar, telefonar agem sobre a compreensão íntima do tempo, do espaço e do funcionamento da natureza, ao se desenvolver num meio sócio histórico apropriado.

Já a comunicação de *dados* representa uma alteração significativa desse meio sócio histórico. A começar da expressão *dados*, que traduz *data* em latim anglicizado. O termo é, em geral, usado no plural, talvez porque um dado isolado não tenha nenhum valor na medida em que não permite realizar operações sobre ele. Por característica, os *dados* são "expressos" por uma escritura numérica (algoritmos) que para se manifestar como signos (sentido) exige uma prévia separação entre o suporte material e a significação, adquirindo um caráter próprio, que, na verdade, permite uma atividade, a combinatória binária, independente de toda e qualquer significação. Ao contrário da palavra grafada, telegrafada, telefonada, pronunciada, os *dados* surgem por essa atividade sem suporte material, portanto alheia ao espaço, ao tempo que, mesmo quando é traduzida em textos, cores, sons, não passa de uma atividade combinatória muda e inexpressiva.

A essa atividade se acresce uma segunda operação, que consiste em organizar os *dados* (aespaciais e atemporais), para tratá-los. Esse organizar significa reagrupar os dados em uma certa ordem, que toma a forma de instruções, de modo a os classificar, contar, decifrar. É o que se chama de *programa*. Sem o *programa* é impossível *ler* os *dados*.

Certamente às séries quase infinitas de 0 e 1, mediante o que ocorrem as combinações, o ser humano só tem acesso pelos programas. Mas os programas também são série de combinatórias numéricas, razão pela qual eles não passam de listas de instruções, como uma receita que deve ser seguida toda vez que haja *dados* a ser tratados. O que os distingue uns dos outros é a variedade de tarefas que a eles se atribuem, por exemplo, um programa estatístico, um programa musical, um programa textual.

Nesse novo mundo, a *memória* é uma *não-coisa*. Quem somos, o que somos, para que somos são perguntas que, embora ainda enclausuradas em coisas (*chips* de silício, raios *laser*), não estão ao alcance da mão (*mani*puláveis), embora estejam dis*poníveis*. Quer saber? Pergunte ao computador, pois o que precisa ainda ser "*feito*", isto é, *apreendido e produzido*, é efetuado automaticamente por *não-coisas*, por *programas*.

No mundo informatizado, dada a inexistência de limitação física, tratamos de bens (informação e conhecimento), cujo uso por alguém não exclui, por princípio, o uso por outro. De fato, chega mesmo a ser conceitualmente impossível delimitar esse "alguém". Nem mesmo como um "sujeito coletivo". Ou seja, aquele espaço de ação pode continuar livre, independentemente da ação dos outros. Mais do que isso, nessa esfera, o "espaço" de ação para o sujeito é relevante na medida em que lhe permite se *comunicar* com os outros. É o *ciberespaço*, que somente se constrói na medida em cada "espaço" de ação de cada sujeito é voltado para a comunicação com os outros, sem a que o próprio ambiente perde sentido. Mas não é propriamente "espaço" como *res materialis* ou mesmo *immaterialis*. Embora não nos retire do espaço no qual vivemos, tecnicamente o supera.

Segue daí uma *descoisificação* das expressões intelectuais/imateriais em termos informáticos: *bit* como suporte *intangível*.

Na verdade, a noção de *intangibilidade* é inadequada, pois construída a partir da percepção fisicamente nuclear da realidade. Propriamente, o *bit* não é a negação do tangível (*tangere* como *tocar com os dedos*). Por isso se fala de *não-coisa*. O termo vulgarizado para expressar esse novo estado ou forma de ser, é *virtual*. O *virtual*, nesse novo sentido, não é tangível nem intangível; nem tem referência à mera possibilidade física mediante alguma habilidade; não *virtual* como produto de *virtus*/virtude, mas de *lúdico* conforme um *código*.

Daí o problema de proteção jurídica desses "conteúdos": seu armazenamento em uma *base de dados*.

Veja-se, a propósito, o conceito de reprodução. Antes, no mundo físico, se tratava da fixação em meio tangível (impressão), agora se trata do acesso eletrônico: o armazenamento em forma digital como equivalente a reprodução. Isso coloca em xeque o armazenamento como fixação temporária, de natureza transitória ou incidental. A noção de *cópia* ganha um sentido notavelmente novo, absolutamente distinta da antiga distinção entre cópia e original.

É o caso, por exemplo, do acesso remoto como cópia (processamento eletrônico e uso em computador), no que se nota a convergência de três elementos técnicos: digitalização, compressão, meios de transmissão virtual.

Nesses termos, inaugura-se uma relação tecnicamente *sui generis*, engendrada pelos elementos da condição informática: (a) novo veículo: meio informático (aparelho eletrônico); (b) nova forma de reprodução: digitalização; (c) sistema de comunicação instantâneo e global; (d) um *ser humano* "aparelhado" (o *homem-aparelho*).

Com isso a intersubjetividade, em sua forma linear espacial, vertical/horizontal (autor, enunciado, argumentos, conclusão) se vê substituída por um processamento sobrelinear, organizado não cronologicamente (diacronia), mas por operações sincréticas (sincronia). Exige-se uma forma mais complexa de organização, um modelo acêntrico, não hierárquico, capaz de conjugar "participações" a partir de *standards* que o próprio modelo produz. Ou seja, um modelo nem escatológico nem em rede, nômade, pois capaz de produzir diferenças assistemáticas e inesperadas, dividindo e abrindo, sendo possível diferenciar e sintetizar ao mesmo tempo.

Um novo sujeito aparece, caracterizado como um sujeito que não encontra mais sua unidade na observação e na internalização do conjunto de lugares comuns aceitos pela sociedade, mas que se engaja em operações com distintas possibilidades, em fragmentações, com figurações em que ele se representa antes e mais como um único, que se forma exatamente na resistência contra as instituições e as regras e, com isso, leva em conta uma comunidade anônima completamente distinta, que, entretanto, não pode ser constituída de forma consciente.

Nessa substituição da figura geral do sujeito humano por um "culto do singular", que não se deixa mais ser subsumido, sem mais, por uma forma geral, esconde-se a possibilidade de não mais subsumir-se o singular sob o geral, que, contudo, não é dispensável nem é defraudável.

Trata-se de um mundo de comunicação *transsubjetiva*, em que temos, então, uma espécie de situação *diagráfica*, na qual um discurso se desenvolve a partir de outro, mas ganha uma tal distância de sua origem, de modo a ter de ser aprendido por si mesmo. No que se refere à materialidade da incorporação de sentidos, para além da modalidade oral e escrita, surge essa modalidade *virtual*, em que o discurso ganha uma configuração estética (ver, por exemplo, os *emojis*), um suporte matemático (algoritmos) e um contexto situacional, mas indeterminado.

Tem-se, por consequência, uma profunda transformação do mundo em que "vivemos", um mundo que ativa o culto das singularidades, mas que, por sua vez, aponta para uma nova objetividade, mais fortemente baseada em conexões *trans*subjetivas (e não, *inter*subjetivas): a fala transcende a "intersubjetividade", pois "atira-se" para todo lado. E ao invés de uma orientação por experiências ou por presunções de aceitação comum, cada vez mais se impõe uma "lógica do exemplar", "evocado" por "apresentações imagéticas".

Segue daí o aparecimento de formas (alternativas) de resolução de problemas, orientadas mais fortemente pela mudança do que pela manutenção, que permitem uma espécie de "*learning by monitoring*": para além da capacidade de julgar por meio de um processo de ajuste de argumentos e de coordenações de decisões com os argumentos, não se vai muito além de uma forma liquefeita de pontos de vista comuns.

O fato é que essa construção liquefeita de lugares comuns acaba por ficar claramente evidente no fosso, que se tornou cada vez mais profundo nos últimos anos, entre, por um lado, a imagem da formação de opinião concêntrica que corre atrás das decisões dos órgãos públicos superiores e, por outro, a realidade fragmentária dos múltiplos fóruns, sem direção clara, que se espalham na mídia e nas redes sociais. Ao mesmo tempo, esse fosso manifesta-se, ao menos parcialmente, como insuperável quando se leva em consideração as consequências de uma continuada e progressiva fragmentação da esfera do público. Essa experiencia já vivida anteriormente pela radiodifusão (rádio e TV) que deveria permitir uma comunicação direta e livre de dominação (imprensa livre), tem um efeito multiplicador inusitado.

É o que se nota no mundo jurídico.

Ainda que os tribunais guardem uma prerrogativa concêntrica de emanação de lugares comuns e tenham perdido apenas parcialmente sua capacidade de orientação, no âmbito, por exemplo, da internet, o sentido liquefeito de senso comum virtual ainda não conhece instituições que possam prescrever estruturas e regras (limitações) para o processo de formação de opinião que separem os fóruns do "público" de círculos privados *autorreferenciados*.

As fronteiras entre público e privado tornaram-se porosas. Isso pode ser percebido no fato da formação desses novos fóruns de comunicação "público-privada", nos quais, tal qual ocorria no âmbito do até agora chamado *privado*, pessoas (sobretudo aquelas que compartilham da mesma opinião) se reúnem e dão livre vazão aos seus sentimentos e ressentimentos mediante lugares comuns conhecidos. Mas, ao mesmo tempo, essa variante da comunicação parece fugir do controle próprio de instâncias jurídicas tradicionais, revelando-se alheia às fronteiras do dizível nos meios públicos.

O autocontrole dos meios clássicos de formação da opinião pressupunha, no passado, sempre a formação de repertórios tópicos, estáveis ou móveis, capazes de orientar o que deveria ser dito como um tema válido. Esses repertórios eram também um requisito para o controle das fronteiras da esfera do que se dizia em público e que, no passado permaneceu, quase sem exceção, relegado a uma tópica bem-comportada no âmbito do direito privado. Formavam-se redes completas de decisões judiciais que garantiam para as diversas constelações (esfera pública política, entretenimento, arte, ciência) uma "proteção de fronteiras" móvel entre a liberdade de opinião e direitos de personalidade que, apesar da vagueza de seus lugares comuns gerais e da multiplicidade de possibilidades de comparação e ligações, permitiam uma certa previsibilidade das fronteiras do dizível – isto é, daquilo que pode ser dito e que deve ser provado.

Veja-se, por exemplo, o tema da proteção judicial à honra, que depende da existência de normas sociais práticas, geradas por meio dos meios de comunicação e apoiada pela formação de lugares comuns jornalísticos (ética jornalística). Essas normas precisam ser mais ou menos aceitas ou endossadas pelo público geral (lugares comuns aceitos socialmente).

Hoje, contudo, essa formação da opinião pública parece ameaçada. Quando, por exemplo, a não condenação de um político por causa de frases públicas, consideradas como ofensivas, que ele direcionou a seus apoiadores, tendo sido vista por parte do público (os "outros") menos como uma espécie de troféu (coragem política?), mais como um acinte, então, percebemos que a proteção à dignidade, como fundante da pessoa, parece não funcionar inteiramente. A erosão das fronteiras do dizível na fragmentada rede das redes que é a internet é, assim, evidente. Ofensas a direitos da pessoa tornaram-se endêmicas.

É, afinal, o novo culto da "singularidade", que resulta em um sujeito que não encontra mais sua unidade na observação e na internalização do conjunto de *standarts* aceitos pela sociedade, que pode se engajar em operações com distintas possibilidades, com fragmentações, com figurações em que ele se representa mais como único, como singular, e também uma situação em que a comunicação em grupos internos e a comunicação externa são fortemente e frequentemente separadas.

Segue daí que os componentes "objetivos" vinculantes são desvalorizados por meio de recurso a interesses ("fatos alternativos") ou desvalorizados por redução de complexidade em polarizações éticas (*"politicamente correto"*).

Por conseguinte torna-se necessário levar em conta que a noção clássica da "cultura de sentido" de fato se transformou, agora desafiada, na internet, por uma "cultura do presencial", uma nova cultura de superfície, na qual "momentos de intensidade" agrupam-se e enfileiram-se, reforçando uma "maior proximidade com as coisas desse mundo", uma nova imediaticidade dos discursos.

Nesses termos, a formação de grupos de comunicação que se enclausuram contra a esfera pública geral e não participam da reflexão espontânea sobre os limites da comunicação, constitui um novo terreno, precisamente para uma formação acadêmica, que seja, então, capaz de relacionar-se com a fragmentação da ordem simbólica. O narcisismo do ego, uma espécie de "individualismo nomadificante", que se fortalece nos meios sociais de comunicação "privado-públicos", exige, assim, uma nova percepção do papel da academia.

Em face disso, no campo do ensino jurídico, não é mais de se esperar tudo de uma racionalidade orientada por aqueles princípios até agora tornados relevantes por meio de tribunais estatais, caso da forma kantiana do sujeito refletido da racionalidade, que gerou o chamado "legislador racional" e que tinha o seu substrato social na estrutura de uma "sociedade das regras". Ao contrário, essa regressão narcisista, que tem sua relação correspondente na multiplicidade das normas e padrões sociais fragmentados, exige um saber capaz de refletir para entender e entender para refletir.

E é isso justamente que, no campo jurídico, requer muito mais um desenvolvimento continuado para além das matérias jurídicas especializadas, mediante formas de saber que, no ocidente, ficaram marcadas pelo signo da filosofia.

Pois assim, na crise das concepções do homem, na trilha do espaço de questionamento aberto pelo advento das tecnologias do virtual, talvez seja a filosofia aquele saber capaz de reconhecer ou permitir reconhecer ainda um perfil antropológico fundamental ou de referir-se a uma imagem coerente do ser humano.

É diante desse desafio que se coloca este livro, com seu passo aparentemente modesto, mas fortemente fincado em uma tradição que continua a repercutir na cabeça daqueles que pensam.

Tercio Sampaio Ferraz Junior

SUMÁRIO

Introdução Crítica 19

1. Os Contornos da Juridicidade 39

    1. A Cientificidade do Direito e o Fenômeno Jurídico 39
    2. O Dualismo Teórico Essencial 87
    3. Movimentos Críticos. 174

2. A Construção do Direito como Norma 213

    1. Princípios Jurídicos. 213
    2. Normas Jurídicas 216
    3. Sistema Jurídico. 245

3. Os Estratos Hermenêuticos do Direito 261

    1. A Filosofia Hermenêutica e Jushermenêutica Tradicional 261
    2. O Paradigma da Linguagem e a Crise Jushermenêutica 273
    3. Nova Hermenêutica e Neoconstitucionalismo 287

4. Aplicação e Argumentação do Direito 293

    1. Hermenêutica e Argumentação Tradicional. 293
    2. Nova Retórica e Argumentação Jurídica 295
    3. Lógica, Razoabilidade e Ponderação 310

Conclusão 339

Referências 341

INTRODUÇÃO CRÍTICA

Apresentação. O texto que se expõe a partir de agora é oriundo de alguns anos de docência nas disciplinas propedêuticas em cursos de direito de graduação e pós-graduação. Seu objetivo está longe de ser um ensaio, com percepções abertas e originais, mas ao contrário, seu propósito é bem mais modesto e pretende ser um guia para aquele que busca ir além do saber dogmático-jurídico. Parte da premissa que as disciplinas críticas, que de regra são apresentadas no início dos cursos de graduação e mestrado, grande maioria das vezes deseja discutir temas essenciais da ciência do direito, nem sempre abordados com o devido cuidado na formação individual.

Infelizmente, ainda estamos acostumados a um modelo de ensino retrógrado, cujo fim está mais voltado a formar juristas para que se tornem *tecnocratas*, e então habilidosos no uso da legislação estatal e da jurisprudência doméstica, do que propriamente *juristas curadores de si*, que gastem seu tempo em temas abstratos, formando-se, ganhando densidade reflexiva, aprofundando indagações, e, com isso, aprendendo a investigar os problemas e as respostas para as mazelas humanas da melhor maneira possível (algo tão importante num país como o nosso, cujos traços coloniais e excludentes se sobressaem a qualquer critério de justiça social).

O texto, não poderia ser diferente, não ao menos ainda enquanto as pesquisas descoloniais estão apenas começando, é destinado a introduzir o leitor nas visões europeias do Direito Moderno, e, portanto, seu enredo está voltado a compreender os grandes temas que a ciência jurídica europeia entendeu como fundamentais para a sua compreensão. Isto implica então apresentar as principais reflexões sobre a teoria do direito tradicional e suas origens marcadamente greco-romanas que hoje persistem nos bancos acadêmicos.

Naturalmente, no estágio em que as pesquisas estão, embora ainda se tenha como referência na construção do ordenamento jurídico europeu esta realidade etnocêntrica, mesmo aqui não se deve ofuscar os avanços que a *teoria crítica* proporcionou com a revolução ao positivismo jurídico. Por isso, qualquer indagação aqui feita parte da premissa de que o *saber jurídico moderno* é gravado por *sensos comuns teóricos* e sua desmistificação se dá, sobretudo, por disciplinas propedêuticas, como a *teoria do direito*.

Senso comum teórico dos juristas. Entenda-se aqui por *senso comum* aquilo que Luis Alberto Warat *o senso comum teórico dos juristas*, o *sentido comum teórico dos juristas*, *as vozes incógnitas das verdades jurídicas*, ou, enfim, o *monastério dos sábios*. Este "saber imanente" posto usualmente nos enunciados institucionais e interpretativos é o que se manifesta, no dizer do autor, como "condições implícitas" de produção, circulação e consumo de verdades nas enunciações. Uma espécie de "constelação" de representações, imagens, pré-conceitos, crenças, hábitos, ficções que regem atos de enunciação e decisão. Seu modo de agir é silencioso, subliminar, presente nas manifestações doutrinárias e forenses, referido como uma "intertextualidade das enunciações jurídicas".

Por esta razão, é um campo aberto para trabalhar com juízos supostamente neutros, quando, no fundo, são carregados ideologicamente, uma espécie de "para-linguagem" além dos significados da realidade dominante. Manifesta-se como uma "linguagem eletrificada e invisível", uma "voz incógnita", capaz de exercer um campo de significados em que a aceitabilidade do real se opera facilmente. Algo como se fosse sempre assim, e do que não se pode ousar duvidar e nem admite oposição. Esta força oculta ganha sorrateiramente a adesão do auditório, inserindo-se nos corpos e nas mentes dos juristas, criando-lhes hábitos de significação, o que favorece o propósito do Direito como técnica de controle social.

Trata-se de um "saber acumulado" que permite o exercício do controle jurídico da sociedade, relacionando o direito, à política e aos sistemas de enunciação. Nesse sentido, estabelece-se através de um "arsenal de pequenas condensações de saber": "fragmentos de teorias vagamente identificáveis e coágulos de sentidos surgidos dos discursos dos outros". É o próprio "lugar do secreto" de manifestação dos discursos jurídicos tradicionais, o que o faz, inevitável e conscientemente, servir ao poder e à autoridade de quem o exercer. Expõe-se como simples "costumes intelectuais" que ocultam o elemento político da investigação de verdades, canonizando imagens e crenças para preservação de segredos, que usualmente não convêm serem desvendados, especialmente para aqueles fins de modificação do sistema e da estrutura hierárquica social.

Ao contrário das demais ciências em que é perfeitamente possível se distinguir *doxa* e *episteme*, no âmbito do Direito, em razão das representações ideológicas por detrás das regras lógico-metódicas, há uma perigosa confusão, de modo que as crenças produzidas preservam a imagem política do Direito e do Estado, cumprindo ao senso comum teórico um "conjunto de opiniões comuns dos juristas manifestados como ilusão epistêmica". Não há propriamente epistemologia, se não um "sentido comum científico".

Nessa perspectiva, produz-se em razão da imbricação entre "razões teóricas" e "justificações", de modo que a *verdade* depende do senso comum para ganhar confiabilidade pela persuasão. É um discurso fruto de um vínculo orgânico da cultura com a instituição social por meio da política, logo, como exercício de autoridade. Por isso, "disciplina anonimamente a produção social da subjetividade dos operadores da lei e do saber do direito, compensando-os de suas carências". Conseqüentemente, todo um ambiente propício para o discurso jurídico é estabelecido antes mesmo de que ele seja visível, um produto de "neutralizações simbólicas", criando efeitos de significação na constituição do "sujeito de direito", um sujeito hipotético, que serve para garantir uma "suposta natureza humana na qual as normas jurídicas se referem para regulá-las coercitivamente". O sujeito de direito é fabricado e representa a "versão juridicista do paradigma normativo da personalidade social."

Tem-se, enfim, a produção do que os juristas chamam de "real", através de um "fluxo de significações" e uma "trama de símbolos", gerando um indissociável vínculo entre as significações jurídicas e sua própria história discursiva (citações anônimas e vozes incógnitas). Logo, acaba por fabricar "ilusões epistêmicas" que impedem separar razões teóricas e justificações políticas. Isto produz confiabilidade e verossimilhança nas conclusões persuasivas dos raciocínios jurídicos, criando um elemento de pertinência capaz de permitir o reconhecimento das *verdades* no campo jurídico. Torna-se, portanto, um campo fértil para reproduzir no imaginário uma determinada concepção de ciência jurídica e seu valor social, naturalizando o seu método, criando preconceitos epistemológicos para ocultar as funções políticas dos discursos de verdade e outorgando ao conflito, pelo intermédio necessário entre a lei e o saber do direito, um sentido de transgressão, que precisa ser rechaçada em busca da estabilização. Em suma, uma "*doxa* no coração da *episteme*".

As mitologias modernas. Este senso comum teórico está atrelado, curiosamente, à elaboração de novas mitologias modernas. Sua manufatura é típica não apenas da temática da modernidade, mas da própria estruturação literária, já que a escrita burguesa é o grande artifício criado para elaborá-las, segundo Roland Barthes. A *escritura burguesa* apresenta especial capacidade indefectível de maquinar o mundo através do estilo (elemento não natural) e dos *mitos de conservação*. Seu objetivo é a totalização da realidade, uma espécie de violência desmedida: "a totalidade ao mesmo tempo faz rir e causa medo: como a violência, não seria ela sempre grotesca (e recuperável, então, somente numa estética do Carnaval)?" (Roland Barthes).

A *escritura artesanal*, tipicamente burguesa, segundo o autor, priva o indivíduo de quaisquer combates com outras escrituras, e impõe ao escritor uma única paixão: "o parto da forma". É dessa forma que os *discursos jurídicos de conservação* vivem. Vivem-no sob diversas formas: formas neutras e fechadas, mas formas também abertas e democráticas. O jurista, bem como o escritor, como diria o professor do *Collège de France*, é "irremediavelmente um homem bem comportado". Mas a neutralidade, que visa a uma equação pura, muito bem serve à construção dos mitos. O mito deve ser compreendido como uma fala, um modo de significação, uma forma que busca a a-historicidade, a eternidade, a naturalização, a universalização. É o espaço de singularidades discursivas, é o lugar de toda unidade ou toda síntese significativa, quer seja verbal ou visual. O mito, entretanto, consiste num momento semiológico secundário, que se realiza somente após o fechamento do ciclo de sua constituição de significantes e significados no espaço da linguagem. Num primeiro momento é mera linguagem desprovida de conteúdo ideológico, que se consubstancia pela agregação intelectual de um significante e de um significado. Contudo, o signo resultante desse primeiro fecho semiológico – o signo da linguagem – constitui-se no significante do ciclo secundário, no qual o recurso metalinguístico da burguesia atua para dar-lhe um significado e construir definitivamente o mito. O mito, visto então como fala, linguagem e sobretudo forma, torna-se o recurso indispensável para que a ideologia burguesa, especialmente através dos meios de comunicação, fale sem que as pessoas percebam, fale de maneira natural. Cumpre ao semiólogo, portanto, desvendar os mecanismos de fechamento dos signos e reconhecer a disseminação mitológica que o capitalismo faz vibrar no imaginário coletivo.

Os signos estão por toda parte para Roland Barthes, e o homem contemporâneo não pode deles fugir. "Uma roupa, um carro, uma iguaria (*un plat cuisiné*), um gesto, um filme, uma música, uma imagem publicitária, uma mobília, uma manchete de jornal, eis aí, aparentemente, objetos completamente heterogêneos (*hétéroclites*). Que podem ter em comum? Pelo menos o seguinte: todos são signos. Quando me movimento na rua – ou na vida – e encontro esses objetos, aplico a todos, às vezes sem me dar conta, uma mesma atividade, que é a de certa leitura: o homem moderno, o homem das cidades, passa o tempo a ler. Lê primeiro e principalmente imagens, gestos, comportamentos: tal carro me diz o *status* social do proprietário, tal roupa me diz exatamente a dose de conformismo ou de excentricidade do seu portador, tal aperitivo (uísque, *pernod* ou vinho branco com cassis) o estilo de vida do meu hóspede. [...] Todas essas 'leituras' (*lectures*) são importantes demais na nossa vida, implicam demasiados valores sociais, morais, ideológicos [...]" (Roland Barthes). Todavia, se restasse o mundo apenas como linguagem, Roland Barthes não teria feito tanto alarde. Para o escritor, como bem gostava de ser chamado, o grande problema estava na operação produzida pela classe hegemônica ao "cuidar" das operações possíveis com os signos, transformando-os para além do signo linguístico, como o "carro que diz o *status social*" e que pode ser projetado como o "carro que representa o sucesso e imprime o ritmo da manutenção das relações de exploração social". O carro como estilo de reconhecimento se converte no carro-luxúria e de ascensão social.

Essas construções de signos, embora não sejam operações que se produzam apenas no âmbito material, podendo para Roland Barthes ganhar outras tantas vezes posições nas escrituras literárias, como em S/Z, têm o seu foco maior no mundo social. A burguesia para o autor tem a mestria de traduzir o mito como uma linguagem geral, eterna, anônima, incapaz de ser questionada, cabendo então ao semiólogo o papel de mostrar-lhe a particularidade, a fonte original e sua localização na história, a fim de que suas construções reprodutoras e conservadoras sejam disseminadas. Seu objetivo é desmistificar essas representações. O jurista, nessa medida, tal quisera Roland Barthes e Paolo Grossi, inicialmente deve exercer esse papel desmistificador dos mitos do *senso comum jurídico*; deve procurar destruir o *mito da conservação* operado pelo discurso do positivismo e das teorias críticas, dever tornar o campo das significações esvaziado de sentido, despovoado; deve desertar as categorias e os conceitos cotidianamente aceitos para, em seguida, procurar fugir à simples enunciação e seguir em direção à transgressão, a outros espaços de visibilidades e sentidos, aos excessos do regime da linguagem.

Os mitos desvendados abundam em *Mythologies*. No artigo intitulado *Les romains au cinema*, Barthes, procurando avançar nas suas investigações sobre a formação burguesa dos mitos, analisa um dado *naturalmente* irrelevante que seria o fato de todos os atores que interpretaram Júlio César de Mankiewicz terem uma franjinha e suarem em demasia. A franja significa uma espécie de "reclame de romanidade", a "testa romana", capaz de indicar o direito, a virtude e a conquista. De outro lado, o suor dos rostos seria uma forma de inserir a personagem na vida mundana, no suor dos trabalhadores, dos soldados, dos patrícios, numa forma de "moralidade romana". O signo do suor, representando a emoção e o trabalho exaustivo, bem como a tarefa de pensar e construir a cidade de Roma. Em *Saponides et détergents*, o autor observa o mito produzido pelas publicidades das empresas de sabão e detergentes, as quais os criaram para melhorar suas vendas. Barthes demonstra que nesse caso o mito se estabelece na verticalidade da profundidade da limpeza, numa ideia de *lavar profundamente*, e na horizontalidade da espuma, numa imagem de delicado luxo. Dessa maneira, esconderiam a função abrasiva do detergente sob a imagem de uma substância fina, mas com intensa limpeza. Já em *Le vin et le lait*, as observações seguem outro caminho. Nelas o autor investiga a maneira pela qual os franceses vêem nesses dois líquidos qualidades próximas: o vinho que representa o líquido da vida, o sangue, e todas as suas virtudes, e o leite, que representa também a vida e o campo, mas também a bebida dos filmes americanos. Barthes então desvenda o mito de escondedura por trás desses signos, como o alcoolismo do francês médio, e o uso do leite, e toda sua carga de ternura, infantilidade e exterioridade para reparar o prejuízo e os danos da bebida. Noutro texto, denominado de *Le bifteck et les fri-tes*, Barthes mostra que o bife e as batatas fritas seriam sinais de "francidade", e, a partir desse dado, demonstra que a reportagem publicada na França depois do armistício na Indochina de que o General de Castries havia pedido "batatas fritas", como forma de mostrar seu inerente patriotismo. Em *Le Tour de France comme épopée*, o consagrado campeonato nacional de ciclismo é exposto por Barthes através da narrativa feita pelos comentadores televisivos. Sustenta que as montanhas, as elevações, o pitoresco, o povo e as suas particularidades seriam por eles realçadas como forma de demonstrar a profunda identidade do povo francês com o esporte "cultural". No artigo *Photogénie électorale*, demonstra o modo como o olhar do fotógrafo age diferentemente sobre o painel de acordo com a imagem da campanha eleitoral que se pretende passar: uma foto de frente, para passar realismo e franqueza; de três-quartos, para representar um olhar perdido no futuro, de busca de projetos e metas etc.

Roland Barthes ainda, com menor destaque, refere-se à flor passionada, que tem seu signo fechado posteriormente, já que uma flor é só uma flor, mas nas mãos do apaixonado ganha outro sentido, diferente daquela que se encontra, por exemplo, nas mãos do botânico; ao exemplo do negro, vestido de um uniforme francês, que faz reverência à bandeira francesa, como a constituição de um mito semiológico secundário. Um negro diante da bandeira francesa representa todo o espaço do novo imperialismo a que a França da Alsácia se lançou no século XIX. Nessa medida, o mito está por tudo, assim como os signos também estão. Deve, portanto, o intelectual se apoderar de uma *desmistificação semiológica* com vistas a destruir os mitos e resgatá-los em seus sentidos originais, se assim existirem. Enfim, a sociedade burguesa é pródiga em elaborar seus mitos, e no direito, outra não é a realidade de sua escritura.

A modernidade, embora manifesta pelo elogio da razão, traz consigo um papel primoroso a manter a existência de mitos no âmbito da cultura jurídica, revisando as manifestações greco-romanas e medievais e as substituindo por construções bem elaboradas, estratégicas, quando não ardilosas, na expressão do direito e no imaginário dos juristas.

O homem comum, segundo Paolo Grossi, desconfia do direito, porque o crê como um comando autoritário, hipostasiado e suprahierárquico, indiferente à realidade. A justiça não lhe pertence e lhe é inalcançável, posto que a lei que a protege é produzida por poucos, os detentores do poder político, e quase nunca coincide com a ideia de justiça. Esta ideia, que se inicia no mundo medieval, mas que ganha fôlego na modernidade, faz com que o direito seja reduzido à lei, assumindo esta o protagonismo na manifestação dos anseios de justiça e do próprio direito (assumem um "fundamento místico de autoridade"). Esta mistificação do direito importa na incessante produção de "mitos" na modernidade, capazes de renovar a própria existência da modernidade. "O iluminismo político-jurídico precisa do mito porque precisa de um absoluto ao qual se agarrar; o mito cobre nobremente a carência, preenche um vazio arriscadíssimo para a estabilidade da nova estrutura da sociedade civil" (Paolo Grossi).

Na nova realidade democrática instaurada pelos revolucionários franceses, o parlamento assume a vontade geral e a expressão objetiva da lei assume o papel da melhor forma de condução dos homens em sociedade. O mito de que a lei é a melhor forma e mais democrática de expressão do direito constrói-se como manifestação da sociedade revolucionária, leia-se, da sociedade burguesa do final do séc. XVIII e início do séc. XIX. Assim o direito se vincula à lei, e, paralelamente, ao poder. Há uma "nova dimensão autoritária do jurídico". Ao lado dela, com o desenrolar do formalismo novecentista, a noção de ordenamento jurídico estatal igualmente se transforma num poderoso mito, capaz de expressar o quanto a complexa e plural realidade pode ser burocraticamente resumida de modo simples, organizado e seguro. Assim, os mitos modernos da "legalidade" e da "estatalidade" se enraízam na sociedade jurídica, deformando a noção antiga de norma e a destacando apenas em seu aspecto formativo autoritário, renegando o momento de interpretação e aplicação a lugares secundários. Taxatividade das fontes, soberania, unidade e plenitude do ordenamento jurídico estatal formam a robusta *mitologia da modernidade* jurídica, na expressão mais exacerbada do que Paolo Grossi denomina de *jacobinismo jurídico*.

Estes mitos, estes "grandes nós de certezas axiomáticas" precisam ser "culturalmente desmistificados" (Paolo Grossi) e retirados do coração do jurista moderno pelo pensamento crítico, posto que se manifestam como "presunções absolutas cunhadas por uma hábil estratégia de política do direito". É necessário, naturalmente, perceber que o direito é "mais aplicação do que norma", algo muito além do que um simples pedaço de papel, jamais distante da vida. Perceber que esta mitologia está corroída nos dias de hoje ("*é óbvio que o profundo fosso que circunda o castelo foi em boa parte aterrado*"); que a sua fundamentação no espaço deixado pela interpretação religiosa medieval não se sustenta mais, sendo necessário *"retirar a lei do papel totalitário e socialmente insuportável que a idade burguesa lhe concedeu"*. Ainda hoje é necessário superar algo muito forte na própria ideologia jurídica pós-iluminista, que é aquela atitude hostil persistente em relação à interpretação que não seja autêntica (Paolo Grossi).

A resistência teórica latino-americana. Contudo, é preciso algo a mais quando se está falando na realidade latino-americana, e nisso o pensamento de Enrique Dussel em muito contribui, na linha do resgate de Celso Luiz Ludwig. Propõe o filósofo argentino a necessidade de superação do método filosófico clássico pela assunção do que denomina de *analética* – novo método de pensamento crítico integral sobre a realidade humana. Seguindo a linha dos pensadores críticos dos anos 1970, coloca o tema da ética a partir de ferramentas hermenêuticas do pensamento ocidental, porém, desde e para um contexto latino-americano, com vistas a uma proposta de libertação.

Sucintamente, parte Enrique Dussel da ideia da corporidade do ser vivente como modo de realidade, isto é, a vida humana não é apenas um conceito, uma ideia, tampouco um horizonte abstrato, mas o modo de realidade individual, de cada ser humano em concreto, o que é condição absoluta da ética e das exigências de libertação. No entanto, no plano material, o Eu convive obrigatoriamente com o Outro, e muito além da ideia honnethiana da igualdade de reconhecimento, este Outro grita e coloca em questão o próprio Eu. Por isso, não apenas uma categoria filosófica e um critério de discernimento, mas, nesta perspectiva da *praxis* ético-política, é algo concreto, obrigatoriamente histórico, que interpela o Eu a partir de um lugar empírico. Como conseqüência, sendo o Outro um corpo, o seu grito é o grito da corporalidade sofrida e seu inevitável clamor de justiça para que não se mate. O Eu, ao dirigir-se ao Outro, compromete a sua auto-identificação de tal modo que esta busca incessante pelo Outro lhe traz um poderoso questionamento de suas bases, de suas certezas, numa espécie de provocação subversiva da mesmice.

Esta visão do Outro leva ao conceito de *pedagógica*, para expressar a filosofia latino-americana. Longe da pedagogia, ciência do ensino e do aprendizado que pretende investigar a passagem do menino ao pai e da menina à mãe, essencialmente ideológica, a *pedagógica* remete ao vetor filosófico que pensa a relação face-a-face do pai com o filho, do político com o cidadão, e o que aqui interessa, do professor com o aluno. Amplia-se a noção de aprendizado e ensino para a perspectiva de "disciplina", e, conseqüentemente, da convergência e passagem recíproca da erótica e da política. A *pedagógica* parte do filho, do acadêmico, do lugar erótico para concluir com o adulto na sociedade política, assim como da criança na instituição pedagógica-política, como a cultura, igreja, escola, para concluir seu trabalho no homem ou na mulher formados para a vida erótica fecunda. Em suma, parte e conclui na mesma erótica dos filhos aos pais no âmbito doméstico e na mesma política das crianças na escola ao professor.

Para além desta perspectiva erótico-política da *pedagógica* que se opera por um novo olhar sobre o ensino, permitindo o olhar sobre o Outro concreto, a filosofia da libertação ultrapassa o plano da pós-modernidade, como simples superação das categorias modernas da tradicional análise cartesiana e hegeliana, para alcançar o plano da transmodernidade, como proposta de libertação social e cultura comum aos países periféricos face o "colonialismo intelectual europeu" (Celso Ludwig).

Partindo das premissas marxistas das relações de classe existente no capitalismo tardio, Enrique Dussel a supera pela *analética*, criticando o pensamento filosófico essencialmente opressor europeu. Sustenta a passagem na filosofia dos períodos problemáticos aos períodos de hegemonia. Os problemáticos se apresentam em momentos de expressão criativa da filosofia, como o final do séc. XX, quando povos oprimidos periféricos se levantaram contra os antigos colonizadores. Nesse sentido, ao se nascer e viver na periferia, tem-se para a filosofia uma situação privilegiada em relação ao tipo de filosofia que se pode praticar nos centros colonizadores, pois ao invés de opressão e de dominação, pode-se converter num verdadeiro instrumento de libertação.

Procurando ultrapassar as críticas de Karl Otto Apel e Jürgen Habermas, a *analética* e sua proposta de uma ética de libertação (e aqui é preciso perceber as nuanças das obras de 1973 e 1988) leva a ética a uma efusiva crítica, mostrando sua operatividade prática e a necessidade de superação discursiva tradicional (crítica direta à situação utópica e ideal de fala, inaplicável, segundo ele, à realidade latino-america) em prol de uma ética de pluralidade principiológica. Questionando o mono principismo da ética herdeira dos gregos, e, logo, a ideia de que há sempre um princípio que justifica qualquer ação como sendo boa) propõe a *analética* da libertação novas categorias para se pensar a conduta humana. Por isso, cinco aspectos são necessários de serem pensados:

(i) *Histórico* – a reflexão filosófica e ética não é abstrata, embora assim possa parecer. A filosofia é produto de circunstâncias históricas, concretas e se desenvolve a partir de espaços geopolíticos igualmente materiais, com pretensões de universalização, como a filosofia grega, medieval, moderna, alemã etc. Logo, o mono principismo é produto de uma visão de mundo, de uma ação política e de uma filosofia peculiar, que justifica, segundo Enrique Dussel, história de dominação, como se fez de modo autoritário em relação à periferia.

(ii) *Meta-ontologia da alteridade* – tendo em vista o que os radicais gregos sugerem respectivamente (ir além, reflexão sobre o ser ocidental e o outro), é necessário que a filosofia pense o Outro mais além do Ocidente, logo, América Latina, África e Ásia, negros, árabes, índios etc. Este Outro é plural, distintamente revelado no mundo material, cujas expectativas de pensamento, de reações e de conduta são inesperadas, logo, não podem ser raciocinadas pela ontologia fenomenológica, mas por planos transcendentais. Esta superação se opera pelo encontro com a *alteridade*, do encontro com o Outro distinto, um outro ser humano, cuja dignidade exige respeito que é aceita pelo outro eticamente (fato este que não ocorreu com os colonizadores que se depararam com índios e negros, vistos como animais e não humanos, e que até hoje deixa marcas). Neste sentido, ela apresenta as seguintes categorias: (a) *proximidade* – filosofia como revelação do outro, do encontro com a palavra do outro, do primeiro encontro, algo iniciado desde a tenra idade, pois apenas esta proximidade (que Enrique Dussel chega a manifestar pelo simples abraço familiar) tem o papel de anular distanciamentos espaciais e temporais; (b) *totalidade* – após o encontro do Outro, a filosofia deve se desligar do ser e do mundo e abrir-se à exploração coletiva da vida, da natureza e do mundo social, regressando, em seguida, à proximidade; (c) *mediações* – olhar as coisas, os entes, os objetos com vistas a transformá-los e os usar como meios para o desenvolvimento da vida em todas as dimensões humanas; (d) *exterioridade* – pensamento sobre algo que está além do ser, fora do sistema, uma espécie de filosofia do não-ser, do estranho, do diferente, do incompreensível (algo próximo à filosofia do não da epistemologia francesa de que se falará adiante no cap. 1), algo que não está na totalidade e nem em outro ser humano, mas na própria interioridade, quando se é livre, autônomo, independente (porque não é um objeto, uma coisa, mas sujeito de direitos); (e) *alienação* – reflexão pela negação do outro humano, do não ético, do reconhecimento e esquecimento do que está além do ser, pela destruição e morte do outro, algo mais além do mundo próprio, coisificado, fruto da manipulação e da exploração que precisa ser revisto; (f) *libertação* – a partir da consciência ética que escuta quem está mais além do mundo e do sistema, abrindo a totalidade a outros distintos para serem reconhecidos, aceitos, julgando a vida de um pela dos outros e a confirmando pela proximidade (é ela que busca a plena realização da vida dos outros, construindo uma humanidade total de modo ético pela transformação da realidade inumana em humana).

(iii) *Práticas de alteridade* – nas relações entre os seres humanos, homem-homem, sujeito-sujeito, é necessário, pela concretização de todas as categorias ditas meta-ontológicas, como proximidade, exterioridade etc. que sejam *práticas políticas* (pensadas no exercício das relações de poder nos espaços públicos), *práticas eróticas* (pensadas nas relações entre os homens no âmbito da sexualidade), *práticas pedagógicas* (nas relações educativas, entre pais e filhos, professores e acadêmicos etc.), e *prática antifetischistas* (nas relações entre os homens e a dimensão do completamente desconhecido).

(iv) *"Produtiva" de alteridade* – filosofia como capacidade criativa e transformadora do homem a serviço das seguintes distinções ônticas: a *natureza* – realidade interior do homem, a *semiótica* – capacidade simbólica do homem, a *poiética* – capacidade de transformar as coisas em objetos culturais; e a *econômica* – relações de produção, distribuição e consumo, que devem igualmente estar atentas às categorias meta-ontológicas e às práticas de alteridade.

(v) *Discurso metodológico* – a filosofia da libertação deve estar atenta à necessidade e à pluralidade dos métodos de reflexão da realidade: *dialético* – pensado pelo ser, todo e parte; *analético* – salto do ser ao não-ser, do mundo individual ao do outro; *prático* – pensadas as diversas relações humanas; *poético* – guia do saber técnico e construtivo; *métodos das ciências humanas* – essencialmente hermenêutico; *ideológico* – que alteram a realidade em prol de interesses individuais; e *críticos* – os que levam aos descobrimentos das negatividades humanas.

Vistos tais aspectos, o principismo da ética européia deve ser repensado a partir do contexto dos diversos grupos humanos, das diferentes condições sociais, das diversidades histórico-culturais, atento às necessidades próprias e aos anseios igualmente legítimos e válidos, longe do pensamento burguês e seus mitos de unidade, identidade e universalidade. Isto se torna possível a partir da crítica e da *analética* própria à *filosofia da libertação* e sua capacidade de auscultar dentro de cada um os propósitos e os valores plurais existentes. Cabe a ela fugir ao principais usos e encontrar novos princípios capazes de guiar as condutas humanas, igualmente importantes e obrigatoriamente sopesados por quem os questiona. Uma nova ética da vida latino-americana, nas mais diversas relações, a começar pelo conhecimento do universo jurídico que se apresenta para o acadêmico dos primeiros anos, aberto à pluralidade. Isto implica afirmar, enfim, na linha da crítica dusseliana, que o agir típico latino-americano deve ser ponderado a partir de não de um único critério ético-político universal, mas do *princípio da vida* – manifesto pela razão político-prática de propiciar e desenvolver a vida humana em comunidade e toda a sua materialidade (momento material); do *princípio da democracia* – que pressupõe a legitimidade da vida pela participação pública livre e discursiva de sujeitos autônomos (momento formal); do *princípio de possibilidade* – o qual crê na razão político-instrumental para a realização necessária da vida e da democracia pela existência de condições de possibilidade lógica, empírica, ecológica, social, política e cultural (momento de facticidade); do *princípio do reconhecimento do outro* – expresso pela luta da solidarização com as vítimas do sistema e a luta pelo reconhecimento político diante da não-verdade e não--validade da ordem política formal (momento crítico-material); do *princípio de organização* – em que os atores sociais excluídos assumam democraticamente a organização dos movimentos sociais críticos à ordem vigente (momento crítico-formal); e do *princípio da transformação ou da libertação* – em que a razão político-libertadora permite a transformação eficaz pela concessão dos meios, desconstruindo estruturas injustas e construindo novas perspectivas sistêmicas (momento crítico de facticidade).

Assim, apenas uma *atitude crítica* e capaz de desconstruir sensos comuns e mitos jurídicos, e somente uma *descolonização da teoria do direito* é que pode vir a produzir realmente frutos originais. Todavia, ainda que a resistência latino-americana seja lenta e gradual e esteja apenas começando, estes mitos já podem desde logo serem postos em questão pelo leitor, à medida que se introduz no conhecimento, crítico, da teoria tradicional do direito (que ora se apresenta).

Imbricações entre a filosofia e a teoria do direito. Apenas a título de esclarecimento, algo por vezes difundido de modo equivocado, esclareça-se que aqui se trata de uma introdução à *teoria do direito* e não à *filosofia jurídica* ou à *introdução ao estudo do direito* (teoria geral do direito), vista aquela com outros contornos e como uma superação, já bastante tradicional nos últimos trinta anos, destas.

A distinção entre a *filosofia do direito* e a *teoria do direito* não é simples e tampouco encontra uniformidade entre os autores. Certamente não pode ser ingênua como eventualmente se afirma entre ser a *filosofia do direito* uma filosofia posta por filósofos sobre o elemento normativo e a *teoria do direito* uma filosofia posta por juristas sobre o ordenamento jurídico. Até porque esta compreensão é perigosa, pois permite conduzir filósofos e juristas a lugares irreconciliáveis (Arthur Kaufmann), e perversa porque por trás de toda elaboração de uma teoria do direito há um aspecto filosófico de construir ideologicamente uma definição do que vem a ser direito (Juan Amado). Não foram poucos que procuraram avançar numa separação, muitas vezes de modo ambíguo e infrutífero. A questão, no fundo, impõe refletir também a existência de uma *teoria geral do direito* e investigar de que modo estas três disciplinas conseguem estabelecer-se de modo autônomo e particular, singularizando-se como saber próprio.

Atualmente o tema da separação ainda não é claro o suficiente, nem tampouco permite estabelecer variáveis capazes de rotular com segurança quando a perquirição e a argumentação estão no âmbito de uma ou de outra disciplina. O que se percebe é que a historiografia das ideias jurídicas veio a demonstrar que se trata de uma questão muito mais política e acadêmica do que propriamente uma necessidade existencial. De fato, *filosofia do direito* e *teoria do direito* guardam uma distinção que hoje é mais pedagógica do que propriamente epistêmica.

No entanto, o debate não é recente, e talvez tenha se acendido na Alemanha dos anos 1970 (no Brasil com evidente atraso, por volta dos anos 1990 e o auge das teorias críticas), momento peculiar de amadurecimento da *teoria do direito* e sua reaproximação com as questões morais. A crítica imposta pelo jusnaturalismo contemporâneo à supremacia juspositivista germânica desde Jellinek fez florescer o debate sobre uma possível *teoria do direito*, já que os estudos se concentraram por longo tempo ou na *teoria geral do direito*, obra própria da cientificidade moderna, ou na *teoria do direito natural* (frise-se que no Brasil, por muito tempo, na esteira do bacharelado da Primeira República, os estudos jusfilosóficos se faziam sob o nome *direito natural*) ou na *filosofia do direito*. Mas antes de alcançar este ponto de afluência entre ambas, que logo será mais bem argumentado, o fato é que há uma distinção, ao menos em termos de nomenclatura e de programa de estudos, muito bem datada e costurada no pensamento jurídico.

O início das construções remonta ao positivismo da virada do séc. XIX para o Séc. XX, quando herdeiros de Adolph Merkel, Karl Bergbohm e Ernst Bierling (August Thon, Félix Sòmlo, Edmund Mezger e Ernst Weigelin) e os primeiros publicistas alemães empreendem a defesa de uma *teoria geral do direito (allgemeine Rechtslehre)* em distinção da *filosofia do direito (Rechtsphilosophie)*, justamente no momento em que ciência e filosofia estão em desacerto com o Direito como um objeto próprio. Enquanto a última gastaria seus argumentos ultrapassando o próprio estatuto juspositivista, embora tendo nele seu berço, e procurando refletir objetos não científicos, especialmente aqueles próximos dos valores resguardados pela normatividade (justiça – fim último), a primeira seria a generalização do saber imanente à dogmática jurídica, e, logo, dos modos próprios de se trabalhar com a técnica do dever-ser (José Echavarría).

A *teoria geral do direito* alcança lentamente sua identidade nas primeiras décadas do séc. XX, saindo de uma perspectiva inicialmente nacionalista, de modo que seria "única" para cada ordenamento jurídico (algo não muito estranho de se aceitar, colocadas as ideia s no seu lugar de origem da escola história – *historische Rechtsschule* – fonte do positivismo) até outra de universalização, propiciada pelos neokantianos e hegelianos, assim como os jusfenomenólogos. Seu estatuto era o estudo dos elementos comuns e gerais a quaisquer dogmáticas modernas, leia-se, a reflexão sobre caracteres e institutos próprios do *Direito* hábeis a unirem e identificarem as dogmáticas como técnicas coesas e ordenadas (estatais, sem dúvida) a serviço da manutenção da ordem e da comunidade. Era a busca incessante por uma base conceitual comum e orgânica dentro da ciência do direito. A elaboração de uma doutrina dos conceitos jurídicos fundamentais (Hans Nawiasky). Nessa medida, uma disciplina *nomográfica*, porque destinada a expor e sistematizar as prescrições já formuladas, o que diferiria da *filosofia do direito* e seu papel formulador. Por isso se restringia às formas jurídicas (*Rechtsformenlehre*) (García Máynez) e à extração empírica dos ordenamentos jurídicos dos conceitos gerais. Comumente estudada no Brasil a partir dos anos 1930 nas disciplinas de *Introdução ao Estudo do Direito*. Não à toa seu roteiro quase atemporal e eterno era a visualização técnica do nascimento do direito enquanto direitos, sua perspectiva normativo-sistêmica, suas classificações e suas categorias fundamentais essencialmente dualistas (objetividade e subjetividade; obrigações e faculdades; relações e responsabilidades, direitos e deveres). Se refletido o programa da *allgemeine Rechtslehre* nos tempos de Felix Somló é visível a semelhança com o programa de teoria geral do direito ainda hoje em muito trabalhado, porque preocupado com o Direito apenas enquanto um *dato* e seus aspectos comuns, cumprindo à dogmático jurídica os estudos das peculiaridades deste Direito.

É da própria *teoria geral do direito* que se desgarrara a *teoria do direito*, distanciando-se da simples identidade com o direito positivo, bem como da *filosofia do direito* e sua preocupação quase exclusiva com os valores normativos. Nasce a *teoria do direito* então como o estudo da *racionalidade do direito*, no meio termo entre a técnica da cientificidade e a abstração da filosofia, logo, algo próximo do conhecimento filosófico-científico. Pretende ser, portanto, a *teoria do direito* uma superação da rígida separação entre o conhecimento seguro, sistemático e previsível do científico e a especulação, quase ideológica e mística do filosófico. Este desdobramento da *teoria geral do direito* na *teoria do direito* (apesar desta expressão já existir no séc. XIX, embora não com a conotação como disciplina singular) é também produto da própria superação da confiabilidade da ciência contemporânea, quando a lógica monotônica começa a apresentar suas primeiras fissuras. Por isto, seu programa se altera substancialmente, abandonando o estudo das categorias "universais", para se concentrar no estudo da racionalidade, da singularização do direito enquanto instituição normativa, de sua perspectiva instituidora de (novas) situações jurídicas legítimas e democráticas (agora então em atenção à força normativa das constituições), das vicissitudes do direito como categoria positiva e sistemática, bem como sua reformulada construção semiótica, vista na tríada linguística sintática, semântica e pragmática.

Resta, então, à *filosofia do direito* o estudo ontológico, epistemológico e axiológico do Direito, executado contemporaneamente a partir da filosofia hermenêutica. Cabe a ela explicar o "cimento" mais próximo e ao mesmo tempo distante da dogmática (*más acá de ella ... más allá de ella*), algo que a *teoria do direito* não o consegue em face da sua vinculação à técnica (Recàseans Siches). Há quem afirme que o critério diferenciador estaria na vivência do Direito, pois à *teoria geral do direito* cumpriria estudar o Direito na busca por saber que coisa ele seria tendo em vista a totalidade da vida jurídica, de modo a permitir melhor compreender sua experiência, enquanto à *filosofia do direito* a busca por saber o que seria o direito em relação a toda a vida, em suma, para compreender porquê ele existiria, dito de outro modo, a *filosofia do direito* estuda o direito a partir "de fora", do modo como ele se relaciona com outras ordens normativas, tal a moral, a religião etc., enquanto a *teoria do direito* a perspectiva "de dentro" (Pietro Piovani).

Recàsens Siches há algumas décadas dedicou a famosa nota de rodapé n. 11 de sua obra *Filosofía del Derecho* a tal propósito de diferenciação, mas também Ralf Dreier, para quem não haveria distinção alguma, e, sobretudo, de modo bastante lúcido na construção, sem embargo as críticas que já sofrera, Arthur Kaufmann. Para este autor, avançando além de suas obras de titularidade e de habilitação, que em nada contribuem aqui, nos seus escritos dos anos 1990, sustenta como tais disciplinas se construíram no seio do positivismo e até hoje sofrem por não serem suficientemente claras em suas separações. No início de sua obra prima *Rechtsphilosophie* (1997), mas também no ensaio *Wozu Rechtsphilosophie heute?* (1971) e no artigo *Rechtsphilosophie, Rechtstheorie e Rechtsdogmatik* (1977), afirma que a *filosofia do direito* ocupa-se da investigação sobre o direito como dever-ser, logo, correto e justo, não por outra razão também pode ser identificada como a doutrina da justiça. No entanto, com o advento do positivismo, identificou-se com a doutrina geral do direito, e, logo, com a *teoria do direito*, já que passou a discutir em comunhão a lógica das normas, a teoria da ciência, a epistemologia, a linguagem jurídica, a teoria sistemática e a teoria da decisão. Ademais, a *teoria do direito* passa a exercer o papel de crítica da dogmática, seja no aspecto político, seja no âmbito do que é justo, o que é próprio da *filosofia do direito*. No máximo, crê ser possível propor um véu de separação, posto que a *filosofia* teria maior vocação para o direito em sentido estrito, para o "direito correto", e, logo, de seus conteúdos materiais (chega a chamá-la de uma teoria racional da justiça – *rationale Theorie der Gerechtigkeit*), e a *teoria* para os aspectos formais e estruturais do direito. Linha muito próxima também sustentada por Gustav Radbruch, que retoma a expressão de Rudolf Stammler e afirma que a *filosofia do direito* seria a doutrina do "direito correto (*richtiges Recht*)", cabendo todo resto à *teoria geral do direito*. Juan Amado chega a afirmar que a identidade se produz pela necessidade que se exige atualmente da *filosofia do direito*, tal como da *teoria do direito*, de respeitar uma perspectiva pragmática, um caráter pluralista, uma composição matricial de temas e um enfoque interdisciplinar. Assim, ambas, para que não sejam meras elucubrações ou devaneios, nem tampouco se reduzam à explicação do direito positivo, devem confluir *teoria* e *praxis*, o que as aproxima inevitavelmente.

Particularmente, é, portanto, mais seguro afirmar que o dualismo filosofia-teoria do direito se apresenta tão-somente na modernidade, quando a filosofia iluminista e o positivismo jurídico cumprem o longo caminho de singularizarem seus objetos e seus campos de investigação. Até o renascimento, portanto, diga-se, até o estertor da segunda escolástica, não há como se falar em *teoria do direito*, mas apenas em *filosofia do direito*, assim como, talvez não se possa mais falar nos dias de hoje em *teoria do direito* se não apenas em *filosofia do direito*. A identidade de ambas hoje se produz, seja pela redução da filosofia do direito à teoria do direito por força da excessiva técnica (fruto da redução do plano imaginário perpetrada nos últimos quinze anos em prol do plano substancial), seja pela redução da teoria do direito à filosofia do direito se considerado um plano macro ocasionado pela aproximação entre direito e moral fomentada nos últimos cinqüenta anos. No plano longo, assim, da teoria à filosofia (últimas duas décadas), ou no plano estrito da filosofia à teoria (últimas oito décadas), o fato é que a história da filosofia do direito produzida desde o pós-guerra tem impedido a separação entre ambas, quando muito didaticamente separando-lhes o conteúdo programático entre questões mais próximas à técnica (*teoria do direito*) e questões mais próximas à abstração (*filosofia do direito*).

Com certa exclusividade pedagógica e reflexiva, a *filosofia do direito* é produto das indagações dos antigos e da filosofia medieval, sucumbindo apenas em seu monopólio (como se verá adiante) no vigor da modernidade filosófica, a partir das argumentações de Pico da la Mirandola, Montaigne, Bacon, Galileu e as conseqüentes correntes racionalistas e empiristas, e das argumentações jurídicas de Suárez, Grotius, Pufendorf e os jusnaturalistas. O final do séc. XVI e o longo século XVII são decisivos na maturação da *filosofia do direito*, que abandona seu confiante e seguro domicílio filosófico para alcançar as proximidades da técnica e da ciência, e, portanto, do uso da abstração como instrumento, logo, da filosofia como *teoria do direito*.

1
Os Contornos da Juridicidade

1. A Cientificidade do Direito e o Fenômeno Jurídico

Considerações. Aceitando-se, por ora, a existência de conhecimento científico sobre o humano (ciente das críticas foucaultianas), restaria saber se seria possível atribuir ou não critério de cientificidade ao saber específico sobre a conduta normativa dos homens, procurando se distanciar de sua generalidade nas disciplinas humanísticas, mas se aproximando da singularidade do saber dogmático-jurídico. Esta perspectiva de meio termo, entre ciências humanas e ciências jurídicas foi muito bem trabalhada em meados do século passado pelo jussociológo Henri Lévy-Bruhl.

O professor da EHESS, apesar de reducionista, distingue as "ciências puras" das "ciências aplicadas ou técnicas", ainda que assuma desde logo que há nesta diferenciação certa dose de arbitrariedade. Não é a dificuldade ou a soma dos esforços, tampouco o método, que as distingue, mas a tendência ou o espírito dentro do qual a pesquisa se desenvolve: as ciências técnicas orientam-se para a solução de um problema de utilidade prática; as puras não se ocupam das conseqüências práticas. O pesquisador da ciência propriamente dita, abstrata, genuína, exerce atividade desinteressada, livre nas escolhas, sem ter em conta o bem-estar da humanidade, apenas o espírito humano.

Está, em suma, simplesmente a serviço da verdade – da ciência pela ciência (*science pour la science*). Por isso, posta esta classificação, conclui que o Direito está mais próximo de uma técnica do que de uma ciência, porque destinado a resolver problemas práticos que a vida social impõe. Isto está, inclusive, nas origens romanas da *scientia iuris*. Ao ocupar-se do que deve ser ao invés do que é, como as demais ciências sociais e seus fatos sociais, seu lugar no saber se distancia da simples investigação científica, passando a viver um espaço nebuloso entre a técnica e a ciência. Haveria uma ciência normativa, por mais contraditório que os termos em si se mostrem? Convém se debruçar sobre o traçado original.

As origens romanas da scientia iuris. A história da formação da *scientia iuris* no mundo romano não é simples, consolidada, homogênea e paradigmática, mas produto de inúmeras vicissitudes sociais, culturais e políticas. O primeiro ponto fundamental de compreensão desta *scientia iuris* é de que a produção do saber jurídico romano está intimamente relacionada ao que Aldo Schiavone denominou de "alternância sociológica de casta", isto é, a produção jurídica esteve sempre na estreita vinculação com a ascensão momentânea de determinados grupos sociais ao poder, seja este político, seja apenas de prestígio jurídico. Pelo próprio estudo do jurista e suas alternâncias também é possível compreender as modificações sociais e políticas, numa dupla imbricação (algo não muito distante do que ainda hoje se produz, como já visto por aqui nas linhas waratianas).

A *scientia iuris* é produto, portanto, da alteração dos juristas e do poder, ou, mais precisamente, das modificações políticas e das possibilidades criadas para que algumas pessoas, consoante seus papéis sociais, pudessem se colocar na função jus-autor (daquela acima mencionada de enunciação sintagmática das normas jurídicas, na esteira foucaultiana). Todo o artefato da *scientia iuris* é edificado com ascensões e quedas destas figuras, o que se revela ora pela presença dos "pontífices" nesta função jus-autor (no direito arcaico), ora dos "pretores", ora dos "jurisconsultos" (no direito republicano), ora do próprio "príncipe" (no direito do alto império), ou, derradeiramente, do "imperador" (no direito do baixo império). De qualquer modo, alteradas as condições de poder, alteraram-se as formulações jurisprudenciais, e, mais, mudaram-se as figuras subjetivas que passaram a regular e dar condições de criação à *scientia iuris*. No início, o poder vem da sacralidade dos pontífices, depois do *imperium* dos pretores, da *auctoritas* dos jurisconsultos republicanos, em seguida, com o *ius publicae respondendi ex auctoritate principis*, até que se transforma nos escolhidos pela lei das citações de Valentino III (426 d.C.). Portanto, há toda uma sorte de relações costuradas sempre entre autoridade, liderança, reputação.

Independentemente desta alternância no poder de emanar o direito, ressalta-se desde sempre uma mesma formação (grega, sobretudo) entre eles voltada à solução casuística dos casos concretos, e, é em torno desta prerrogativa que a *scientia iuris* se constrói. Para poder realizar a *ars inveniendi* (arte da investigação/descobrimento), buscando pontos de partida (*topoi*), os jurisconsultos tinham conhecimento das noções básicas das artes gregas: gramática, retórica e dialética. O que pensava Cícero era que a complexidade social e os novos problemas exigiam a formação de homens criativos, não só dispostos a apontar decisões para casos concretos como dar início a uma teorização do direito (ainda que um alto grau de abstração e complexidade não tenha sido alcançado). Cícero (*Sobre as leis*) criticava os juristas que apenas exploravam textos e fórmulas para aplicar em casos concretos, afirmando que isto seria um reducionismo, fazendo com que o Direito Romano perdesse sua grandeza e se resumisse a uma *ars litigandi* (arte de litigar): "É preciso aprofundar os estudos para além das questões meramente casuísticas". Cícero aceita como grandes jurisconsultos que fugiram a regras exclusivamente casuística: Mucio Scevola e Servio Sulpicio Rufo (este foi o responsável por inserir a lógica no direito, bem como desenvolver um método no ensino jurídico). Conhecer o direito vai além do saber das fontes, envolve dons que o homem recebe da natureza: amplitude e bondade do espírito humano. Afirma Cícero que falta uma doutrina com princípios reconhecidos por todos e pontos de partida de caráter geral, frise-se, contudo, que a obra de Cícero não causava grande impacto neste aspecto na época. É na formação do jurisconsulto que se exerce propriamente um pensamento prudente.

Há quem sustente que os romanos traduziram por *prudentia* a *Φρόνησις* grega, especialmente a dos estóicos e a de Aristóteles. Tercio Sampaio afirma que a *prudentia* vem ao lado de disciplina, *scientia*, *ars*, *notitia* para designar o saber jurídico e se liga inevitavelmente à *Φρόνησις* (prudência pragmática). A *Φρόνησις* está vinculada à dialética para os estóicos, e, esta compreende uma disposição espiritual equilibrada na hora de julgar. É uma virtude intelectual que distingue o bem do mal, o falso do verdadeiro. Dialética e *prudentia* constituem uma sabedoria moral ou inteligência virtuosa, de modo que ser sábio é ser prudente, opondo-se à desmedida, injustiça. O pensamento prudencial desenvolvido pelos jurisconsultos nas *responsa* está próximo das técnicas dialéticas dos gregos e se une à virtude própria do homem prudente. Cumpre aos jurisconsultos, então, compreender as fórmulas hipotéticas dos pretores, para que, com a prática, possam empreender um saber teórico prudente.

No início, os jurisconsultos pouco argumentam nas suas *responsa*, contudo, à medida que se avolumam, passam a recorrer à filosofia grega (dialética, retórica e gramática) para poder entrelaçar as *responsa*, buscando uma sistematização e uma coerência de opiniões. É aqui, segundo Tercio Sampaio, por meio das *responsa* que se inicia uma teoria jurídica entre os romanos. A *prudentia* tem um papel fundamental e está ligada àquela origem sagrada dos antepassados e da fundação e ampliação de Roma. O comportamento contrário aos costumes representava uma ofensa à ordem sagrada, assim como aquele contrário à *prudentia*. Por isso a *auctoritas* e a *prudentia* são marcas decisivas dos jurisconsultos. O direito por eles pronunciado está calcado na autoridade dos antepassados, cabendo ao jurisconsulto guardá-lo e indagá-lo com *prudentia*. Uma vez prudentes, as decisões dos magistrados, guiadas pela interpretação dos jurisconsultos, podem efetivamente alcançar a justiça (Pompônio).

A Φρόνησις representa a inteligência típica de uma virtude do pensamento prático. Ao lado da σοφία (sabedoria), a φρόνησις enceta uma sabedoria também, mas não teórica com a primeira, e sim prática: uma habilidade de discernimento, de pensar racionalmente levando em conta ações que devem ser tomadas e que produzirão certos efeitos. Não é simples técnica, mas uma habilidade de refletir, analisar a bondade dos fins, e, como não é abstrata como a primeira, conduz a uma habilidade política. A φρόνησις retórica, ao lado da ἀρετέ (virtude) e da εὐνοία (boa vontade), constitui o ἔθος (caráter do homem), conforme Aristóteles. Consiste numa habilidade que requer maturidade, um saber agir em situações particulares (que aos jovens falta, por não terem experiências), sendo necessária e suficiente para ser virtuoso. Como ela é prática, é impossível ser prudente (fronético) e ao mesmo tempo sem virtude, pois ninguém prudente pode agir contrário ao seu "bom julgamento".

Seguindo essa linha grega, verifica-se que a marca do jurisconsulto é a virtude da *prudentia*, logo, a sua forma de trabalhar com os problemas jurídicos passa a ser denominada de *iurisprudentia* e se une à necessidade de "teorização". Embora não afetos propriamente à abstração, são os jurisconsultos que iniciam a formulação dos primeiros conceitos básicos do direito, por influência da filosofia grega. E aqui reside, um esboço inicial da ciência do direito. Difere-se de um saber apenas casuístico, tal o do pretor ou do *iudex*, pois, distanciando-se de procedimentos decisórios concretos em relação à ordem normativa, permite distinguir questões de direito e questões de fato (Tercio Sampaio).

O direito começa a ser visto não como sustentado concretamente nos próprios eventos, mas em normas tomadas como critério para posterior julgamento à vista dos fatos. A hermenêutica se destaca do caso concreto, constituindo-se numa discussão autônoma, com critérios próprios, de modo que os fatos relevantes para o direito se tornam uma "questão jurídica" e não algo imanente aos fatos. É uma teorização sobre a manifestação autoritária dos exemplos e feitos dos antepassados e costumes derivados (não teoria em sentido contemporâneo de contemplação), logo, o saber jurisprudencial dos jurisconsultos não é uma orientação para auxiliar na descoberta do que é certo ou justo, mas uma confirmação, um fundamento do certo e do justo. Nesse sentido, aparece a formulação técnica deste saber – *iurisprudentia*, definida por Ulpiano (D. 1.1.10.2) como *iuris prudentia est divinarum et humanarum notitia, iusti atque iniusti scientia* (jurisprudência é o conhecimento das coisas divinas e humanas, a ciência do justo e do injusto). Não se pode esquecer que Ulpiano parte da divisão das coisas feitas por Gaio em *res divini iuris* e *res humani iuris*, de maneira que este saber deve alcançar todas as relações jurídicas, dos homens entre si e destes com os deuses. Visivelmente, segundo Cícero (*Sobre as leis*), esta definição de Ulpiano traz elementos de filosofia grega e tradição romana. É exatamente por conta da virtude da *prudentia*, do bem julgar, da ponderação e do equilíbrio, algo mais próximo dos deuses, que Ulpiano diz ser a *jurisprudentia* não apenas o conhecimento das coisas, mas o conhecimento do que é justo e injusto.

Percebe-se, também, dentre os traços dos primeiros passos da *scientia iuris* as marcas do estoicismo. Este foi fundado em III a.C. por Zenão, e, basicamente, sustenta que as emoções destrutivas resultam de erros de julgamento, de maneira que um sábio, porque atingiu uma perfeição moral e intelectual, é capaz de não sofrer destas emoções. O universo é corpóreo e regido por um princípio divino – logos, com o qual a alma se identifica. Esta razão universal ordena as coisas a produzir um cosmos, uma harmonia. Por isso, sustentando a apatia em relação a tudo o que é exterior, cumpre ao homem sábio obedecer à esta lei natural harmônica, compondo-se com o universo, mantendo a serenidade no que há de bom e de trágico. Por decorrência ética, tem-se que se deve "viver segundo a natureza" (esta, o logos), em suma, "viver segundo a razão". Por isso, o sábio é feliz não a partir das coisas externas, mas usando o ambiente para uma sabedoria e não se deixando escravizar pelas paixões. É necessário manter uma vontade de acordo com a natureza, para se ser virtuoso. Assim, a filosofia se torna um modo de vida, e é mais pelo comportamento do que pelas ideias que se reconhece um homem. Seguindo Zenão, Sêneca e Epíteto (romanos), sustentam os estóicos que a "virtude é suficiente para a felicidade", de modo que um sábio, por ser virtuoso, passa imune aos infortúnios da vida, logo, somente ele pode ser plenamente "livre" e todas as corrupções morais são igualmente viciosas.

Essas visões foram levadas a Roma em 155 a.C. por Diógenes de Babilônia, tendo encontrado eco em Marco Aurélio, Sêneca, Epíteto e Lucano. Visível, portanto, a grande influência cínica, epicurista e socrática. A sabedoria, então, é a ciência das coisas divinas e humanas, exercida pela virtude. No mundo, tudo está interligado pelo logos, que une os homens e os deuses, assim, a sabedoria permite que o homem viva de acordo com a sua natureza e com a natureza divina do universo. Esta lei é idêntica à reta razão, difundida, inclusive, na *civitas*. Um homem honrado, em curso bem ordenado de sua vida e na *civitas*, produz ações harmônicas. Por isso, a prudência enquanto virtude é o conhecimento adequado do bem e do mal para o bom escolher, logo, não há meio termo, ou uma pessoa é justa ou injusta, e só o sábio consegue fazer a correta escolha. Ulpiano (D. 1.1.1.): "diz que antes de se dedicar ao direito, o homem deve saber de onde ele *ius* deriva, logo, se vem da arte do justo, do bem, separando o que é mal, iníquo, ilícito e desejando que os homens bons se façam não pelo medo das penas, mas pela motivação de prêmios, aspirando à verdadeira filosofia."

Seguindo a filosofia grega, em especial o "conceito de lei" em Crysippo, que diz que a "lei é a rainha de todas as coisas divinas e humanas, daí então que seja a norma do justo e o do injusto", vê-se a proximidade com o conceito ulpiniano (D. 1.3.2). Nesse sentido, a justiça é *voluntas*; é a virtude que promove a convergência entre vontade e ação. A justiça é ato de vontade, mas não livre arbítrio, porque determinada por princípios racionais. Se para os estóicos a retidão da vontade é o supremo bem, então, esta firmeza é idêntica à reta razão (*recta ratio*) – *prudentia*. Todas as demais virtudes decorrem desta. Assim, o *honestum* compreende a justiça (distribuição de bens), a sabedoria, a temperança e a coragem. Daí a clássica definição dos estóicos e dos romanos de que a justiça "é dar a cada um o que é seu". Joaquim Salgado afirma que a conceituação de justiça dos jurisconsultos reflete a necessidade de sujeição do homem à lei, que se manifesta na esfera do divino, da natureza e do humano (*lex aeterna, lex naturalis* e *lex humana*). Essa noção vem incorporada em Ulpiano com sua "vontade constante e perpétua" da justiça que busca o seu objeto na lei natural. Logo, a realização da justiça para os estóicos e para os jurisconsultos depende da vontade (*voluntas* ou *constantia*), definida como uma tendência consciente, firme e inabalável para o bom e o justo (*honestum*). Por isso, jamais esta vontade pode ser interferida por algo externo, sob pena de se não ser justo e sábio.

Desta concepção decorrem preceitos importante do direito: *honeste vivere, alterum non leadere* e *suum cuique tribuere* (D. 1.1.10.1). Trata-se de normas que guiam os jurisconsultos no exercício de sua atividade, tanto quanto com homens na *civitas*. Pelo *honeste vivere*, devem os jurisconsultos por sua honestidade inspirar respeito; pelo *alterum non leadere*, devem apenas tratar de causas justas; e, pelo *suum cuique tribuere*, devem dar sempre os seus pareceres de acordo com as normas mais elevadas do direito, para não enganar as partes. Consiste num verdadeiro agir ético. Nesta visão, cria-se em Roma uma "moral dos deveres" (parenética), que implica em conselhos ou exortações que enfocam os princípios concernentes e coordenadores da vida cotidiana, para que o homem seja honrado. Neste sentido, estes preceitos do direito se traduzem em conselhos ou normas na linha da paranética. A síntese disto está em Epícteto que diz dever se conservar bem o que é seu e não invejar o alheio, tal os preceitos de Ulpiano.

Como decorrência destes preceitos para o agir, surge entre os autores a discussão sobre se haveria propriamente um pensamento singular e de natureza científica no Direito Romano, ou se apenas especificamente de um pensar mais amplo e artístico. Esse debate, que tem como expoentes Von Stroux, pela negativa de cientificidade, e em Theodor Viehweg (adiante investigado na questão da argumentação jurídica), pelo contrário, esboça-se a partir da relação entre direito e equidade em Cícero, especialmente no que tange ao entrelaçamento possível de um saber tópico e de um saber retórico. Cícero, em grande parte revelado por Theodor Viehweg, entende a tópica não como uma teoria dialética, mas *praxis* da argumentação. Por isso, os exercícios retóricos, próprios da *ars disputationis*, pressupõem um catálogo bem elaborado de lugares comuns (*topoi*), criados a partir de argumentos (*ars inveniendi*) e que almejam conclusões válidas a partir dos resultados obtidos. A tópica na retórica aparece como uma teoria dos lugares-comuns – conjunto organizado de categorias gerais, de argumentos agrupados para a persuasão e a disputa (repertório de termos-chaves) que facilita a busca de premissas, como, por exemplo, o consenso (*topos* como vontade da maioria). Trata-se de um "estilo de pensar" que indica decisões para os casos concretos, sem fundamentação filosófica, segundo Cícero (Tercio Sampaio). Por outro lado, a retórica se divide em três "gêneros": deliberativo, judiciário e panegírico; compõe-se dos seguintes "elementos": invenção dos argumentos/premissas, expressão em palavras, disposição, representação e se divide em termos de discurso em: introdução, narração dos fatos, refutação da parte contrária, conclusão. Abertas estão, então, as possibilidades para avançar no tema da junção destes dois saberes operados pela jurisprudência romana: o saber tópico-retórico, cujas bases sustentam o nascimento da *scientia iuris*.

Von Stroux analisa o clássico provérbio *ius summum saepe summa est malitia* (a suprema justiça de regra é suprema malícia) (Terencio) ou *summum ius summa crux* (suprema justiça, supremo sofrimento) (Columella), referidos com exclusividade numa epigrama por Cícero. Embora há quem procure relações com os sofistas gregos, especialmente Menandro. Este coloca a questão do conflito entre "direito estrito" e "equidade" dentro do direito, e aqui começa a se esboçar a cientificidade do direito. Afirma Von Stroux, sustentado em Cícero, que a base está na doutrina do direito e da equidade aristotélica, na qual a equidade é necessariamente um complemento do direito. Procura caracterizar o substrato histórico da epigrama, encontrando-o entre a antiga e formal jurisprudência nacional, ligada estritamente ao método literal de interpretação e às exigências de uma sociedade que ultrapassa este direito e este método. É com a nova escola do último século da República, no conflito pela admissão da interpretação baseada na *voluntas* contra a *verba* que aparece a questão. Von Stroux mostra este conflito *voluntas* vs *verba* na famosa causa Curiana, a qual demonstra a vitória do novo método e sua influência da retórica grega na solução. Os retóricos gregos trabalharam com o conflito *voluntas* x *verba* e desenvolveram um método próprio. Para cada caso típico (*stasis, positio*), os retóricos poderiam ajudar o orador com qualquer argumento possível no seu lado. Von Stroux, porém, afirma que nada havia de novo nos romanos, pois estes foram educados no final da República em retórica, e não há dúvida que o método grego esteve na mentalidade da jurisprudência romana, especialmente porque era um método pronto e servia aos problemas do momento.

Neste estertor republicano, os princípios gregos de equidade eram familiares no fórum, sendo bastante injusto dizer que a equidade seria bizantina para além do Digesto. O fato do *Corpus Iuris Civilis* não fazer menção a uma teoria sistemática não é porque não havia na literatura clássica, mas por ser ele autoexplicativo, ou por receber interpretação autorizativa do Imperador (forma de excluir todos os sinais de interpretação ou torná-la supérflua). Nessa linha, o edito foi um grande instrumento para fazer da *aequitas* um princípio fundamental, pois, segundo o provérbio, um "direito positivo" sem equidade não é direito. Justamente a retórica grega providencia os meios para implementação da equidade, especialmente a chamada "doutrina do status".

Esta teoria trabalhada por Cícero em *De Inventione*, embora já presente no II a.C. com o retórico grego Hermágoras, interroga-se: como se defender de uma acusação – concentrando-se nos fatos ou no direito? Neste último, quando as palavras da lei são ambíguas, quando parecem não refletir a intenção do legislador, quando há duas leis contraditórias aplicáveis ou quando não se referem a um caso particular mas cabe analogia, é necessária a interpretação com base no *summm ius summa iniuria* (suprema justiça, suprema injustiça). Isto se evidencia nos casos *causa Curiana* e *pro Caecina*, em que os juristas argüiram a interpretação de acordo com a *verba* e de acordo com a *voluntas*, e, em ambas, a equidade foi vitoriosa.

É neste instante, para Von Stroux, que a jurisprudência romana vira uma ciência. Há nítida influência da filosofia estóica e coube à Nova Academia e à Escola Peripatética sustentar o desenvolvimento da ciência jurídica romana. Fica claro que a retórica fornece os meios necessários na obra Tópica de Cícero, dedicada ao jurista Trebatius. A retórica, enquanto "teoria científica da argumentação", fornece os meios para que os juristas possam sistematizar as suas opiniões casuísticas. Todavia, há quem critique Von Stroux, afirmando que ele lera os juristas separados dos oradores, aqueles centrados na forma, e, estes na justiça; bem como pelo fato de acreditar que havia uma ciência sistemática, uma *Methodenlehre*.

É exatamente neste ponto que Theodor Viehweg faz a crítica a Von Stroux. Embora siga noutro caminho na relação entre direito e retórica, Theodor Viehweg contrasta a "intelectualidade dedutiva sistemática" desde Descartes e o "estilo orientado a problemas" da retórica clássica. Na primeira parte de seu livro, indaga a Antiguidade Grega e Romana, já que o termo tópica era quase desconhecido em seu tempo. Afirma que Aristóteles não apresenta a sua Tópica como parte da "lógica", mas como pertencente à "dialética". Acredita que Aristóteles oferece um catálogo de meios de raciocínio para ajudar em problemas, tracejando conclusões a partir de sentenças provavelmente verdadeiras. Igualmente, Cícero não chega em sua Tópica a trazer um fundamento filosófico, mas também propõe um catálogo de argumentos baseados na probabilidade e na utilidade no dia-a-dia. Nesse sentido, a tópica é uma *techne* (arte/técnica) de "pensamento orientado a problema", desenvolvida pela retórica.

A tópica pressupõe que por "problema" se entenda qualquer questão que parece permitir mais de uma resposta e que apenas questões relevantes precisam ser respondidas. O problema é trazido para um contexto de deduções mais ou menos explícitas e extensivas das quais a resposta pode ser inferida. Este contexto é o "sistema", logo, resolver um problema é também questão de classificá-lo num sistema. Se um dado sistema é posto em mente, apenas alguns problemas podem ser resolvidos, deixando os outros de serem problemas. Nesse sentido, topoi são pontos de vista que podem ajudar quando é escolhido um dado sistema ou uma forma de raciocínio. Alguns *topoi* auxiliam na resolução de quaisquer problemas, outros são restritivos. Theodor Viehweg, então, afirma que o *ius civile* desponta como um sistema dedutível, ao contrário do Digesto, posto que pertencente a um contexto em que sobressaem "orientações a problemas" mais do que sistemas de base. Assim, conceitos e regras do *ius civile* dificilmente conseguem ser sistematizados, logo, devem ser compreendidos para formar parte de um pensamento tópico. A tópica coleta pontos de vista, sintetiza e os organiza em catálogos, tal como o *ius civile* faz com o direito. Assim, os juristas formulam proposições que podem ser usadas como *topoi*, de conseqüência, as *regulae*, então, nada mais são do que um bom exemplo destas proposições.

Para Theodor Viehweg, a última seção do Digesto (D 50.17) é um exemplo deste catálogo de proposições, de *topoi*. Entende que este método de problemas-orientados não é ciência, ao contrário de Von Stroux. Valendo-se de Aristóteles e a diferença entre *techne* (arte) e *episteme* (ciência), conclui que os juristas romanos viam o *ius* como arte, pois juristas e oradores aplicavam o mesmo método de trabalho derivado da dialética de Aristóteles, nitidamente vinculado com a intelectualidade matemática da Antiguidade. Diz que no *ius civile* não há traços do estóico Chrysippus. Há, todavia, quem (Olga Tellegen-Couperus e Jan Willem Tellegen) critique esta comparação feita por Theodor Viehweg entre a Tópica de Cícero e a de Aristóteles, por ser aquela inferior quanto à qualificação das *regulae* como *topoi* no Direito Romano, pois elas são precedentes concretos mais do que simples e abstratos meios de raciocínio. Os *topoi* existiriam, por exemplo, nas próprias *Institutas* de Gaio. A par das discussões acadêmicas, o que ressalta é que toda uma forma de pensar voltada a problemas estava na base da formação da *scientia iuris* (Alfonso Gallo).

Fritz Schulz evidencia este saber tópico-retórico a partir de um exemplo, que convém aqui trazer, para demonstrar como se chega a uma solução justa. Em tempos republicanos, Marco, um cidadão romano, acaba sendo vítima de furto de sua escrava. Túlio, outro cidadão romano, adquire a escrava de um vendedor que lhe pareceu dono. Marco, em seguida, vê a posse da escrava com Túlio e pede que este a entregue, o qual resiste, dizendo que a adquiriu. O impasse é levado a um *iudex*, que recorre à *responsa*. O jurisconsulto discute quem é o dono, quem tem a posse, o que é propriedade, domínio, usucapião, posse (de boa-fé ou de má-fé), obrigação decorrente do delito etc. Assim, a partir de considerações sobre práticas lícitas e ilícitas e práticas sociais, a *responsa* é dada e o *iudex* formula a decisão prudente e justa, esboçando conceitos gerais (D. 41.3.33). "No princípio estava o caso" (Fritz Schulz). Logo, o justo não é tanto a devolução da escrava ou a sua manutenção sob a nova posse, mas o modo como o raciocínio haveria de ser extraído do caso concreto. Ainda, nesta mesma perspectiva, é possível, em outro caso, de "indenização", chegar-se à formulação da regra, quando se discute se é o comprador ou o devedor que deve restabelecer a situação anterior: (i) o vendedor de um cavalo deve ressarcir ao comprador o dano decorrente da mora; (ii) o vendedor de um animal deve ressarcir ao comprador o dano decorrente da mora; (iii) o vendedor de uma coisa deve ressarcir ao comprador o dano decorrente da mora; (iv) o devedor deve ressarcir ao seu credor o dano decorrente da mora; (v) o devedor deve ressarcir ao seu credor o dano decorrente da violação do direito de crédito.

Aprofundando, como já dito acima, neste pensamento tópico-retórico, a base da *scientia iuris*, está a racionalização do saber romano, intimamente vinculada à passagem da sacralidade à dessacralização. Inicialmente, como já visto, o saber dos presságios era secreto. Os pontífices eram os "sábios de Roma" e custodiavam e interpretavam com exclusividade o patrimônio mais importante: o calendário (com os dias fastos e nefastos e as formas lunares, bem assim os ritos para invocar as divindades). Tinham, portanto, um vínculo com o poder, pois o conhecimento exclusivo, o domínio do segredo, imprimia um poder absoluto. Contudo, na época republicana, este saber vai se tornando aberto, desvelado, seja inicialmente pelas mãos dos pretores, seja pela ebulição de um saber "vulgar", que se lança pelas vozes de alguns jurisconsultos e pela atitude de outros, como Gneo Flávio e Tibério Coruncânio, que procuram retirar esta exclusividade, abrindo a interpretação do direito. À medida que a complexidade política aumenta, o *ius* começa a se dissociar da experiência religiosa, e a expansão do saber jurídico ser transforma no logos da cidade, através de um "poder laico" da aristocracia. Não é por completo esquecida, embora muito se restrinja a partir do séc. III a.C. em *ius pontificium*. Aquele modelo de interpretação literal em que aos *patres* não competia senão seguir os conselhos e realizar uma conclusão literal, sem margem de discricionariedade, especialmente pela vinculação divina dos conselhos, agora, desvelado, torna-se poroso, flexível, apto a se adaptar à nova realidade da *civitas* (Vicenzo Ussani).

O pensamento jurídico no coração do II a.C. (150) era essencialmente "oral". Não um saber oral oracular, tal a época dos pontífices, mas um saber oral casuístico, prescritivo. O abandono da sacralidade arcaica em prol de um saber aristocrático, sustenta-se por um primado "jurisprudencial" e sua escrita. Mas antes da jurisprudência reassumir o seu papel, por um tempo, o *ius honorarium* se consagrou na formalização e na escritura do direito, como visto acima. Isto porque o saber jurídico, ainda que não fosse propriamente ato normativo (leis imperais, leis comiciais, editos ou a *duodecim tabulae*), era essencialmente oral. Apenas havia dois textos escritos teóricos: (i) de *usurpationibus* de Appio Claudio Cieco; e, (ii) *tripertita* de Sexto Elio Peto Cato. É a "luta política" que implica o abandono da oralidade em prol da escrita.

Assim, há um fio que une "escrita e política", posto que a escritura se traduz num grande artifício de divulgação popular do direito, em busca de um saber jurídico menos secreto e reservado. Tem-se, assim, um desvelamento do direito. A primeira obra – de *usurpationibus* – é a primeira grande obra literária jurídica romana (que não foi guardada, apenas referenciada) e que nos chegou por Pompônio (D. 1.2.2.36), tratando de um repertório de fórmulas pontificiais, com siglas e cláusulas ritualísticas até então secretas. Coube também a um colaborador de Appio, Gneo Flavio, levá-lo ao povo, divulgando-a (este texto tornado público ficou conhecido como *ius flavianum*, e, hoje se tem que Gneo não o roubou, já que teria sido escrito pelo próprio Appio com conotação antipontifical). A segunda – *tripertita* – também com intuito antipontifical, numa espécie de re-proposta da *duodecim tabulae*. Ambas servem a esta robusta abertura do direito e à sua dessacralização (Carlo Cannata).

Por volta dos anos 140/130 a.C., há um período crucial na história romana, que vai até a era de Augusto, dito pelos jusromanistas de revolução científica. Momento em que o tecido social e institucional do compromisso oligárquico começava a rachar, e o direito começava a se desvelar, fruto, inicialmente, dos editos pretorianos, e, posteriormente, desenvolvido do trabalho dos novos jurisconsultos. Não é mais a prática pontifical que funda o *ius civile*, mas a prática de expertos. Essa modificação se visualiza na *sicientia iuris civilis* por três grandes conjuntos de autores: (i) figuras como Giunio Bruto, Manio Manilio e Pubio Mucio Scevola, os quais fundaram o *ius civile*; (ii) o filho de Publio Mucio, Quinto Mucio Scevola, o qual construiu em gênero o direito civil, bem como um novo método lógico de organização por gênero a matéria tratada; (iii) a figura augustea de Marco Antistio Labeone. Também, por três séries de eventos: (i) passagem da oralidade à escrita, com de *usurpationibus* e *tripertita*; (ii) invenção de conceitos abstratos, permitindo a técnica classificatória platônico-aristotélica; (iii) conhecimento jurídico e primado político, símbolo da jurisprudência aristocrática, com o nascimento da *nobilitas*, à medida que cria uma "ciência autônoma" (Aldo Schiavone).

Essa autonomia, embora tivesse uma dimensão política, dada a notoriedade dos jurisconsultos, não se identificava mais diretamente com o grupo que estava no poder. Se Publio Mucio registrou por escrito suas *responsa*, coube a Quinto Mucio "pensar por conceitos", permitindo um impacto racionalizante e de força normativa da palavra escrita, sedimentando o *ius*.

Com Servio Sulpicio Rufo, estende-se este processo de "racionalização", pelo estabelecimento de uma nova integração entre "conceitos" e "saber jurídico" ou uma combinação entre "caso" e "ontologia", permitindo o embate entre o "individual" e a "generalidade do conceito". Este processo se conclui com Labeo, com o triunfo da "razão casuística" e o início de um projeto codificatório cesariano. Trata-se de um processo que termina com a "sistematização do saber", imerso num clima sistemático-codificatório (Aldo Schiavone). Em todos eles, especialmente no ambiente classificatório, há a marca da filosofia grega e de sua relação com a jurisprudência ética. O que se propunha era que, mantida a tradição, a autoridade estava intacta. É exatamente por este fato, que os romanos sentem a necessidade de buscar "pais fundadores" e exemplos autoritários em termos de pensamento e ideia s, que o fazem indo atrás dos gregos. Por isso a filosofia grega estará na tecitura do Direito Romano, servindo à construção de uma jurisprudência eminentemente ética (veja-se, por exemplo, a questão da boa-fé, com base estoica).

Ao lado deste saber sistemático, desenvolve-se toda uma técnica de ensino jurídico em Roma, através das faculdades de direito que começam a ser criadas. No Principado, escolas jurisprudenciais aparecem, como os Proculeianos e Sabinianos. Primeiro em Roma, depois, no período imperial, em Constantinopla e em Beirute. O saber se torna aberto, a começar com Tibério Coruncânio, sendo as artes gregas da gramática, dialética e retórica obrigatórias. Com o tempo, surgem os manuais de ensino, especialmente no estilo das *Institutas*, bem como aparece o uso cotidiano da literatura de Cícero para ensinar a retórica, tais as suas Catilinárias. As escolas filosóficas gregas, com o domínio romano a partir de 146 a.C., dos pré-socráticos aos herdeiros de Sócrates, Platão e Aristóteles também passam a ser divulgadas, até o seu encerramento feito por Justiniano.

Esta relação se aprofunda. Por força da gramática grega, os jurisconsultos começam a teorizar, e, em razão da *divisio*, vão além da *praxis*, iniciando processos de formulação de conceitos e classificações. Tercio Sampaio afirma que a vinculação entre a filosofia grega e a jurisprudência romana se vê na técnica da *divisio*, isto é, a construção de conceitos sob a forma de pares: *actio in rem* x *actio in personam*, *res corporales* x *res incorporales*, *ius publicum* x *ius privatum*. Trata-se de influência da gramática grega na *praxis* do saber romano. Foram os gregos a distinguir na gramática os *nomina* em gêneros e espécies, e formam os estóicos especificamente que lançaram a noção de que o gênero é partição nas espécies pelos contrários". Essa *divisio* foi o que permitiu a classificação e o esboço de conceitos, bem como abriu ao final espaço para a sistematização. Não foram poucas as classificações, tendo tudo começado já com o próprio *ius*: (i) *ius quiritum* – direito pré-clássico e núcleo posterior do *ius civile*; (ii) *ius civile* – relações entre romanos (que viria a ser tripartido entre natural, dos povos e civil); (iii) *ius naturale* – sem significado unívoco, podendo ser o direito conforme a natureza e a todos os viventes, ou conforme a razão humana; (iv) *ius gentium* – direito entre *peregrini* e *cives* ou só entre aqueles; (v) *ius publicum* e *ius privatum* – direito sobre a organização do estado e sobre os interesses particulares segundo Ulpiano (D.1,1,1,2) – Tercio Sampaio sustenta que o *publicum* é a esfera do lugar da ação, do encontro dos homens livres que se governam, enquanto o *privatum* é o lugar do labor, da casa, das atividades voltadas à subsistência; (vi) *ius commune* e *ius singulare* – normas aplicáveis à generalidade dos cidadãos e outras sugeridas como exceções por suas particularidades; (vii) *ius honorarium* – complexo de normas introduzidas pelos magistrados com *iurisdictio* para melhor aplicar o *ius civile*; (viii) *ius novum* e *ius extraordinarium* – conjunto de constituições imperiais do Principado e o conjunto derivado da atividade jurisdicional da autoridade imperial.

Outras questões poderiam ser lançadas, como a discussão sobre a definição do *ius naturale* e do *ius gentium*, para além da questão classificatória e que tem muita proximidade com a moral dos deveres estóica (mas que não convém aqui se aprofundar). Também, a própria definição do *ius commune* que fomenta o debate nos sécs. XVI e XVII, feita por Cícero, está arraigada na solidariedade cívica, no abandono do privilégio, com fundamento no *ius naturale*, vinculado à organização da *civitas*, de uma lei *erga omnes*. Tudo isto fruto deste processo de "abstração" e de "sistematização" do saber romano (Nevio Scarpini).

Porém, se por um lado, no final do Império Romano, a decadência do saber profundo se apresenta, quando este passa a ser rarefeito, a ponto de Justiniano I ter em 529 encerradas todas as escolas filosóficas, inclusive as gregas que permaneciam por serem pagãs (contrárias a fé cristã), é interessante perceber que o saber sistematizador, por outro lado, está no auge, e, materialmente, traduz-se na era das codificações a partir do séc. III d.C. Isto é visível em inúmeras obras jus romanas, mas quase todas seguem como exemplo a sistematização feita por Gaio. As *Institutas* assim se dividem: 4 Livros – Títulos organizados por matéria e iniciando em conceitos gerais: t. 1 Conceitos de Direito e Justiça; t. 2. Conceitos de Direito Natural, das Gentes, Civil; t. 3 Direito das pessoas etc. Trata-se de um processo baseado em opostos, em gênero e espécie, herdado dos gregos.

Ademais, mantém-se no direito uma natureza essencialmente jurisprudencial vinda da República, porém, com novo quadro político neste final da era romana, no qual ocorre um diálogo e uma mediação entre a política e a ciência jurídica. Os juristas asseguram lealdade e colaboração ao príncipe, ajudando-o a dar contornos jurídicos aos seus anseios, e, em troca, recebem a segurança acerca da preferência da fonte jurisprudencial em relação a todas as demais, inclusive à função legislativa do príncipe. Augusto estabelece que determinados juristas, escolhidos pessoalmente por lei, poderiam dar os *responsa* se sustentando na autoridade do príncipe: *ius publice respondendi ex auctoritate principis*. É uma forma de transferência da *acutoritas*. Os demais juristas não estavam proibidos de dar *responsa*, porém, apenas os juristas autorizados vinculavam as decisões nos tribunais. Representa, também, uma forma do príncipe de "controlar politicamente a magistratura". Pompônio, conforme o Digesto, manifestou que assim se "acrescia a autoridade do direito", especialmente pelo fato de se reduzir o "direito controverso". Uma forma de diminuir a incerteza sobre a autenticidade das *responsa*, que trazia dúvidas aos tribunais. Também, traduz-se numa forma de buscar uma sistemática do *ius civile*, num momento herdeiro do fim da República de escassez de fontes e impossibilidade do Senado em administrar todos os setores da via pública. Cícero, ainda na República, já havia manifestado a necessidade de sistematização (*De iure civili in artem redigendo*), enfim, necessidade de uma coletânea de leis. Por isso César já havia iniciado um "projeto codificatório" para "reduzir o direito civil a uma norma segura", o qual não foi adiante por força de sua morte. Agora, com a integração de estados itálicos ao povo romano, era fundamental a unificação política, jurídica e cultural da Itália, sobretudo porque no final da República o que ocorreu foi justamente o inverso. O cenário era de "obscuridade de normas", "dúvida de autenticidade dos textos", e, logo, incerteza do direito. Se, por um lado, a falta de uma codificação impedia a unificação, por outro, permitia que a jurisprudência assumisse um papel fundamental no "desenvolvimento do direito", dada a sua mutabilidade. Assim, Augusto

1. OS CONTORNOS DA JURIDICIDADE

consegue controlar a jurisprudência, mas também colocar ordem na confusão das respostas dos jurisconsultos (Aldo Schiavone).

A conseqüência disto é uma significativa decadência da *scientia iuris*. Os jurisconsultos do Principado, ao contrário da República, embora todos vindos de extração senatorial e de origem romano-itálica, não buscavam e nem percorriam uma carreira política, mas guardavam uma posição no interior do aparato burocrático-administrativo. As funções do *agere* e do *cavere* se reduzem, dada a diminuição da vitalidade do direito pretoriano. Assim, começa a se concentrar na "atividade científico-literária": obras casuísticas (*libri responsorum, libri quaestionum, disputationum, libri digestorum*), obras de comentário (*libri iuris civilis*, como de Quinto Mucio e Masurio Sabino, *ad edictum, conventiones*, como de Ulpiano), obras de caráter didático (sistematizações elementares, como *institutiones, libri regularum, sententiarum, opinionum, differentiarum*, especialmente no séc. II d.C.), e obras monográficas (em papiro, sobre temas específicos, como *fideicomicio*, testamento, *de cognitionibus, de testibus, de iudiciis publicis, de re militari, de officio consulis*).

Nesse contexto, como dito, nascem agrupamentos de jurisconsultos, conhecidos como as escolas dos séc. I a.C. e I d.C. (dinastias júlio-claudiana, flaviana e parte da antonina): sabiniana e proculeiana. Para alguns historiadores, são escolas que não se diferem propriamente no método, mas no pensamento político dos fundadores (Aldo Schiavone, Nevio Scapini), pois os sabinianos seriam conservadores, mais próximos do príncipe, enquanto os proculeianos mais liberais e mais distantes. Todavia, mesmo os que defendem eventual diferença, como Nevio Scapini, afirma que em inúmeros momentos não é possível efetivamente distingui-las, nem mesmo no plano político. Usa como exemplo a fixação da idade púbere e da compra e venda, para mostrar como são ambas conservadoras e liberais ao mesmo tempo.

Dentre os nomes que integraram as escolas, destacaram-se: (i) entre os sabinianos: Gaio Ateio Capito, que escreveu *libri de iure pontificio, libri coniectaneorum*, sobre direito pontifício e público; Masurio Sabino, único autor de família modesta, que redigiu *libri tres iuris civilis*, sobre direito civil e sacro; Cassio Longino, autor de *libri iuris civilis*, alcançou rápida fama, tanto que trouxe outro nome para a escola – "cassiana", porém foi peculiar, ora exilado por Nero, ora reabilitado por Vespasiano; Celio Sabino, antigo aluno de Cássio, acabou escrevendo *libri ad edictum aedilium curulium*, referente aos editos curuis, uma das pouquíssimas obras sobre o tema; Giavoleno Prisco, que, além de comentador de outras obras, também ensaiou *epistulae, quaestiones, responsa*; e, Aburnio Valente, singular autor sobre fideicomisso, com *libri fideicommissorum*; (ii) entre os proculeianos: Marcus Antistius Labeo, grande jurista, filho de Pacuvio (opositor da conjuração anticesariana), foi produtor de uma grande renovação, mas contrário ao regime do principado, razão pela qual acabou acusado por Capito de ser "invadido de uma ideia louca e desmedida de liberdade", especialmente pela sua obra libertas *quaedam nimia atque vecors*; Labeo inovou em matéria contratual, embora tenha sido um grande intérprete dos juristas, numa nova espécie de dialética entre intérprete e texto normativo (Inclusive, o método labeônico representa uma "revolução científica", a qual os imperadores não puderam ignorar); Licinius Proculus, autor de *epistulae, responsa*; Nerva Pai, homem culto, cujos títulos das obras são apenas conhecidos, mas sem conteúdo resgatado; Nerva Filho, importante na reconstrução da figura da usucapião com seu texto *libri de usucapionibus, responsa*; Pegaso, responsável por reelaborar o direito hereditário, bem como redator de *praefectus urbi*; Celso Pai, autor de que pouco se sabe; Celso Filho, hábil retórico e distinto nos discursos, redigiu 39 *libri digestorum*, uma das mais significativas obras salvas sobre *ius honorarium*; Nerazio Prisco, de menor envergadura, autor de *regulae, responsa*. Inobstante estes, outros juristas houveram, mas dos quais pouco se sabe: Sesto Pedio, sensível à questão da sistematização do direito e aos comentários dos editos pretorianos; Plauzio, que reuniu sistematicamente outros pronunciamentos jurisprudenciais; e, Aristone, também comentador de Sabino e Cassio. Eis a derradeira marca da *scientia iuris* romana.

A recepção medieval e o saber jurídico universitário. Embora o destino do Direito Romano seja manifestado pelas tendências doutrinárias de vanguarda nos sécs. XVI a XVII por estes três eixos, numa formulação de um *ius proprium* como *ius commune* pré-luzes e pré-Estado de Direito, isto só foi possível por um gradativo processo iniciado no séc. XI, com aquilo que ficou conhecido como a redescoberta do Direito Romano na Idade Média, ou, simplesmente, o "fenômeno da recepção". A marca da ciência jurídica medieval, exceto as reflexões da patrística e da escolástica e do jusnaturalismo racionalista, é o fenômeno da recepção. Após a escuridão da Alta Idade Média e seu pluralismo, que por cerca de cinco séculos viu a derrocada do Direito Romano e o avanço dos direitos germânicos, reaparece o interesse em resgatar a antiguidade clássica. Porém, tudo se inicia quando um manuscrito de 1050 d.C, intitulado *Lettera Pisana*, e, depois em 1406 d.C., *Lettera Fiorentina* (documento datado do séc. VI ou VII), traz a público o antigo Corpus Iuris Civilis.

Estas *lettere* permitem o acesso ao *Corpus Iuris Civilis* e abrem espaço para que surja a primeira escola jurídica européia, na então, primeira Universidade, a Universidade de Bologna, com seus estudos sobre o Direito Romano. Funda-se, assim, a partir de uma personagem indispensável ao direito ocidental: Irnerius (também conhecido como "lâmpada do direito" – *lucerna iuris*, segundo Odofredo, 1234), quando, em meados do séc. XII, passa a ensinar por iniciativa própria (de *auctoritate* sua) o direito justinianeu descoberto na *Lettera Pisana* em Bolonha. É aqui que se configura a escola, embora houvesse estudos esparsos em Pavia e na Lombardia. Coube a esta escola o nome de glosadores, que foi atribuído por Acúrsio, o qual por volta de 1240 reúne todas as considerações na obra *Magna Glosa*, também conhecida como *Glosa Ordinaria* ou a *Magna Glosa* de Acúrsio. A origem propriamente ainda é discutida, se vinda de um tal Pepo, que lecionara em Provenza, se por força da própria Igreja e sua autoridade monárquica. De qualquer modo, foi uma escola laica, sem sede até o séc. XIV, tendo seus debates na casa dos doutores ou em algumas ruas: *Vie delle Asse dei Gargiolari, Vie S. Marmolo, Via Farini* etc.

A escola dos glosadores assumiu algumas características peculiares. Fidelidade ao texto justinianeu, já que os textos de Justiniano tinham uma origem quase sagrada (Justiniano seria contemporâneo de Cristo), por isso, apenas deveria ser interpretado. Não por outra razão promoveram uma interpretação anotativa – para esclarecer (*verba tenere*) e captar (*sensum eligere*) o sentido das palavras e não para criar ou reconstruir os sentidos. Caráter analítico, já que a análise era independente de cada texto jurídico, para o qual eram feitas glosas marginais ou interlineares ou um comentário mais completo (*apparatus*). Caráter não sistemático, posto que se manifestaram nos comentários por formas variadas: glosa remissiva ou interpretativa (se escrita pelo próprio mestre – *glossa redacta* ou se escrita por um aluno – *glossa reportata*), *summa* (tratado sintético), *brocarda, regulae* (formulação de regras doutrinárias), *dissensiones doctorum, quaestiones vexatae* ou *disputae* (discussão de questões jurídicas controversas), *argumenta* (argumentos), *casus* (análise de casos práticos).

Coube aos glosadores o mérito de criar uma linguagem técnica sobre o direito, e não meramente descritiva de fórmulas do Direito Romano. Embora se diga que seus objetivos eram transformar os textos romanos como normas para o presente, Manuel Hespanha sustenta que a intenção não era "predominantemente" prática, mas objetivo teórico-dogmático, com vistas a demonstrar a racionalidade dos textos do que propriamente tornar o Direito Romano diretamente útil na vida quotidiana. Tanto que se distanciaram de sua vida presente, especialmente do ambiente legislativo que havia naquele momento. Por suas ideias, começaram a sustentar que o texto romano escrito não precisava ser confirmado pelos costumes, o que acabou tendo uma dimensão inevitavelmente prática. Como estudar um direito imperial e com grande prestígio sagrado era algo extremamente útil naquele momento, acabaram tendo dimensão prática, mas muito mais pela "autoridade intelectual do saber romano", venerado, do que pelo uso prático do Direito Romano. Frederico II, que queria unificar as cidades italianas, valorizou as ideias dos Glosadores.

Criava-se, assim, uma aliança interessante para o imperador, pois dava a cientificidade que necessitava para as leis imperiais, bem como os glosadores se beneficiavam da imunidade e da proteção imperial (Autentica habita, 1158). Uma aliança se inaugurava imperador-doutores bolonheses, sem embargo Frederico II venha criar uma escola em Nápoles. O Papa Onório II chegou a dizer que era da escola de Bolonha que saíam os chefes para dirigir o povo do Senhor. A Comuna de Bologna apoiou estudantes e professores, protegendo suas casas e proibindo que livros fossem exportados, tal uma espionagem. O sacerdote Ludovico Muratori no início do séc. XVIII chegou a dizer que a obra dos glosadores era verdadeiramente um livro *caduto dal cielo* (caído do céu), eis porque Direito se escrevia com letra maiúscula, como uma *legalis sapientia*. A filosofia cai em descrédito pelo valor que o curso de direito e de medicina ganhavam. Desenvolvia-se, então, o *Studium* (*universitas* para o Direito Romano) com professores contratados para alunos italianos (*citramontani*) – Lombaria, Toscana, Romanos, Campanos e para os de fora (*ultramontana*) – 13 nações européias.

No *studium bolognese*, primeiro, estudavam-se as *artes liberales* (gramática, lógica, aritmética, geometria, astronomia e música) – a *rerum notitia* como quiseram os romanos (por isso há referências sempre extra-jurídicas nas glosas). Seus principais membros foram: Irnerius (discípulos Mantinus, Bulgarus, Jacobus e Hugo), Accursio, Azo (*Summa codicis*), Odofredo, Henrique de Susa, Alberico di Porta Ravegnana, Rolandino dei Romanzi, Rolandino de'Passeggeri, e, Egidio Foscherari. Os quatro discípulos – doutores – de Irnerius chegaram a ser chamados para se tornar conselheiros do imperador, na Dieta de Roncaglia (1158), tal o prestígio que alcançaram.

Os seus membros debateram inúmeros assuntos, muitos, que tiveram repercussões políticas: poderes do imperador, validade do direito comunal face o imperial/romano, titularidade do poder supremo (*merum imperium*) por outorga (*prelatura*) ou não, se a vontade do príncipe podia alterar a ordem do direito (*an in iure pro ratione stat voluntas*), se o poder do príncipe era pleno, puro ou absoluto. Não discutiam propriamente as questões jurídicas de seu tempo, mas a "interpretação de conceitos" (*imperium merum, plena vel plenissima potestas, magistratus sublimes*) contidos em textos de Direito Romano sobre situações às vezes já inexistentes no séc. XII (Manuel Hespanha). Estas interpretações poderiam ser adaptadas à realidade daquele momento, mas a legitimidade das soluções encontradas pelos debates dos glosadores decorria da coerência com o modelo racional e eterno romano, e não pela sua adaptabilidade. Quanto ao poder supremo do imperador, era questão intrincada, ao contrário do Papa, cuja sacralidade era aceita. Foi exatamente por força da interpretação do bolonhês Henrique de Susa que os imperadores conservariam até o fim do *Ancien Régime* a justificação de seu poder como não submisso às leis, e, por tanto, irresponsáveis. Podiam os príncipes afastar as leis quando bem entendessem, aceitando filhos bastardos, emancipando menores, perdoando criminosos etc.

O prestígio foi tamanho que, mesmo sofrendo críticas, como de falta de conhecimento histórico, latinidade bárbara, falta de bom senso e observações ineptas (Raoul Van Caenegen), estudantes de toda a Europa vieram a Bologna escutar aqueles doutores que interpretavam textos misteriosos, fundando então propriamente o conceito de *universitas* (Manuel Hespanha). A evidência disso é que em Bologna, cidade quase sem estátuas, tem as tumbas de seus glosadores na praça: Accursio e seu filho Francesco d'Accursio; Odofredo e Rolandino dei Romanzi, todos na Piazza San Francesco; Egidio Foscherari e Rolandino de'Passeggeri, ambos na sala de aula na Piazza San Domenico, Alberico di Porta Ravegnana

Após o brilho dos glosadores, em razão do surto urbanista, e o desenvolvimento mercantil XIII e XIV, exige-se dos doutores que haja no plano jurídico uma valorização dos direitos locais face ao *ius commune* (especialmente das chancelarias reais). Os direitos locais permitem a flexibilidade e a adaptabilidade para a vida e do direito, que não o permitia o direito dos doutores. Estes direitos locais flexíveis, que se expandiam junto com os mercados, exigiam que fossem incorporados dentro do *ius commune* (direito comum como fato espiritual para Francesco Calasso). Para isso, seria preciso que a incorporação se efetivasse num "corpo orgânico", gravado por princípios sistematizadores, sem que houvesse a derrocada deste pluralismo (Michel Villey). É um momento de atualização e alargamento do direito comum.

Diante desta necessidade de atualização do *ius commune*, sistematizando a incorporação dos direitos locais, surgem os comentadores, também denominados de *post-glosadores*, práticos, conciliadores, conhecidos por Franz Wieacker como "arquitetos da modernidade européia" (ao lado de Dante, Giotto e Petrarca). Convém apenas atentar que há uma divergência doutrinária no nome. Para alguns historiadores (Emilio Costa e Mário Marques), os denominados *post-glosadores* ou também de pós-acursianos seriam os juristas da última metade do séc. XIII, especialmente Rolandino de' Passaggieri, Alberto da Gandino e Gulgielmo Durante, que, por meio do *Tractatus* se colocaram como um período de transição entre glosadores e comentadores, privilegiando estudos monográficos e práticos, como em matérias processuais, penais, notariais e do *ius proprium*. Todavia, a imensa maioria dos historiadores, afirme-se Franz Wieacker, Raoul Van Caenegem e Manuel Hespanha denominam estes também por glosadores, para deixar o nome pós-glosadores apenas para o novo movimento europeu.

Houve autores iniciais que lançaram as primeiras ideia s da escola dos comentadores ou pós-glosadores: Jacques de Révigny e Pierre de Belleperche, contudo, a fundação da escola coube a Cino da Pistoia no final do séc. XIII em Pistóia na Toscana, na época pré-humanista de Dante Alighieri e do doce estilo novo (publica *Lectura super codice*). O jurista mais influente foi Bartolo de Sassoferrato (*Commentaria* ao *Corpus Iuris Civilis*) do início do séc. XIV, de Perugia. Sua influência é fundamental e perdura até o séc. XVIII, a ponto de se dizer que ninguém seria jurista se não fosse discípulo das ideias de Bártolo (*nemo jurista nisi bartolista*). Os Reis Católicos na sua pragmática de 1499 chegaram a impor aos juristas espanhóis o recurso à opinião de Bártolo e também de Baldo. Também Baldo degli Ubaldi, com grande formação filosófica em meados do séc. XIV; Paulo de Castro já no início do séc. XV, influenciado pelas ideia s escolásticas-franciscanas; Jasao del Maino, no final do séc. XV, momento de decadência da escola, e, por fim, autores menores como Giovanni d'Andrea (XIV) e Nicolau de Tudeschi – Abade Panormitano (XV). Ainda, Johannes Andreae (XIV), Luca da Penne (XIV), Raffaele Fulgosio (XIV-XV) e Paolo di Castro (XIV-XV)

São autores marcados por uma necessidade prática, por isso, debruçam-se sobre todo o corpus do *ius commune* (direito romano, canônico, feudal, local) e procuram unificá-los e os adaptar às necessidades normativas dos fins da Idade Média. Assim, como procuraram uma dimensão prática, havia para Manuel Hespanha uma tensão entre "verdade" e "realidade", típica do pensamento tomista do momento. A escolástica representava naquele momento uma corrente contra-integrista, logo, era contrária à redução de todo o saber legítimo ao saber contido em textos de autoridade, e que recomendava o uso destes textos para todos os problemas práticos e teóricos, especialmente aqueles que levassem à "verdade revelada" (argumento de autoridade). Isto implica que as artes, as ciências e o direito só eram estudados se úteis para interpretar a tradição dotada de autoridade. Com a descoberta de novos textos lógicos de Aristóteles (Tópicos e Elencos Sofísticos), dá-se a "revolução escolástica", associada à insatisfação das Escrituras para resolução de todos os problemas, gerando o restabelecimento da crença na razão e o renascimento das ciências profanas. Então, desfaz-se o conflito entre "razão" e "fé", pois cada uma passa a ter campo próprio, e ao direito se abre espaço para uma investigação intelectual livre. É o início da "atitude filosófica realista (porque se investigam as coisas e não o que os textos sagrados dizem das coisas) e racionalista (baseado no auxílio de processos racionais, sustentados em regras de pensar corretamente – lógica)."

Assim, a serviço da interpretação jurídica, colocam-se instrumentos lógico-dogmáticos, que permitem aos comentadores inovações dogmáticas necessárias às aspirações normativas daquele momento. Se a atividade dos "glosadores" era basicamente "acadêmica", a dos "comentadores" passa a ser mais "prática" (consultores de magistrados e particulares). Os magistrados passam a se aconselhar com os comentadores (era, de fato, requisito que passasse por um comentador para ganhar trânsito em julgado a sentença).

A metodologia usada pelos pós-glosadores foi recuperada pelos escolásticos Jacques de Revigny e Pierre de Belleperche, apresentando uma passagem rigorosa pelas seguintes etapas na interpretação do *Corpus Iuris Civilis*: (i) delimitam-se os argumentos que devem ser confrontados e definição das fontes; (ii) analisa-se o texto, dividindo-o nos seus elementos fundamentais; (iii) recompõe-se novamente a unidade; (iv) fixam-se exemplos para verificar na prática a teoria; (v) relê-se atentamente; (vi) buscam-se a ratio da norma, razões e objetivos da sua criação; (vii) fazem-se anotações pessoais do comentador; e, ao final, (viii) confrontam-se objeções, para se preparar uma interpretação unívoca (Emilio Costa e Andrea Errera)

Enquanto os glosadores se consagraram pelas variadas *glosae*, os comentadores se consagraram por outras manifestações: (i) *comentarium* – aparato de interpretações e doutrinas em torno de uma lei, privilegiando a *ratio* (e não a *littera*) do texto; (ii) *tractatus* – forma erudita monográfica sobre ponto singular, especialmente sobre pontos que os glosadores não desenvolveram em matérias comerciais, estatuárias etc.; (iii) *consilia* – pareceres a pedido do juiz ou das partes (*consilium sapientia*), os quais acabam permitindo uma influência do direito erudito sobre a justiça ordinária, e, logo, do *ius commune* sobre o *ius proprium*.

No plano teórico, procuram equilíbrio entre "direito" e "realidade", por isso, a escola dos comentadores manteve o significado romano de *prudentia*, buscando o "justo" para realizá-lo. Diversamente de hoje, em que a interpretação (antes identificada com *scientia iuris*) visa a compreender o significado do preceito legislativo para que possa ser aplicado, entre os medievalistas a regra era conhecer para atuar. Havia uma atividade essencialmente criativa, equilibrando a rigidez do direito romano e a realidade movente. Por essa razão, há bastante liberdade na interpretação do *Corpus Iuris Civilis*, conjugando "leitura e realidade".

Os glosadores assumiram uma postura analítica, exegética e casuística – sobrepondo a estrutura do texto à unidade intencional do discurso, já os comentadores antepõem o *sensus* à verba (texto da lei). As palavras se tornam instrumentais e a busca da *ratio legis*, da substância racional (*medulla rationis*) se torna o objetivo – subordinação do elemento literal. Tem-se uma passagem

1. OS CONTORNOS DA JURIDICIDADE

da visão estática (glosadores) de lei e direito para uma visão dinâmica (comentadores). De qualquer forma, para ambos, o direito é um corpus unitário sem antinomias, por isso, lançam mão das diversas formas de *interpretatio*: declarativa, restritiva (*comprehensio legis*) e extensiva (*extensio legis*). Todavia, os glosadores mais se ocupam da declarativa e da *comprehensio legis*, enquanto os comentadores avançam pela *extensio legis* (Manuel Hespanha).

Além do fato dos comentadores terem destacado a figura do jurista, enquanto técnico que desempenha papel no equilíbrio político e social europeu, suas ideia s se tornaram base de teorias e figuras dogmáticas importantes, como: (i) teoria da pluralidade das situações reais (relações homens-*res*) – diversamente de hoje em que a relação é exclusiva e absoluta, para os comentadores, tem-se que o *dominium* podia ser "não-exclusivo", incidindo sobre a mesma coisa (coisa com substância única mas variedade de utilização) – de modo que mais de uma pessoa poderia exercer poder sobre a mesma coisa de modo absoluto, mas em parte de sua utilização (no feudo, enfiteuse, arrendamento, censo, administração) – domínio dividido: titulares de um *dominium directum* que possuía *actio directa* e titulares de um *dominium utile* com a *actio utilis* (essência una, usos plurais); (ii) aplicação espacial dos ordenamentos jurídicos (teoria estatutária) – conflitos espaciais entre ordenamentos no alto medievo, de acordo com a pertinência a uma nação, a um grupo humano (*Personenverband*), por isso o âmbito de aplicação do direito coincidia então com o âmbito de uma tribo, comunidade de sangue ou tradição (momento de formação dos reinos europeus, IX-XII, em que o princípio da territorialidade era o que valia) – logo, os comentadores escutam a mobilidade das pessoas com a expansão do comércio e a necessidade de dispor de acordo com a pertença "nacional" ou sujeição política (por isso, pensam limitações à teoria dos súditos, a partir de critérios como *lex actus, lex fori, lex rei sitae* etc); (iii) teoria da naturalidade do poder político (*iurisdictio*) – em relação à faculdade de editar normas e declarar o direito, havia até então uma concepção autoritária – atributo exclusivo ou por delegação do príncipe "sucessor" de Cristo (*nulla potestas nisi a Deo*) – porém, com Baldo, o fundamento do poder é natural, logo, independe de concessão superior, de poder político vinculado à ordem das coisas mundanas, pulverizado e dividido na sociedade. Na *iurisdictio*, o juiz detém o *imperium* (por iniciativa própria) e a *iurisdictio* de dizer o direito – trata-se de concepção naturalista e hierarquizada do poder político, dando conta da pluralidade e coexistência de poderes de uma sociedade corporativa (Manuel Hespanha).

Naturalmente, os comentadores sofreram inúmeras críticas, como a prática abusiva de subdivisões, primazia de opiniões (dogmas) e má latinidade (Raoul Van Caenegen). Nesse contexto, a *opinio communis doctorum* ganha espaço (embora não houvesse entre os romanos), pois tanto Baldo quanto Bartolo dizem que a opinião comum e o consenso dos doutores são importantes, especialmente para que os juízes possam segui-los. Isto ocorre não pela ideia sagrada dos intérpretes, mas pelo fato de que os juristas medievais, lançados ao estrelato neste momento, assumem o papel que muitas vezes os legisladores não ocuparam.

Para alguns autores, o *mos italicus iura docendi* representa apenas a escola dos comentadores (neste sentido, Manuel Hespanha e Mário Marques), para outros, alcança um projeto de quatro séculos, deste os primeiros glosadores (nesta linha, Alejandro Brito). De qualquer modo, é possível entender que os comentadores avançaram o projeto dos glosadores, sem os abandonar completamente. Por isso, é possível dizer que o *mos italicus* é coroado pelos comentadores, com traços dos glosadores, posto que ambos, em termos metodológicos (ainda que divergentes quanto à aplicação prática) expressam um mesmo rigor de trabalho com os textos romanísticos: "método casuístico e analítico".

Ao lado da mudança de objeto operada na doutrina, posto que no lugar do Direito Romano se afirma a *iura propria* dos direitos nacionais régios, por outro, opera-se uma brusca modificação epistemológica, face o desenvolvimento da lógica interna do sistema discursivo do direito. Os comentadores haviam buscado uma "lógica de unificação interna" do ordenamento jurídico, através da "dialética aristotélico-escolástica". Os comentadores haviam conseguido extrair princípios a partir da análise de textos isolados (por meio de parentelas conceituais, hierarquia mútua etc). Agora, uma vez fixados os axiomas de cada instituto e o significado técnico-jurídico das palavras (*significatio verborum*) era possível buscar a coerência interna e a sistematização destes princípios. É possível, então, que o direito siga seus passos sem que se apóie nos textos da tradição romanista, ou seja, já é possível o uso do raciocínio dedutivo, procurando-se a solução jurídica conveniente não por rebuscadas interpretações, mas pela "especificação dos axiomas jurídicos" recém-formulados (Manuel Hespanha e Mário Marques).

1. OS CONTORNOS DA JURIDICIDADE

Encerrado o arsenal argumentativo do *mos italicus*, era possível desconstruí-lo em busca de um método mais simples e natural de raciocinar. Assim, abandona-se a complicada "dialética aristotélico-escolástica" do bartolismo em prol de uma "dialética simplificada, natural e próxima do senso comum". Procura-se tratar os problemas de uma forma popular (*populariter*), ao alcance do povo. A insegurança, a contraditoriedade e a instabilidade dos princípios no sistema dos comentadores para a formação de soluções (*Rechtsfindung*) cediam espaço a um "sistema lógico-conceitual", isento de contradições. Logo, no lugar da *opinio comunis* aparece na função disciplinadora a "lógica interna do sistema" (critérios de boa razão) (Mário Marques).

Nesse contexto, surge o que se denominou de escola culta, humanista ou *mos gallicus iura docendi*, no curso da França do séc. XVI, suplantando o *mos italicus iura docendi*. O aparecimento do *mos gallicus* se dá pela reformulação da metodologia dos comentadores na tentativa de "restaurar a pureza dos textos jurídicos romanos". Trata-se do momento do Renascimento e sua paixão pela Antiguidade Clássica, da tentativa de se recuperar a beleza do latim e da cultura clássica. O humanismo jurídico recebe da "escolástica medieval" o culto à realidade (embora não aceite a submissão às autoridades) e do "neoplatonismo renascentista" o poder livre e ilimitado da razão e das formas puras. Como decorrência, possui como características: o anti-tradicionalismo, a crítica das autoridades, o racionalismo e o academicismo. Para ele, o fato dos direitos nacionais (*iura propria*) alcançar espaço significativo permite à metodologia do direito de se afastar de suas necessidades práticas, assumindo feições "antiquaristas, histórico-literário e teórico." Por outro lado, afasta-se daquela figura pedante e letrada dos juristas comentadores, aproximando-se do senso comum (Manuel Hespanha).

O humanismo jurídico foi marcado por algumas ideia s que transcenderam o seu momento, dentre elas: (i) depuração histórico filológica dos textos jurídicos romanos – com vistas a fugir das glosas, comentários e interpolações (busca do primitivo sentido) – dando-se origem a revisões críticas do código teodosiano e do *Corpus Iuris Civilis* (Jacob Godofredo e Dionísio Godofredo); (ii) construção sistemática do direito – baseada no idealismo platônico e na obra de Cícero (*De iure civili in artem redigendo*), propõe-se uma exposição sistemática e metódica do direito (em oposição ao caráter não-metódico, atomista e analítico dos comentadores) (Hugo Doneau e Jean Domat); (iii) direito natural racionalista e sistemático – contagiados pela tradição jusnaturalista romana, especialmente a ideia de que o justo é conformar-se segundo a lei natural e não a lei humana, porque aquela está baseada na "razão", abandona-se em parte o direito justinianeu e se volta ao "Direito Romano Clássico", posto que este era dedutível a dois ou três princípios racionais (*neminem laedere* e *pacta sunt servanda*).

Em suma, o humanismo jurídico é a segunda recriação do Direito Romano, agora racionalista em comparação à primeira dos comentadores. Teve como grandes expoentes, inicialmente, na França, Jacques Cujas, François Hotman, Hugo Doneau, Duarenus, Brissonius (XVI). Em seguida, por força do refúgio de huguenotes protestantes franceses perseguidos, humanistas franceses seguem para Alemanha e Países Baixos. Na Holanda, Vinnius, Voet, Noodt, Huigh van Groot (De iure belli ac pacis livri tres) (XVII-XVIII) e em Portugal, Serafim de Freitas (XVII).

Todavia, embora o humanismo encerre o que se denominou como o grande processo de recepção jusromanista, iniciado pelo *mos italicus* dos glosadores e pós-glosadores, já que a partir de então o iluminismo se aproxima e os códigos jusnaturalistas assumem o papel de construção do ordenamento jurídico e a moderna ciência do direito, convém informar, apenas a título de formação, que, durante os sécs. XVII e XVIII (especialmente sob o reinado de Louis XIV, *Le Roi Soleil*) instaura-se na França um debate já presente no séc. XVI em relação ao retorno aos antigos, especialmente no âmbito das artes e da literatura. Este debate, que alcançou o plano jurídico e jusfilosófico, denominou-se *Querelle des Anciens et des Modernes* (disputa entre antigos e modernos), e se consagrou em termos metodológicos pela fixação das duas grandes formas de recepção da antiguidade greco-romana, já que opôs, de um lado, (i) *les Anciens* (os antigos), como Boileau, Racine, La Bruyère, La Fontaine, Madame Dacier etc., que sustentaram a geniosidade dos escritos antigos, especialmente Homero e Virgílio, devendo restar de modelos na prática das artes (lendo o ideal greco-latino como perfeição artística), logo, sob o ponto de vista jurídico, também a exaltação do Direito Romano como a melhor e mais complexa expressão jurídica da humanidade; de outro, (ii) *les Modernes* (os modernos), como Perrault, Quinault, Saint-Évremond, Fontenelle, Houdar de la Motte etc. todos herdeiros de Descartes e Pascal, os quais criticam a Antiguidade em termos de razão de progresso das técnicas e das ciências, bem como do tédio que os autores clássicos podem causar ao público (rejeitando os modelos antigos e inventando novas formas). Esta *Querelle*, se por um lado, serviu para balizar a recepção da romanística sob um olhar histórico, por outro, serviu a sedimentar a necessidade de buscar novos horizontes intelectuais entre os sécs. XVI e XVIII. Com isso, encerra-se a expansão do Direito Romano e novos movimentos culturais aparecem e passam a trabalhar criticamente com o Direito Romano ao final do séc. XVIII e início do séc. XIX. Estas bases de sustentação do direito a partir da *scientia iuris*, ao lado de toda a revolução científica e filosófica acima mencionada, abrem o caminho para a ciência moderna do direito, ou, apenas, passa-se efetivamente da *scientia iuris* a *ciência do direito*.

A modernidade e a ciência do direito. Apesar dos esboços romanos e da recepção medieval, no âmbito próprio, a ciência jurídica nasce enquanto ciência humana datada historicamente no correr do séc. XVIII, quando o iluminismo e o positivismo assumem papel de destaque. É no conjunto do jogo de forças do estado moderno em ascensão, do fim do *Ancien Régime*, e da necessidade de se repensar a arbitrariedade da atuação estatal que fazem com que os juristas passem a delimitar um campo próprio de investigação. As crescentes mudanças operadas pelo fim do colonialismo, dos regimes metrópole-colônia e da aquisição primitiva do capital pelas trocas comerciais, com a consequente assunção de uma nova forma de organização social pelo engrandecimento da burguesia, a redução do espaço concedido ao poder eclesiástico, a negação das explicações míticas e religiosas para os fatos da vida, o enclausuramento dos homens dentro das fábricas traz mudanças significativas na vida comunitária e individual.

Num dado instante, a partir do séc. XVII, há uma mudança abrupta na vida dos homens, posto que, se antes eram reconhecidos por serem "alguém e suas profissões" (fulano o marceneiro, o ourives, o padeiro) ou sua origem territorial (fulano de Roma, de Flandres, de Veneza), agora passam simplesmente a ser mais um dentre aqueles que laboram dentro dos teares. Ademais, passam a ter hora de trabalho, hora de lazer, convivendo com pessoas estranhas (diversamente de seus laços de solidariedade mecânica, nos dizeres de Durkheim), facilmente substituídas umas pelas outras, já que antes, o sujeito cortava a madeira, entalhava, produzia o seu produto e o vendia na feira ou para a sua subsistência, então passa apenas a ser o afilador do arame para fazer parte do alfinete e de cujo processo não mais participa por inteiro (a então alienação que Marx viria a denunciar). Essa redução da subjetividade trouxe, além de mudanças econômicas e sociais, profundas alterações na percepção dos homens diante da realidade (não à toa a quantidade de suicídios existentes em pleno início do romantismo, ao que o próprio Durkheim e Goethe viriam a denunciar).

De consequência, a filosofia e os saberes de um modo geral se desdobram e deixam de apenas pensar os fenômenos naturais e passam a pensar o próprio homem, em busca de uma resposta e uma terapêutica que lhes pudesse contribuir. Não por outra razão o homem, até então sujeito cognoscente após a revolução científica (como visto), torna-se também objeto cognoscível, e, tal como era possível então explicar os fenômenos naturais (a noite que procederia ao sol não porque caiu dos céus quando num passeio e resfriado no mar retornou como lua, mas porque haveria toda uma leitura das forças gravitacionais que os astrônomos pós-Galileu vão discutir), também seria possível explicar o homem.

Começam, então, a pulular formas de explicar o homem e seus comportamentos agora a partir da razão e não mais dependentes de construções mítico--religiosas (Hilton Japiassu). O homem racional, com seu *liberum arbitrium*, que faz suas escolhas racionais no mundo, pode igualmente ser racionalmente compreendido. O homem passa a ser esquadrinhado e para cada uma de suas facetas surge um saber próprio a lhe compreender: para entender o modo como é racional, nasce a filosofia moderna; o modo como transfere valores culturais, a antropologia; a maneira como comunica-se por meio de signos, a linguística; o modo como busca recursos escassos e mantém sua sobrevivência, a economia; o fato de ser um ser gregário, a sociologia; a forma pela qual age de modo irracional, a psiquiatria; o jeito de agir em contrariedade às normas comuns, a ciência jurídica moderna. Em suma, o homem é posto a ser examinado racionalmente. Claro que, num primeiro momento, é possível perceber o uso da metodologia das ciências exatas e biológicas para pensar questões essencialmente humanas. Veja-se desde o nascimento do *Hôpital Général* de Pinel no final do séc. XVII até o fortalecimento da criminologia e o homem desarrazoado.

A criminologia positivista, superando o iluminismo da escola clássica que a precedera, avança na construção deste olhar sobre o crime e auxilia na edificação da ciência do direito. Ao lado de Raffaele Garofalo, Eugênio Florian,

Fioretti, Filippo Grispigni e Enrico Altavilla, Cesare Lombroso, com sua obra *L' uomo delinquente* (1875), médico psiquiatra, sustenta, entre outras ideia s, que a grande quantidade de delitos, os mais graves, têm como fundamento um retardamento no desenvolvimento embrionário, que torna o delinquente portador de algumas características próprias de condição subumana na escala zoológica. A partir de comparações com presos realizadas na Itália (evidentemente que a população carcerária trazia consigo traços próprios dos colonizados, mas algo não levado em conta por ele), o delinquente é definido como um fenômeno atávico, um tipo *"sui generis humani"*, de maneira que o crime poderia ser explicado como um fenômeno biológico, não um ente jurídico, tal como nas ideia s de Francesco Carrara. Para ele, o criminoso é um ente selvagem e já nasce delinquente – delinquente nato, portador de caracteres físicos e morfológicos específicos, insensível fisicamente e moralmente, impulsivo, vaidoso, preguiçoso, com origem degenerada pela epilepsia em grande parte, o que o faz produzir regressões atávicas (chega a sustentar, *a contra senso*, que o criminoso deve ser tratado e não punido. Enrico Ferri, por sua vez, na obra *Sociologia Criminal: la teoria dell' imputabilità e la negazione del libero arbitrio* (1878), e *L'omicidio-suicidio* (1880), continuando as teorias de Lombroso, e, embora precursor do enfoque sociológico, do objetivismo valorativo, crê que a origem da criminalidade está nas condições telúricas, como temperatura, estação do ano, pressão, localização geográfica etc.. Estas visões, que estão na base, mostram como os primeiros passos da ciência jurídica ainda eram muito próximo das ciências naturais.

Está-se, então, formando um rol de disciplinas para compreender a complexidade do homem, e poder, na linha tradicional, dar a ele um tratamento, especialmente para aqueles problemas que vivenciava na drástica mudança daqueles dois ou três séculos, algo que nem em mil anos havia tão rápido experimentado. As mudanças passavam a ser de geração para geração e os tormentos, sobretudo psicológicos, inevitáveis. As ciências humanas, portanto, poderiam ser uma terapêutica a resolver e ajudar os homens a encontrar suas perspectivas de vida.]

Esta visão, por certo, não é simples, e com muito bem discutiu Michel Foucault em *Les Mots et les Choses*, ao invés de serem uma grande terapêutica, as ciências humanas serviram muito bem ao capitalismo industrial que se desenvolvia, pois se tratava de um saber sobre o homem e nada melhor do que conhecê-lo, não para tratá-lo, mas para dominá-lo e encontrar a forma de que ele pudesse ser útil ao novo sistema econômico em desenvolvimento. Loucos, vadios, não trabalham e não produzem renda, por isso, precisam ser estudados em suas neuroses e psicoses (dicotomia essa já elaborada pelo próprio Pinel), para serem disciplinados, terem hora de trabalho e de lazer, assumirem regras e servirem ao capitalismo (eis a razão da substituição das masmorras e dos devires à deriva em naus pelas modernas prisões, clínicas e hospitais psiquiátricos). De qualquer modo, ainda que não terapêuticas, mas microfísicas e disciplinares, as ciências humanas, e, sobretudo, jurídicas nascem imbuídas da noção de *conhecimento rigoroso* das ciências exatas, mas ultrapassam e se destinam, igualmente, a conhecer o seu objeto: o homem.

Inobstante essa reflexão crítica, o fato é que usualmente se deu crédito científico ao saber sobre o justo de modo diferente a depender da episteme que se analisa. Em tempos romanos, poder-se-ia entender como científico apenas na primeira perspectiva de científico dito acima, isto é, um saber prudencial com vistas a resolver problemas práticos, baseado em casos semelhantes e tendo em vista as opiniões dos jurisconsultos consagrados, como visto. No âmbito do jusnaturalismo racionalista (como se verá adiante), tem-se o segundo sentido, à medida que se recolhe enquanto saber científico por estabelecer um conjunto de deduções a partir de um princípio indiscutível (que é a ordem natural e teológica do universo). Na modernidade, a partir do positivismo, a supremacia da norma como objeto dos estudos e sua cisão como a moral e a religião, impôs o saber jurídico como científico a partir da noção de sistema, leis e princípios unificadores. Com isso, toda uma metodologia própria, imperativa e hipotética, estabeleceria a singularidade da reflexão sobre o normativo como científico, purificando o direito e o isolando de outros saberes (Agostinho Neto). Na contemporaneidade, por sua vez, a interdisciplinaridade fez renascer as aproximações da ciência do direito com saber propriamente zetéticos, como a metafísica, como os dogmáticos, próprios das demais ciências, ampliando-se o seu objeto e levando à crise de sua própria cientificidade.

Este ambiente de descoberta da verdade pelo jurista no seio do pensamento científico é conduzido pela *lógica-jurídica transcendental* (encarregada de estudar a relação e as condições do jurista para encontrar a verdade).

1. OS CONTORNOS DA JURIDICIDADE

Nesse sentido, não faz parte de uma *ontológica-jurídica*, dedicada ao estudo do ser do direito, nem da *lógica-jurídica*, que investiga o sistema conceitual do direito, tampouco da *axiologia jurídica*, que a seguir se verá e se envolve com o estudo dos valores existentes no direito (Carlos Cossio).

A questão então passa a ser: é possível aplicar a ideia de *método científico* para o saber das ciências humanas a qualificá-las como tanto? Quando se fala, como visto, em *método científico*, fala-se numa perspectiva que pressupõe uma *experimentação metódica*, em suma, um método de investigação, rígido, testável, seguro, que não se confunde com o método das derivações autoritárias, típico do pensamento do cristianismo, nem tampouco do misticismo ou empirismo dos feiticeiros e curandeiros. Afirmar que tem um método implica dizer que segue passos para produzir este conhecimento: inicialmente a *observação* (cuidadosa dos fatos; sem opiniões pessoais, especulações e conhecimentos prévios, bem como crenças, expectativas, paixões, preconceitos; sem recurso de autoridade, baseado em perguntar previa e logicamente postas, assim como proposição de hipótese refletida), em seguida, a realização de *experimentos* (checagem metódica e com ferramentas próprias, observação das repetições em situações diversas e tempos diversos, análise das relações inequívocas entre causa e efeito, confirmação e eliminação de ambiguidades, validação de resultados), depois, a elaboração de *explicações* (fruto de discussões prévias e sem contradições, demonstráveis por relações, sem falhas argumentativas) sobre os resultados, enfim, a *generalização* e a *previsão* (a partir de fatos verificados e descobertos em número significativo, capazes de serem generalizados, aptos a serem aceitos como capazes de demonstrar a realidade; estabelecer leis e teorias válidas para casos análogos, prever situações futuras e evolutivas dos fatos investigados) das conclusões.

Assim, é possível afirmar, de modo sucinto, que um conhecimento é usualmente aceito como científico, e tempos epistêmicos em que se vive, como verdadeiro e pronto a dizer como as coisas do mundo e da natureza física e biológica realmente são, se guiados por um método. A ciência jurídica, naturalmente, carece da possibilidade de um método rígido, sobretudo porque trabalha com valores e impressões subjetivas obrigatoriamente. Isto, por si só traz sempre a fragilidade do caráter científico das ciências jurídicas. Por ora, a afirmação ainda permanece, para os positivistas, a partir da norma e do ordenamento jurídico, numa perspectiva clássica, e a partir da argumentação criteriosa nas regras do discurso, numa perspectiva contemporânea, enquanto para os jusnaturalistas, no rigor do raciocínio da ponderação de valores e do uso público e da lógica do razoável.

De qualquer modo, o controle da cientificidade do raciocínio jurídico é diverso, e, embora também trabalhe com *observação* (e aí o crescente papel das pesquisas de campo no direito), com a *experimentação metódica, generalização de respostas* e *previsão*, está-se hoje deslocando o campo da cientificidade muito mais na correta e justa aplicação do direito, de modo seguro, consistente e previsível, do que propriamente na construção do sistema ou das categorias em abstrato. Uma espécie de cientificidade na consecução do direito em maior grau do que propriamente na abstração prévia do *dever-ser*. Não à toa a retórica tem sido o grande tônus nos últimos anos (João Maurício Adeodato).

O fenômeno jurídico. De qualquer modo, é neste ambiente de cientificidade que se coloca a pergunta: O que é o fenômeno jurídico? A discussão do que é o direito não é recente e tampouco se encontra concluída nos dias de hoje. Não são poucos os livros que ainda são escritos com a tentativa única de responder a estes questionamentos. Alguns de linhagem histórica, retornando aos gregos e aos romanos na luta por encontrar traços que possam auxiliar numa definição. Outros, de perspectiva filosófica, que procuraram especular sobre a racionalidade da normatividade jurídica com vistas a distingui-la das demais formas de expressão de obrigações comportamentais. Há, enfim, indagações de teoria do direito, que procuram avançar na reflexão sobre as possíveis variáveis que auxiliam na definição do que vem a ser direito, especialmente no mundo moderno.

Embora um escorço histórico fosse necessário (em breve se fará ao menos uma análise das primeiras manifestações da normatividade, o ambiente greco-romano), em atenção ao que se propõe nestas *primeiras reflexões*, a discussão ao menos relevante é moderna, e se inicia, certamente, com a clássica indagação kantiana no final do séc. XVIII sobre o que é o direito (*Was ist Recht?*). Sua resposta é precisa e, embora a discussão continue, como dito, serve a dar o norte do modo como o direito passou a ser visto na era pós-iluminista: "O direito é a essência da condição em que, por meio de uma lei geral de liberdade, o arbítrio de um entra em acordo com o arbítrio de outrem" (*"Das Recht ist also der Inbegriff der Bedingungen, unter denen die Willkür des einen mit der Willkür des andern nach einem allgemeinen Gesetze der Freiheit zusammen vereinigt werden kann"*).

A resposta kantiana é singular, pois deixa antever algumas variáveis relevantes, das quais se não pode fugir ao empreender o exame da natureza do direito: o fato de haver uma lei geral de liberdade (logo, é pressuposto homens livres, quando se indaga o direito), o fato de que os arbítrios dos homens muitas vezes são antagônicos (o que exige a estranheza de um elemento externo capaz de lidar com as contraditoriedades), e, por fim, o fato de ser ele a condição para que haja um acordo (a pacificação, a resolução da discórdia como fim de sua existência). Contemporaneamente, há algumas definições que auxiliam a compreender a complexa semasiologia do que vem a ser o Direito (apenas a título exemplificativo):

(i) "Direito é o conjunto de regras gerais garantidas pelo Estado para regular a coexistência humana (*Regelung des menschlichen Zusammenlebens*) e resolver conflitos interpessoais (*zur Beilegung zwischenmenschlicher Konflikte*)" (Christoph Horn);
(ii) "Direito é essencialmente um conjunto de normas sociais (*in seinem wesentlichen Kern eine Menge von sozialen Normen*), cuja eficácia, ao menos de um modo geral, é garantida pela coerção organizada (*durch organisierten Zwang*), em que a produção (*Erzeugung*) e a aplicação (*Anwedung*) depende de autorização (*Ermächtigung beruht*) e a pretensão de obrigatoriedade (*Anspruch auf Verbindlichkeit*) pressupõe a convicção de sua legitimidade (*die Überzeugung ihrer Legitimität voraussetzt*)" (Peter Koller);
(iii) "Direito é uma ordem obrigatória de regras sociais (*sozialer Regeln*), produzida por pessoas devidamente autorizadas (*von autorisierten Personen aufgrund entsprechender Befugnisse*), em que a disciplina total deve servir para o benefício de todos os afetados (*dem Vorteil aller Betroffenen*)" (Otfried Höffe).

Diante disto, e se valendo dos autores, talvez fosse possível, apenas a título didático, então, esboçar um conceito segundo a visão tradicional do que seria direito nos seguintes termos: *Direito é um conjunto de regras sociais, legítimo porque produzido por pessoas devidamente autorizadas por ele mesmo, qualificado pela força coativa, destinado a permitir a coexistência social, capaz de a todos igualmente afetar e por todos ser observado.*

Saliente-se que esta visão tradicional é gravada, de modo robusto, ainda por uma leitura do Direito na perspectiva moderna, cuja participação do Estado em sua conceituação é determinante, assim como eventual origem por força da teoria das fontes ou de estreiteza pela referência à sua natureza impositiva de obrigações. Naturalmente, é possível fazer questionamentos a título especulativo, tais como: (i) eventuais regras postas por comunidades paraestatais (indígenas, quilombolas, sociedades marginalizadas urbanas etc.) integram a essência do conceito de direito? (ii) uma ordem normativa paralela afeta a essência do conceito de direito? (iii) é possível admitir que um direito que não constitua eticamente o outro, ou, dito de outro modo, um direito que não constitua virtudes nos homens sem que isto afete a própria definição do Direito (pense-se, por exemplo, nas regras existentes da tributação de fatos ilícitos ou mesmo na delação premiada que, a par dos efeitos positivos e úteis, tende a estimular condutas desvirtuosas nos cidadãos)? (iv) é possível um direito que não apenas estabeleça direito e deveres, mas que proporcione a construção ética do outro por meio do diálogo? Estas questões apenas devem estimular o acadêmico a refletir se as conceituações dadas ao vocábulo *direito* são suficientes a expressar a ideia de normatividade, ou não, tal como já se houve dito, pelas mãos de São Tomás de Aquino de que direito injusto não é direito ou da fórmula de Radbruch de que "extrema injustiça não é direito".

A singularização do direito. Contudo, inobstante os autores procurem conceituar o direito tendo consigo algumas questões similares (ordenamento, regras sociais, força vinculante, observância etc.), o fato é que sua natureza tende a se entrecruzar com a essência de outras formas de regramento, posto que presentes algumas destas características, como as regras costumeiras e de cortesia, as regras morais, e, por fim, as regras religiosas. Este eventual compartilhamento de caracteres leva não apenas a uma possível pluralidade de regramentos sobre os mesmos objetos e as mesmas relações, mas certamente a uma imensa dificuldade em se singularizar o *direito* em relação a outras regras.

Os jusfilósofos e teóricos do direito tendem a separar as as regras de comportamento (*Verhaltensregeln*) existentes na sociedade em: (i) *regras externas* (*äussere Regeln*) – porque postas por sujeitos para além daquele que obedece com vistas a um determinado comportamento (*bestimmtes Verhalten*), e aí estão incluídos os usos (*Brauch*), os costumes (*Sitte*) e o direito (*Recht*); e, (ii) *regras internas* (*innere Regeln*) – porque postas pelo próprio sujeito para o seu agir individual (originam-se na própria consciência de cada um), e aí, por excelência estão as regras morais (*Moral*) e as regras de fé (*Religion*). Estas diferentes regras conduzem, então, ao tema do duelo entre a juridicidade e as demais esferas: moralidade, socialidade e religiosidade. (Stephan Gschiegl).

Temas dos mais complexos, sem dúvida, é a singularização do direito. Caberia aqui aprofundar, se houvesse espaço, nas teorias positivistas e não--positivistas inclusivas e excludentes, sobre as teses de conexão fraca e forte ou mesmo de separação e suas relações metaeticas (Arthur Ferreira Neto), todavia, quer-se apenas apresentar linhas gerais sobre o tema e não sobre o debate propriamente dito.

Moralidade e juridicidade. Por muito tempo houvera o direito de ser confundido com a moral, o que não está de todo equivocado, tendo em vista a similaridade entre normas jurídicas e preceitos morais, todavia, após a revolução kantiana, como supra referido, ambas ciências da conduta adquiriram caracteres essencialmente definidores de valores e objetos distintos (Tercio Sampaio).

Conforme Tercio Sampaio, a primeira grande distinção entre direito e moral se revela no binômio exterior/interior, que acaba por ser vaga, indeterminada e bastante superficial. As normas jurídicas são normas que se referem ao comportamento externo, ou seja, dá, o Direito, prero às condutas que sejam transponíveis ao âmbito interno do indivíduo, de forma que as intenções e os motivos passam a ser irrelevantes. Porquanto, a moral, nessa mesma visão, diz respeito ao aspecto interno do indivíduo, aos seus desejos, planos e às suas intenções. Contudo, há tempos que o Direito já se preocupa com as questões que permanecem na esfera privada interior, pois que ainda não venha incriminar por tal conduta, há de solucionar inúmeros litígios por conta desse aspecto (Eduardo Monreal).

Uma segunda, porém insuficiente, distinção entre direito e moral refere-se ao binômio objetividade/subjetividade, é dizer, que à moral restam os atos da própria subjetividade dos sujeitos, ou seja, a repreensão no campo da moral é estritamente subjetiva, pois parte exclusivamente de sua consciência, ainda que esta auto repressão tenha fatores ou impulsos externos. Já ao direito repousam os atos cuja repressão advém de órgãos externos ao sujeito, de modo objetivo. Porém, é preciso ter em mente, que tal vontade de distinção talvez venha resultar insuficiente, já que pode haver uma interpolação dessas duas esferas normas jurídicas/preceitos morais, quando o Direito quer reprimir, não apenas pela coação física, mas, por exemplo, por meio de retração em público por passada injúria sofrida por alguma vítima.

É possível tentar distinguir o direito por uma terceira forma no que diz respeito ao momento de existência das normas jurídicas e morais (Tercio Sampaio). As normas jurídicas têm um instante pré-determinado de deliberação e promulgação, pois já trazem consigo, além do preceito e da sanção o tempo de início de vigência. Já as normas morais assim não o possuem, uma vez que os preceitos morais são criações imaginárias da sociedade, sem um tempo estabelecido de deliberação e promulgação.

No entanto, quer sejam suficientes em si, ou não as distinções entre normas jurídicas e preceitos morais, algumas distinções podem ser fundadas, sem que isso resulte numa total incoerência. Uma distinção viável, decorrente da diferenciação entre interioridade e exterioridade das normas, é que as normas jurídicas admitem a separação entre ação motivada e motivo, ao contrário das normas morais, que assim os consideram concomitantes (Tercio Sampaio). Dessa maneira, o Direito, ao contrário da moral, pode punir o ato independentemente de seus motivos.

Outra distinção possível, seria a de que as sanções morais não coincidem com o conteúdo de seus preceitos, ao contrário das normas jurídicas, as quais expressam declaradamente as suas sanções. Assim como as normas morais jamais têm normas reguladoras ou secundárias, nem sequer podem ser permissivas, como as normas jurídicas.

O que fatalmente evidencia tal distinção, é que o direito pode ter validade, pode ter existência em si, ainda que imoral, ou seja, é possível a existência de um ordenamento jurídico que não atenda aos preceitos morais de uma dada sociedade – exemplo clássico dos estados autoritários – que não possua sentido, mas ainda assim efetivo e válido.

Outra significante distinção entre moral e direito faz-se brilhante no pensamento de Hart, o qual os diferencia sob o ponto de vista da teoria das obrigações (Herbert Hart). A obrigação, para Hart, é um fato social, relacionado à prática efetiva do participante do grupo social, estabelecida pelo direito, através de regras sociais. Tais regras possuem um aspecto interno – elementos cognitivo, numa atitude reflexiva, da descoberta da correlação entre certos atos e o conteúdo da regra de conduta expresso em termos gerais – e um aspecto externo – reflete a atitude de um observador que não aceita as regras, não as concebendo como padrões reguladores de conduta. Assim, o autor pode agir ou não conforme as regras, embora sem aceitá-las, mas se agir consoante as regras, o faz por temor à sanção que segue à violação, e não por reconhecê-los como instrumentos válidos de regulamentação de condutas.

A regras sociais, nessa visão de Hart, são portanto, hábitos de comportamento, obrigatórias, pois têm forte pressão social para que sejam respeitadas. Assim, as obrigações têm caráter social, pois representa a interação dos sujeitos fundada em acordos e convenções.

Dentro dessa visão a respeito da obrigação, Hart também reconhece a semelhança entre as regras de obrigação jurídicas e as regras de obrigação moral, pois para o autor, em qualquer comunidade há sobreposição de conteúdo. As semelhanças são as seguintes: vinculativas, pois independem do consentimento individual; sustentadas por pressão social séria para sua observância; e seus cumprimentos são tidos como contributos para a vida social.

Já as distinções apontadas por Herbert Hart, entre as obrigações morais e as obrigações jurídicas devem ser vistas pelos seguintes *topoi*: a importância; a imunidade à alteração deliberada; o caráter voluntário dos delitos morais; e a forma da pressão moral. (i) segundo a importância: a regra moral só obriga e tem razão de existir enquanto propicie alguma parcela de bem-estar para a população, já a regra jurídica pode não ter mais importância, mas continua valendo como regra enquanto o sistema não as extinga; (ii) conforme a imunidade à alteração deliberada: a regra jurídica está apta à criação, modificação ou extinção por ato legislativo convencional – intencional; ao contrário da regra moral, que é mais estáveis, por seu caráter estético; (iii) de acordo com o caráter voluntário dos delitos morais: a norma jurídica pune independentemente dos motivos, com supra referido – responsabilidade objetiva; enquanto a norma moral permite que uma conduta passe eliminar a culpa; e (iv) e por fim, conforme a forma da pressão moral: a norma moral dá importância às regras em si mesmas, pela consciência do indivíduo; enquanto a norma jurídica prevê um vínculo à ameaça de sanção em caso de descumprimento.

O debate entre moralidade e juridicidade não é naturalmente simples e, no plano prático do direito, também não são poucos os questionamentos. Casos como dos denunciantes invejosos (ver cap. 3) e dos atiradores do muro (em que Michael-Hort Schmidt foi morto pois dois soldado da Alemanha oriental por tentar ultrapassar o muro de Berlim, todavia, encerrado o regime da guerra fria, os soldados, que cumpriam fielmente a legislação de proteção das fronteiras, foram condenados à morte sob a cláusula de Radbruch de que *extremes Unrecht ist kein Recht – extrema injustiça não é direito*, já que não poderiam ter privilegiado o cumprimento da lei em detrimento da vida) bem demonstram que a essência do direito não pode se restringir a questões meramente formais.

Socialidade e juridicidade. Outro tema de encontro, embora com menor dificuldade teórica está a relação possível entre a juridicidade e a socialidade, ou de modo mais claro, entre as regras sociais, sejam elas apenas de cortesia, sejam regras já costumeiras, e as regras jurídicas propriamente ditas. Essa vinculação é histórica, e, sobretudo para os autores de perspectiva realista, de origem epistêmicas, especialmente pelo fato de que as regras jurídicas seriam apenas a positivação decorrente do tempo, dos usos e das reiterações de comportamentos pelos homens em sociedade.

Se pensadas as origens da normatividade, é possível ver entre os gregos, segundo Louis Gernet e Eva Cantarella (o que eles denominam nos tempos homéricos de *pré-direito*) que há uma relação mais direta com uma prática, a chamada *hospitalidade*. Louis Gernet definia que o "pré-direito" seria um conjunto de forças que obrigavam os gregos a um dado comportamento, mesmo quando inexistia um estado ou uma cidade capaz de valer-se da força para a consecução de tal fim. A partir da análise dos mitos, o jus-sociólogo procura singularizar alguns ambientes em que este conjunto de forças de manifestava. No mais importante, estava o universo interfamiliar, regido pelo princípio das "doações hospitaleiras", isto é, a ξενία (hospitalidade) era uma máxima que coordenava os homens, em especial, na relação entre o estrangeiro e doméstico. Cumpria ao dono da οίκος (casa) receber o estrangeiro e lhe oferecer as "doações hospitaleiras", baseado numa reciprocidade, de modo que no futuro as mesmas doações deveriam ser devolvidas. Esta troca sustentava as relações comerciais então incipientes, de modo a garantir a circulação de riquezas. Este seria um princípio de conteúdo normativo, que orientava a sociedade homérica. A força deste conteúdo normativo era tão viva que, muitas vezes, o fato de haver sido dada anteriormente uma ξενία (hospitalidade) poderia chegar a sobrepor-se aos interesses diplomáticos ou à própria guerra, como destaca o personagem Deomede da Ilíada contra o herói Glauco (Homero).

Para além das origens da *juridicidade* na *socialidade*, questão relevante está que, no âmbito doméstico, a força da coesão imposta pela noção de ordenamento jurídico (adiante analisada) contribui com seu monismo e sua formalidade para que os costumes e as regras de cortesia só possam ser utilizados, tradicionalmente, quando devidamente abertas pelo ordenamento jurídico, em perspectiva *praeter* ou *secundum legis* (questão esta que se verá adiante no estudo das fontes do direito). Contudo, no âmbito das *gentes*, estas regras, em razão do reduzido adensamento normativo existente no plano internacional, a *socialidade* assume papel decisivo, muitas vezes em destaque a ponto de derrogar normas positivas (questão esta do regramento de Viena adiante analisado na teoria das fontes). Esta importância apenas serve a demonstrar que a questão *socialidade* vs *juridicidade* não é simples e não se esgota tão facilmente.

Religiosidade e Juridicidade. Este tema, em perspectiva contemporânea já está (salvo quando se entrelaça com a questão da moralidade, acima vista) bastante superado e com certa simplicidade de distinção. Os teóricos do direito são uníssonos em afirmar que a grande distinção decorre das origens da norma, isto é, as regras impostas pela *juridicidade* são regras externas (*äussere Regeln*) – porque fruto de uma autoridade externa àquele que se dispõe a cumprir, enquanto as regras da religiosidade são regras internas (*innere Regeln*) – porque originárias da consciência do indivíduo, postas por ele para ele mesmo, ainda que por aceitação de regras externas (como as sagradas escrituras). O desencantamento do mundo, a secularização e a separação das jurisdições na modernidade tornou a confusão insustentável, contudo, nem sempre foi assim, seja entre os antigos, seja no medievo. O tumulto decorre, certamente, de gregos e romanos, quando vincularam desde sempre (embora eles mesmos tenham experimentado processos de secularização) direito e religião.

As primeiras expressões ocidentais do direito. Os gregos antigos não conheciam e tampouco interpretavam a palavra Νομική ("Direito" ou "Ciência do Direito") no mesmo sentido contemporaneamente adotado. A limitação da origem, a "imaturidade" científica do conhecimento e mesmo o esboço do vocabulário escrito na recém-criada gramática, desde logo impõem derrogações necessárias na compreensão da palavra clássica. Haveria uma grande dificuldade em encontrar entre os antigos, sobretudo entre os gregos, uma noção próxima à de "jurista" ou mesmo à de "direito" tal como o mundo contemporâneo, e desde a formação que o estado moderno e a sua correlata burocracia estatal reservam em seu plexo de definições. A ausência da jurisdição (ao menos como foi desvendada por Chiovenda), do monopólio exclusivo da violência, das personalidades jurídicas estritas, do lugar específico da realização da justiça, da positivação dos princípios gerais do direito etc., torna, de certo modo, complicadas todas as aproximações dos olhares presentes ao mundo de herança micênica.

Os gregos dispõem de um vasto léxico para designar práticas específicas: ora de vocábulos vagos para o direito, confundidos com suas realizações, como uma τέχνη (técnica, arte do bem fazer), ora uma πρᾶξις (prática), uma θεορία (teoria), προαίρεσι (uma decisão debatida), ora a δίκη (justiça), a ἐπιείκεια (equidade), διακαιοπράγμα (a prática do justo), a ἰσονομία (isonomia), a δικαιοσύνη (justiça virtuosa), e de igual modo para o jurista, ora por suas pessoas específicas, o λογογράφος (orador), δίκαστης (juiz), ρέτορ (retórico), νομοθήτης (legislador), ora por todas as pessoas que estavam afeitas às normas: νομικός ("juristas").

Diante dessa semântica tão vasta, não se pode dizer, propriamente, que o grego antigo conhecesse uma palavra correspondente ao que hoje se chama "direito", o que, também, não significa que não houvesse, ainda que vagamente, um vocábulo capaz de singularizar essa forma de experiência da vida humana. Palavras como νόμος, θέσμος e ψήφισμα, adiante investigadas, apenas demonstram, no curso lingüístico, a presença constante da reflexão sobre o direito. Não convém acreditar, naturalmente, que apenas os romanos a compreendiam pelo termo *ius* (direito), como se difundiu na história do pensamento burguês ocidental pós-baixo medievo. Quando φιλόσοφοι (filósofos) e λογογράφοι (oradores) discursavam publicamente, sobretudo nos tribunais, e faziam menção à palavra Νόμος (Lei), não estavam se referindo às diversas fontes de direito – precedentes jurisprudenciais, costumes, equidade, decretos, interpretações dos juristas etc. –, mas, sim, de um ponto de vista estritamente jurídico, à Norma grega, como um conjunto de *νόμοι* (normas) que construíam a *πόλις* (cidade).

O modo como os autores contemporâneos procuram investigar o fenômeno jurídico grego depende muito da sua própria origem. Autores como Ugo Paoli, Arnaldo Biscardi, Remo Martini etc., de matrizes civilísticas e constitucionalistas, privilegiam a apreensão do direito grego a partir das "normas", especialmente das leis que de algum modo chegaram pela civilização helenística – sobretudo pelos manuscritos alexandrinos – e pelos copistas até hoje. As leis entabuladas nas orações e nas telas epigráficas. Outros, de formação do *common law*, tal Stephen Todd e Douglas MacDowell, optam pela percepção do jurídico greco-clássico como "expressão judiciária", a partir dos precedentes judiciais. Para esses autores, as decisões dos tribunais são a base.

Essa diferença de apreensão do fenômeno jurídico certamente tem importantes reflexões. Entre tantos, um dos efeitos mais característicos seria a flexibilidade que o seu conteúdo ganha nas mãos judiciais, de modo a confundir-se muitas vezes o direito à justiça, à prática do justo, à equidade etc. Naturalmente essa é umas das críticas feitas pelos seus não seguidores, os quais afirmam que o acesso técnico e preciso ao direito grego fica esfumaçado, na medida em que as decisões judiciais eram votadas em escrutínio secreto e, normalmente, a sua motivação era inexistente.

Uma possível noção de direito, ou melhor, de "experiência jurídica", só começa a aparecer propriamente dita com as reformas do séc. VI a.C., quando a democracia lentamente começa a se impor e a noção de *νόμος* (norma) vai ganhando contornos mais definidos. De qualquer modo, não há como deixar de reconhecer que na Grécia já havia, desde tempos anteriores à democracia, um emaranhado de normas e formas de percepção de comportamentos sociais que se singularizavam enquanto "jurídico". Esta tese foi posta pelo sociólogo-filólogo e grecista Louis Gernet em 1937, num destacado ensaio intitulado *Sur la notion de jugement en droit grec*, quando, retornando aos tempos homéricos, afirmou a existência de um "pré-direito". Este momento, que vai basicamente do séc. VIII a.C. até meados do séc. VI a.C., deixou algumas linhas de formação jurídica, fundamentais para a compreensão da experiência democrática, que convém aqui serem colhidas. Aqui aquela ideia há pouco mencionada das "doações hospitaleiras" – *ξενία* (hospitalidade).

Ao lado desta primeira experiência normativa de âmbito social, atrela-se no período pré-clássico, como se verá em breve, outra forma de experiência, que é aquela marcada pela θέσμος (norma), caracterizada por um jogo mítico e religioso, que se manifesta por gestos, cores, palavras etc. A ideia de Gernet é que os números, a terra, o vinho, o sangue, o modo de agir e de falar, a música produzem e induzem comportamentos, de modo a experimentar um conteúdo impositivo, e, por consequência, normativo. Cantarela resgata a estória mítica de Charila, uma menina que, com outros habitantes, foi a Delfos num período de intensa fome pedir comida ao rei. O rei, então, não apenas não escutou como a agrediu com uma sandália, matando-a. Deste então, narra o mito que de oito em oito anos na montanha se celebrava uma festa em seu nome como forma de "castigo", de "expiação". Esta experiência mostra haver um conteúdo normativo em algo distinto que modernamente se resumiu à norma. As práticas e as orações mostram que o recurso às ἀραί (maldições) como forma de sanção trazem o berço da "palavra-sanção", da sanção-mágica, e, portanto, do normativo no pré-direito.

Acrescenta-se neste conteúdo de θέσμος (norma), de ἀραί (maldições), os jogos que existiam neste período arcaico e que revelam um possível pré-direito. O exercício das partidas e das corridas era uma forma de enaltecer o vencedor, e, neste contexto, usar o prêmio individual da vitória como um juízo que imprimia conduta nos outros homens. A ideia do exemplo a ser seguido, do respeito dado pela coletividade, imprime um elemento jurídico. Vencer, ainda que ambiente atlético, é buscar não apenas o resultado pessoal, ou de aceitação coletiva, mas uma forma de construir um exemplo, de realizar o que é justo. A derrota se atrela a uma noção de "cultura de αἰδώς (vergonha)", como se verá adiante. Cantarella correlaciona esta ideia ao aparecimento dos processos, visto como uma persecução do jogo, e, nessa medida, de um ideal a ser aceito por todos. À medida que no período democrático os tribunais passam a se valer do argumento como prova, fica claro que o jogo e o seu resultado precisam ser aceitos socialmente.

Estas reflexões bem demonstram que, apesar de não ser possível se aproximar deste período homérico com olhos já ditos "modernos" na época clássica, e, portanto, buscar encontrar categorias jurídicas, como a democracia ateniense criará, há de uma maneira diversa normas que expressam um conteúdo normativo, muito embora às vezes mais pareçam "técnicas mágicas" do que normas propriamente ditas.

A passagem do pré-direito ao direito toca inevitavelmente no debate da virada do séc. VI ao séc. V a.C. em torno da necessidade, sobretudo sofística, de distinguir o novo conteúdo normativo, o *νόμος* (norma) da força intrínseca da *φύσις* (natureza), e, consequentemente, do seu diálogo com as normas morais e religiosas. Gernet chega a sustentar numa possível "revolução" que se opera naquele momento, em que a justiça humana sucedia, embora não completamente, a dos deuses. Para ver essa "revolução", Gernet analisa a *Ὀρέστεια* (Oréstia) de Ésquilo, estória em trilogia de *Ἀγαμέμνον* (Agamenon), *Χοηφόροι* (Céforas) e *Εὐμενίδες* (Eumênides), que, em poucas linhas, representa o trágico incidente de Oreste que mata a sua mãe, sendo julgado por um tribunal, e procura mostrar no julgamento das Eríneas o fim do pré-direito e o encontro com o direito não preso à causalidade, nem ao universo teológico-cósmico. A passagem do pré-direito ao direito representa o conflito da norma humana com a natureza, de modo que a "palavra mítica", de forte cunho moral e religioso, transforma-se na "palavra dialogada", razão pela qual os argumentos se robustecem e a justificação da decisão se torna um imperativo. No entanto, essa mudança brusca não faz os arcaicos temas serem plenamente abandonados, de modo que, se não há mais oráculos, maledicências, sermões, ordálias e nem augúrios, o seu conteúdo é integrado e "civilizado" num novo complexo de justiça que domestica o estrangeiro. Em suma, para os gregos, a *juridicidade* estava na sua origem, e talvez esta seja a origem ocidental mais remota conhecida, muito próxima da *religiosidade*.

De outro lado, os romanos, como é sabido, embora tenham avançado em relação à formalização do direito e suas categoriais, tendo em vista os gregos, ainda assim, especialmente na origem, vincularam o aparecimento da *juridicidade* igualmente à *religiosidade*. Há dúvidas quanto à origem do termo *ius*. Sebastião Cruz, Bartolomé Clavero, Uldenfonso García del Corral afirmam sua vinculação desde sempre com o elemento divino. Há diversas origens possíveis: (i) *ius* pode ter vindo de *iussum* (ordem), e, este, do verbo *iubere* (ordenar, preceituar), logo, *ius* seria o que é ordenado; (ii) *ius* pode ter vindo do sâncrito *yum, yug, yung* (liame, ligação), nesse sentido, o *ius* determinado pelo julgador é a afirmação do pensamento comunitário, do que é elo de ligação entre os homens, do que é justo em detrimento do injusto; (iii) *ius* pode ter vindo do sânscrito *yaus, iuos*, como aquilo que provém dos deuses; (iv) *ius* pode ser uma forma derivada de Júpiter (*loues, lovis*), logo, aquilo que veio do deus Júpiter, de onde derivou *iurare* – jurar, ou *iusiurandum* – juramento. Em suma, uma vinculação divina, como a voz dos deuses dita nos julgamentos. Essa noção se perde na época tardo-antiga, quando se vê utilizar também a palavra *directum*, como *de recto* – o caminho reto (*derecho, recht, droit, diritto*). Ainda, Sebastião Cruz afirma que além de *directum*, conheceram os romanos a palavra *rectum* – o fiel da balança. Disso, extrai que o *ius* está vinculado à deusa *Iustitia*, aquela que diz se o fiel está ou não aprumado (ela que faz o *examen de-rectum*) e se os dois pratos estão equidispostos. Em conclusão, o *ius* virou na época tardo-antiga *de-rectum* – porque o fiel da balança está aprumado, ou *de-rectum* (rectum) – porque o exame está de acordo, reto, já que os pratos estão nivelados.

Apesar da origem duvidosa, acordam os autores que o exame do reto, do aprumado, do que está equilibrado não foi exclusivamente humano, mas radicalmente vinculado à religiosidade, como dito acima, sobretudo pelo papel dos sacerdotes nos momentos iniciais de Roma. Inobstante a atividade dos pontífices não ser demasiado conhecida, posto que essencialmente "oral e escrita" (baseada na *memória*), mesmo assim, o pouco que chegou até hoje é revelador do traço religioso. Vê-se, no estado originário do *ius*, quando competia ao colégio sacerdotal o seu *dicere*, mesmo antes da fundação formal de Roma e da própria Lei das XII Tábuas, que havia uma vinculação entre "experiência religiosa" e "experiência jurídica". Uma espécie de forma mental originária do arcaísmo romano (única estrutural mental – código genético), que se fazia sentir em toda a comunidade, e cuja separação só ocorreria na maturidade do Direito Romano, que se dera no final da República e início do Principado. Porém, mesmo neste momento ulterior, não seria uma separação total, mas uma jurisdicização da religião tradicional, especialmente entre César e Augusto.

Havia uma espécie de intensa "imaginação reguladora" – uma tendência de "sobre-representação ritualística da realidade" em busca de segurança individual ou coletiva. Nesse sentido, não há como deixar passar despercebido que havia neste aspecto uma grande diferença em relação à religiosidade grega (embora no mesmo momento histórico). Como os romanos neste momento não tinham, ao contrário dos gregos, o "pensamento especulativo",

1. OS CONTORNOS DA JURIDICIDADE

havia para eles uma "transfiguração mágica da realidade", na qual as invenções das divindades, a fantasia animista, eram dominadas pela idealização de uma "cascata de rituais" (*cascata di rituali*), vividos como condição necessária para poder estabelecer uma relação positiva com as potências sobrenaturais. Esta relação entre "criação mítica" e "construção de modelos ritualísticos" vinculava a formalização do rito, e, consequentemente, de preceitos, abrindo espaço para uma "irresistível força coercitiva" (Aldo Schiavone e Max Kaser).

Trata-se de uma cruel "síndrome prescritiva" em que o espaço humano e o divino, captado por sensações e expressões mágicas, apareciam enclausurados dentro de uma rede de preceitos pontuais a construir uma "psicologia coletiva" e a transformar em tragédia (*tragediare*) a religião humana. Nesse sentido, as regras ganhavam pela psicologia coletiva uma objetividade, e o seu respeito representava a confiança no equilíbrio privado e comunitário (o que era fundamental num momento de inúmeros confrontos dentro de Roma, com o adverso dos latinos, etruscos, sabinos, ou seja, uma Roma que era essencialmente estrangeira, como bem menciona Virgílio). A partir dessas construções, os *patres* podiam se sustentar no âmbito privado, vinculando o sacro e o mágico, e, dominando a linguagem secreta destes preceitos, o que resguardava a sua autoridade e a sua proteção. Criava-se neste momento o que perduraria no Direito Romano inteiro: um "irresistível condicionamento psicológico primário", a ponto de se tornar um paradigma cultural (Aldo Schiavone). E aí o direito aparecia na sua relação imanente com o religioso.

Elementos do direito. Se a conceituação não é simples, certamente a grande questão passa a ser: quais as características, os elementos capazes de identificar o modo como a instituição jurídica age na sociedade e, se possível, como estas qualidades servem a distingui-la das demais formas pelas quais os homens são impelidos a fazer ou não fazer algo, em suma, o que há de singular no direito, que não há na moral, nos costumes, na religião? Por certo que igualmente a resposta não é simples, sendo apenas elencar alguns traços distintivos que auxiliam na sua conceituação e caracterização. Seguindo Stephan Geschiegl, estão presentes no direito:

(i) *normatividade* (*Normativität*) – a normatividade típica do direito envolve quatro ideia s centrais: de que ele tem em sua essência a descrição prescritiva (*präskriptive Beschreibung*) de relações; de que ele se apresenta como uma ordem de dever ser (*Sollensordnung*); ao passo de que, por força dele, cria-se uma expectativa comum de obrigatoriedade (*Erwartung Verbundlichkeit*); e que a sua manutenção e observância decorre da existência intrínseca da ameaça de coação (*Androhung von Rechtszwang*).

(ii) *racionalidade* (*Rationalität*) – o direito pressupõe uma racionalidade (ao menos como tradicionalmente se sustenta) enquanto um sistema lógico consistente (*konsistent Systemlogik*), que não apresente ofensas significativas às leis de inferência da não-contradição, da identidade e do terceiro excluído (como se verá no cap. 1); trabalha a partir de um juízo hipótetico de condicionalidade dos direitos: se ... então (*Konditionalität des Rechts: wenn ... dann*), logo, não a partir de um juízo de causalidade, se ... então é, típico das demais ciências; por trazer uma previsão hipotética dos fatos, sua incidência dá-se pela subsunção (*Subsumtion*), ao perceber que os fatos do mundo material se adéquam perfeitamente à descrição no suposto normativo; e se vale da analogia (*Analogie*), para prever o maior número de situações possíveis.

(iii) *faticidade* (*Faktizität*) – para qualificar-se juridicamente, seu agir deve buscar uma validade social efetiva dos direitos (*tatsächliche soziale Geltung des Rechts*), o que implica que não trabalha apenas com situações hipotéticas e tampouco dentro de uma perspectiva exclusivamente abstrata de suposições e hipóteses; trata-se de um agir destinado a ser um elemento ao mesmo tempo resultado e regulador do processo social (*gesellschaftlicher Prozesse*), servindo a conduzir os homens em comunidade; por traduzir inevitavelmente a escolha momentânea feita pela sociedade dos valores que entende relevante, ou seja, enquanto um sistema jurídico como ordem de valor (*Werterordnung*); e, por fim, age pela identificação (*Identifikation*) das práticas e dos sujeitos que lhe pertencem.

Finalidades do direito. É tradicional a atribuição das seguintes finalidades (*Zweck*) para as quais haveria a razão de existir do direito: a paz social (*soziale Frieden*), a segurança (*Sicherheit*) ou o bem-estar coletivo (*soziale Wohlfahrt*), e, de modo decisivo, a justiça (*Gerechtigkeit*) (Reinhold Zippelius).

2. O Dualismo Teórico Essencial

Considerações. A definição do que vem a ser direito, como visto, é questão inacabada ainda nos dias de hoje e talvez nunca chegue a uma conclusão senão provisoriedades. Isto porque a compreensão do que vem a ser o direito é algo que ultrapassa os séculos de modo insistente e sobre o qual inúmeras teorias foram se desenvolvendo na busca por uma resposta adequada e satisfatória. Por certo que a complexidade de ideia s e matizes impede um agrupamento eficaz, no entanto, é de todo sabido que há dois grandes centros epistêmicos a respeito do direito, desde a sua definição até a sua leitura dos fatos e dos valores: de um lado, teorias que se agrupam em torno do que se convencionou denominar de *jusnaturalismos*, e, de outro, os *juspositivismos*. Para além disso, seria possível, com imenso esforço dadas as diferenças muitas vezes essenciais, dizer que há outras teorias que procuram rivalizar com estes agrupamentos, ao que também se poderia intitular de *movimentos críticos*. Isto implica afirmar, então, que desde os antigos, é possível dividir os autores que se preocuparam em indagar a própria essência do direito entre aqueles que vêem o fenômeno jurídico como uma realidade essencialmente humana, posta pela racionalidade e pela capacidade de sistematização do sujeito cognoscente, com toda a artificialidade intrínseca, e os autores que o leem como um dado natural, captado pelos homens, ora pelos sentidos, ora pela razão, ora pela fé, típico das formas de convivência entre os seres vivos.

Ao longo da história, o que se percebe é que há movimentos, de certo modo, paralelos entre estas teorias jusnaturalistas e juspositivistas, quase nunca um debate propriamente dito, senão a vitória, ainda que momentânea, da padronização epistêmica de um em detrimento do outro. Exceto após a Segunda Guerra é que talvez se possa falar propriamente num debate entre estas teorias antagônicas, quando passaram a coexistir autores de matrizes jusnaturalistas e juspositivistas, e, quando possível, em situação conflitiva. O que se verifica, então, na história, é que por longos séculos o jusnaturalismo (com feições várias: cosmológico, teológico e racionalista) dominou o modo como os homens vislumbravam o fenômeno normativo, ou seja, como um *direito natural*. Em seguida, pós-Revolução Francesa, vê-se o nascimento e a consagração (talvez até os dias de hoje) da corrente juspositivista, que percebe a normatividade como um exclusivo *direito positivo*, posto pelos homens, em seus contextos e em suas sociedades, de modo particular, estatal, legal e de estabilidade momentânea. Apenas, como dito, no pós-guerra é que se percebe um diálogo entre as correntes, cumprindo ao juspositivismo ceder em partes significativas ao jusnaturalismo para que mantivesse seu lugar hegemônico na forma de estruturar juridicamente as racionalidades normativa e as estruturas formais das comunidades.

Contudo, se há um movimento quase integralmente paralelo entre estas correntes jusnaturalistas *versus* juspositivistas, há também pequenos momentos de ruptura ou tentativa de ruptura contra a padronização histórica do juspositivismo através dos denominados *movimentos críticos*. Estes movimentos se operam em duas grandes levas, uma primeira, a partir dos anos 1860, quando se constrói o denominado *antiformalismo* alemão e francês, bem como realismo jurídico escandinavo e norte-americano. Todos movimentos com forte base crítica que serviram a fragmentar o poder do juspositivismo e lhe fazer oxigenar em buscar de novas resposta a antigos problemas seus, resumidos na incapacidade de adaptação a novas realidades e a novas subjetividades. Uma segunda se dá a partir de 1960 de modo mais intenso, mas com alguns traços já no entreguerras, quando questionamentos da teoria crítica frankfurtiana e das longínquas bases marxistas tensionam a positividade normativa e seus atributos de segurança jurídica, certeza e previsibilidade de condutas.

Descompasso sinoidal entre teorias normativas e explicativas. No entanto, se o movimento é paralelo entre as teorias dicotômicas, bem como recortado pelos movimentos críticos bigeracionais, há, de outro lado uma questão que ora se posta apenas a título de insinuação (próximo à ideia de erotização do direito e a necessidade da busca pelo *novo/fora*) que a existência de um *movimento sinoidal em descompasso* entre as teorias do direito e a realidade, se comparada com as demais teorias humanas.

O direito é essencialmente conservador, seja pela sua própria conceituação, como visto à pouco, já que seu papel deontológico implica um agir, por supostos hipotéticos prévios, após os fatos pela incidência normativa. Ou seja, o direito tem o grande trunfo de engessar a realidade, estabilizando as relações de poder, sociais, econômicas em busca de seus imanentes predicados de certeza, segurança e previsibilidade de comportamentos. Isto implica afirmar, portanto, que as teorias do direito aparecem sempre em momentos

1. OS CONTORNOS DA JURIDICIDADE

paradigmáticos por longos períodos, e nem as teorias críticas conseguem romper com esta perspectiva, pois, uma vez ocorrendo, já estão em descompasso com outras teorias humanas. Apenas a título de exemplo, quando no séc. XIX o juspositivismo começava a sofrer os seus primeiros abalos pelo antiformalismo alemão, na própria metamorfose de Jhering e seus discursos dos anos 1860, quando assume claramente leituras menos formais e mais sociais (a culminar com os discursos de Viena dos anos oitenta), movimento então essencialmente crítico, as teorias descritivas e interpretativas da realidade já estavam em outro momento.

As teorias artísticas, e arte propriamente dita, nos anos 1840 está ainda intimamente ligada à visão marxista da realidade, como em Honoré Daumier, que em 1840 pinta "O vagão de Terceira Classe"; como em François Millet, que em 1850 pinta "O semeador"; como em Rosa Bonheur, que em 1849 pinta "Arando no Nivernais"; e de modo mais evidente, em Gustave Coubert, que em 1849 pinta "Os quebradores de pedra". Essas expressões da pintura representam a necessidade em que arte da primeira metade do século XIX se revestia: criar uma arte fundada na realidade, na mais dura, triste e infiel realidade, com suas condições, ainda que péssimas, reais de existência e seus terríveis pesares.

O quadro de Coubert teria surgido no momento de impactos revolucionários que varriam a Europa (terceira onda de revoluções burguesas), o que o levou a criar uma arte que tivesse a realidade como fundamento artístico e inspirador. Como desejava Charles Baudelaire, amigo de Coubert, que queria quadros que expressassem "o heroísmo da vida moderna", e não apenas pinturas de anjos ou pastos, ainda que recebesse crítica de ser uma arte vulgar e sem conteúdo espiritual.

Na poesia, com Charles Baudelaire, Arthur Rimbaud e Paul Verlaine, o discurso poético ganha um mau-humor (*spleenful* baudelairiano) e uma melancolia, não simplesmente burguesa, embora constituam a fase ultra-romântica, mais principalmente, em virtude das condições repudiáveis em que o ser humano do século XIX se encontrava. Da mesma forma a literatura portuguesa, com Antero de Quental, com seus "Raios de extinta luz"; Eça de Queirós, com "As cidades e as serras"; Cesário Verde; Gonçalves Crespo, Gomes Leal, Guerra Junqueira, e Teófilo Braga. Portanto, a poesia deste período resgata as condições em que o homem moderno, especificamente da época de Marx, vivenciava. A teoria como forma de contribuição à crítica e à mudança do mundo.

Em suma, a escultura, a literatura e, sobretudo, a pintura vivem este momento de crítica social quase três décadas antes, e quando nasce o momento crítico no antiformalismo jurídico, a própria arte já caminhava novamente para uma possível abstração de pensamento, já quase simbolista. Ou seja, a teoria jurídica, mesmo crítica, caminha em descompasso com outras teorias humanas críticas, sempre após a crítica e a crise da realidade, servindo como um grande rescaldo apenas dos movimentos de mutação real. Talvez, estes movimentos críticos, quando puderem encontrar suas sinoides com as de outras teorias críticas possa deixar de ser conservação e ser efetivamente a fundação de uma nova perspectiva e servir ao dualismo jusnaturalism *vs* juspositivismos. No entanto, convém avançar no que há já consagrado em termos teóricos nestas *primeiras reflexões*.

Síntese dos jusnaturalismos. Como dito, o primeiro grande agrupamento de teorias do direito a se definir foi o *jusnaturalismo*, e, certamente, é o que permaneceu por mais longo tempo dentro do imaginário jurídico, posto que surgido com os antigos e presente em plena renovação nos dias de hoje. Certamente, ao cobrir um período tão vasto, é bastante complicado afirmar que seriam todas as teorias sob este paradigma enquadradas propriamente jusnaturalistas. É bem possível que as divergências sejam tantas que a reunião permaneça apenas a título pedagógico, e não propriamente teórico. No entanto, como estas *primeiras reflexões* não são ensaísticas, mas tão somente, indicativas do estado da arte teórico, é tradicionalmente possível reunir inúmeras teorias com matizes jusnaturalistas sob quatro grandes modelos (datados historicamente apenas, também, por questões didáticas, embora não fossem necessariamente históricos): *jusnaturalismos cosmológico, jusnaturalismo teológico, jusnaturalismo racionalista* e *jusnaturalismo contemporâneo*.

Inobstante as diferenças, Norberto Bobbio muito bem estabelece a essencialidade da distinção destas teorias *jusnaturalistas* em comparação às teorias *juspositivistas*: i) pressuposição de duas instâncias jurídicas (o direito positivo – fenômeno jurídico concreto, apreendido pelos órgãos sensoriais, empiricamente verificável, objetivado por fontes de direito estatais – e o direito natural – exigência perene, eterna, imutável de um direito justo, de natureza transcendental e metafísico); ii) superioridade do direito natural ao direito positivo, já que este deve àquele se adaptar, pois a justiça seria um referencial valorativo e ontológico. Desta compreensão básica, decorrem a ideia de que o direito é justo quando natural, podendo apresentar (ao longo de sua historiografia), fundamentos diversos (jusnaturalismo cosmológico, teológico, racionalista e contemporâneo.

Jusnaturalismo cosmológico (antiguidade greco-latina). De um modo geral, dentro desta matriz, a percepção é que os direitos naturais se alinham à dinâmica do universo, com suas leis eternas e imutáveis que regem o cosmos; sendo a natureza baseada na razão e traduzida em princípios universais. A própria ideia de justiça depende da harmonia do cosmos e a correta escolha dos comportamentos dos homens de sua homologia ao equilíbrio natural.

As primeiras discussões sobre o *direito* estiveram vinculadas ao plano essencialmente filosófico, portanto, mais próximas da justiça e da virtude do justo do que da juridicidade, seja na antiguidade greco-romana, seja na escolástica medieval. É neste longo período que a *filosofia do direito* é gestada enquanto produto das reflexões filosóficas, mais precisamente a partir das indagações sobre a harmonia dos cosmos, a ética, a retórica, a alma, a ordem política, a equidade, a amizade, o prazer e a metafísica. Ao se questionarem sobre os fundamentos últimos de tais temas humanos (quando já ultrapassada a perspectiva exclusivamente mitológica), gregos, romanos e medievais, no duelo exaustivo entre o mundo real e o mundo religioso, contribuíram para destacar a *filosofia do direito* da generalidade da *filosofia*, e nesse sentido, formar um plano próprio de investigação (que nestas *primeiras reflexões* especialmente interessa destacar), com proximidades de questões que a modernidade fará por colocar como objeto científico.

Desde o período *naturalista* (Jônios, Pitagóricos, Heráclito, Eleatas, Empédocles, Anaxágoras e Demócrito), passando pelo *sistemático* (Sofistas, Sócrates, Platão, Aristóteles), *ético* (Estoicismo, Epicurismo, Ceticismo, Ecletismo, Cinismo, Peripatética e Neopitagorismo), *latino* (Ciceronismo), *religioso* (Neoplatonismo) até o *cristão* (Patrística e Escolástica) tem-se uma linha (ainda que não evolutiva e nem necessariamente histórica, como bem apraz aos *annalistes*), capaz de revelar como a antiguidade clássica e tardia (avançando e muito o conceito de Aleis Riegl e Johannes Straub) forjaram as discussões abstratas sobre o direito, ao lado da tentativa técnico-política de fixar instrumentos e institutos hábeis a materializar tais discussões.

Para longe das discussões hoje bastante conhecidas feitas pelos chineses, indianos e árabes, que em muito se diferem do mundo ocidental, a filosofia grega experimenta o aparecimento de uma peculiar forma de se aproximar racionalmente do mundo, do homem, da sociedade, da realidade, da natureza, e, nesse sentido, de uma prática racional e especulativa que se abre como *atividade filosófica*. Cumpriu a ela, historicamente, como produto de um rigoroso e lento percurso de acúmulo de argumentos, no plano abstrato, e de condições político-econômico e sociais, no plano material, elaborar originalmente o exercício da contemplação e da explicação racional do mundo. Dos mitos (i) que povoavam o imaginário do *homem* grego, nos tempos de Homero e Hesíodo do séc. VIII ao VI a.C, e que explicavam por suas realidades antromórficas a organização e a harmonia da realidade (veja-se, neste processo, as ordens genealógicas divinas esmiuçadas nas construções míticas) – temas que se apresentarão no período naturalista posteriormente; seguindo pelos *sábios* (σόφρον) que organizam as reflexões sobre o agir dos deuses e dos homens em aforismas, máximas, conselhos, axiomas – forma de reflexão que será mais bem elaborada pelos filósofos no *naturalismo*; bem como pelos avanços técnicos ocasionados pelo contato com os babilônicos e os egípcios e o início de uma reflexão sobre o domínio do realidade – tema que aparecerá igualmente no primeiro período naturalista pelas indagações sobre a φύσις (natureza).

De um modo geral, embora haja concepções diversas naturalmente, o pensamento jusnaturalista cosmológico pode ser mais bem compreendido a partir das seguintes ideia s: a *princípio unificador, harmonia, ...*

Quanto à ideia de *princípio unificador,* certamente os autores do período pré-socrático se destacaram, sobretudo os autores jônicos ditos "milésios": Tales, Anaximandro e Anaxímenes. *Tales de Mileto (624-546 a.C.).* O período pré-socrático se inaugura entre os jônicos com a personalidade de Tales de Mileto, tido cotidianamente com o primeiro filósofo. Tales de Mileto, originário de família com posses, marcou-se com um grande astrônomo e geômetro e até hoje é lembrado por ter sido a primeira pessoa, a que se tem acesso, de ter previsto um eclipse solar (585 a.C.). Tales também previu a relação entre as colheitas e os fatores naturais, e com isso começa a inaugurar o pensamento racional desligado do pensamento mítico-religioso. Até então, a ver-se os escritos de Homero e Hesíodo, a descrição do surgimento do mundo pelo caos era fruto da formação dos deuses, todavia, com Tales de Mileto, a perspectiva naturalista se apresenta, pois passa a se afastar do antropormorfismo (ideia de elevar a divindade a um lugar que se vincule aos elementos que há abaixo dela, tais os deuses como animais – deuses próximos do agir humano). Então, numa perspectiva monista, crê que tudo se origina de algo específico (precedendo o pensamento religioso que se apresentará posteriormente, como o budismo – tal como visto no capítulo dos valores acima), e, especificamente, da *água*. A água seria essencial à vida, ela se moveria, ela se transformaria, então, tudo o que existiria seria composto de água (o que os autores entendem como natural, dada a perspectiva física de Mileto). Por isso a própria terra era vista como um graveto na *água* (eis a explicação dos terremotos para ele), já que dependeria obrigatoriamente dela. Ademais, o corpo humano seria essencialmente aquoso, e com isso o princípio que une homem e φύσις (natureza) está presente. Assim, apesar de nada ter deixado escrito, ao que se sabe, é Tales, originando a Escola de Mileto, que lança a ideia de que há um *princípio unificador homem-natureza*, e aqui, no que importa nestas *primeiras reflexões*, tem-se as primeiras leituras jusnaturalistas, que se apresenta pela possibilidade de haver algo que explica o homem e seus comportamentos a partir da φύσις (natureza).

Anaximandro de Mileto (610-545 a.C.). Também da região da Jônia junto ao Mar Egeu, de Mileto, Anaximandro, por poucos fragmentos que sobraram, teve como seu grande trabalho um estudo sobre a natureza. Igualmente astrônomo e geógrafo, mas também matemático e político, dedica-se à φύσις (natureza) como fundamento eterno que rege a natureza propriamente dita, como princípio (ἀρκή). Nesse sentido, ocupa-se em compreender de onde tudo vem, de onde nasce a realidade que não das divindades (do orfismo). Pensa a natureza como algo dinâmico, como algo em expansão (ideia muito próxima dos dias de hoje da origem do universo), assim como afirma a ideia de que a terra era cilíndrica, suspensa e em equilíbrio por forças opostas (algo próximo da gravidade do mundo moderno). Ainda, manifesta a ideia de que a vida teria se originada da água (algo que Darwin dirá adiante), mas, acima de tudo, há algo que está na origem de qualquer coisa. Este algo de onde tudo veio é, para Anaximandro, o ἄπειρον (sem fim, ilimitado) e não a água de Tales de Mileto, pois esta constitui tudo, mas não é a origem. Acima dos quatro elementos (que Empédocles afirmará), está o ἄπειρον (sem fim), aquilo que é ilimitado, eterno (sem começo e nem fim), o negativo, acima do que é perecível, logo, não está em nada físico, mas no antes, garantindo a unidade do cosmos. É a luz do universo, massa infinita, múltiplos mundos simultâneos. Quando os elementos antagônicos são divididos pelo conflito das forças (frio e calor, forte e fraco etc.), forma-se o universo a partir do ἄπειρον (sem fim). Chegando a elaborar um mapa sobre o universo a partir desta origem, afirma que haveria dois anéis, um de fogo, mais abrangente, e outro opaco e outro escuro, com dois orifícios, capazes de permitir a entrada da luz (luz da lua e do sol). Por isso a terra teria forma próxima ao cilindro. É a luta dos contrários que gera a expansão do universo, e, portanto, a separação conflituosa dos elementos sempre em subdivisão que chegaria à origem da vida. Tudo o que é quente um dia esfria, tudo que nasce um dia morre, então, o universo é eterno porque teria havido outros mundos nessa mesma perspectiva, e o tempo seria o grande juiz de eventuais equívocos e injustiças. Anaximandro, então, também reforça algo para o jusnaturalismo, que é a ideia que haveria um princípio na origem capaz de unificar tudo no universo, e, naturalmente o homem e sua vida, levando a proto-ideia de uma ordem no cosmos necessário que a tudo interliga.

Anaxímenes de Mileto (585-524 a.C.), discípulo de Anaximandro, igualmente se debruça em entender a origem de tudo, no entanto, divergindo dos seus antecessores da Escola de Mileto, afirma que no início estaria o *ar*. Então, pelos processos de rarefação e condensação o ar passaria pela mutação e daria origem a todo o resto. Os sons, a vida, a matéria inorgânica, tudo estaria submetido ao ar, inclusive a própria alma, como um ar divino (panteísta, naturalmente). Igualmente monista, porque crê que tudo advém de algo único, e materialista porque este algo é substância e não ideia, afirma em sua obra sobre a natureza (está que não chegou até o mundo contemporâneo) e a metereologia que o ar se identifica com a alma. O ânimo dos seres humanos nasce do sopro divino (algo que está muito próximo na bíblia), e toda a vida depende do ar como elemento primordial a depender dos variados graus de solidez. A terra é um disco plano, que exala a *pneuma* (o ar), que posteriormente se transforma em fogo e nas estrelas (já o sol, com seus intensos movimentos, entra em ignição e acaba por iluminar a lua, que é terra em sua essência). A escolha do ar, em distinção ao seu mestre, decorre, primeiro, pelo fato do ar ser indispensável ao homem, animais e plantas; segundo, porque está presente em todos os elementos do cosmos (do céu/ar cai a chuva, que por sua vez cai na terra e a amplia em porções, e, por fim, da terra sobem os vapores que novamente se tornam ar); e, terceiro, porque o ar é o que melhor se adapta a quaisquer condições. Observando instrumentos musicais, sobretudo a arpa e violão, ele chega à conclusão que o ar é que faz vibrar as cordas, produzindo as notas, e, consequentemente, os sons e a música. O ar, como princípio vital, abraça o cosmos, como hálito divino, em tensão quantitativa da realidade originária dá origem a todo resto. Tal a alma, o ar se mostra visível pelo frio (matéria que se contrai e se condensa), quente (matéria que se dilata), movimento e umidade.

Quanto à ideia de *harmonia*, embora Xenófanes, Parmênides, Zênon e os pluralistas Anaxágoras, Empédocles e os atomistas Leucipo e Demócrito tenham tido suas relevâncias, certamente coube a Pitágoras e a Heráclito o desenvolvimento significativo. *Pitágoras de Samos* (572 a.C.), dentre tantas contribuições, foi responsável por sustentar que a principal essência dos números é a noção de harmonia. Número, inclusive, poderia ser para ele sinônimo de harmonia, pois capaz de transformar a complexidade do mundo e da vida humana em simples simbologia. As dualidades *par-ímpar, limitado-ilimitado* são representações das relações em mutação no mundo. Cumpre aos números reger o cosmos, pois há uma ordem que domina o universo, sempre em dualidade, como o sol e a chuva, o dia e a noite, de modo a prever ordem e equilíbrio. As condutas humanas, nesse sentido, também estariam regidas por esta harmonia do cosmos.

Reflexão igualmente presente em *Heráclito de Éfeso* (544-484 a.C.), contemporâneo de Anaximandro, Anaxímenes e de Pitágoras, sustenta em seus anaforismos, embora uma perspectiva igualmente monista, que o cosmos não é apenas a natureza, mas uma natureza costurada e dirigida por num *logos*, uma razão divina, em que há obrigatoriamente opostos que se apresentam no mundo (o mundo é um complexo de opostos), em cujo meio está a unidade. Abre-se, então, com Heráclito, um campo vastíssimo através da *homologia*, uma forma de sabedoria que se apresenta ao homem a partir do instante em que ele, com uma imensa sensibilidade, coloca-se em harmonia com o cosmos, e concorda, ouvindo o λόγος (saber). Sustenta o efeta que o homem que compreende o mundo, torna-se apto a agir conscientemente segundo o seu destino, já que o seu ἔθος ἀνθρώπου (modo de ser humano) é o δαίμων (destino). Há uma ética do ouvir, porque o homem deve saber ouvir para poder ser todo-um, para poder homologar com o mundo. Apenas o homem que sabe escutar e ouvir o *λόγος* (saber) pode inserir-se no mundo, e compreender que seus atos não apenas lhe pertencem, mas pertencem à sua condição humana e à comunidade. Quem escuta encontra sua identidade e pode bem pensar, pensar com efetividade, pensar verdadeiro, e o bem pensar, diz Alexandre Costa, é a maior virtude. Já aos que dormem, ignorantes, não há homologia, portanto não há possibilidade do indivíduo se identificar sensivelmente com a sua voz interior.

Por essa razão, diz Heráclito: *σωφρονεῖν ἀρετὴ μεγίστη, καὶ σοφίη ἀληθέα λέγειν καὶ ποιεῖν κατὰ φύσιν ἐπαίοντας* (Bem-pensar é a maior virtude, e sabedoria dizer coisas verdadeiras e agir de acordo com a natureza, escutando-a). Agir de acordo com a voz interior significa, então, ligar as práticas dos homens às suas compreensões, aos seus juízos, ao seu conhecimento sobre o mundo. A homologia constrói o *ἔθος* (modo de ser), porque funcionaliza o homem, porque correlaciona não apenas agir e conhecer, mas pensar e agir, ou melhor, agir conforme um pensar. Trata-se de uma concordância que legitima os hábitos escolhidos pelos indivíduos nos caminhos da vida. De igual modo deve ser o *νόμιμον ἔθος* (modo de agir normativo), capaz de se homologar aos critérios de justiça, saber ouvir (eis aqui, talvez, o grande princípio da equidade, quando o magistrado "ouve" o caso, a realidade, e a procura fazer concordar, ajustar com suas particularidades, às normas dos homens). O jurista deve, desde logo, ser um homologante, nos termos heraclíticos.

Quanto à ideia de norma e prudência, está a tríade do pensamento sistemático (Sócrates, Platão e Aristóteles), bem como os sofistas. A primeira ideia, certamente coube aos sofistas, e a segunda, de modo mais seguro, aos três grandes filósofos. Está aqui por certo a grande contribuição para a independência da noção de norma (talvez a primeira forma política mais bem elaborada do ocidente), mas, ao mesmo tempo próximo à harmonia da natureza e à homologia dos cosmos (convém, contudo, não se aprofundar evitando repetição, sendo mais razoável se regressar ao cap. 4, quando se discute as origens greco-romanas da normas, bem como ao cap. 3, quando se discute as primeiras aparições do conceito de direito entre os antigos, lá trabalhadas em detalhe).

Não se pode, contudo, deixar de afirmar que a contribuição indelével deste jusnaturalismo não coube propriamente aos filósofos, mas a Sófocles com suas tragédias, em especial, Antígona. Neste período sistemático, embora nas artes e não na filosofia propriamente dita, na Antígona, de Sófocles, há, certamente, a principal de todas as expressões dos juízos em torno do papel da normatividade clássica, quando pela primeira vez a noção de *justo normativo* se debate no confronto com a moralidade e o tema do direito natural aparece de modo claro. É ela também a expressão da ebulição das emoções, dos excessos e do equilíbrio, a se decifrar de formas variadas: a) o conflito entre o "ideal" (amor da família) e a "lei positiva" (respeito à cidade), especialmente na passagem do no final do primeiro *estásimo* e no segundo *episódio* (na linha hegeliana); b) a questão do "verdadeiro fundamento da polis" (fundamentação da vida comunitária dos homens) (seguindo Rudolf Karl Bultmann; c) o embate de "vontade contra vontade", de força contra o seu oposto, de ato contra ato e não de destino contra destino (Karl Reinhardt); d) o conflito entre "verdade" (Antígona) e "aparência" (Creonte como estreiteza não-trágica) e não entre dois pólos (Gerhard Mueller); e) o conflito entre o "direito da família" (vida particular – Antígona) e o "direito da cidade" (vida pública- Creonte) (Bernard Knox); f) o conflito entre princípios civilizatórios (Charles Paul Segal); g) o conflito entre "moralidade pública" e "moralidade privada" (David Seale); h) a oposição dialética que divide o indivíduo no "plano individual" e no "plano social" (Hermann Rohdich); i) a discussão no plano abstrato da emanação e natureza da lei, entre "lei positiva" e "lei natural" (Antifonte, Protágoras de Platão); ou, j) a elevação do total da esfera da legalidade para a da moralidade, dissolvendo a questão do "justo" e do "injusto" (Max Pohlenz).

O curso de sua narrativa demonstra como a tragédia grega expressa e expurga a violência, seja pelo papel decisivo do coro, seja pelas falas dos personagens. Tudo se evidencia já no *prólogo*, no diálogo em frente ao Palácio de Tebas entre *Antígona* e *Ismênia*, quando a irmã, revoltada, conta à sua irmã sobre o édito de seu tio *Creonte*, em que *Etéocles* seria sepultado com honras e *Polinices* insepulto às feras e aves de rapina. Cria-se desde logo um ambiente que não apenas introduz o conflito, como também convoca os espectadores a incitarem em si mesmos a "indignação" dos atos humanos diante das vozes divinas. Em seguida, a peça se posta no *primeiro episódio*, com *Creonte* que expõe aos cidadãos (então manifestado pelo *Coro*) seu programa de governo, teórica e praticamente com o édito. Chega, então, um dos guardas da vigilância e diz que alguém desrespeitou o édito e cobriu com pó o corpo de *Polinices*. O *Coro*, estupefato, interroga-se se não seria obra dos deuses, o que irrita *Creonte*.

Este, preocupado com eventual suborno, obriga sob pena de demissão que o guarda traga o culpado. Encerra-se o episódio e se inaugura o *primeiro estásimo*, quando o *Coro* entoa uma das mais célebres odes da tragédia grega: exalta a capacidade do homem de submeter a natureza, de se organizar em sociedade, mas do dever de respeitar leis divinas e humanas. O estásimo, é por excelência, o lugar em que o diálogo da tragédia se faz com o público pelo Coro. É nele que as emoções são exploradas, no passo gradativo de tentar falar a violência interior e cívica falar. Neste primeiro momento, o propósito é fazer o leitor se exasperar com o próprio ser humano, já que este, tão belo e tão corajoso, não pode querer voltar seu processo civilizatório. Faz transparecer que aquele que se deixa levar pelas emoções, anula esta capacidade imensa de sobrepujar a natureza e viver em sociedade.

Abre-se o *segundo episódio*, quando o guarda traz *Antígona* e *Polinices* presas em flagrante delito e narra os fatos. *Creonte* interroga *Antígona*, que expõe suas ideias: defende o que fez, diz da obediência às leis eternas e imutáveis dos deuses, cuja origem é desconhecida. É a primeira vez que o *direito natural* se debate com o *direito positivo* no plano da tragédia, que a barbárie e a civilização se chocam nos rumos da vivência coletiva. *Ismênia* é chamada também, e, embora tenha tentado assumir o crime, *Antígona* não a deixa e *Creonte* condena a ambas à pena de morte. Nisso surge o *segundo estásimo*, com o *Coro* refletindo as maldições na casa dos Labdácidas. Trata-se de manifestação estreita, apenas para manter as emoções cívicas em ebulição.

Creonte e *Hêmon* discutem, iniciando o *terceiro episódio*, e este, frustrado na defesa de sua noiva *Antígona* foge desesperado. *Creonte*, por sugestão do *Coro*, decide ilibar *Ismênia* do castigo, mas impinge à *Antígona* o emparedamento no buraco escavado na caverna de rocha, com alimentos minimamente indispensáveis. Diante desta cena, o *Coro* manifesta-se no *terceiro estásimo*, celebrando a força invencível de Eros. Em seguida, Antígona abre o curso, mas doloroso, do *quarto episódio*, com seus lamentos, despedindo-se da cidade e da própria vida. Assume, então, o *Coro* em *quarto estásimo* o papel de chocar as emoções dos espectadores, glorificando Antígona, falando da ausência dos antepassados, bem como da obstinação da heroína (sem lágrimas, sem amigos, sem himeneu). Por isso são lembrados pelo *Coro* outros emparedados da história: Dânae, Licurgo de Trácia, Cleópatra de Vento Bóreas, com isso, todo o sofrimento destas personagens vem se unir à dor de Antígona, à espera que a violência interna inicie seu processo de cura e metábole. Assim, para não deixar cair o fluxo das sensações, inicia-se o *quinto episódio* com o Advinho *Tirésias*, que em nome dos deuses, adverte *Creonte* das maldições de sua atitude intransigente. Quer-se a tragédia, com isso, naturalmente, imputar ao espectador o mesmo sentimento de suas vidas particulares e de suas tantas intransigências em aceitar seus próprios erros e suas próprias angústias. Como um terceiro ciente e desinteressado, *Tirésias* empurra o espectador à reflexão de si mesmo e o modo como vivenciam suas raivas, seus ódios, suas decepções.

O *Coro*, então em seu *quinto estásimo*, quando já encontra no rei e no telespectador o coração machucado pelo medo de um futuro previsível e sombrio, caso a insensatez e a intolerância dos próprios princípios se mantenha, facilmente convence *Creonte* de libertar *Antígona* e sepultar *Polinices*, invocando com esperança Dionísio, patrono de Tebas, para curar a cidade. Abre-se, então, o fim da tragédia com o *êxodo*, quando o *primeiro mensageiro* expõe o que está acontecendo. Então, o próprio *Creonte* executa os rituais fúnebres de *Polinices*, mas antes de ir até *Antígona*, diversamente de como lhe havia dito o *Coro*. Por isso, quando *Creonte* chega à caverna, vê que *Antígona* já havia tirado a sua vida. A tragédia avança, pois *Hêmon*, após a infrutífera conversa com o pai, volta a espada contra si e encerra sua vida, no mesmo instante *Eurídice*, que ouvira a conversa entre os dois, afasta-se e se suicida. É neste momento, então, após voltar ao reino, que *Creonte*, trazendo o corpo do filho nos braços, recebe do *segundo mensageiro* a notícia do suicídio de *Eurídice*. Cumpre, assim Creonte, que seu castigo, fruto de sua intolerância e do ódio pelo desrespeito às suas ordens, seria não ter mais ninguém "tendo de continuar a viver".

O fim da tragédia celebra essa angústia vivida pelos personagens, especialmente pela necessidade de lidar com suas paixões internas e o resultado trágico, como não haveria de ser diferente, daqueles que não buscam a metábole dos sentimentos. Mostra que a noção de justiça, do justo com o outro, deve antes resolver-se internamente, ser justo consigo mesmo na busca de suas virtudes, de modo autocêntrico, antes como um cuidado de si do que propriamente um egotismo. Antígona revela-se também singular, não apenas pela primogenitura das discussões já mencionadas, mas pelo modo como se desenvolve em sua narrativa. Espera-se com suas personagens a imagem particular de cada cidadão na luta contra suas emoções. Por isso, tão díspares: *Ismênia*: tímida e irresoluta, revelando força de ânimo ao se acusar do crime de sua irmã; o *Guarda*: egoísta vagamente compassivo, mas interessado apenas na sua salvação; *Hêmon*: capaz de se dominar para encobrir os seus sentimentos, mas que cede ao desespero (não sendo tal o herói moderno); *Tirésias*: prudente nas suas advertências, mas que reage abruptamente contra as acusações de Creonte; os *Mensageiros*: refletem a instabilidade da condição humana; a subjetividade de *Eurídice*: figura digna de rainha que recebe em silêncio a notícia; *Creonte*: defensor da polis inicialmente, que coloca em primeira linha os interesses da comunidade; ambição do dinheiro, ânsia de poder, tirano, mas que cai no isolamento (por isso não é uma figura trágica, pois lhe escapa a grandeza de erro, sucumbindo ao *Coro*); e, por fim, *Antígona*: resoluta e fidelíssima ao seu dever para com os mortos, com dedicação sem limites, estatura moral, mas que desdenha ante o desejo de aproximação de *Ismênia*.

Ao contrário de outras tragédias, o *Coro* não está em sintonia com a protagonista (mantendo um distanciamento emocional, tal a figura do mediador adiante mais bem trabalhada). Também ao contrário de outras, é composto só de pessoas do sexo masculino, diverso da protagonista, de modo a exacerbar o conflito de gênero e o papel da metábole diante de todas estas formas de violências originais. Por isso, os interesses do *Coro* estão ligados aos da comunidade que representam e não da protagonista, esperando do espectador uma comoção diversa da protagonista, para mostrar que seu fim também precisa ser superado em seu sentido cívico. Não à toa, pontos de vistas divergentes do *Coro* com a protagonista evoluem ao longo da peça: acatam a ordem de *Creonte* e o reconhecem como salvador da cidade; abrandam a sua visão após ouvirem *Hêmon* e conseguem a libertação de *Ismênia*; compreendem claramente o interesse da cidade após *Tirésias*; prescrevem a *Creonte* o que fazer; e censuram ao final de modo declarado a Creonte. Por isso, usam atitudes, palavras, odes corais, ironia dramática, enumeração de paradigmas mitológicos (como consolar e exortar alguém) e apresentam duas odes ligadas à cidade: no *párodo* pela libertação, no último *estásimo* para que se cure o povo. Com isso, mostra-se pela própria tragédia as mudanças do próprio *Coro*, o que se espera do espectador em suas sensações catárticas. Num momento, o *Coro* se desilude com os homens em razão seqüelas da luta fratricida e da inversão de ordem das ações por *Creonte*, noutro, no *primeiro estásimo* faz a mais a considerada mais bela "ode ao homem" ao falar da superioridade do ser humano, de suas conquistas, da arte de viver em sociedade (política) – visão de "progresso e evolução da humanidade" (tal como em Protágoras de Platão, de Prometeu Acorrentado de Ésquilo e no fragmento 18 de Xenofonte de Diels). Vê-se claramente o elogio das "potencialidades humanas" e o contraste com a sua "vulnerabilidade". Fala da grandeza e de sua limitação, pois deve "subir bem alto na cidade" (*hypsipolis*) – justiça divina, mas, do contrário, será "privado da cidade" (polis) pelas leis da terra. Acrescenta, ainda, a importância dos dois pilares da "moralidade política": justiça humana e justiça divina. Por isso, o *Coro* tem um interesse pessoal pelos fatos: importa-se tanto com a "retidão religiosa" como com o "bem-estar e estabilidade do Estado". Está tanto consciente da "excelência moral da piedade de *Antígona*", quanto com "a lei do país". Por isso critica tanto *Antígona* (pois entende que ela foi de encontro a *Dike*) quanto *Creonte* (vez que sua lei está errada aos olhos dos deuses, seguindo *Tirésias*) (A. Kirkwood).

Por certo que o *período ético*, representado pelo Estoicismo, Epicurismo, Ceticismo, Ecletismo, Cinismo, Peripatética e Neopitagorismo; o *período latino* pelo Ciceronismo e o *período religioso* pelo neoplatonismo também trouxeram suas reflexões, contudo, nenhuma dela ultrapassa, em termos jurídicos, as principais ideia s acima trabalhadas pelos filósofos anteriores e suas noções de princípio, harmonia e norma.

Jusnaturalismo teológico. Este período, representado pela patrística e escolástica, de um modo geral, numa leitura religiosa, afirma que a justiça humana é transitória e há um quadro superior de ideia s que parte de um Deus criador, que dá harmonia ao universo pela inteligência e vontade divina, bem como o predomínio da fé. Crêem, em geral, seus autores que os dogmas postos pela Santa Igreja traduzem a harmonia desde sempre esperado dos homens na terra à imagem do que Deus assim propôs para o universo. A *patrística* (III d.C – VII) lança, apesar de suas três diferentes fases, especialmente pela figura de Santo Agostinho a substituição da ideia maniqueísta de bem e mal e propõe a necessidade dos homens em seguirem as sagradas escrituras como reconhecimento e aproximação dos preceitos naturais divinos. De forte base platônica, a vontade divina deve ser respeitada, pois é ele quem controla a vontade dos homens. De outro lado, a *escolástica* (XII-XIV), cujo expoente foi São Thomás de Aquino, crê na razão divina, a razão que mostra ser o cristianismo (antes apenas fé revelada, e agora fé capaz de ser refletida) um produto não apenas da fé, mas cultural, de modo que as escrituras tenderiam a conduzir não a vontade, mas a razão dos homens na escolha de seus caminhos. Isto aproxima mais os homens de uma lei que, embora divina, poderia ser recepcionada para a boa condução da sociedade (Carla Faralli). É, então, nesta, que se apresentam os dois grandes autores jusnaturalistas teológicos: São Thomás de Aquino e Francisco Suárez.

São Thomás de Aquino. (Roccasecca 1225 – Fossanova 1274), tendo suas principais obras *Opera maiora – scriptum super sententiis* (1252/56), *Opera maiora – summa theologie* (1252/56) e *Opera maiora – summa contra Gentiles* (1260/64). São Thomás Aquino é o grande representante da escolástica e o divisor de águas, tendo se destacado na teologia natural e no tomismo ao sintetizar as ideias de Aristóteles e do cristianismo. Representa a expressão máxima da "razão natural" e da "teologia especulativa".

Sua obra encarna o denominado jusnaturalismo teológico, pois, ao fundá-lo, pretende alcançar a ideia de "justiça" por um método racionalista teológico, de influência aristotélica e da teologia cristã. A própria construção da noção de "direito" pressupõe que se indague a "natureza humana", vista como imanência da natureza divina na materialidade do homem mortal. Por decorrência, o homem, tal o Gênesis, é por essência bom e orientado para o "justo" e o "conveniente". A partir desta natureza boa, por dedução (base do método dedutivo-racional da jusciência moderna), é possível formular "princípios" morais eternos e imutáveis do Direito Natural, materializado em todos os homens por deveres de: (i) conservar-se (dever para consigo); (ii) unir-se com a mulher, procriar e educar seus filhos (dever para com a família); (iii) procurar a verdade (dever para com a realidade); (iv) praticar a justiça, dando a cada um o que é seu (dever para com a sociedade).

De consequência, o Direito Positivo que a ele não se conforme, é injusto, posto que contrário à natureza humana. Há uma "lei divina" (dez mandamentos) e uma "lei eterna" (plano racional de Deus que ordena todo o universo) e uma "lei natural" (participação da lei eterna na criatura racional) – aquilo que o homem é levado a fazer por sua natureza racional; a "lei positiva" feita pelo homem para a vida social e subordinada à lei natural jamais pode contrariar.

Outras orientações: (i) crê que o conhecimento humano por ser *ex ponte propria*, porém, sempre guiado ou diretamente pela ajuda divina, ou pela voz, a luz inteligível; (ii) a noção de ética decorre dos "princípios primeiros da ação", de preceitos naturais (*sinderese*), em que todos os atos da virtude são prescritos por tais preceitos, de modo que cada uma naturalmente aja virtuosamente em busca das quatro "virtudes cardinais" (prudência, temperança, justiça e coragem) e das "virtudes teológicas" (fé, esperança e caridade) (a ética consiste em agir de acordo com a natureza racional, logo, cumpre ao homem em seu livre-arbítrio captar por intuição a moral.); (iii) a "verdade" é alcançada pela razão – revelação natural – e pela fé – revelação sobrenatural (conformidade da coisa com a inteligência, logo, a verdade está para além do visível, está na coisa e no intelecto e ambos convergem junto com o ser. Primeiro o "ser", daí a "verdade" e o "bem"); (iv) embora pacifista, parte da noção de Agostinho de "guerra justa", com aquela destinada para preservar a paz no tempo, desde que fosse por uma causa boa e justa, declarada por autoridade legalmente instituída e motivada pela paz.

Ficou conhecido por sua frase *lex iniura non est lex* (lei injusta não é lei). Todavia, é preciso ter uma certa cautela, como bem alerta Brian Brix. Primeiro, que em nenhum momento da *Summa* há propriamente esta expressão, e, segundo, que a ideia por trás está mais próxima de uma objeção de consciência, isto é, à medida que alguém deixa de recepcionar algo como lei (porque não a compreende assim como um legítimo comando), ela deixa de ser lei em sua plena essência. Ou seja, se a lei deixa de ser observada obrigatoriamente por alguém, ela deixa de ser em sua plenitude, porque não alcança a todos, mas isto não lhe retira a essência normativa. Então, nesta perspectiva, uma lei injusta considerada por alguém mantém como lei, mas não em sua plenitude. E, de fato, nem poderia ser diferente, se pensada que a lei humana deve ser reflexo da lei divina e esta não é injusta, porque tem suas razões.

Francisco Suárez. (Granada, 1548 – Lisboa 1617). Nascido em família de cristãos novos, seu pai era um rico advogado, por isso consegue estudar direito em Salamanca. Desiste e ingressa na Companhia de Jesus, depois de ter sido recusado por falta de vivacidade intelectual. Estuda filosofia e teologia e se destaca. Dá aulas de filosofia em Ávila e Segóvia, em seguida de teologia, sempre na Companhia de Jesus. Depois Valladolid, Roma, Alcalá, Salamanca. Torna-se no final dos anos 1590 já famoso por sua sabedoria, a ponto do Papa Gregório XIII assistir sua aula inaugural em Roma. O Papa Paulo V lhe outorgou o título *Doctor Eximius* e *Piedoso*. Professor em Coimbra, quando escreve as *Disputationes*, e em Lisboa, quando escreve o *Tractatus*. Comentou também livros de Aristóteles e parte da Suma Teológica. Último pensador da escola escolástica renascentista (segunda escolástica ou neotomista). Contemporâneo de Giordano Bruno e Francis Bacon. Herdeiro da especulação grega e cristã. Método doutrinal e expositivo. Grande modificação na metafísica tomista. Para muitos (igreja) é um tomista ortodoxo, para outros, um divisor de águas após o contato com os nominalistas franciscanos ingleses (Duns Scotus e Guilherme de Okham).

Suas obras principais: *Disputationes Metaphysicae* (1597) e *Tractatus de legibus ac Deo legislatores in X libros distributus* (1612). *Tractatus de legibus ac Deo legislatore*: 10 livros: 1 – Lei em geral; 2 – Lei eterna, natural e das gentes; 3 – Lei civil; 4 – Lei canônica; 5 – Leis humanas; 6 – Interpretação; 7 – Costumes; 8 – Privilégios; 9 e 10 – Lei divina positiva e bíblia. Publicou também *De generatione et corruptione* (1575), *De fide* (1583), *Disputatio ultima de bello* (1584), *Quaestiones de iustitia et iure* (1585), *De homicidio in defensionem propriae personem* (1592), *Disputationes metaphysicae* (1597).

Jesuíta, base do jusnaturalismo e do direito internacional moderno, escreve no "século de ouro" de domínio espanhol ibérico e latino-americano, retomando gregos e romanos a partir de Aquino, por isso, pertence à "segunda escolástica". Foi precursor da noção de "pacto social", reformula o conceito de Jean Bodin de "soberania", antes apenas poder divino dado à comunidade política, agora vinculado a diferentes noções de: lei eterna, lei natural, direito das gentes, lei positiva humana e lei positiva divina. A "soberania" decorre da natureza gregária humana, vista como uma "propriedade do corpo social".

Seu conceito de "lei" pressupõe discutir a noção de "sociedade política" e "autoridade do Estado", pois isto implica afirmar que a "lei" exige antes um legislador, e, este, uma autoridade. Por outro lado, a "sociedade civil" é própria e natural ao homem, oriunda de Deus. Esta não sobrevive se não houver uma autoridade civil com poder temporal para reger aos homens (*De legibus*, III). Esta relação entre autoridade civil e sociedade civil se deu ao longo dos tempos e comunidades diversamente, seja por uma associação simples e voluntária (*pactum associationis*), seja por uma direta submissão (*pactum subjectiones*).

Longe da doutrina católica, crê que o poder, embora de origem divina, não é recebido de Deus (ainda que mediatamente) por estar a sociedade organizada, mas produto da sujeição, em que a sociedade designa quem detém o poder. O "poder" não está disperso entre os indivíduos e nem é a simples soma das soberanias individuais, tal Rousseau, mas uma "realidade moral" e só surge quando constituída a sociedade política (pessoal moral autônoma). A sociedade é uma "entidade moral", e, por ser transferido e não apenas delegado, diversamente de Rousseau, pode ser revogado (deposição régia).

Mestre da "Escola de Coimbra" na época do "século de ouro" pós-descoberta da América e autor da "Segunda Escolástica", retoma os clássicos por Aquino e lança ideias precursoras do "pacto social". Por ser um jusnaturalista, relê Bodin e antecipa Grotius, revendo o conceito de soberania (o poder vem de Deus e é atribuída a toda comunidade política).

Toda lei supõe um legislador e um legislador pressupõe uma autoridade. A sociedade civil é natural ao homem e tem sua origem em Deus criador da natureza. É justo e conforme à natureza humana haver autoridade com poder temporal para reger os homens. Por isso, a sociedade civil e o poder político dependem de duas vontades humanas: i) *pactum associationes* (famílias consentem em viver em consórcio político); ii) *pactum subjectiones* (as pessoas se sujeitam à autoridade e à forma de governo). A origem última do poder está em Deus, porém é por intermédio da sociedade organizada que ele é transferido (mediatamente).

Francisco Suárez, ao contrário de Rousseau, não fala em "pacto", acredita que por natureza o homem não é individualista, mas compelido a viver em sociedade; o poder não está disperso entre os indivíduos e nem é a simples soma das soberanias individuais, mas uma "realidade moral" e só surge quando constituída a sociedade política (pessoa moral autônoma). A sociedade política é uma "entidade moral". A soberania não é como em Rousseau a soma das vontades individuais, mas só existe uma sociedade constituída, sendo instituída com vistas ao bem comum. Ao contrário de Rousseau, o poder político pode ser transferido (e não apenas delegado), assim o poder político, embora divino, pode ser "revogado" se não fosse destinado ao seu fim (por isso o povo pode depor o rei).

Em termos metafísicos, para alguns, é a noção de ato-potência que distingue sua metafísica de Aquino, para outros, a concepção de ser. A metafísica de Aquino: ser e graus do ser; o ser está totalmente em Deus; o homem apenas participa da concepção dinâmica mundo-homem; o mundo em tensão rumo à plenitude do ser/bem; tensão entre o que existe (ato, existência, vontade, fato) e o que pode ser (potência, essência, razão, valor). Já a metafísica de Suárez: o ser é o que existe (real e atualmente); não há uma inclinação dinâmica;

nada o leva a mais plenitude; não se superará a si mesmo; o valor e o bem se acrescem ao ser; o ser é estático e axiologicamente neutro. Concepção de ser de Aquino: primazia do intelectual no universal e comum a todos; o ser participa de um ser plural e comum; o necessário está na essência e não na existência individual; o ente é absolutamente universal; o ser é comum a todas a existência; o conhecimento é dedutível, especulativo; concepção social orgânica, baseado na comunidade e organização estamental. Concepção de ser de Suárez: fatos podem fornecer conhecimento universal (ciência); conhecimento empírico, indutivo; ente como ente real; ente como aquilo que existe realmente; concepção social mecânica, baseada no sujeito, entendido a partir da junção de todos os individuais e suas individualidades. Direito como conjunto de direitos: direito-faculdade (subjetivo) e direito-lei (objetivo) pleno em individualidades. A razão e vontade unidas, das quais derivam a lei natural. Há uma natureza racional do homem, por isso distingue: a natureza mesma do homem que proporciona a medida de valor das ações humanas; *ractio recta* como capacidade de conhecer valores (órgão da natureza racional).

Para Francisco Suárez, toda lei (inclusive a lei humana) deriva de deus e a ela se submete (mas isto não significa que as leis humanas sejam divinas). As leis humanas prescrevem fins próprios da comunidade humana como seres racionais (os quais podem agir de modo justo ou injusto). Apenas se pode falar de leis para comunidade humanas. As leis são promulgadas pelo legislador (quem deve ser legislador, problema para Suárez?).

Ele chega a classificar hierarquicamente as leis em (nenhuma categoria é incompatível, e nenhuma se confunde): (i) lei eterna: igual ao tomismo, engloba todas obras de deus em direção ao exterior. (Livro II, cap 3); (ii) lei divina: encontrada na revelação; (iii) lei natural: não divina, mas tem em comum a universalidade e eternidade (princípios fundamentais e consequências obrigatórias ou indeclináveis – então, aceita a variabilidade dos princípios de acordo com a diversidade de aplicações e relações (Livro II, cap. 13), pois, não apenas diz o que é justo, mas contém mandamentos e proibições; (iv) lei humana: expedida dentro e com fundamento na lei natural (respeito aos princípios fundamentais), a qual se relaciona com o bem comum. O *bonum commune* engloba o *bonum communitatis* (bens para assegurar a existência da comunidade) e bens particulares (*felicitas singulorum ut sunt membra*). O fim é a *felicitata communis*, por isso todos devem estar dispostos a realizar sacrifícios para a proteção da comunidade.

Segundo Francisco Suárez, o *ius gentium* não é nem lei divina e nem natural, mas positiva e humana (sua universalidade decorre dos costumes que os povos adotam a partir de princípios comuns). Completando a obra de Francisco de Vitoria, afirma que os povos possuem uma unidade, ainda não física, mas moral e política. O estado é uma *civitas perfecta*, mas cada cidadão é membro da comunidade humana. Os estados precisam de uma lei, tal os homens, capaz de regular o fluxo de relações, pessoas e mercadorias. A base está no direito natural. Cria-se não por uma vontade supraestatal, mas progressivamente com o assentimento dos povos. Chega a afirmar que é uma criação impulsionada pela natureza (instigante natura). Haveria um *bonum commune omnium natio-num* (bem comum a todas as nações). Cada estado promove seu bem estar, atuando dentro do marco do bem estar da humanidade. Chegou a falar na necessidade de um órgão supraestatal, dotado de poder coativo, para resolver conflitos e impedir a guerra. Os estados, apoiados no direito natural, podem renunciar à guerra em prol de uma unidade supraestatal.

De outro lado, a lei civil é humana e positiva, com certa universalidade e direcionada ao bem da comunidade ou estado (pressupõe um consentimento, não simples convenção, tal o contrato social).

Crê que o monarca possui o poder por delegação baseada no consentimento e não de modo absoluto e arbitrário e a finalidade do Estado está relacionada com o bem comum das leis humanas. Envolve a *felicitas communis*, que se relaciona com a vida terrena. Busca que os homens desfrutem de vida justa e pacífica na posse dos bens convenientes e úteis para a sua conservação. Prática de costumes necessários para a conservação da paz exterior. Busca preparar bens os cidadãos, tal a Igreja na educação do homem bom. Por fim, chega a afirmar que é possível o direito de rebelião, pois este se justifica contra o abuso do poder tirano do monarca usado para o seu bem e não o comum (embora não admita a execução do rei).

Jusnaturalismo racionalista. (XVII e XVIII) – fruto da secularização social, a razão humana universal, ilustrada, cria um código de ética universal capaz de dizer o que é ou não justo; razão humana social e Grotius, Pufendorf e Locke, ou individualista de Hobbes e Rousseau, mas categórica em Kant com seu agir de acordo com o dever fazendo de sua lei subjetiva um princípio de legislação universal. A razão humana substitui a razão divina tomista e passa a ser a grande mestra das condutas humanas, e, por conseguinte, do fornecimento de critérios de dever-ser para o bem estar social. A harmonia agora haveria de ser racional, e, obrigatoriamente, política.

Hugo Grotius. (Delft 1583 – Rostock 1645). Suas principais obras para fins de direito natural foram *De iure praedae* (1604) e *De iure belli ac pacis* (1625). Criado num ambiente aristocrático e intelectual. Seu avô estudou literatura hebraica, grega e latina. Tio, direito. Pai vereador, advogado e curador da Universidade de Leiden. Seu pai era amante das ciências naturais, tendo feito experimentos com quedas de corpos antes de Galileu. Grotius escreveu versos em latim aos 9 anos. Ingressou na faculdade aos 12 anos. Herói do círculo de Leiden, articulado, ambicioso. Serviu como conselheiro ainda jovem na resistência francesa à Espanha. Estudou direito novamente em Paris. Apesar de retornar a Leiden como advogado, preferia literatura. Publicou peças e poesias. Aos 20 anos foi contratado para escrever a história oficial desta resistência. O escrito é apreciado até hoje. Escreveu um livro sobre direito no estilo escolástico, mas apenas publicado o capítulo sobre a liberdade dos mares. Aos 25 anos, procurador chefe da fazenda holandesa. Casou-se por encomenda e teve seis filhos. Escreveu sobre o poder no monarca pleno nas relações exteriores, mas limitado na cobrança interna de impostos (visando a Maurício de Nassau). Quando este assumiu, calvinista, foi Grotius preso, propriedades confiscadas, por ser partidário dos arminianos no Castelo Louvestein, sentenciado à prisão perpétua. No segundo ano de prisão, fugiu para a França e viveu na pobreza com uma pensão de Luís XIII. Foi quando escreveu rapidamente *As leis da guerra e da paz* (1625). Baseou-se nos moralistas neo-escolásticos espanhóis. Foi aclamado logo após como conhecedor do direito. Foi inimigo de Richelieu. Passou para a carreira diplomática. Morreu chateado por acreditar que empreendera muitas coisas, mas não realizou nenhuma.

De modo sucinto, sem embargo a envergadura de Grotius para o direito, sua obra sustenta as seguintes teses jusnaturalistas: (i) ao discutir o que é a guerra e o que são direitos, afirma que o direito natural é o grande ditame da razão certa e a qual deve ser seguida por todos (L. 1, C.1); (ii) pensando sobre se a guerra alguma vez pode ser justa, crê que nem toda guerra é contrária ao direito natural, havendo, inclusive, na bíblia a possibilidade de que ela venha a ocorrer (L. 1, C.2); (iii) admite-se tanto a guerra pública, quanto a guerra privada para a defesa da soberania (L. 1, C.3); (iv) de modo absolutamente inovador, chega a aceitar a possibilidade da guerra de súditos contra superiores, quando estes se mostrarem injustos (L. 1, C.4); (v) se a guerra for feita em legítima defesa, bem assim na defesa da propriedade particular, torna-se uma guerra justa (L. 2, C.1); (vi) há direitos que são comuns a todos os homens, indistintamente (L. 2, C.2); (vii) terras abandonadas podem ser legitimamente possuídas por outrem (L. 2, C.3); (viii) existem direitos naturais de aquisição sobre os direitos de outras pessoas, fruto do casamento, das associações, das relações parentais e da escravidão (L. 2, C.5); (ix) os estados fazem entre si tratados e contratos que devem ser obrigatoriamente observados (L. 2, C.15); (x) qualquer dano cometido injustamente criar para aquele que lesa a obrigação de reparar (L. 2, C.17); (xi) nem tudo é admitido na guerra, havendo atos que são e não são admitidos para que a guerra seja justa (L. 3, C.1); (xii) faz parte do direito natural matar inimigos em guerra, desde que esta seja formal, assim como a violência eventualmente praticada (L. 3, C.4); (xiii) os prisioneiros de guerra, no entanto, possuem direitos naturais (L. 3, C.7); (xiv) guerras injustas admitem advertências (L. 3, C.10); e, (xv) nem sempre há direito de matar em situações de guerra, havendo restrições (L. 3, C.11). Em suma, esta obra original propõe, retomando o que já havia em parte sido dito na obra sobre o direito do apresamento de 1604, que há direitos e assim obrigações, especialmente no âmbito do direito internacional, que é comum, natural, independentemente de onde a pessoa se encontre.

Samuel von Pufendorf. (Dorfchemnitz 1632 – Berlim 1694), destacou-se pelas seguintes obras no plano do direito natural: *De iure naturae et gentium libri octo* (1672), e *De officio hominis et civis prout ipsi praescribuntur lege naturali* (1673). Jusnaturalista e transpersonalista, precursor de Rousseau, já antecipa a ideia de que o Estado, para além dos indivíduos, é produto da somatória das vontades individuais. Filho de pastor de Flöha (Elias Esaias). Infância neste povoado. Pais sofreram violência da guerra dos trinta anos. Seu irmão trabalhou no serviço diplomático. Cursou seu ginásio na *Landschule* de Grimma. Estudo filosofia e teologia em Leipzig. Teve contato com a ortodoxia luterana e correntes historiográficas modernas. Em 1657 ingressa na Universidade de Jena (na qual foram mais tarde professores renomados: Fichte, Feuerbach, Droysen, Hegel, Schlegel, Schelling e Schiller e alunos: Schopenhauer, Marx, Carnap, Frege, Hölderlin) sob influência do matemático Erhard Weigel.

Absorve a teoria da demonstrabilidade da ética e da doutrina dos entes morais. Preceptor na Embaixada Sueca em Copenhagen. Por força da guerra com a Dinamarca, foi preso por 8 meses. Ali escreveu sua primeira obra *Gundaeus baubator Danicus* 1659 (direito internacional). Na prisão também escreveu sobre Hobbes e Grotius. Primeira obra de direito natural em 1660 *Elementa Jurisprudentiae Universalis* já na Universidade de Leiden, dedicada ao Príncipe Eleitor Carlo Ludovico. Professor de *iuris gentium* na Universidade de Heidelberg. Foi então professor universitário e de jovens nobres suíços. Escreve sobre a constituição do império alemão (pseudônimo Severinus de Monzambano). Texto satírico que dessacraliza o Sacro Romano Império, atacando a Igreja Católica. Na obra póstuma chegou a falar numa possível união entre luteranos e calvinistas. Em 1665 se casa em Heidelberg com a rica Katharina Elisabeth Hedinger, que tinha uma filha. Teve duas filhas: Christina Magdalena e Emerencia Elisabeth. Primeiro professor de direito natural da Universidade de Lund na Suécia. Aqui escreve e publica *De iure naturae et gentium libri octo* 1672 e *De officio hominis et civis prout ipsi praescribuntur lege naturali* 1673. Ambas trouxeram polêmica com seus colegas e protestantes alemães aristotélicos pelo fato de ter renunciado a fundação do direito natural sobre a específica confissão religiosa. Direito natural limitado às relações inter-humanas. Tudo deriva do princípio da *socialitas* (estado e matrimônio como criações artificiais humanas, nascidas graças a um contrato. Suas respostas *Eris Scandica* sarcásticas, fizeram Christian Thomasius seu discípulo. Nova guerra entre Suécia e Dinamarca, afasta-o de Lund e o torna historiador da corte sueca em Estocolmo. Escreve sobre os estados europeus e a doutrina do interesse do estado. Em seguida, historiador da corte em Berlim, sob os auspícios de Frederich Wilhem, falando sobre estado e igreja. Escrito sobre a história da tolerância. Expõem a necessidade do soberano respeitar a liberdade de consciência dos súditos (recepcionado por Locke). Escreve sobre Frederich III. Vai a Estocolmo, retornando a Berlim debilitado, tendo de amputar sua perna. Por septicemia falece em Berlim. Crítico de Puferndor, Leibniz. Apesar das críticas, Pufendorf já era renomado, inclusive seu *De officio* se tornou manual de ética. Seguem-no John Locke, Rousseau, Montesquieu e Diderot. Seus textos históricos continuam a ser lidos até meados do séc. XIX. Após a 1 GM é lido sobre a questão do direito natural e internacional. Após a 2a até o final dos anos 1970 reestudado pelos juristas (Fiammetta Palladini).

Sua leitura de direito natural conjuga elementos de Gobber e Grotius. Parte da sociabilidade do homem. O fundamento da natureza gregária do homem é sua incapacidade originária (*imbecillitas*). Todo homem está numa indigência primeira, necessitando dos outros para subsistir. Isto ainda é próximo de Aristóteles. Para Del Vecchio, sua obra não seria original, por seu herdeiro de Hobbes. Carpintero diz que é um seguidor do nominalista Duns Scoto, apenas a laicizando por completo e acentuando a liberdade como faculdade moral legítima. Mas Carl Friederich afirma haver uma noção nova de homem, considerado tal como é. Muito embora os últimos escolásticos tenham construído suas visões num método racional, ainda a revelação divina era importante. Constrói todo o sistema de direito natural apenas a partir da razão (*ope solius rationis*). Opositor da aplicação do método mecaniscista das ciências naturais nas humanidades (algo já tentado por Hobbes). Os objetos do mundo físico (*entia physica*) não esgotam a riqueza da realidade, pois há outros entes (*entia moralia*) que não são regidos pelas mesmas leis materiais porque não têm a mesma característica, logo, não admitem o mesmo método. Não são realidades platonicamente separadas, mas apenas modos do ser (*modi*), porque possuem honra e ações reais. Apesar disso, usar termos tomistas, como *modi*. Está na mudança da mentalidade jurídica, que já exigia não apenas uma ordenação da matéria, mas a ideia de sistema, como em Grotius. Os escolásticos acreditavam que a existência de várias ordens jurídicas era mera necessidade do trabalho jurisprudencial, mas Pufendorf fala num sistema porque baseado num princípio único. O direito sai das mãos dos juristas e passa aos filósofos. A razão coloca as regras precisas, simples e universais. A razão era a mesma para todos os homens, e seu agir é lógico, claro e uniforme. As questões que a vida moderna trazia exigi um ponto de referência único, por isso os filósofos passaram a exercer papel decisivo. O *principium unicum* era a sociabilidade do homem. Propõe a figura do sujeito isolado e independente (com vontade e arbítrio). Aqui haveria uma ambiguidade (Carpintero). As condutas que fundamentaram a sociabilidade constituiriam as normas de direito natural (logo, as que as fraturaram, seriam contrárias). Aqui está próximo de Grotius. O direito é visto como faculdade subjetiva (*lex permissiva omnes usos*), capacidade moral de fazer algo lícito, e a lei coloca limites nesta liberdade originária em busca de uma vida coletiva pacífica. De Grotius recebeu a sociabilidade e o contrato base do Estado, de Hobbes a necessidade de construir uma doutrina apoiada apenas na razão. A razão é um instrumento para discernir as normas de direito natural a partir da sociabilidade humana (razão e sociabilidade). Deus teria dotado todo homem, apesar de ser egoísta (amante de si mesmo) com uma natureza social que o obriga viver em comunidade. A lei é um mandamento de um superior (*lex est decretum, quo superior sibi subjectum obligat, u ad istis praescriptum actiones suas dirigat*), o fundamento da *socialitas*, a qual é o fundamento de todo o edifício jusfilosófico, logo, um mandato divino. O conhecimento advém: da razão (ensina os deveres em geral), da autoridade legislativa (os deveres que devem ser cumpridos como membro de um estado), da revelação divina (preceitos com relação a Deus). Os primeiros constituem o direito natural, sobre o direito comum a todos os povos. Apesar da separação, há uma relação entre direito natural e teologia moral (aquele terceiro). Ele era protestante. Normas que implementar a força da coesão social fazem parte do *ius naturale*. Princípios fundamentais: (a) ninguém deve gerar danos aos outros (dever de reparação); (b) todo homem possui dignidade conatural (tratado sem discriminação); (c) a vida em comum exige que cada um ajuda os que necessitem (também contribuição equitativa); d) os pactos devem ser cumpridos (segurança – *pact sunt servanda*). Todos derivam da liberdade e igualdade. Por isso serviu, assim como Locke, à declaração dos direitos humanos. Divisão do direito natural: normas de validade absoluta (estas se referem aos entes morais ou preceitos imutáveis) e normas de validade hipotética (estas conformam o direito positivo). Cada pessoa racional pode captar o direito natural. Considera o direito natural como *lex imperfecta*, pois não tem coação, pois o Estado se justifica por sua dominação.

Thomas Hobbes. (Malmesbury 1588 – Hardwick 1679). Suas principais obras jusnaturalistas foram: *Elements of natural law and politic* (1640), *De Cive* (1642) e *Leviatã* (1651). Tendo vivenciado conturbado período político ainda jovem, como a guerra entre huguenotes e católicos, bem assim a guerra dos trinta anos, tem desde cedo um vasto campo de reflexão sobre guerra e paz, sobre direitos imanentes do estado e direitos universais. Entende que a palavra e a vontade dos homens tendem a levá-lo à sua autopreservação, e todas as relações constituídas são pautadas por este sentimento de manutenção da existência (e neste ponto, apenas, o termo do egoísmo é relevante em Hobbes) (Yves Zarka). Não importa o quanto ele faça por sobreviver, em nada muda a sua essência de preservação, nem mesmo a história ou a civilização. Se eventualmente aceita viver em sociedade, isto apenas o existe porque vê nela, assim como vê na figura da autoridade estatal, um mecanismo para a própria preservação. Isto, inclusive se mostra para ele como a capacidade de viver em sociedade, que, de modo algum significa, tal o ser político aristotélico, na predestinação e no desejo de sociedade (tema este por ele mais bem explicitado na segunda edição de Leviatã). Por isso, para ele, o estado de natureza se define como o estágio em que os homens estão a todo instante "inquietos", pelo fato de estarem obrigatoriamente buscando sempre se manter, individualmente, e pelo fato de não saber o desejo dos demais, coletivamente, logo, a incerteza e a desconfiança reinam, levando à rivalidade e eventualmente inimizade. É neste ponto que se posta a clássica máxima do *homo homini lupus*. Não à toa é deste estado que surge a própria necessidade do pacto social e da sociedade política, seja porque eventual igualdade permite a aniquilação, seja porque a escassez dos bens leva ao encontro de desejos, seja, enfim, porque o direito sobre as coisas o faz crer que pode e deve se apoderar de tudo o quanto for necessário, antes dos outros, para a sua preservação (Norberto Bobbio). Nascido o Estado, ou ao menos a sua necessidade, da situação de luta natural, a sua essência está então na *lex naturalis*. A reta razão e suas regras de prudência obrigam o homem a agir de modo ponderado para alcançar seus fins, e, nessa medida, fugir a este estado de natureza. Por isso, há três leis naturais que lhe conferem direitos naturais: (i) o homem dever buscar a paz, e, não o conseguindo, pode buscá-la também por meio da guerra (e aqui resgata a ideia de guerra justa de Grotius); (ii) os homens devem concordar em renunciar seus direitos sobre as coisas livremente se for necessário para a busca da paz; (iii) os pactos que forem realizados devem ser cumpridos. O pacto social é, então, a institucionalização do respeito às leis naturais, de forma robusta porque obriga internamente mais do que externamente, ao se referir à própria preservação. Por isso, o soberano que fará cumprir este pacto estabelece com os homens uma relação de simples autorização, posto que são eles que lhe delegaram poder para tanto (eis aqui, embora muito questionado pelos autores – pois há, um direito à rebelião, quando o poder for exercido para além da delegação), já que a vontade do estado é a vontade dos súditos. Trata-se de um pacto absoluto e indivisível feito entre os homens e não entre estes e o soberano, razão pela qual os direitos são naturais, fruto da razão humana, e não do reconhecimento formal do estado ou da outorga do soberano.

John Locke. (Wrington 1632 – Harlow 1704). Suas principais obras foram *Two treatsis of government* (1689) e *Essay concerning human understanding* (1690). Contratualista em plena revolução gloriosa e empirista filosófico, tal Hobbes, também sustenta a existência de direitos naturais que impõe limites à atuação do soberano, cabendo a este obedecer às leis e ao Parlamento. Como um burguês, sustenta a necessidade da quebra do antigo regime e a defesa da liberdade e propriedade. Para ele, os homens, no estado de natureza, eram naturais e livres. Consequentemente, essa liberdade é ilimitada e inalienável nesse estado e a esfera de liberdade de um interfere na esfera de direitos de outro (direito de propriedade). Por sua vez, a propriedade, que surge com o trabalho (transformação da natureza), sendo algo próprio do homem, acaba por exigir que se faça um contrato para restringir as liberdades das pessoas de modo que todos possam exercer seu direito de propriedade. Nesse sentido, acaba por ser o grande fundamento da perspectiva liberal: o trabalho transforma a natureza, e a liberdade realiza o homem. O homem encontra sua própria essência quando tem propriedade. Aquele que não tem propriedade não tem essência propriamente humana. Assim, o Estado como entidade política protegeria a propriedade (contém liberdade ilimitada para proteger a propriedade). Na formação do pacto, o soberano deve então respeitar os limites da lei acerca da propriedade, por isso também fala, como seu antecessor, que o arbítrio do soberano não é ilimitado. No seu pensamento está a forja do Estado de Direito, ao afirmar que o súdito deve ser antes o cidadão, com direitos, porque titular de liberdades que estão protegidas pela lei; bem como da propriedade e com a liberdade de exercer direitos políticos. Assim, o pacto de Locke, apesar da polêmica acadêmica, também não é absoluto na delegação de poderes, podendo ser desfeito no caso do soberano não respeitar os seus limites. Trata-se, naturalmente, de uma teoria burguesa, pois o Estado surge por um ato de vontade (autonomia da vontade); é um instrumento da burguesia de ascensão ao poder; existem valores inalienáveis, como a liberdade e a propriedade (direitos a históricos, eternos, naturais, imutáveis, algo típico do jusnaturalismo, como dito) e apenas os proprietários acabam tendo esses direitos acima citados (já que mendigos, pobres, mulheres não estão incluídos). Há o mérito da introdução à ideia da liberdade, embora ela exclua e esteja vinculada à propriedade.

Jusnaturalismo contemporâneo. As grandes guerras trouxeram para a teoria do direito o resgate das ideias jusnaturalistas que já adormeciam há quase um século e meio por força da primazia juspositivista. A crise de confiança na legalidade e no ordenamento jurídico como suficientes e sinal último de racionalidade, bem como de manutenção de valores essenciais, como segurança, certeza e previsibilidade, fazem como o pensamento jusnaturalista volte à cena. Então, em meados dos anos 1930, discute-se a base da justiça no plano histórico e social, e se sustenta que a sua consecução depende das diversas manifestações culturais acerca do justo. Criticam o positivismo nos seguintes aspectos em geral: (i) confusão entre ser e dever-ser (direito injusto não seria direito); (ii) desconsideração da bipolaridade axiológica (desvalor correlato a um valor); (iii) universalidade e ahistoricidade, temporalidade e espacialidade da justiça como valor ideal e absoluto. Há, portanto, toda uma construção teórica para mostrar que a matriz legalista e toda a complexidade que a teoria positivista trouxe para a ciência do direito não seriam suficientes a evitar abusos e arbitrariedades nas condutas dos homens, logo, haveria de se resgatar a existência de direitos naturais próprios ao homem e à sociedade, os quais não poderiam estar aquém dos direitos positivos.

Gustav Radbruch. (Lübeck 1878 – Heidelberg 1949). De modo sucinto, suas principais obras foram *Rechtsphilosophie* (1932), *Fünf Minuten Rechtsphilosophie* (art. 1945) e *Vorschule der Rechtsphilosophie* (1948) em termos de direitos naturais. Consoante a biografia de María Virginia Martínez Bretones e o próprio texto autobiográfico *Der innere Weg: Ausfriss meines Lebens* (1951), há uma grande mudança, apesar de não ser uniforme na doutrina ("conversão", como é usualmente dita pelos juristas alemães), entre *Grundzüge der Rechtsphilosophie* (1914) e *Vorschule der Rechtsphilosophie* (1948), especificamente em 1945 (favoráveis a mudança: Engisch, Fuller, Wolff e Siches e contrário: Fritz Von Hippel).

Sua biografia é fundamental para entender a revitalização do direito natural até então dormente e convém, então, aprofundar-se um pouco mais. Trata-se, ao lado de Kelsen, do grande autor do séc. XX em termos de originalidade, sobretudo pela coragem em resgatar preceitos jusnaturalista, o que trouxe verdadeira mudança de rumo na teoria do direito. Para os que creem ter havido uma conversão, de um Radbruch juspositivista originariamente para um Radbruch jusnaturalista, existem os seguintes fatos: na história política alemã (incêndio do Reichstag em 1933, holocausto e ocupação dos aliados) e na história das ideia s (filosofia existencialista e o renascimento da teologia na vida espiritual alemã). Estes fatos levam ao abandono do relativismo e do racionalismo em prol do direito natural, passando a formular a *Natur der Sache* (natureza das coisas) e o reconhecimento da prevalência da justiça material sobre a eficácia da certeza e a eficácia do direito. Esta conversão (fato este que, no fundo, vem a demonstrar a própria *démarche* da teoria do direito) manifesta-se, para os que nela acreditam, pela tríplice retratação: (i) abandono da separação entre justiça, segurança e eficácia; (ii) abandono da separação kantiana entre *Sein/Sollen*; (iii) condenação do racionalismo em prol de uma fé nos valores. Lança então novas ideia s: a própria natureza das coisas (*Natur der Sache*), a supremacia do valor da justiça e o reconhecimento de normas suprapositivas. Apesar das mudanças, Radbruch não alterou a *Rechstphilosophie* de 1932 e nem quis que mudassem *pos-mortem*. Apenas aceitou a publicação de um guia a partir de notas dos seus alunos: *Vorschule der Rechtsphilosophie*. Trata-se de um autor fervoroso defensor do iluminismo e da ilustração, seguidor da tradição espiritual do humanismo clássico e defensor da tradição ciceroniana da *humanitas* (especialmente o legado do séc. XVI). Atraído por Montesquieu, Lessing e Goethe, Voltaire, Beccaria, Von Liszt, foi inicialmente um respeitado criminólogo, reformador e pedagogo, mas, sobretudo, um humanista a favor dos direitos humanos e contra os crimes contra a humanidade. Encabeçou a batalha pelo fim da pena de morte, seja como parlamentar, como Ministro da Justiça. Um sujeito tolerante, equilibrado, goethiano, pensava sempre a partir das contradições (*Wiederspruch als Denkform*) para chegar à verdade. Ao mesmo tempo, racionalista, crê que razão se sobrepõe às questões metodológicas, sistemáticas e ontológicas, acreditando que as ideia s devem estar, obrigatoriamente, comprometidas com o exercício social e político das teorias. Racionalidade sincrética e eclética. Assim predestina sua concepção de direito e seus fins. Socialista. Sua causa o levou ao Reichstag e ao Ministério da Justiça, a um *Privatdozen* de Heidelberg num partido de trabalhador. Influenciado pelo Von Liszt e sua participação no *Kriminalistik Seminar*. Deu à sua filosofia um toque persuasivo. Seus estudos iniciais privados se deram no *Das Progymnausium*. Estudou também no *Gymnsaium Katharineum*, o mesmo de Thomas Mann. Ambos contrários ao nacional-socialismo. Lá havia uma disciplina prusiana rigorosa. Cursou inicialmente em Munich. Sólida base de direito romano com Bechmann. Porém o que mais gostou foi Lujo Bretano e sua metodologia da história (obteve suas bases socialistas). Foi para Leipzig estudar com Rudolf Sohm (direito eclesiástico) e Karl Binding (direito penal da escola clássica – contrário à vinculação da criminologia à antropologia e à sociologia, inimigo de Liszt). Justamente por Binding rechaçava a leitura de Liszt, Radbruch decide terminar a faculdade em Belim, onde Liszt ensinava. Mas foi em Leipzig que leu Marx e formou sua posição social (eis aqui o momento em que brota o sentimento social, o que se faz decisivo para o resgate das ideias jusnaturalistas). Em Leipzig, nos três semestres, formou um grupo de estudos *Korporation der Nicht Inkorporierten (Die Finkenschaft)* e participou da *Akademisch-Philosophische Verein*, na qual expôs sua primeira conferência sobre o método estético. Franz Von Liszt. Nos dois últimos semestres dedicou-se à filosofia do direito e ao direito penal, quando nos seminários de Liszt conheceu Hermann Kantorowicz (seu amigo) – *freie Recht* (visto adiante). Tanto que dedicou o livro mais importante *Rechtsphilosophie* a ele. O avanço da medicina e da psicologia de Viena foi aplicado por Liszt em Berlim na concepção da delinquência (mais humanizada). Liszt a quem ele dedicou parte significativa do *Einführung in die Rechtswissenschaft* era para ele a viva encarnação do iluminismo. Admirava a capacidade de Liszt de separar nas discussões as ideias da pessoa. Arthur Kaufmann tem a mesma visão de Radbruch que ele o tinha de Liszt. Afirma que Liszt se colocava ao lado dos discípulos, e buscava a união fazendo em sua casa após os seminários a *Kriminalistichen Bierabend*. Sua teoria do melhoramento foi fundamental em meio às guerras.

Começou a dar aulas aos 26 anos, inicialmente de processo penal, depois penal e filosofia do direito. Excepcional professor. De 1904 a 1914 foi professor em Heidelberg. Participa dos encontros depois da aula de Weber (*Löwenstimme*). Convive com Jellinek. Era influenciado pela filosofia de Schopenhauer e o positivismo de Liszt. Reconheceu a importância de Windelband e Richert, base da Escola de Baden e Marburgo e sua filosofia dos valores, distinguindo ciências da natureza e do espírito (dualismo kantiano ser e dever, realidade e valor). Reuniu-se também com Emil Lask, cuja lógica da filosofia o influenciou. Iniciou o acesso ao sistema penitenciário de Bruchsal, para estudá-lo. Aqui então escreve se opondo às prisões e a luta pelas melhorias *Die psychologie der Gefangenschaft*. Propõe a humanização das prisões em 1906. Casa-se com Lina Götz, mas se separa no ano seguinte. Volta-se para a política após o fim do casamento. É nesse momento que publica *Einführung* (1910). O último capítulo é fundamental para a ciência do direito. Em 1914 publica *Grundzüge der Rechtsphilosophie*, com influência de Kantorowicz, Windelband, Richert, Lask, Jellinek e Luckács. Trava cartas com Jaspers. Torna-se catedrático de Könisberg. Envolve-se com Lydia Schenk, casando-se em 1915, e teve Renate. Alista-se na 1ªGM. Escreve sobre tolerância e democracia como ordem de valores vividos e não apenas regras do jogo. Volta a Berlim, quando nasce seu filho Anselmo.

Após a Guerra, vai a Kiel, quando publica seu célebre artigo *Ihr jungen juristen!* (1919) Em suas 14 páginas fala da função do jurista na sociedade (repetindo a expressão: *Es war einmal – era uma vez*). Este texto é igualmente fundamental para o regresso do jusnaturalismo. O jurista deve servir à justiça mas não como mero executor da lei, criando e a reformando. Fala no estado de direito. Luta por abandonar a importância dos estudos sobre direito romano, para lutar pelo direito atual, e pela mudança da primazia do direito público pelo privado. Também defende a participação das mulheres nas carreiras jurídicas e judiciais. Também, que o direito não pode ser apenas visto como um conjunto de ordens, mas como lugar da justiça. Por isso é necessário distinguir direito, poder e arbitrariedade. *Sozialdemokrat*. Em 1920 se envolve em problemas, a ponto de receber uma pena de morte, no envolvimento da luta entre o exército e os trabalhadores/estudantes. Mas depois de seis dias do golpe de Kiel. Então, solto, ingressa no SPD – Partido Socialista. Sua vinculação partidária repercute na vida intelectual, o que não era bem visto na época. Funda em 1919 a Associação de Juristas Socialistas. Em 1920 alcança o *Reichstag* (Parlamento).

Como ministro por duas vezes promove mudanças na legislação penal alemã. Teve dificuldades com os comunistas e a luta pelas anistias. Luta por modificar o código que estava em vigor desde 1871 por obra de Feuerbach e sua ideia de retribuição (*Vergeltung*). Lutava como Liszt pela pena educativa (*Bessergunstrafe*). Chegou a elaborar um projeto de código penal que não foi votado. A morte do ministro das relações exteriores Rathenau o fez aceitar a pena de morte. Novamente Kiel. Estuda sobre a delinqüência por convicção (*Überzügungsverbrecher*). Heidelberg. Regressam em 1922.

Sua aula inaugural (*Antrittsvorlesung*) *Der Mensch im Recht* pronunciada em 13.11.26. Mostra as mudanças histórias que a noção de homem tem para o direito. Funda a Revista Justiz em 1926. Não aceita por ocasião dos seus cinqüentenário o Festschrift.

Publica em 1932 a terceira edição do *Grundzüge der Rechstphilosophie* como o título *Rechstphilosophie*. Continua sendo racionalista e relativista. Acaba, então, sendo destituído. A fase mais difícil se inicia em 1933. Seu envolvimento com o socialismo e homem liberal fez com que fosse destituído da faculdade pelos nazistas. Karl Larenz, defensor do regime, refere-se a Radbruch como uma mente profundamente estéril. Segue amigo de Marianne Weber, Jaspers e Jellinek. Escreve neste momento uma biografia sobre Feuerbach. Vai estudar em Oxford. Tragédia. Em seguida, com 60 anos, publica em 1938 *Elegantiae Iuris Criminalis*, com vários artigos sobre direito penal, dedicando-o aos seus filhos. Perde sua filha com 23 anos, com quem tinha muita vinculação, esquiando na Baviera. Seu conforto vem das obras de Cícero e dos latinos. Decide terminar a tese de sua filha sobre os campesinos alemães. Seu filho Anselmo, na guerra, em 1942, também com 23 anos, morre em Stalingrado. Refugia-se no trabalho intelectual. Liberação. Sente-se fraco, com Parkinson. Sua biografia *Der innere Weg* foi ditado a Lydia em março de 1945. Participa no fim da guerra pela abertura da universidade. Recupera sua cátedra, sendo nomeado decano.

Então escreve *Fünf Minuten Rechtsphilosophie* e *Gesetzliches Unrecht und übergesetzliches Recht* (Arbitrariedade legal e direito supralegal). Acaba por concentrar suas ideias. Sendo uma obra de caráter programático, reflete a situação da Alemanha. Em *Fünf Minuten* assim afirma (resgatando por completo o jusnturalismo: Primeiro minuto: *Befehl ist Befehl* (uma ordem é uma ordem), quando afirma que para o soldado carece de obrigatoriedade se o que se está ordenando é um crime; também *Gesetz ist Gesetz* (a lei é a lei) não admite exceções para o positivismo: pois vincula direito e poder (a grande crítica que opera é ao positivismo exclusivamente legalista); Segundo minuto: *Recht ist, was dem Volke nützi* (o direito é o que beneficia ao povo) mostra que o direito está ao capricho do detentor do poder, decidindo o que é lei, devendo ser o contrário, pois apenas é direito o que beneficia ao povo; Terceiro minuto: *Recht ist Wille zur Gerechtigkeit* (o direito é a vontade da justiça), portanto, o direito não é e nem pode ser apenas expressão da lei; Quarto minuto: O problema da segurança jurídica não pode prevalecer sobre conteúdos injustos de normatividade, logo, leis injustas ou que atentam contra o bem comum devem ter sua validade negada; Quinto minuto: proclama os princípios de direito natural/racional através dos séculos previstos nas declarações de direitos dos homens.

De outro lado, ainda que sucintamente, o texto *Gesetzliches Unrecht* tem por objetivo apresentar expressões contraditórias. Analisa a decisão do Tribunal de Wiesbaden que entendeu contrária ao direito natural a lei que declarava caducas as propriedades judias frente ao Estado. Comenta, então, a condenação do funcionário judicial Puttfarken, o qual havia provocado a condenação do judeu Güttig. Também, o caso do soldado que desertou por causa do tratamento inumano dados aos prisioneiros. Então, acaba por sustentar, criticando o positivismo, que a lei, além da segurança, deve promover a justiça e a conveniência. Assim, afirma que onde surge um conflito entre *segurança* vs *justiça*, entre *lei injusta* vs *direito subjetivo*, há um conflito entre *justiça aparente* vs *justiça real*. Então, termina enaltecendo a democracia como grande valor do direito natural.

A consequência desta teoria, foi que o que se convencionou denominar de cláusula de Radbruch, isto é, em situações de extremas injustiças, a legalidade não poderia prevalecer. De modo mais específico, quando houver conflito entre a justiça e a segurança, o direito positivo deve ser aplicado, a menos que a lei se revele insuportavelmente injusta, mostrando um direito injusto. Sua teoria foi sustentada, seja nos julgamentos internacionais pós-guerra, seja pós-guerra fria.

John Rawls. (Baltimore 1921 – Lexington 2002). Entre suas principais obras, estão *A theory of justice* (1971) e *Justice as fairness* (2002). Rawls, apesar de não ser propriamente um jurista, e não ter vivenciado as teorias do direito, traz uma importante reflexão, a partir de sua revisão da teoria da justiça utilitarista, que dominava o cenário até a segunda guerra mundial. Sua grande questão foi evidenciar o papel da justiça em outros termos, que o faz retomando a ideia de pacto social. Com isso, permite que a legislação seja posta em tensão sempre não se respeite o princípio de justiça: no qual está imanente, portanto, o princípio da diferença, e, de consequência, dois princípios distributivos, referentes à liberdade e aos bens primários: (i) igual direito ao mais amplo sistema de liberdades (princípio da liberdade igual); (ii) maior benefício ao menos favorecidos (princípio da diferença); (iii) cargos/posições em igualdade de oportunidades (princípio da oportunidade justa).

Entre estes, num eventual conflito entre liberdade, igualdade e bem-estar, há uma *regra de prioridade*: 1, 3, 2, logo, em nenhum caso se pode violar o sistema de liberdade em nome da igualdade, bem-estar ou eficiência, assim como em nenhum caso se pode violar o sistema de igualdade de oportunidades em nome diferença, ainda que para melhorar a sorte dos menos favorecidos. Os princípios da *diferença* e da *oportunidade justa* afastam John Rawls do Estado Mínimo, pois exige intervenções estatais (*políticas redistributivas*). (Convém reler o tema no cap. 2).

Ronald Dworkin. (Worcester 1931 – Massachusetts 2013). Em sua vasta obra, destaca-se no âmbito do jusnaturalismo *Taking Rights Seriorsly* (1977), *Law's Empire* (1985) e *Justice for Hedgehogs* (2011). Estudou direito em Harvard e Oxford. Iniciou sua carreira em Yale, até que em 1969 sucede Hart, de quem foi aluno, em Oxford. Professor visitante em Londres na cátedra de Bentham e professor da Universidade de Nova Iorque desde 1975. Crítico das ideias de Hart e Bentham, é comumente conhecido por ser um crítico do positivismo e jusnaturalista. Sua grande obra de 1977 lança uma crítica à atividade dos juízes quando a ação judicial não pode ser submetida a uma regra de direito, os chamados *hard cases*. Para Dworkin, mesmo quando nenhuma regra regula o caso, o juiz tem o dever de descobrir quais são os direitos das partes sem que novos direitos sejam in-ventados. *Taking rigths seriously* é uma grande crítica às teses de Hart do *Concept of Law* de 1961, e, consequentemente, à posição positivista dominante nos anos 1960 no mundo anglo-saxão.

Sua obra assim se divide: (i) panorama da teoria jurídica norte-americana (C.1); (ii) reprodução do ensaio *O modelo das Regras*, expondo a "teoria dos princípios" contra as teorias positivistas, bem como tratando do "poder discricionário" e da distinção entre "regras e princípios" (C.2); (iii) com o mesmo título do capítulo anterior, continua as críticas ao positivismo, bem como estabelece um debate com Joseph Raz (C.3); (iv) expõe a sua teoria propriamente dita, explicando os *hard cases*, e separa "princípios" e "políticas" – É aqui que trabalha a figura do juiz Hércules como "única resposta certa" (C.4); (v) defende e explica as "atribuições judiciais (C.5); (vi) explora os fundamentos dos direitos legislativos (C.6); (vii) discute a defesa da observância da lei e dos direitos individuais (C.7); (viii) reexamina as controvérsias sobre os direitos (C.8); (ix) discute a igualdade (C.9); (x) enfrenta as questões sobre o "direito à liberdade", questiona se o individualismo é inimigo da igualdade, bem como volta à questão da "resposta certa" (C.10-13).

Durante as décadas de 1960/70, critica o que entende de mais refinado no positivismo: Herbert Hart. Hart, com algumas alterações, recebeu de herança de Bentham e Austin as noções de "separação entre direito e moral" e a "noção do soberano" como critério de juridicidade. Dworkin critica a *"rule of recognition"* e afirma que é necessário aproximar o direito e a moral através de princípios. Dworkin, embora formule a sua noção do direito como um conjunto de normas em *Taking rights seriously*, complementa em 1986 com *Law's empire*, afirmando que o *direito* deveria ser visto como prática social de decisões judiciais mantidas na órbita dos valores norteados pela ideia de "integridade". A obra de 1986 representa uma maturidade em relação à de 1977.

Dworkin retoma em seu livro os casos *Riggs vs. Palmer* e *Henningsen vs. Bloomfield*, para demonstrar o quanto as teorias anteriores são insatisfatórias. O primeiro envolve a pretensão de um demandante-neto beneficiário do testamento de seu avô, que ele próprio o matara para se beneficiar do testamento. O caso foi decidido pela impossibilidade de Elmer Palmer herdar, pois ninguém pode se beneficiar da própria torpeza. O segundo caso é a demanda de um fabricante de automóveis que restringiu a garantia do veículo apenas para danos de parte defeituosa do veículo. Apesar da restrição, o Tribunal admitiu a ampla responsabilidade do fabricante a Henningsen. Dworkin mostra que ambos os tribunais usaram mais do que regras para decidirem, logo, Hart ignoraria o valor que os *princípios* possuem como fontes do direito. Dworkin afirma, então, que o direito vai muito além de um conjunto de regras válidas ou não de acordo com um critério de pertencimento, devendo ser visto como "um conjunto de regras jurídicas e de princípios morais que não são remissíveis a um critério de validade".

Procura distinguir, como se verá no próximo capítulo, princípios e regras a partir dos seguintes critérios: (i) *tudo ou nada* – Aduz que as regras são normas aplicáveis na forma *all or nothing*, visto que aplicáveis apenas quando surgem as condições que elas próprias fixam, enquanto os princípios são normas que não possuem consequência precisa, expressando considerações de justiça, equidade etc, de modo a não prever soluções unívocas (operacionalidade lógica diversa). Os princípios – como da proibição do benefício da própria torpeza – apenas orientam, mas dependem de uma decisão concreta particular, de modo que pode vir a não prevalecer, já que outros princípios estão em jogo. (ii) *dimension of weight* – os princípios possuem dimensão de importância, razão, guia a serem considerados em decisões jurídicas, devendo ser balanceados uns frente aos outros (proteção dos consumidores x liberdade de contrato). (iii) *força* – os princípios admitem sempre incontáveis exceções (são mais fracos), já as regras podem ser objetivamente opostas e enumeradas, isto é, as exceções de validade de um testamento sem a assinatura de três pessoas é taxativa.

Então, o ato de decidir, levando em conta regras e princípios e não só um ou outro em Dworkin, implica uma necessária avaliação do peso relativo de um conjunto de referências entre regras e princípios, eis porque a *rule of recognition* não é suficiente para a avaliação do direito. Nesta perspectiva: (i) o direito é fenômeno mais complexo do que o positivismo o interpreta; (ii) os elementos componentes do direito são as regras e os princípios; (iii) a técnica do reconhecimento é inútil para análise dos princípios; (iv) a separação entre direito e moral é artificial.

A *crítica* que sofre é exatamente pela impossibilidade de se saber de onde provém os princípios e do ceticismo interpretativo que se cria com base em princípios. Afirma que há *"argumentos de política"* e *"argumentos de princípio"*. Aqueles justificam uma decisão política com objetivo coletivo da comunidade, como em favor de um subsídio para a indústria aeronáutica etc., já estes justificam uma decisão política como garantidora de um direito de um indivíduo ou de um grupo, o argumento em favor da discriminação, das minorias etc. São casos ditos difíceis dadas as peculiaridades dos fatos apresentados em juízo e das disposições legislativas, e a subsunção não é simples. Apresenta o caso *Spartan Steel Alloys vs. Martin & Co.*. O demandado acaba suspendendo as suas atividades em razão de ter tido um cabo elétrico rompido por negligência de funcionários de uma companhia elétrica, em consequência, o autor sofre perdas econômicas em face do contrato que mantinha com o demandado, e decide buscar indenização. A discussão seria sobre a possibilidade de se buscar indenização em situações como esta, bem como da existência ou não da repartição de prejuízos econômicos, e, o que seria mais "economicamente sensato". Ao contrário das questões políticas, Dworkin sustenta que os princípios exigem uma "consistência distributiva", o que pode gerar uma arbitrariedade (Adriaan Sgarbi).

Ainda em *Taking rights seriously*, Dworkin reconhece que existe discricionariedade judicial, porém, mesmo assim acredita que pode haver uma "resposta certa". Há três significados de *"discricionariedade"*: (i) um, que se refere a discernimento (capacidade de julgar); (ii) tomada de decisão definitiva (nestas duas primeiras, a acepção é fraca); (iii) situações em que as "decisões não são vinculadas a nenhum critério explicitamente previsto" por alguma autoridade (sentido forte). Em suma, a *"discricionariedade"* para Dworkin significa não poder de escolha, mas "decisão não mecânica que exige capacidade de julgar". Não se trata de arbitrariedade, pois há "critérios implícitos". Quando se trata de discricionariedade fraca, o sujeito pode ser criticado como desobediente, o que não ocorre na discricionariedade forte. Aqui reside um problema para o positivista, pois, caso precise decidir uma questão que envolva critérios discricionários, a única saída será inventar uma regra, quando esta não há. Já Dworkin recorre aos princípios existentes. Por isso, Dworkin critica Hart e mostra o equívoco de sua teoria: (i) a teoria hartiana padeceria de um *"defeito descritivo"*, pois ignora a existência de princípios; (ii) a teoria hartiana sofreria de um *"defeito normativo"*, à medida que as decisões dos juízes criando regras seriam "antidemocráticas" (porque usurpando função eletiva) e "injustas" (porque acabam aplicando uma norma criada em fatos pretéritos). Dworkin então acusa os positivistas de proferirem em *hard cases* decisões contra o Estado de Direito, ao mesmo tempo em que invertem a lógica da função judicial. Assim, defende que a utilização de princípios sempre permite uma "solução correta", ao passo que uma "solução preexistente" à atividade interpretativa do juiz (Vera Chueiri).

Nesse contexto aparece em Dworkin a figura do juiz Hércules. Afirma que não se pode falar em direitos senão em "direitos próprios a alguém por decisões judiciais", ou seja, de nada adianta afirmar que alguém tem um direito senão quando reconhecido judicialmente. Isto implica afirmar que um indivíduo tem *"direito jurídico"* quando tem direito a uma "decisão jurídica favorável em caso de haver controvérsia". Defesa de haver uma resposta certa para os casos jurídicos. Por isso Dworkin recorre a imagem do juiz Hércules (juiz-filósofo, sábio, paciencioso e sagaz), cuja função é a de desenvolver teorias sobre o que a intenção legislativa e os princípios jurídicos requerem para solucioná-lo. Dworkin acredita que o juiz Hércules deve buscar as decisões anteriores, as regras e os princípios aplicáveis e que façam parte do direito vigente, capazes de explicar e justificar a história jurídica da comunidade, evitando que se criem regras. Por isso acredita que um *"princípio"* é princípio de direito se figurar na mais bem fundada teoria do direito que possa servir como uma justificação das regras explícitas, tanto substantivas quanto institucionais, da jurisdição em questão. Por isso é muito importa que a decisão judicial passe pelo crivo de distintas *avaliações*: (i) em sua *"dimensão de adequação"* e em sua *"dimensão de justificação"*. Se duas teorias forem adequadas, então, deve prevalecer a que for "moralmente" mais forte, e, logo, a de melhor justificativa, mesmo que aponte mais decisões como erros do que outra teoria. Em *Taking rights seriously*, Dworkin passa vários temas da jurisprudência norte-americana sob o crivo didático do juiz Hércules: indenização em acidente de automóveis, racismo, discriminação, objeção de consciência e aborto.

Dworkin sustenta que há uma *"força gravitacional das decisões anteriores"*, dos precedentes, atuando nas decisões judiciais, sendo exercida pelos argumentos de princípio que lhe fornecem sustentação. Ainda, menciona a ideia de *"teia inconsútil"* – o juiz Hércules deve procurar demonstrar que os "princípios" estão em consonância com outras decisões no âmbito de sua jurisdição, bem como com as leis, estas vistas como produto de outros princípios e não apenas de determinada política. Por isso, afirma que, se os princípios que embasam a decisão do juiz forem incompatíveis com outras decisões tomadas pelo tribunal, tem-se que Hércules não cumpriu com o seu dever de mostrar que a sua decisão é compatível com princípios estabelecidos, logo, "não é equânime". Logo, o juiz deve tratar os casos como uma "teia inconsútil", como uma trama que não apresenta "emendas" e nem "costuras", decidindo sem criar fendas ou rupturas argumentativas. Deve buscar demonstrar uma "ordenação vertical" (estratos de autoridade) e uma "ordenação horizontal" (princípios que servem para uma decisão de um mesmo nível devem ser igualmente interpretados pelo mesmo nível em outros casos). Isto implica que o juiz não faz uma interpretação sobre a norma tal Hart de "textura aberta", mas busca a única resposta principiológica, sem criar direitos.

No *Law's Empire* avança Dworkin em 1986 na ideia do direito como um conceito interpretativo partindo de uma perspectiva do caso concreto. Afasta, embora reconheça a importância, do plano de sua análise as "questões de fato", a "atuação de outras personagens jurídicas", e, dos "motivos particulares". Nesta obra, que não é um conjunto de artigos, tal a de 1977, não procura como chave a questão dos *hard cases*, mas os "desacordos no direito". Coloca em discussão o próprio campo de discussão do direito. Diz que as teorias tradicionais se preocupam em afirmar que o direito é uma "questão de fato", pois no plano jurídico as proposições carecem de valor de verdade, sendo meras convenções linguísticas. Assim, através da expressão *"aguilhão semântico"*, diz que tais teorias procuram ver os *desacordos jurídicos* como simples "discordâncias de convenção social", renegando a discussão propriamente dos critérios que determinam o significado das expressões jurídicas. Entende que o direito não poder ser descrito como um dado objetivo, pois se assim fosse não se poderia explicar a razão pela qual ocorrem os conflitos interpretativos, por outro lado, os conceitos não decorrem de simples convenções, mas de interpretação. Os desacordos jurídicos devem ser desacordos legítimos e reais. Por isso o direito não simples "questão semântica", mas uma "questão de concepção". Os processos judiciais suscitam questões de três ordens: (i) fáticas; (ii) jurídicas; (iii) interligadas de moralidade política.

Sustenta que o *direito* é uma *prática social de característica argumentativa*. Daí discute duas questões: (i) interpretação construtiva; (ii) romance em cadeia. Afirma que é mais importante atentar à atividade das personagens jurídicas, sobretudo os juízes, do que aos simples regulamentos. Só assim é possível compreender o "direito como prática social". Afirma Dworkin que qualquer "prática coletiva" deve possuir um ponto de partida que torne possível unificar as leituras/visões dos participantes – o *conceito*. Ou seja, as "concepções" há de partir de um mesmo "conceito" (como a metáfora que usa do tronco e dos galhos). São as "concepções" do conceito que estão sempre em disputa quando o ponto é a melhor interpretação do Direito. Usualmente, afirma existirem três tipos de interpretação: (i) interpretação conversacional (compreender o que outra pessoa disse); (ii) interpretação científica (fornecer explicação aos fatos naturais); (iii) interpretação artística ou literária (defender por argumentos o sentido da obra de arte como um todo – hipótese estética). Ao lado desta última, tendo o direito como uma prática social interpretativa, trabalha com a noção de interpretação construtiva (preocupa-se essencialmente com o "propósito" e não com a "causa"). Assim, esta interpretação construtiva, que é a do direito, "impõe um propósito a um objeto ou prática a fim de torná-lo o melhor exemplo possível da forma ou do gênero aos quais se imagina que pertençam" (a melhor versão do resultado coletivo de suas interações). Sustenta que "a interpretação repercute na prática, alterando sua forma, e a nova forma incentiva uma nova reinterpretação". Por isso o "ponto de vista interno" do intérprete é fundamental, logo, uma *"atitude interpretativa"*.

Afirma, nessa linha, que a *"interpretação construtiva"* apresenta três etapas: (i) *pré-interpretativa* (preocupa-se com a identificação do direito – identificação das regras e dos princípios, essencialmente descritiva); (ii) *interpretativa* (ocupa-se da busca de um significado para o direito – atribuir sentido às regras/princípios, numa "prova de dimensão do ajuste"); (iii) *pós-interpretativa/reformadora* (busca a melhor interpretação para o direito – é o momento da justificação e da convicção – fatores de índole subjetiva compartilhados com a comunidade).

De consequência, sustenta um *romance em cadeia*. Cada romancista da cadeia (obra que está sendo escrita) interpreta os capítulos recebidos para escrever um novo capítulo, que é então acrescentado ao que recebo o romancista seguinte etc. Cada um deve escrever seu capítulo de modo a criar da melhor maneira possível o romance em elaboração. Por isso, é preciso pôr à prova a interpretação em duas dimensões: (i) *dimensão de adequação* (a atividade de continuar o romance deve fluir ao longo de todo o texto); (ii) *dimensão de interpretação* (selecionar dentre as leituras possíveis a que se ajusta melhor à obra em desenvolvimento). Acredita Dworkin que o juiz, ao apreciar um caso difícil, parece com um "jogo literário", de modo que deve buscar um critério de coerência textual ou consistência narrativa. O juiz deve procurar na cadeia de intérpretes a "melhor leitura", atento à unidade possível das decisões anteriores.

Toda essa construção do direito como uma "atividade prático-interpretativa" busca justificar o *uso da força* nos casos concretos e manifestar o direito como integridade e em perspectiva jusnaturalista.

Lon Luvois Fuller. (Hereford 1902 – Munique 1978). Suas principais obras conhecidas mundialmente são: *The Case of The Spelucian Explorers* (1949), *The Morality of Law* (1964) e *Legal Fictions* (1968). Jean Luvois Fuller (nome de um personagem francês de um romance), tendo mudado seu nome na infância para Lon, nasceu em 1906 em Hereford (Texas). Criado na California, seu pai funcionário e depois dono de banco Francis e sua mãe Salome. Formou-se em economia em Stanford e depois Direito. Casou-se com Florence. Viajava bastante. Iniciou suas aulas em Oregon, depois Stanford, Illinois, Duke até chegar em Harvard, contratado pelos críticos do realismo e com o aval do decano Roscoe Pound. Duas filhas, Francis e Cornélia. Lecionou inicialmente direito de propriedade e depois teoria do direito. Gostava de fotografia. Crítica e contemporizador do "realismo" e das visões sociológicas. Jusnaturalismo moderado. Faleceu em Munique no ano de 1978.

De modo bastante sintético, sua grande preocupação foi estabelecer as direções do sistema legal (em busca de um "processo/procedimento legal"), as quais assim estabeleceu e que acabam por definir sua própria concepção do direito: (i) alguém ou algum corpo distribuindo regras não é suficiente, sendo necessário existir uma lei propriamente dita; (ii) as leis não podem ser mantidas em sigilo ou ser desconhecidas; (iii) as leis não devem ser estendidas a casos antes da existência da própria lei; (iv) as leis não devem ser ininteligíveis ou extremamente complexas de serem compreendidas; (v) se houver leis que, por exemplo, exijam ou proíbam que alguém vote, então, será impossível não desrespeitá-las, colocando um dilema legal, posto que tais leis deixam ser servir como guia para a ação; (vi) dizer que tais leis são impossíveis de não serem respeitadas significa física ou psicologicamente impossível, como por exemplo, espirrar em público (dever implica poder); (vii) não deve haver no mesmo dia uma nova lei e em seguida a sua derrogação, bem como outra nova lei e após a sua derrogação por outra nova lei; (viii) a administração efetiva da lei deve ser consistente com as próprias leis, logo, não pode ser o caso de tais leis não serem cogentes, mas existir outros comandos que não sejam leis ou outras leis mesmas com cogência. A falha em quaisquer dessas direções não apenas mostra que o sistema é falho, mas mostra que não podem nem sequer ser chamado de sistema legal. Por isso, para ele, pode haver um sistema legal em que leis protejam a escravidão, o sacrifício humano, a negação dos direitos de propriedade de minorias etc., bastando que existam, sejam estáveis, cogentes, publicizadas e compreensíveis, bem como não sejam impossíveis de serem obedecidas. (Uma lei que não pode ser obedecida não é lei). Tanto no livro de 1949, quanto no apêndice de 1964, lança dois casos absolutamente relevantes que pôs em discussão com os acadêmicos de Harvard, que aqui apenas se traz referência.

(i) *O caso dos exploradores de caverna* traz um caso hipotético (embora tenha se valido de dois casos reais do séc. XIX, um de navio que afundou, e os que se salvaram em bote, decidem matar um deles, por causo do peso que estava afundando, e, outro, semelhante, em que decidem matar um deles para poder comer a carne e se manter vivos) de cinco exploradores de caverna que, num dado momento, ficaram presos por força de um soterramento. Passados alguns dias e após contato com médico de fora para saber em quanto tempo haveria resgate e por quanto tempo sobreviveriam com os mantimentos que tinham, dão-se conta de que não haveria possibilidade de sobrevivência, exceto se comessem carne humana. Então Roger Whetmore, um dos cinco, diz ser necessário escolher um para ser morto. Após discussões, entendem os quatros restantes como justo que Whetmore fosse o sacrificado, como o foi. Ao saírem da caverna os quatro vivos, são julgados por uma comissão de juízes, e, cada qual, reflete se deveriam ou não ser punidos por homicídio. O juiz Foster propõe a absolvição, sob o argumento de que a legislação não se aplicaria a eles por eles não estarem em situação de liberdade (valendo a lei natural de sobrevivência); o juiz Tatting, titubeando, propõe que a legislação seja aplicada, pois o argumento de Foster de leis naturais é frágil, pois não se sabe se essa lei existe e desde quando e para quem; o juiz Keen, embora seja simpatizante da ideia deles sob perspectiva moral, diz que lhe cumpre aplicar a lei, logo, haveriam de ser condenados por homicídio; o juiz Handy, embora reflita sobre a validade do acordo celebrados pelos réus, diz que a opinião pública deve ser levada em consideração, e esta é majoritariamente favorável à absolvição dos acusados; então, a corte, divida, decide manter a condenação de todos. A discussão, portanto, leva em conta, no fundo, os grandes temas do direito, e, mais precisamente, a questão direito natural *vs* direito positivo.

(ii) *O caso dos denunciantes invejosos*, igualmente hipotético, traz a situação de um país de vivia sob regime pacífico, constitucional e democrático, todavia, passado um período de crises institucionais, é tomado em golpe político pelos camisas-púrpuras, que infligem terror sobre a população, desrespeitando todas as garantias jurídicas construídas ao longo do tempo: perseguições, condenações e punições arbitrárias.

Nesta situação, algumas pessoas, apenas para poderem garantir certos direitos e proteção, passaram a denunciar seus inimigos ao regime, ainda que não fossem partidários muitas vezes da punição (pena capital) que sofreriam. Encerrado o regime, restabelecido o Estado Constitucional, estes informantes (*grudge informers*) passaram a ser ofendidos publicamente, obrigando o Ministro da Justiça a tomar uma medida de estabilização. Para tanto, convoca alguns deputados para emitir opinião e lhe auxiliar na decisão: o primeiro deputado defende em geral a não punição, sob o fundamento de que as denúncias foram feitas nos termos da legislação vigente e pensar o contrário levaria a mesma atuação, mas em sentido oposto, que tiveram os camisas púrpuras; o segundo deputado propõe também a não punição, mas pelo esquecimento que haveria de se ter, sobretudo porque não se pode julgar alguém em tempos de paz que viveu em regime de terror (guerra de todos contra todos); o terceiro deputado prefere não opinar, mas discorda deste regime total de exceção, pois salvo as barbáries, atos jurídicos cotidianos continuavam a ser praticados, mostrando que havia, sim, uma ordem jurídica estabelecida; o quarto deputado propõe a criação de uma legislação especial de transição, apenas para julgar tais denunciantes, para não se aplicar nem a legislação antecedente e nem a atual, e, sobretudo, enfrentar o próprio conceito de inveja; por fim, o quinto deputado, embora entendo que era necessário uma atuação mais forte por parte dos camisas-púrpura para se manterem no poder, o melhor a se fazer neste momento era não se envolver, deixando com que a opinião pública se manifestasse e acabasse fazendo a sua própria justiça.

John Mitchel Finnis. (Adelaide-Austrália 1940 –). Suas principais obras são: *Natural Law and Natural Rights* (1980) e *Fundamentals of ethics* (1983). Nascido em 1940 em Born, Adelaide no sul da Austrália. Atualmente professor no *University College* de Oxford e *University of Notre Dame*. Estudou no St. Peters College e obteve a sua graduação no *University College* Oxford, tendo escrito sobre o conceito do poder judicial. Faz parte da *Analytical Jurisprudence*. Foi professor também em Berkeley e *Boston College*. Casado com Marie McNally, tendo três filhos e três filhas.

De modo sucinto, suas ideias podem ser assim sintetizadas: *Bens humanos* só podem ser protegidos por instituições humanas, e, existem certas exigências próprias à *razão prática* que apenas as instituições humanas (como as leis) podem satisfazer. O pensamento correto é aquele baseado em atos *razoáveis* e o contrário não. Não aceita a lei de Hume, da falácia naturalística de Aquino, pois os deveres não deveriam de um ser para Aquino, tal pensou Hume, mas a partir de princípios da razão prática. O direito deve ser aceito como algo que merece respeito e obediência, logo, apenas se respeitar uma "razoabilidade prática": o direito é mais do que lei, e os valores não são apenas subjetivos, havendo algo de racional posto a deliberação para fins concretos (prática). Haveria *bens básicos* autoevidentes (conhecimento, vida, jogo, experiência estética, habilidade social ou amizade, razoabilidade prática e religião). Não há hierarquia, embora cada um possa priorizar segundo suas convicções. O agir moral se distingue pelo modo como se buscam tais bens.

As "condições metodológicas" da razoabilidade prática com vistas a um agir moral pressupõem: (i) controle dos instintos e inclinações (plano de vida racional de Rawls); (ii) prestar atenção igual a todos os bens básicos; (iii) não praticar um tratamento preferencial e arbitrário entre as pessoas; (iv) estar aberto a todas as formas básicas de bens em todas as circunstâncias de mudança da vida; (v) compromisso com os projetos; (vi) ações idôneas à realização dos propósitos; (vii) respeito a todos os valores básicos em cada ato; (viii) exigências do bem comum; (ix) deve-se seguir a própria consciência. Todas levam a uma "obrigação moral". As normas jurídicas, portanto, devem passar pelo filtro da *razoabilidade prática*. Por isso, há normas que não são morais, mas postas pelo legislador com vistas ao bem comum (valores básicos: vitalidade, liberdade de avaliar a conduta, conhecimento, experiência estática, amizade, sociabilidade, diversão e religião). Então, o fundamento da obediência das normas está na razoabilidade para instituir esses *bens comuns*, logo, uma lei que não respeita esta razoabilidade é uma lei injusta, sendo justificável que seja descumprida, posto que ausente a autoridade moral.

Esclareça-se que haveria, naturalmente, autores contemporâneos que também poderiam ser enquadrados como jusnaturalistas, tal Sergio Cotta (1920 – 2007), com suas principais obras *Giustificazione e obbligatorietà delle norme* (1981) e *Diritto, persona, mondo umano* (1989). Contudo, ainda carecem de maior investigação para assim o ser feito.

Juspositivismo. Se o domínio histórico do jusnaturalismo abrange longo período, certamente o juspositivismo foi mais contundente, incisivo e estável, colocando-se como paradigma de forma tão robusta que ondas de movimentos críticos se operaram, como dito, na luta por abalar suas raízes, mas apenas o que conseguiram foi a sua metamorfose em busca de sua continuidade. Vive-se, há dois séculos, sob os auspícios juspositivista, quer se queira ou não. Inobstantes as críticas possíveis, que nestas *primeiras reflexões* são indispensáveis como sempre se tem mencionado, o fato é que o juspositivismo conseguiu formular uma compreensão da normatividade a estruturou de modo tão sólidos que seus instrumentos auxiliar na resolução dos problemas humanos, algo que as teorias jusnaturalistas não o souberam fazer enraizado assim. A técnica que se construiu com o juspositivismo serve como uma grande caixa de ferramentas, postas à disposição dos operadores do direito, algo que, infelizmente, o jusnaturalismo ainda não conseguiu elabora, apesar de suas duras, relevantes e indispensáveis investidas críticas.

O positivismo nasce, inicialmente, no âmbito filosófico e histórico, em seguida, caminha para o direito. Aparecendo em meados do séc. XVIII, nascido na filosofia de August Comte, as reflexões do positivismo abrem caminho para a cientificidade da reflexão sobre o humano, à medida que se aproxima do raciocínio das ciências naturais e imprime uma série de *pressupostos de investigação*. Para o positivismo, ao dispor sobre o homem, deve-se ter como pontos de partida: (i) o mundo é exterior ao sujeito cognoscente e não representa parcela de sua própria substância; (ii) por ser separado do homem, cumpre ao sujeito apenas e de maneira neutra representar o que lhe é exterior, posto que o objeto se lhe impõe naturalmente; (iii) por força desta exterioridade, dá-se a objetividade da realidade e sua disposição como objeto cognoscível, rivalizando com o homem o espaço e o separando enquanto sujeito cognoscente; (iv) o homem é posto como objeto cognoscível e pode ser compreendido em sua integralidade; (v) ao sujeito cognoscente cumpre apenas compreendê-lo e o descrever, sem que juízos e valores sejam ponderados neste processo epistemológico; (vi) ética, moral, religião, política constituem juízos do homem sobre a exterioridade e não interferem sobre o processo cognitivo; (vii) os comportamentos humanos são regidos por leis e princípios naturais, independentes do próprio homem, cumprindo ao sujeito cognoscente apenas captá-los e os enunciar; (viii) as relações intersubjetivas igualmente se regem por leis naturais harmônicas, autônomas da vontade, captáveis em sua mecânica funcional; (ix) as experiências humanas constituem-se em fatos impositivos ao sujeito cognoscente, apreensíveis sob rígidos métodos de similitude, padronização, observância, comparação e descrição; (x) tal os fenômenos naturais, o ambiente humano, por ser integralmente captado pelo sujeito cognoscente e traduzido em regras, pode ser filtrado pela razão e explicado segundo o princípio da causalidade e das inferências lógicas.

Sob a perspectiva jurídica, seguindo o mesmo raciocínio, suas ideia s genéricas se baseiam em algumas variáveis relevantes: (i) o direito é fenômeno histórico datado e determinado; (ii) o fenômeno jurídico é singular em relação à moral, religião e regras sociais, sobretudo, por força da exterioridade e da coerção; (iii) o direito se reduz formalmente ao conteúdo positivado em legislações; (iv) legítimas são apenas as normas exclusivamente postas pelo ente político (monismo jurídico); (v) o direito é produto na manifestação formal da vontade estatal, logo, da figura competente segundo ele mesmo afirma (cada figura legislativa só pode decorrer de quem está devidamente autorizado para emaná-la); (vi) a interpretação é atividade cognitiva que extrai a verdade contida nos enunciados legislativos; (vii) os magistrados apenas expressam, sem criatividade, a literalidade técnica da norma posta pelo legislador; (ix) há rígida separação dos poderes estatais; (x) no âmbito jurídico, apenas fazem parte questões formalmente interiorizadas segundo suas próprias regras; (xi) o ordenamento jurídico é marcado, tradicionalmente, pela perspectiva lógico-sistemática; (xii) alterações normativas apenas decorrem de procedimentos previamente estabelecidos pela vontade da maioria e nos estritos termos da delegação de poder respectivo.

Todavia, é certo que estas características não são universais e nem foi por todos os seus defensores trabalhadas, pois, ao se traduzir num movimento que perdura por quase dois séculos, houve verdadeiro desdobramento epistêmico em sua estrutura ao longo do tempo, produzindo-se variações significativas. Seria possível, então, afirmar que o pensamento juspositivista pode ser assim divido historicamente: (i) *positivismo inicial* – nascido no final do séc. XVIII e primeiras décadas do séc. XIX, manifestado, basicamente pelas escolas do historicismo, exegética e jurisprudência dos conceitos; (ii) *positivismo legalista* – manifestado na primeira metade do séc. XIX, orientado a investigar comandos, normas, soberania, obrigações (cujas figuras eminentes foram

Jeremy Bentham, e John Austin); (iii) *positivismo estatalista* – desenvolvido na segunda metade do séc. XIX, tendo como foto de investigação o ambiente público e os direitos subjetivos públicos (figura principal em Goerg Jellinek); (iv) *positivismo formalista* – desenrolado na primeira metade do séc. XX, atendo à validade normativa e sistêmica (cujos expoentes foram Hans Kelsen e Von Wright); e, (v) *positivismo valorativo* – em desenvolvimento desde o pós-Guerra, tendo se desdobrado e investigado temas referentes à eficácia, argumentação e justificação das normas (seus principais representantes foram Norberto Bobbio, Robert Alexy e Joseph Raz).

Historicismo. (Historische Rechtsschule). No idealismo alemão, autores do final do séc. XVIII reunidos física e ideologicamente na renomada Universidade de Göttingen, especialmente Ludwig Spittler, August Schlözer, Arnold Heeren, Johann Gatterer, seguidos no séc. XIX de modo mais amplo e desterritorializado por Friedrich Savigny, Johann Herder, Friedrich Meinecke, Wilhelm Dilthey, Gustav Droysen, Jacob Burkhardt, Leopold von Ranke, Ernst Troeltsch, Friedrich Hegel, colocam-se na então vanguarda do pensamento historiográfico, lançando as bases daquela mencionada História Científica. Ludwig Spittler, o grande nome, expõe suas ideia s fundando a Revista *Göttingische Historische Magazin*, bem como aproveita e realiza estudos sobre a Revolução Dinamarquesa (*Geschichte der Dänischen Revolution im Jahr 1660*), sobre o curso pós-reformação de Hannover (*Geschichte des Fürstenthums Hannover seit der Reformation*) e sobre a situação alemã no iluminismo tardio (*Landesgechichte in der Zeit der Deutschen Spätaufklärung*), valendo-se de um modo hermenêutico, sistemático, objetivo e disciplinado de recolhimento de fatos e personalidades.

Este modo de conceber a História é produto das rápidas mudanças socioeconômicas e políticas das últimas décadas do séc. XVIII e início do XIX. Parte da percepção da relatividade histórico-cultural de todos os valores e crenças, o que ficou conhecido como "eterna variabilidade" (*ewige Wandelbarkeit* – Gustav Droysen). Inevitavelmente, toma-se consciência da "condicionalidade" (*Bedingtheit*) histórica de todo o humano, de modo a se ser incapaz de acreditar em algo eterno ou universal, absoluto ou definitivo. Naturalmente, as perguntas surgem: qual é o ritmo, o significado, a razão da mudança histórica, da permanência ou da continuidade? Fala-se numa "impetuosa efervescência do presente, que reduz a escombros tudo o que antes era e valia" (*die brausende*

Gärung der Gegenwart, die alles zertrümmert, was war und galt – Gustav Droysen). O núcleo parte da ideia de que "o homem é um ser histórico", e que, se o séc. XVIII foi o século da natureza, o então séc. XIX seria o da História, porque se afirmava enquanto uma ciência capaz de compreender esta variabilidade eterna do humano e sua condicionalidade. O homem é uma *species temporis* e não uma *species aeternitatis* (José Ortega y Gasset), logo, cravado no seu contexto, absolutamente captável pela razão, e por ela integralmente descrito. "O que o homem é, é o que a História lhe diz ser" (*Was der Mensch ist, das sagt ihm die Geschichte* – Gustav Droysen).

Entendem os positivistas que o homem nasce submerso (*hineingeboren*) na realidade histórica de seu povo, língua, nação, religião, Estado etc. e cumpre ao sujeito cognoscente, e neste caso ao historiador, tentar capturá-lo nesta complexa teia de valores, numa assepsia axiológica, neutralizando-o e o radiografando com olhar atento, objetivo, claro. Limpo, regular, objetivável torna-se o homem, e suas relações, seus feitos aptos a serem narrados, descritos. Não à toa a História Científica cria o gênero historiográfico da "crônica", especialmente a dinástica, eclesiástica, municipal, com feitos e datas, nomes e exemplos.

Neste sentido, o historicismo fala em "globalidade temática", numa história "omniabarcante", levando em conta fenômenos econômicos, políticos, sociais e culturais. Estabelece-se em comparação às Ciências da Natureza (*Naturwissenschaften*) pela "primazia do observacional", da verificabilidade empírica das teses históricas (Gustav Droysen). Fala-se numa "histórica científica", por um método compreensivo, opondo-se a outros historicistas que trabalham uma "história especulativo-filosófica". Por conseqüência, inicia-se uma historicização das demais ciências (economia, teologia etc.) de modo a se tornar uma "ciência mestra" (*Leitwissenschaft* – Annette Wittkau).

O historicismo então reivindica as individualidades histórico-culturais, sustentando que cada povo (cada cultura) é um "indivíduo histórico irrepetível" (Isaiah Berlin), mas, paradoxalmente, rechaça a noção ilustrada de progresso e o otimismo histórico de Condorcet, Iselin, Turgot, Voltaire, o que não ocorrerá com a escola metódica francesa, tanto embasada na linearidade histórica. O saber do presente se enraíza no saber do passado, de modo a vivenciar uma vinculação orgânica do presente com o passado, típica do nacionalismo romântico no início do XIX na Alemanha, especialmente pelo fato de que não havia Estado, e a nação passa a ser primordial como resultado histórico, "um ente determinado pelo seu passado – *ein Gewordenes*" (Thomas Nipperdey). Esta tomada de consciência sobre o caráter histórico da nação implicaria uma ruptura radical com a ilustração do XVIII.

O passado histórico cultural da nação é uma herança, um legado cuja recepção comporta uma série de obrigações impositivas. Por força do relativismo, a "autolegalidade" (*Selbstgesetzlichkeit*) ou autocentralidade dos diversos círculos culturais se torna inescapável à matriz do historicismo e abre nítida hostilidade à ideia de "direito natural" e seu utopismo jusnaturalista de uma razão histórica. Fixa-se, então, o *dualismo metodológico* diante das ciências naturais, cumprindo ao historiador saber definir o *erklären* (explicar) – que guarda relação causal, mostrando os efeitos necessários de certas condições empíricas antecedentes – em oposição ao *verstehen* (compreender) – que guarda relação com a re-vivência de dimensões dadas num mundo humano-histórico com significados, propósitos, valores. Ao historiador, acreditavam os positivistas, surge o dever de compreender o homem e não apenas explicá-lo, embora isto não virá propriamente a ocorrer e será um tanto desdenhado pelas escolas críticas do séc. XX.

Ao lado do idealismo alemão, aparece na segunda metade do séc. XIX, mais precisamente na Terceira República, a Escola Metódica francesa (*École Méthodique*) por um manifesto publicado pelo historiador Gabriel Monod no lançamento da primeira edição da *Revue Historique* de 1876, tendo como grandes nomes Charles Langlois, Gustave Fagniez, Ernest Lavisse e Charles Seignobos. Igualmente ao positivismo rankiano, sustenta a necessidade de se afastar integralmente do ranço filosófico do trabalho historiográfico, avançando na objetividade do domínio histórico e na sua cientificidade. Creem os metodistas que o labor do historiador está mais próximo do médico, do físico, do matemático do que do abstrativista ilustrado. A lógica é a mesma que imperava na Alemanha, porém, então mais forte suscitada pela disputa franco-prussiana e pela própria imagem deixada desde 1830 por August Comte e seu *Curso de Filosofia Positiva*. Gabriel Monod, neste manifesto, demonstra desde logo sua filiação ao positivismo, e não são poucas passagens que assim atestam: "*nossa época mais que outras é própria a este estudo imparcial e simpático do passado ... todos podem compreender o elo lógico que liga todos os períodos do desenvolvimento do nosso país e também todas as revoluções ... a história trabalha de uma maneira secreta e segura pela grandeza da Pátria ao tempo que pelo progresso do gênero humano."*

Louis Bourdeau em 1888, embora tecendo críticas, retoma Von Barke e esclarece quais são os contornos do trabalho do historiador metodista: (i) jamais julgar ou interpretar o presente, apenas descrevê-lo de maneira exata; (ii) é necessário separar radicalmente o historiador do fato histórico, ganhando a objetividade e a generalidade que o rigor científico exige; (iii) a história é exterior, real e pode ser exata e integralmente compreendida, como efetivamente ocorreu; (iv) o historiador deve apenas recolher os fatos verificados e deixar que eles, por sua própria lógica e racionalidade, encadeiem-se e se organizem, independentemente do trabalho da razão; (v) a retomada dos fatos deve ser cadencial, baseada na regra da causalidade, e inserida num sistema mecanicista dotado de preferências e hierarquia; (vi) o uso e o inventário das fontes deve ser rigoroso, posto que garantia da cientificidade da análise do historiador; (vii) à imagem do cientista natural, cumpre ao historiador fazer um crítica objetiva das fontes, restrita e documental, para que passe no filtro da cientificidade os fatos históricos; (viii) embora o historiador não tenha contato direto com o fatos, por força da diacronia, recepcionando-os apenas por vestígios (*connaissance par traces*), deve ele buscar a escolha das fontes, para que produza a sua dessubjetivação analítica.

A partir da desconstrução do fato, compreendendo o que está entre ele o próprio fato, imprime uma metódica pela crítica externa e interna e constrói o que se entende por uma História-Verdade (Peter Burke). A história documental assume seu lugar, muito mais próximo de um bom arquivista do que de um intérprete, recolhendo dados, fatos, nomes, datas etc. Fustel de Coulanges dizia que os documentos utilizados deveriam ser os oficiais, principalmente os textuais ("História não é arte, mas uma ciência pura; a busca dos fatos é feita pela observação minuciosa dos textos, da mesma maneira que o químico encontra os seus em experiências minuciosamente conduzidas."). Trata-se de um projeto historiográfico baseado, então, na oficialidade das fontes, nos decretos estatais, nas fontes escritas, no que existe de objetivo, seguro, claro e "confiável". Por isso, o historiador deve ter a erudição científica para produzir o seu "discurso histórico, com aprofundado conhecimento do latim e do grego" (Fustel de Coulanges). Não à toa a elite européia do séc. XIX usou os clássicos e seus documentos para educar-se.

Assim, o positivismo histórico se sustenta, escolhe temas, desvaloriza fontes, dessubjetiva as análises e procura, tal Fustel de Coulanges, Theodor Mommsen e Edward Gibbon, reconstruir comportamentos e valores do passado, como a cavalaria, a história da arte, da literatura, da música, e dos acontecimentos políticos, como os verdadeiros e importantes fatos que construíram a história da humanidade. Esta é, portanto, a marca do historicismo alemão e do metodismo francês – a capacidade de apreender e descrever por inteiro a faceta histórica do homem.

Nessa perspectiva, destacando-se da escola, Friederich Savigny leva toda esta reflexão para o campo jurídico e, assim como o homem era na linha droysiana produto da história, sustenta que as normas também o são, vinculadas ao seu tempo, ao território e ao povo (com seus costumes e suas crenças) que dele emergem. É, portanto, não de um legislador abstrato e institucional, mas das "forças silenciosas" (*stille Kräfte*) das manifestações culturais do "espírito do povo" (*Vollksgeist*). Savigny alia-se ao Classicismo de Weimer (*Weimarer Klassik*), na figura do romantismo de Goethe, Schiller e Wieland e sua educação estética antiga, bem assim ao misticismo e à espontaneidade primitiva de Gottsched e Herder do *Movimento da Tempestade e do Ímpeto* (*Sturm und Drang*) para afirmar o domínio da vontade, da introspecção individual (tal as aventuras de *Werther*) e do embate com as questões morais. Esta perspectiva, vinculada à ética kantiana permite que o direito se desgarre da moral e se funde como manifestação da vontade individual.

Assim, propaga que o direito, em sendo produto das manifestações individuais e do tempo, tem nos costumes a fonte viva de sua normatividade, permitindo que acompanhe as transformações sociais, sobretudo pela indispensável força da jurisprudência. É a jurisprudência a grande responsável por auscultar as forças sociais e o papel orgânico que a lei exerce nas relações intersubjetivas. Para alguns, isto seria possível se acompanhada do resgate clássico-romano (*romanistas*), como o próprio Savigny, para outros, exclusivamente a partir dos costumes alemães (*germanistas*), como Otto Gierke.

Escola exegética. (*L'École de l'Éxegèse*). Seus principais intérpretes Bonnecase, Touillier, afirmam que a *exegética* englobou juristas franceses entre 1804 e 1890, que analisaram o código napoleônico. Dentre seus principais nomes, aparecem: Proudhon, Melville, Blondeau, Delvincourt, Huc, Aubry e Rau, Laurent, Marcadé, Demolombe, Troplong, Pothier, Baudry-Lacantinerie,

1. OS CONTORNOS DA JURIDICIDADE

Durato (RÉMY, Philippe). Julien Bonnecase divide a escola em três fases: a fundação 1804/1830; o apogeu 1830/1880 e decadência 1880.

Esta escola, nascida no historicismo, avança no contexto napoleônico francês e passa a defender as seguintes ideia s: (i) o direito positivo é um todo constituído exclusivamente na lei (os atos legislativos promulgados e vigentes devem bastar para pôr em voga todas as regras jurídicas existentes); (ii) a interpretação jurídica se destina a extrair o sentido da lei, cuja vontade não pode ser alterada pelo intérprete; (iii) a partir de princípios fundamentais da lei, cumpre ao intérprete pela razão e da habilidade dialética apenas dela extrair as consequências; (iv) os costumes não possuem valor, de modo que ante a insuficiência legislativa há apenas espaço para a analogia; (v) o argumento de autoridade deve ser respeitado para solucionar dúvidas (obras dos antecessores); (vi) o direito se apresenta eminentemente como estatal (HERNÁNDEZ GIL, Antonio);

A exegese afirma a fé no homem como portador da razão, e, consequentemente, a fé no poder omnímodo do legislador, à medida que transforma a razão em lei escrita. Então, há o culto ao texto da lei, como lei viva e obrigatória (Demolombe), sendo ela constituída pela vontade do legislador (Demante). O direito é um conjunto de normas e a lei é aquela acompanhada de sanção, pois sem coação e sanção não há lei. A escola acabou ganhando destaque por força do projeto de codificação napoleônico, mas até mesmo antes, com o Código Prussiano de Federico II.

A interpretação feita pelos juízes está rigorosamente em desvendar os postulados da lei, não havendo arbitrariedade e apenas em casos muito excepcionais a lei é dita insuficiente (Laurent). Ao juiz cumpre apenas o raciocínio dedutivo para aplicar o direito, de modo impessoal e imparcial (independentemente das consequências – *dura lex sed lex*), formulando um silogismo em busca da coerência do sistema. Não tem o juiz o papel de interpretar de modo criativo os fatos, sob pena de usurpar o trabalho do legislador.

Naturalmente, não ignoravam o direito natural, apenas diminuíram a sua aplicação como direito absoluto e o deixaram a uma esfera privado do jurista, de modo que o direito natural deveria se sujeitar e se adaptar ao espírito da lei. Uma lei só é válida quando proveniente do parlamento.

O direito como objeto de conhecimento se sintetiza a um fato a ser conhecido, cumprindo à ciência jurídica um papel de lógica do direito, explicando e jamais o criando. Por isso, o jurista é um geômetra, que busca nos artigos do código teorias entrelaçadas entre si para obter todas as consequências existentes. A palavra do legislador pela lei é a "razão", na qual dificilmente poderia haver insuficiências, e, quando houvesse, haveria de ser resolvida, exclusivamente, pela analogia.

O direito é visto como um meio de controle para que o Estado, de modo absoluto e arbitrário, regule a conduta social, inclusive dos juízes. Os juízes deveriam se limitar à lei. Bonnecase cita frase de exegetas para expressar: *Je ne connais pas le droit civil, je n'enseigne que le Code Civil* (Bugnet); [*Os códigos não deixam nada ao arbítrio do intérprete, este já não tem por missão fazer o direito: o direito está feito ... Não é verdade que o papel dos jurisconsultos se encontra reduzido; apenas que não devem ter a ambição de fazer o direito ao ensiná-lo ou aplicá-lo; sua única missão consiste em interpretá-lo*] (Laurent); [*Minha divisa, minha profissão de fé é a seguinte: Os textos antes de tudo!*] (Demolombe).

O juiz interpreta apenas para desentranhar a vontade do legislador, de modo que a jurisprudência teria o mesmo valor que a doutrina. Então, os métodos de que se valiam eram: *método exegético puro ou analítico* (dirige-se a uma análise rigorosa dos artigos do código, na mesma ordem dada pelo código, como livros, títulos, capítulos e seções.) e *método sintético* (considera-se a observação da realidade feita pelo legislador ao formular o código, logo a sua intenção – a realidade social objeto da regulamentação).

O enfraquecimento da escola é lento, e a evolução do Tribunal de Cassação, pelo Decreto de 1º de abril de 1837, desprendendo-se do Poder Legislativo enquanto órgão para funcionar de modo autônomo com o nome da Corte de Cassação, torna-se o vértice da organização judicial francesa. Então, a escola deixa de existir, sobretudo, por força da obra de François Gény de 1899 e sua *Méthode d'interpretation*, abrindo a escola da livre investigação científica.

Jurisprudência dos conceitos. (Begriffsjurisprudenz). Georg Frederich Puchta, sistematizador dos conceitos romanos, baseou-se nos princípios da lógica formal e em toda a sua herança da escola histórica para fundar um novo modo de pensar o direito. Alia o historicismo e o pensamento lógico-científico em vigor (como visto no cap. 1), para buscar um rigor metodológico para o Direito.

Puchta transforma os conceitos em estruturas lógicas, feitas na forma de silogismos, incapazes de serem questionados. Assim, busca uma unidade entre direito romano e lógica, de modo a transformar os conceitos retirados do direito romano em dogmas universais (Hernández Gil. Metodología). Estabelece uma pirâmide baseada em conceitos gerais e conceitos particulares.

Na linha de Puchta, seguiram-se autores doutrinais, e não destinados à prática dos problemas concretos: Heinrich Dernburg, Heidenberg Von Vangerbow e Ludwig Arndts, bem como da Escola de Leipzig Bernhard Windscheid e sua Pandectas. Na linha de Windscheid, é possível também colocar o primeiro Ihering (até meados dos anos 1860), dedicado às instituições jurídicas romanas. Dentre seus principais nomes, aparecem Adolf Merkel, August Thon, Karl Bergbohm e Ernest Zitelmann.

O método científico estrito, apoiado na lógica e na matemática, estabelecia a clareza dos termos jurídicos, fugindo à vaguidade e às ambiguidades da linguagem. O juiz, ao aplicar a lei, valia-se de uma equação matemática em busca da segurança jurídica, pois a *plenitude* do direito, segundo Carlos Niño, se mostrava absolutamente necessária para que o direito pudesse ter seu vigor. Por isso, não existem enigmas no direito civil, pois tudo se resolve por conceitos.

Fogem-se das ambiguidades e lacunas a partir da técnica jurídica que ordena, de modo sistemático, os conceitos segundo graus de prioridade baseados na menor ou maior generalidade. Dos conceitos gerais, deduzem-se logicamente os conceitos particulares. O que transcende é a existência de uma estrutura lógica. Há uma pirâmide, na base os particulares e na cúspide os gerais. Windscheid exemplifica com base num contrato de compra e venda, cujo conceito é geral e dele se depreende conceitos específicos: contrato, relação jurídica, acordo de vontades, declaração, transmissão, bens etc. Os conceitos são integrados e sistemáticos gerando um todo completo.

Ao lado da *plenitude*, exsurge a necessidade da *criação da lei por cientistas*. A quem cumpre criar conceitos jurídicos são os estudiosos, pois, para eles, a realidade deforma os conceitos, devendo estes ser derivados de modo abstrato, sem levar em conta a realidade. O conhecimento teórico deve abstrair da realidade. Ihering (*Ernst und Scherz*) afirma que os conceitos estão no céu, assim como os teóricos, no qual não há conflitos a serem resolvidos. Os conceitos, para ele, não suportam o contato com o mundo material, sendo apenas dogmas. São verdades absolutas a serem extraídas pelos teóricos. Logo, o processo operado pelo doutrinador também será verdadeiro. Trata-se de uma ciência apoiada em dogmas e na lógica formal. Em busca da garantia jurídica, o uso lógico e sistemático, pela matemática e filologia, dos conceitos afasta a discussão semântica. Qualquer ato mundano contamina a estrutura piramidal de Puchta. Os práticos são imperfeitos, porque afastam a verdade eterna dos conceitos em busca do prático e do útil, que é efêmero. O jurista zela pela pureza dos conceitos.

Também, não apenas a plenitude a criação científica, é necessária a *elaboração criteriosa de conceitos jurídicos*. Trata-se de um processo atrelado à dialética (segundo Ihering, o distanciamento de qualquer contato com o real), valendo-se da lógica formal e da experiência das ciências exatas (especialmente a matemática), como se fossem equações. Os conceitos devem estar longe do ambiente social, posto que o sistema jurídico deve ser estático e fechado, sendo irrelevantes suas conseqüências práticas. A criação dos conceitos se baseia nos seguintes princípios: (a) *sistematização* – há uma pirâmide conceitual que exprime a máxima plenitude do direito, à medida que organiza os conceitos por uma conexão de sentido (Karl Larenz). Há um todo harmônico que expurga as antinomias e se faz coerente ao tempo que todas as normas devem ser entendidas de modo único, jamais isoladas: unidade, totalidade e coerência; (b) *concentração lógica de materiais* – com base na matéria de estudo, busca-se a concisão e precisão dos institutos correlatos (algo que serviu de base para os projetos codificadores do séc. XIX). Foi o que permitiu a unidade das famílias do direito romano-germânico nos códigos modernos. Buscou-se eliminar o arbítrio judicial; (c) *o uso adequado da linguagem jurídica e comum* – busca da linguagem exata, em atenção às regras ortográficas e sintáticas. Os conceitos, segundo Ihering, são "sãos, conceitualmente puros e logicamente corretos".

Por fim, não poderia se sustentar senão através da figura de um *juiz como simples mecânico do direito*, ou seja, não há lugar para a interpretação, porque inexistem lacunas e contradições. A lógica permite a revelação dos conceitos existentes. Os conceitos são de tal forma organizados que a função do juiz não é científica, mas técnica de aplicar um todo coerente previamente conhecido.

Naturalmente não foram poucas as críticas que lhe foram feitas ao longo da história, como: dogmatizar os conceitos para a realização do sistema jurídico; elaboração abstrata dos conceitos por teóricos; excessiva técnica (a vida não é matemática); e reduzida função do juiz diante da vida.

Apesar das críticas, estas três manifestações da virada do séc. XVIII para o séc. XIX abrem espaço para que autores surjam e avancem na construção dos ideais de formalização do direito. E, como se consagrou na história, os primeiros apareceram na jurisprudência analítica britânica, a começar com Jeremy Bentham.

Jeremy Bentham. (Londres 1748 – Londres 1832). No que tange ao jusnaturalismo, suas principais obras foram *A fragment on government* (1776) e *Introduction to the principles of morals and legislation* (1781). Bentham é herdeiro da Inn's of Court de Londres, e, apesar do empirismo lockeano ter feito parte de sua formação, tornou-se um grande reformador político (chegou inclusive a propor mudanças estruturais, dentre elas no sistema prisional a partir do seu autofinanciamento para a prisão ideal do *panopticum*). Todavia, sua grande contribuição foi recepcionar o utilitarismo de Stuart Mill e trazê-lo como critério de julgamento de ações, sobretudo estatais.

Portanto, parte Bentham em busca de uma objetividade no raciocínio político e jurídico, tal como se fazia nas ciências naturais, capaz de permitir um juízo adequado das condutas humanas. Essa luta por se afastar do subjetivismo, herdeiro ainda do tomismo, faz com que ele o encontro no critério da utilidade a forma pela qual se poderia julgar as condutas como certas ou erradas. Esse julgamento, que não haveria de ser moral, pressupunha ser consciente de que os homens vivem por buscar a felicidade, e este é o seu fim, mas esta felicidade só se alcançaria pela melhor condução ética da vida, pois apenas assim o homem seria capaz de fugir da dor em busca do seu prazer.

O raciocínio de que se parte (e ele chega a fazer um rol extensivo do modo matemático de se raciocinar) é que qualquer ação humana deve buscar maximizar a utilidade e a felicidade, então, uma ação só é boa se ela é tendente a aumentar o prazer e reduzir a dor, visto numa perspectiva individual, ou, em termos coletivos, se ela for tendente a maximizar a satisfação do maior número de pessoas (bem-estar coletivo), e consequentemente reduzir o desprazer para o maior número.

Nessa perspectiva, o direito assume o papel de ser um instrumento para maximizar o bem-estar coletivo, logo, o legislador só haveria de produzir normas se elas tivessem esse fim, do contrário, não se trataria de um agir racional, e um direito irracional, ainda que posto institucionalmente, em nada se distanciaria do misticismo e da religiosidade medieval. Uma norma só é válida, para o filtro deste pensamento utilitarista, se for capaz de alcançar essa maximização do prazer coletivo. Por isso chega Bentham a criticar as legislações penais e mesmo a punição do criminoso se ela não for capaz de cumprir este preceito utilitarista. Punições que não incrementem o prazer coletivo são inúteis, ainda tenha algum sentido para o agir individual. Com isso, de modo sucinto, Bentham passa a ser o grande responsável por racionalizar o direito a partir de um determinado critério, algo que é indispensável em termos de ordenamento jurídico (ainda que sob outras vestes posteriormente), e, sobretudo, para o juspositivismo.

John Austin. (Suffolk 1790 e Weybrige 1858). O primeiro grande positivista para muitos, dada a diversidade temática produzida por seu antecessor, Austin produz em vida uma obra de peso intitulada *The province of jurisprudence determined* (1832), bem como outra menor *Lectures of the study of jurisprudence* (1832), mas, acabou tendo suas aulas e textos compilados de modo póstumo por força de sua esposa no livro *On the uses of the study of jurisprudence* (1859).

Austin é filho de família inglesa próspera. Chegou a participar do Exército contra as guerras napoleônicas. Ao sair do Exército, cursou direito e se tornou amigo de Jeremy Bentham e Stuart Mill, com os quais partilhou inúmeras discussões. Lecionou na Universidade de Londres, embora tenha sido um fracasso, conforme contam os seus biógrafos. Acabou publicando apenas as suas dez primeiras lições na então criada Universidade de Londres.

Influenciado por Bentham, Mill, Hume e Berkeley, acaba dando um tratamento ao direito desligado das questões morais, o que o torna um precursor do positivismo jurídico no final do século XIX. Pretende distinguir o direito dos preceitos morais e religiosos, os quais permeavam as construções jusnaturalistas. Por isso, defende, na contramão de São Tomás de Aquino, que existem "*leis injustas*".

As suas ideia s centrais sobre o direito positivo são: (i) "*comandos*" – o direito consiste em comandos direcionados aos membros de uma comunidade política independente; (ii) "*soberano*" – os comandos expressam a *vontade de um soberano* (que não se submete ao direito) e se apóiam em *sanções*; (iii) "*hábitos de obediências*" – o soberano é alguém que é habitualmente obedecido.

Para Austin, existem "*esferas não reguladas juridicamente*", daí o papel importante dos juízes, pois, com poderes para legislar no caso concreto delegados pelo soberano, incorpora costumes ao ordenamento pelas decisões. Trata-se de uma teoria que autoriza o governo a usar a lei como instrumento de poder. Nesse sentido, é continuador da "*analytical jurisprudence*" criada por Bentham.

Em sua clássica obra *The Province of Jurisprudence Determined* as principais questões trabalhadas foram: leis divinas versus humanas, princípio de utilidade, moral, direito natural versus positivo, lei em sentido próprio, ciência em contra posição à ética, à moral e à legislação. Por isso sustenta que o *"direito positivo"* é um conjunto de leis impostas por superiores políticos aos súditos.

Uma grande contribuição para a própria ciência do direito, foi a sua classificação das leis, muito utilizada pelos autores posteriores. Assim as classificava: (i) *leis propriamente ditas* – (a) *divinas* (leis da natureza); e (b) *humanas* ("positivas" – postas como direito positivo, ou, de "moral positiva", postas pela 'moral social'); (ii) *leis impropriamente ditas* – (a) *por analogia* (mera opinião); e (b) *por metáfora* (leis observadas por animais inferiores).

As *leis propriamente ditas* são regras que guiam condutas de um ser inteligente por outro ser inteligente que tem poder sobre ele. Seus componentes elementares, como toda regra/lei é uma ordem, portanto, portanto, três noções fundamentais: (i) *desejo* – manifestação de vontade de um ser racional para outro ser racional para fazer/não-fazer; (ii) *dano* – é a consequência paliçada ao transgressor por aquele que comanda. Esse dano pela transgressão do dever é a "sanção" (imposição coativa de obediência); (iii) *comunicação do desejo* – transmissão da mensagem (signos/palavras).

Para ele, este ser que manifesta o desejo e aplica a sanção é um *ser supremo superior*: o soberano. Por isso, segue Austin que o *soberano* é supremo, ilimitado, único e indivisível, tal Bodin, Hobbes e Bentham. Usa, assim, a figura do soberano para definir o campo verdadeiramente jurídico e separa os demais. Busca não a essência do direito, mas o recurso ao soberano como uma "utilidade prático-delimitadora". É um superior humano que não possui hábito de obedecer a outro, mas que recebe obediência da maior parte da sociedade. Para Austin, deve possuir algumas *características*: (i) *determinado* – ainda que não só um indivíduo, podendo ser um corpo estruturado); (ii) *hábito de obediência* – gera soberania e sujeição; (iii) *obediência majoritária* – generalidade dos membros; (iv) *comum* – a obediência a um superior comum; (v) *ausência de sujeição* – não obedecer a outrem; e (vi) *comando sem restrições jurídicas*. Austin sustenta que o soberano é superior porque detém a capacidade fática de impor sanções, podendo ser "monocrático" ou "colegiado" (monarquia ou aristocracia), logo, se a proporção componente da comunidade no corpo soberano for baixa, há oligarquia, se for alta, há "democracia".

Não importa a "legitimidade", mas a *existência fática* da soberania. Por isso, rejeita os contratualistas, já que é uma ficção. Não é a convenção que obriga juridicamente, mas as leis (a lei estabelece o dever do pacto, assim, não é o contrato que dá origem à sociedade civil, mas a "vontade da maioria e o seu cumprimento" – eficácia).

Por outro lado, aceita a tese de Bentham de que no "comando" há "obrigação" e "dever" (político, religioso, moral), e o dever pressupõe a "sanção/punição". Ainda, na linha de Bodin, Hobbes e Bentham, entende que o soberano é soberano porque impõe sanção e não é passível de se lhe ser imposto e nem castigado pelo descumprimento. A sanção respalda o comando do soberano, sendo um mal causado pelo soberano pela desobediência. Jamais se pode pensar a sanção como recompensa para Austin (medo por parte do súdito). Vincula-se à noção de ordem e *motivação à obediência*.

Para Austin, os *comandos* são artefatos do soberano, estabelecidos por uma *instância especial*, vez que são *normas positivas*. Este comando é jurídico e não moral ou religioso só porque *positivo* e *emanada do soberano*. Por isso, a *validade da norma* está no "poder efetivo" do soberano e seu utilitarismo. A partir desta compreensão do comando, tem-se o *conceito de lei* como *heterônomo* (posto pelo soberano), *externo* (porque é uma prática), e *hipotético* (porque regula de modo condicional uma classe de atos/fatos).

Austin, avançando na estratificação dos comandos, e permitindo assim, com que o juspositivismo crie um modelo detalhado e rigoroso de ciência do direito, afirma que a *norma jurídica* tem estrutura única: um segmento *prescritivo* – dirigido ao súdito e um outro *imperativo* – dirigido aos funcionários para aplicarem a sanção.

Admite, ainda, a delegação extensiva de poderes, assim, a noção direta de *soberano* não explica a validade de todos os comandos, mas depende desta *delegação extensiva* pública ou privada. Por sua vez, as *obrigações* se estabelecem a partir de direitos previamente estabelecidos pelo soberano, mesmo que postas entre particulares. Enquanto que os *costumes* só ganham relevância quando aplicados por uma decisão judicial, do contrário, são *moral positiva*. Trata-se de *ordens tácitas soberanas*.

As "delegações de poder" – normas de competência – são comandos do soberano que podem ser retiradas (nulidades). Embora o soberano tenha poder ilimitado e não se submeta a nenhum dever, ele não o está em relação ao "dever jurídico", mas não em relação ao "moral" e ao "divino". O *dever divino* e o que o soberano tem para com os súditos, pois, pelo "princípio da utilidade", deve promover o quanto possível o bem-estar da comunidade (buscar a felicidade de sua própria comunidade, pois no Estado há um propósito hedonista). O *dever moral* implica que a opinião geral da sociedade os coloca e se torna uma "moral positiva", de modo que o soberano deve respeitá-la e suas condutas eventuais podem gerar inconstitucionalidade, quando os desrespeita, mas, jamais, ilegalidades.

Por fim, como o direito implica uma "ordem de um soberano", há três *partes no direito*: (i) ordem do soberano para que alguém realize algo; (ii) uma parte beneficiária da ação; e (iii) o soberano que impõe o dever e concede o direito correlativo. Por isso, o direito de um súdito sempre pressupõe um dever, e, estes, geram obrigações "relativas" (direitos subjetivos) e "absolutas" (sem direitos subjetivos). Por isso chega a aceitar a existência de *normas anômalas* (sem comando): meramente interpretativas, revogadoras ou imperfeitas.

Georg Jellinek. (Leipzig 1851 – Heidelberg 1911). Jurista alemão, professor de Viena, Basiléia e Heidelberg e idealizador da escola da teoria geral do Estado, tendo se destacado pela valorização do "direito como mínimo ético" e pela construção de um modelo de positivismo estadualista. Suas principais publicações, em termos de juspositivismo, foram *Die Sozialethische Bedeutung von Recht, Unrecht und Strafe* (1878), *Die Erklarung der Menschen-und Burgerrechte* (1878) e *Allgemeines Staatslehre* (1900). Jellinek, filhos de judeus tchecos, e tendo acesso a bons estudos, foi responsável por inaugurar uma nova fase no juspositivismo, especialmente pelo fato de ter levado a reflexão sobre a normatividade do campo privado para o ambiente público. Grande idealizador da concepção de Estado que perdurou, apesar dos abalos, até a era da globalização política, ao vincular um poder, um povo e um território. Em seu clássico de 1900, no primeiro volume, e aqui cumpre sua vinculação ao positivismo nos termos dito, procura estabelecer um método para a doutrina do estado, especialmente a partir da história e das ciências humanas. Já no segundo, procura criar uma verdadeira teoria jurídica para o ambiente público, esmiuçando o Estado: concepção, elementos, natureza, fins, origem e extinção, tipos de estado. Já no último volume, estratifica o próprio direito público, refletindo as propriedades estatais, as constituições, os órgãos, as representações e delegações de poder, bem assim funções, formas etc.

Cria, então, a original *Teoria Geral do Estado* (*Allgemeine Staatslehre*), teoria da qual quase todos os positivistas posteriores (talvez até hoje) se tornam devedores.

Esta percepção jurídica, mas também sociológica, do Estado, com forte base hegeliana e weberiana, faz com o que o Estado, assim como o direito, seja pensado a partir de seu fim, ou seja, a razão de sua existência, por isso, o Estado é ao mesmo tempo uma associação de indivíduos organizada sob um poder de mando num território, mas também um ente que reconhece direitos subjetivos e deveres a partir do *status* individual.

Nessa perspectiva, então, Jellinek elabora sua mais famosa teoria, a *teoria dos quatro status do indivíduo* face ao Estado: (i) *status subjectionis* (estado passivo) – em que o indivíduo se encontra subordinado aos poderes públicos, de modo que o Estado pode, por meio de seus mandamentos e proibições, vincular o comportamento dos indivíduos; (ii) *status activus civitates* (estado ativo) – representando o poder do indivíduo de interferir na formação da vontade do Estado, como forma de manifestação dos direitos políticos (viabilizado, sobretudo, pelo voto); (iii) *status libertatis* (estado negativo) – espaço de liberdade que permite o indivíduo agir sem a atuação estatal, autoderminando-se sem qualquer ingerência; e, (iv) *status civitates* (estado positivo) – manifestado pela possibilidade do indivíduos exigir atuações positivas do Estado em seu favor.

Hans Kelsen. (Praga 1881 – Berkeley 1973). De modo bastante sucinto, Jurista e filósofo austríaco, tendo lecionado em Viena, Berkeley, Colônia e Harvard. Membro da Suprema Corte Austríaca. Contribuiu para o projeto de Constituição Austríaca (1920) – *Oktoberverfassung* – e idealizou o "controle de constitucionalidade concentrado. Deu origem à Escola de Viena, mas em 1940 vai para os EUA por força da Guerra. Entre 1959-1965, Kelsen se corresponde com Ulrich Klug, recebendo influência da lógica e reformulando a teoria pura. Dentre suas principais obras estão: *Hauptprobleme der Staatsrechtlehre* (1911), *Das Problem der Souveränitat und Theorie des Völerrechte* (1920), *Allgemeine Staatslehre* (1925), *Reine Rechtslehre* (1934, 1953 – ed. Frances, 1960 2a. ed.), *General theory of law and state* (1945) e *Allgemeine Theorie der Normen* (1979).

De modo sucinto, dada a complexidade de sua obra, é possível afirmar que Kelsen procurou construir uma *ciência do direito* excluindo elementos de cunho sociológico e axiológico, eis porque abstrai do conceito de direito a ideia de justiça. Dentre os temas de *Reine Rechtslehre* estão:ordem, norma jurídica

1. OS CONTORNOS DA JURIDICIDADE

e sanção (C.1), direito e moral (C.2), normas e proposições jurídicas (C.3), conceitos fundamentais do direito: sanção, dever jurídico, direito subjetivo, capacidade jurídica, relação jurídica, sujeito jurídico (o capítulo mais importante – C.4), teoria dinâmica jurídica, teoria escalonada, norma fundamental e eficácia global (C.5), aplicação da teoria pura ao Estado (C.6), relação entre o Estado e o direito internacional (C.7) e interpretação jurídica (C.8).

Pretende uma leitura específica da juridicidade sem interferências de aspectos: *factuais* (conteúdo da norma), *políticos* (religioso, social), *psicológicos* (intenção do legislador), *sociais* (comportamentos) e *éticos* (valores envolvidos), pois, para ele, a ciência do direito deve ser pura e não o direito (pureza da ciência jurídica). O seu objetivo é identificar e descrever as normas de uma ordem jurídica, com vistas a trazer *segurança* e *previsibilidade*.

Nesse sentido, o direito é uma técnica social específica, coercitiva (uso da força regulada), diversa da "ordem natural" e técnica de motivação indireta de condutas com vistas à paz. A paz é relativa porque o direito se vale da força para regular, e a a paz é a "ausência de força física". Por isso, não vê tanta relevância em distinguir "direito e moral" por sanções interna e externa, senão pelo direito de usar a "força física monopolizada pelo Estado". Cumpre à sanção a tarefa de condicionar as condutas humanas.

Aceita a teoria de Jhering de *normas primárias* ou de condutas (que chama de "verdadeiras normas") e as *normas secundárias* (que chama de "espectros" ou de "reflexos das primárias") e se destinam aos juízes para aplicar sanções. Nem toda norma tem sanção. Kelsen segue Austin e diz que pode haver normas que só prevejam nulificações ou então normas incompletas ("não-autônomas"; "fragmentos de normas") – porque dependem de uma norma sancionadora.

Mostrando que a ordem jurídica é diversa da natural, diz que as leis, na "ordem natural", baseiam-se no *"princípio da causalidade"*, enquanto na "ordem jurídica" no *"princípio da imputação"*. Para Kelsen, no princípio da imputação, deve-se compreender que um fato se vincula ao seu anterior não por relação de causa e efeito, mas por força de vontade humana atributiva de um vínculo (matar e pena). Trata-se de um vínculo volitivo que transforma as "ações humanas" em ações humanas normativamente qualificadas. A forma verbal do "juízo de causalidade" é: "quando é A, B também é (será)". Já o "juízo de imputação" é: "quando A é, B dever ser".

Como a norma decorre da vontade, ela pode ser diferente em culturas diferentes, ocupar lugares distintos e não ser perpétua. A validade de uma norma significa que esta existe no conjunto normativo, devendo ser obedecida e aplicada juridicamente. A validade está vinculada à noção de sistema normativo, que pode ser: (i) *estático* – a derivação normativa é uma seqüência de deduções lógicas, de modo que qualquer norma está implicitamente inserida na norma original – são auto-evidentes, como o sistema normativo moral (não matarás o teu semelhante, logo, não fira teu semelhante, ajuda aos necessitados etc.); (ii) *dinâmico* – a relação normativa se produz por sucessivas autorizações, em que algumas normas são organizadas a partir de outras, que conferem poder de produção normativa e autoridade produtoras. Assim, uma norma é válida se produzida pro uma "autoridade competente de acordo com os procedimentos estabelecidos".

Uma norma pode autorizar sucessivas derivações normativas, inclusive delegando poderes normativos. Por isso, o conjunto normativo é de "índole dinâmica" – "cadeias de autorização". Justamente por ser o ordenamento jurídico um "sistema dinâmico", há "normas de conduta" e "normas de competência".

A constituição fixa critérios de como uma norma deve ser considerada jurídica. É apenas de uma norma que pode advir a validade outra norma. Uma *"norma superior-fundante"* regula a criação de uma *"norma inferior-fundada"*. Há uma "sucessiva relação de fundamentação". A teoria da *"produção escalonada"* das normas não aparece no início da teoria pura, mas apenas após o aluno Adolf Merkel sustentá-la em 1917/1918. Kelsen recebe a "teoria da pirâmide" (*Stufenbau*) de Merkel, mas invertida. Para Kelsen, na "base" estariam as "normas individuais e concretas" (aqui se difere de Suárez, que dizia que a norma só era norma se fosse dotada de generalidade). Observe-se, apenas, que a "teoria escalonada" que aparece em Kelsen em 1925 (*Allgemeine Staatslehre*) após Merkel é diversa da "teoria da norma fundamental" que aparece em 1920 (*Das Problem der Souveränität*). Kelsen reconhece que Alfred Verdross já falava em "norma fundamental" (*Grundnorm*) como "constituição".

A *Grundnorm* é uma "norma pressuposta" (suposta, pensada, ato inelectual), logo, uma "hipótese instrumental lógico-transcendental". É a edição francesa de 1953 que vai mencionar pela primeira vez de modo detalhado a noção de *"Grundnorm"*. Toda norma (salvo os extremos da pirâmide) são "atos de execução" e "atos de produção" (execução da superior e produção da inferior). Os atos de produção representam um "poder" (de cima para baixo), enquanto os atos de execução um "dever" (de baixo para cima). Se Kant falava que nós alcançamos o mundo pelos nossos sentidos e não como realmente é, logo, Kelsen se vale e diz que sempre há uma "pressuposição" no conhecimento. Há na *Grundnorm* a marca da herança kantiana, pois, para Kant, todo conhecimento pressupõe "categorias fundamentais dadas *a priori*" e a "coisa em si não existe", de modo que participamos da construção do que conhecemos. Ainda, o conhecimento é "lógico-transcendental", pois anterior à experiência, por isso é impossível o conhecimento metafísico.

Seguindo essa linha, a norma é um juízo hipotético porque subordinado a uma afirmação (só incidirei se ocorrer o fato x), logo, não é "categórico" (subordinado ao sujeito) e nem "disjuntivo" (que expressa uma alternativa). Como a *Grundnorm* recorre sempre à "constituição histórica primeira", considera-se essa quando a ordem jurídica fora "globalmente eficaz". Uma ordem jurídica é globalmente eficaz se: (i) as normas servem como "parâmetro de obediência"; (ii) se os funcionários a estão aplicando.

Não cabe à ciência do direito responder o que é "justo": (i) porque o conhecimento científico é avalorativo (Weber), (i) em face da impossibilidade racional de se dizer o que é justo (desejos e temores). A elaboração das normas cabe à política (relativismo). Na ciência jurídica, o s não é empírico, mas é feito "por coerência" (tal como na matemática). Assim, para se verificar se um conhecimento jurídico foi transmitido corretamente, deve-se verificar a sucessão de delegações até a *Grundnorm*, por enlaces de imputação (derivação) – uma forma de "investigação controlada". Antecipa-se o acontecimento.

Então, as *proposições normativo-jurídicas*, tais as leis naturais, são enunciados hipotéticos comprováveis. Assim, as normas jurídicas permitem tanto *prognose* (conhecimento antecipado), quanto pós-*gnose* (hipóteses quanto às ocorrências prováveis pretéritas). As proposições jurídicas são juízos hipotéticos que enunciam que, consoante uma ordem jurídica, devem intervir certas conseqüências jurídicas. As normas jurídicas não são juízos, mas são enunciados sobre um objeto dado ao conhecimento (mandamentos não ensinam nada). A proposição só é verdadeira se descrever uma norma válida.

Georg Von Wright. (Helsinque 1916 – Helsinque 2003). Autor das seguintes obras relevantes: *An essay in modal logic* (1951), *Deontic logic* (1951) e *Norm and action* (1963), sucedendo Wittgenstein em Cambridge (por isso se tornou responsável por compilar a obra do mestre), suas ideia s pertencem à "filosofia analítica" e à "lógica anglo-americana" de Charles Pierce. Contribuiu para o desenvolvimento da lógica modal formal no pós-guerra (e da moral), e, influenciado pela Escola de Frankfurt, escreveu *The myth of progress* (1993) na Suécia, questionando se o progresso tecnológico e material realmente seria um progresso.

De modo sucinto, no que há de mais relevante e no que pertine ao juspositivismo, afirma que uma norma é válida quando "existe" (válida ou não) uma norma de ordem superior que autoriza sua criação. Logo, há uma *cadeia de subordinação*, em que as normas soberanas são incluídas no sistema *por definição*. Apesar de não formular um conceito geral de norma, apresenta classificações sobre as normas e sobre os elementos normativos até hoje bastante válidas. Assim, classifica as normas em: (a) *principais*: (i) *definitórias ou determinativas* – cujo objeto é dizer quais condutas são permitidas e quais são proibidas, tal a regra dos jogos, as normas gramaticais, as regras matemáticas; (ii) *diretivas ou técnicas* – indicam um meio para se alcançar um fim, como as instruções de uso, logo, indicam um caminho e não determinam uma vontade, razão pela qual são "hipotéticas"; (iii) *prescrições* – orientam a conduta de alguém, postas por uma "autoridade normativa", física ou moral, por isso, para serem efetivas, prescrevem uma "sanção"; e (b) *secundárias*: (i) *ideais* – não se referem diretamente a uma ação, mas fixam um "padrão/modelo ótimo" dentro de uma classe (tratam das virtudes características dentro de uma classe, como bom marido, professor etc.); (ii) *costumes* – hábitos, repetidos com regularidade dentro da comunidade (social), e, ao contrário do simples hábito, têm natureza social e por isso imprimem uma "pressão normativa" (são próximos às prescrições, só não emanam de autoridade e nem são escritas); (iii) *morais* – ora como costumes, ora como determinativas.

Concentra-se nas *prescritivas*, já que estas qualificam o ordenamento como jurídico. Os *elementos* caracterizadores das prescrições são: (i) *caráter* – operador deôntico (*Gebot, Verbot, Erlaubniss*); (ii) *conteúdo* – ação ou atividade sobre a qual recaem normas; (iii) *condição de aplicação* – circunstância que cria a oportunidade de aplicação da norma (categórica ou hipotética); (iv) *autoridade* – agente da qual emana, que pode ser "teônoma – de Deus ou positiva do homem, "heterônoma" – de um agente para o outro, e "autônoma" – de um agente para si mesmo; (v) *sujeito normativo* – destinatário da prescrição;

(vi) *ocasião* – espaço/tempo em que deve ser atendido o conteúdo da prescrição (onde e quando); (vii) *promulgação* – expressão por um sistema simbólico (linguagem); e (viii) *sanção* – ameaça de um mal sugerido pela autoridade normativa.

Isto é bastante questionado. Para Joseph Raz, o caráter, o conteúdo, a condição de aplicação e o sujeito normativo são essenciais, como se verá adiante. Já Kelsen dá especial destaque para a "sanção", de modo que a sua ausência gera apenas a existência de "fragmentos de normas" (normas não independentes). A crítica feita a Von Wright é que não há um "conceito geral" que permita esquadrinhar as normas na classificação (Alchourrón e Bulygin).

Von Wright em *Norm and Action* já parte direto para a classificação, sem dar um conceito. Carlos Cabrera diz que Wright é ambíguo: as normas não são nem *entidades extralingüísticas (political reason)*, nem *regularidades sociais*, nem *entidades lingüísticas*, nem *enunciado lingüístico sintático*, nem *proposição lingüística*, e tampouco *enunciação lingüística pragmática*. No entanto, em defesa, Von Wright, Carlo Santiago Nino diz que ele nunca quis dar um conceito de norma, pois as espécies de normas não estão numa categoria geral, mas decorrem das relações entre elas (diversos conceitos de norma).

Herbert Hart. (Yorkshire, 1907 – Oxford, 1992). Autor de *The ascription of responsability and rights* – artigo (1949), *Definition and theory of jurisprudence* (1953), *Causation in the law* (1959), *The concept of law* (1961), *Law, liberty and morality* (1963), *The morality of the criminal law* (1964), *Punishment and responsability* (1968), *Essays on Bentham: studies in jurisprudence and political theory* (1982) e *Essays in jurisprudence and philosophy* (1983). Filho de um alfaiate polonês de ascendência alemã. Estudou no New College de Oxford, em Oxford e Harvard. Debateu com Lon Fuller e Ronald Dworkin. Professor de Joseph Raz, John Finnis e Neil MacCormik. Membro do Círculo de Viena. Teve influência da filosofia analítica, especialmente de Wittgenstein. Conhecido por sua "análise estrutural do direito".

Hart critica o modelo de John Austin na obra *The Concept of Law*, que assim está dividida: (i) definições de Direito (C.1); (ii) direito como condutas humanas obrigatórias e imperativos (C. 2); (iii) diversidade de leis (crítica a Austin) e sanções – nulidades e anulabilidades (C. 3); (iv) crítica à teoria da obediência ao soberano em Austin a partir da sucessão no poder (C. 4); (v) direito como junção de normas primárias ou de condutas e normas secundárias ou sobre normas e crítica a ideia de sanção como elementos de união de normas em Austin (C. 5); (vi) definição da *Rule of Recognition* (C. 6); (vii) textura aberta do direito e a teoria da interpretação jurídica (C. 7); (viii) moral e direito (C. 8); e (ix) direito natural e direito positivo (C. 10).

A teoria de Hart se esclarece, já no início de suas ideias, a partir das possíveis oposições entre ele e seu predecessor John Austin, que podem assim ser resumidas:

(i) *refuta o direito como "ordem baseadas em ameaças"*. Austin definia a "lei" como "ordem de prestações positivas e negativas baseadas em sanções negativas em caso de descumprimento", o que seria equivocado para Hart, pois haveria confusão entre "dar uma ordem" (que implica em ameaça e mediatidade da ameaça, porque de pessoa a pessoa, tal um policial que ordena a entrega de um documento, logo, é "particular" e de "curta duração") e "ordenar" (que implica autoridade e hierarquia, enquanto forma-padrão de funcionamento do direito, gravada por uma *"generalidade"* e uma *"permanência"*, pois persiste para além de uma situação momentânea). Ainda, critica Austin porque há normas que não são destinadas aos súditos, mas aos funcionários públicos (o que torna a ameaça sem efeito imediato), assim como a "sanção" não pode considerar equivalentes "pena" e "nulidade" ("uma uniformidade forçada), visto que a norma penal traz em si a "conduta proibida", enquanto a nulidade traz a "conduta esperada".

(ii) *Entende insuficiente o "conceito/critério soberano" como a chave do direito.* Hart atinge a essa conclusão, seja porque a teoria do soberano *não identifica todas as normas*, seja porque *não explica a continuidade das normas*. Para Austin, o soberano não obedece a outro, ao tempo que recebe habitual obediência da maior parte de uma sociedade, critério esse que demonstra haver uma "sociedade política independente". Hart sustenta que há normas que o soberano desconhece, como os costumes (de modo que não se pode dizer que o costume derive da autoridade do soberano para ser norma), assim como é falha a *teoria da aprovação tácita* quando um novo soberano assume o poder em relação às normas anteriores (pois o novo desconhece a integralidade das normas

anteriores) ou do *hábito de obediência* (pois como dar continuidade às normas de um órgão legislativo que não mais existe).
(iii) *Rejeita a ideia de soberania ilimitada*. Para Hart, não é requisito indispensável à configuração do direito que a soberania seja ilimitada, haja vista inúmeras ordens jurídicas com restrições legislativas ao poder legislativo interno. O que seria relevante é a independência de um soberano perante soberanias externas, implicando numa autoridade legislativa suprema e não numa autoridade legislativa ilimitada.

As *principais questões* sobre o conceito de direito são postas por ele a partir destas três ideia s fundamentais: (i) como o direito se difere de "ordem" baseada em "ameaças"; (ii) como a "obrigação jurídica" se difere da "obrigação moral" e (iii) o que são "regras" e como o direito é uma questão de regras. Esclareça-se que Hart, em nenhum momento, quer definir o direito, pois não aceita enquadrar numa família, mas sim, contribuir para a estruturação distintiva do direito, estudando suas características, seus elementos e buscando semelhanças e diferenças entre "direito", "coerção" e "moral".

Partindo a noção de hábitos e regras sociais, e os difere, afirmando, que *hábito social* significa fazer algo sem alguma forma de pressão social para que o comportamento seja obrigado a se repetir, enquanto *regra social* representa um dever, de maneira que a sua não observância gera ao menos uma crítica social. Para avançar na diferença, Hart usa o exemplo do *jogo de xadrez*, para mencionar o "aspecto interno" (abordagem crítica e reflexiva) existente nas regras, que não a simples regularidade de comportamentos observáveis dos hábitos. Mostra que um jogador move as suas peças não apenas de modo idêntico e reiterado, mas de acordo com convicções a respeito do que as regras do xadrez permitem e proíbem.

Por isso, os *hábitos* são gravados apenas por: (i) convergência reiterada de comportamentos; (ii) indiferença aos membros do grupo de qualquer tipo de omissão quanto à prática do comportamento; enquanto nas *regras* há: (i) práticas regulares de conduta; (ii) práticas passíveis de crítica; (iii) práticas justificadas quando não observadas; (iv) práticas reflexivas.

Hart também difere *obrigações morais* e *obrigações jurídicas*. Distingue-as com base em dois critérios: (i) individualizador do modo de produção das obrigações jurídicas; e (ii) normas secundárias de modificação".

Há para ele *sistemas simples* e *sistemas complexos*. Estes possuem, além de *normas de conduta* (primárias), *normas atributivas de poderes* (secundárias). *Sistemas simples* se configuram em sociedades marcadas por: (i) restrições ao uso da violência; (ii) maioria que aceite as normas; (iii) sociedade pequena e de laços de parentesco; e (iv) ambiente estável.

Assim, à medida que se apresentem carências de *certeza* (procedimento de identidade/autoridade), *dinamicidade* (critério de modificação), *eficiência* (órgãos de aplicação e securitários), há uma modificação na estrutura racional, e nascem *sistemas complexos*, que, através de *regras secundárias*, buscam colocar fim a estas incertezas. Um *sistema complexo* pressupõe regras que acabem com a incerteza:

(i) *Rule of recognition*: destinadas a identificas as normas primárias que compõem o ordenamento. Sua função é extinguir a dúvida quanto ao "pertencimento" de uma norma ao sistema (*corrige incerteza*). (a) A determinação da regra de reconhecimento depende, tal as "regras sociais" (opostas aos meros hábitos), de um elemento interno, ou seja, além da repetição fática, ela é passível de "crítica justificada" na sua inobservância e da "autocrítica do agente". (b) Quanto à relevância do grupo que a determina, sustenta Hart a sua natureza "bifronte", pois deve ser observada pelos cidadãos comuns e pelos funcionários das regras secundárias como padrões críticos comuns de comportamento oficial. (c) É indispensável que elas sejam "aceitas e obedecidas" pelos funcionários, ainda que apenas "obedecidas" pelos cidadãos comuns. (d) Opera como regra "inclusiva" das que lhe respeitam e "exclusiva" das que não a observam. (e) Representa o último critério de validação, pois o decreto é válido porque decorre de órgão válido conforme a lei; a lei é válida porque decorre de acordo com a constituição; a constituição é válida porque a regra de reconhecimento afirma que o que a constitui dispõe é direito.

(ii) *Rule of change*: normas instituidoras dos órgãos criadores de normas, especificando quem pode legislar, o procedimento etc., evitando a carência de dinamicidade (*corrige estaticidade*).

(iii) *Rule of adjudication*: normas de julgamento – normas instauradoras dos órgãos de aplicação de normas, evitando a carência de normas primárias (*corrige ineficiência*).

A partir desta construção, Hart afirma que há duas condições mínimas para a existência de um sistema: (i) as *regras de comportamento* válidas de acordo com os critérios de validade do sistema devem ser geralmente "obedecidas"; e (ii) as "regras de reconhecimento" especificadoras de validade jurídica, bem as de alteração e julgamento devem ser aceitas como padrões públicos comuns pelos seus funcionários.

As patologias no sistema surgem a partir da inexistência de congruência entre os funcionários e os cidadãos comuns sobre o direito. Diante disso, Hart sugere a noção de *textura aberta*. Ele critica pelo exagero tanto as posturas de interpretação "formalistas" (que defendem que os intérpretes apenas "revelam" o sentido dos textos – busca da vontade do legislador) quanto "antiformalistas" (que defendem que os intérpretes "criam" o sentido do texto). Para os formalistas, que buscam a subsunção, só existem "casos fáceis", enquanto para os antiformalistas, só "casos difíceis". Hart diz que a saída é fugir a estes dois extremos, a que, mitologicamente, chama de "Cila" (jovem condenada a aguardar o estreito de Messina) – formalistas e de "Caríbdis" (monstro marinho que sugava e expelia tudo) – céticos. Por isso, afirma Hart o "direito possui uma textura aberta", vez que os legisladores não podem conhecer todas as possíveis combinações de circunstâncias futuras" – há "área de conduta" que devem ser deixadas para os tribunais/funcionários, para determinar o equilíbrio à luz das cirncustâncias entre interesses conflitantes caso a caso. É a trama da linguagem (ambiguidade e vagueza) que cria situações de "zona cinzenta" na interpretação, em oposição à "zona clara" – ex. de Hart sobre a regra que proíbe o ingresso de veículos no parque (só carros, ou patins e motos?).

Autores contemporâneos, como Facon y Tella tendem a estabelecer distinções entre a *rule of recognition* e a *Grundnorm* kelseniana. A *rule of recognition* é "um fato", logo, o que se enuncia sobre ela é falso ou verdadeiro, e não "válido ou inválido", como na *Grundnorm*. Em sendo um fato, uma "prática", a *rule of recognition* admitem demonstração, ao contrário da kelseinana, que é uma pressuposição, inexistente no mundo empírico – isto implica afirmar que a *rule of recognition* é "extrapositiva" (identifica as regras da ordem jurídica), porém é uma "regra" (um parâmetro). A *rule of recognition* é uma prática e não uma constituição jurídico-positiva como a kelseniana, logo, ela não é enunciada, mas sua existência de manifesta no modo como as regras concretas são identificadas. Deste modo, a constituição pode ser escrita, e nem por isso se identifica com a prática (uma espécie de realidade vivente da constituição).

Avançando, Hart sustenta que, embora *direito, coerção* e *moral* sejam distintos, estão relacionados. As semelhanças entre direito e moral são: (i) *obrigatoriedade não-consensual* – vinculativos independentemente do juízo do indivíduo obrigado; (ii) *pressão social* – pressão para ter conduta regular; (iii) *cumprimento não digno de elogio* – a conduta conforme a norma não merece elogios; e (iv) *regem condutas habituais* – (condutas que se repetem constantemente). Por outro lado, as diferenças são: (i) importância atribuída à observância e à transgressão (uma norma jurídica pode ser considerada irrelevante em ser mantida, enquanto uma norma moral não pode deixar de ser importante pois deixa de ser norma); (ii) imunidade a mudanças deliberadas (a norma jurídica está sujeita atos legislativos intencionais, enquanto a moral, por isso não podem ser criadas, alteradas e modificadas por um órgão); (iii) compreensão de que as transgressões morais decorrem de atos necessariamente voluntários" (as normas morais isentam de censura àquele que a inflige sem intenção); (iv) *forma de pressão moral* (as morais geralmente impõe um "apelo à consciência" e ao funcionamento da culpa e remorso). (Adrian Sgarbi).

Recorrendo a Hobbes e Hume, sustenta que os homens em geral desejam viver, porém, é nítida a *vulnerabilidade humana*. Por isso, as exigências comuns do direito e da moral se fundam não em prestações, mas em abstenções (formuladas em "proibições") – como a proibição para matar ou causar ofensas corporais. Também sustenta a "igualdade aproximada" entre os homens, pois nenhum é tão poderoso que possa subjugar os demais sem alguma forma de permanente cooperação – sistema de abstenções mútuas e compromissos. Ainda, que há no homem um *altruísmo limitado* – sistema de abstenções recíprocas. Avança e sustenta que existem *recursos limitados*, de modo que há uma forma mínima de propriedade e de proteção da propriedade. Por fim, que há *compreensão e força de vontade limitados*, pois nem todos os homens se vêem sensibilizados por regras básicas, devendo haver sanções – a razão pede uma cooperação voluntária num sistema coercitivo.

As *coincidências fáticas entre direito e moral* são: (i) poder e autoridade (não basta a força); (ii) influência moral sobre o direito (embora não coincidam, o contrate se destaca, pois leis imorais são ofensivas); (iii) interpretação (não há um processo automático, de modo que a textura aberta do direito abre espaço para ideia s morais); (iv) crítica do direito (a moral é uma constante instância de crítica do direito positivo); e (v) princípios de legalidade e de justiça (há sempre um ínimo de justiça no controle do comportamento por regras judiciais). vi) Validade jurídica e resistência contra o direito (a moral é uma forma de resistência ou de instigação contra o direito tirânico).

Norberto Bobbio. (Turim 1909 – Turim 2004). De origem tradicional e próxima do fascismo, chegou a se filiar ao partido nacional fascista quando ainda estudante de direito. Formado, lecionou em Camerino, Siena, Pádua até chegar em definitivo à Universidade de sua terra natal. Então professor, modificou sua postura política, formando um grupo antifascista *Giustizia e Libertà*, sendo inclusive preso por isto em meados dos anos 1930. Na segunda guerra, participou da resistência italiana, e, já na maturidade, tornou-se senador vitalício. Sua formação é complexa, considerado um socialista liberal, na linha de Piero Gobetti e Guido Calogero, apresenta nítida influência de Vilfredo Pareto, sob perspectiva econômica, e de Hans Kelsen, sob o ponto de vista jurídico. Dentre suas principais obras que contribuíram diretamente para o juspositivismo, estão: *Teoria dell'ordinamento giuridico* (1960), *Il positivismo giuridico* (1961), *Giusnaturalismo e positivismo giuridico* (1965) e *Dalla Struttura alla funzione* (1977). A par de suas intensas atividades políticas e sua relevância para o direito internacional, sua percepção jurídica foi próxima da teoria pura kelseniana, em oposição ao marxismo e ao jusnaturalismo. Embasado em Santi Romano, sua primeira grande contribuição nos cursos dos anos 1956-57 e 1958-59, que redundaram na *teoria do ordenamento jurídico*, foi esmiuçar o positivismo estrutural, a partir dos seus binômios classificatórios, e propor uma teoria científica coerente do direito. Bobbio, além de ser herdeiro de Kelsen, e, portanto, trabalhar a norma a partir de comandos e sanções, avançou significativamente na teoria da norma, aproximando-a de uma leitura, ainda que bastante incipiente, da semiologia. Ao discutir a norma a partir de enunciados e não apenas da noção de força e poder, imprime uma leitura inovadora, resgatando a força do positivismo posto na encruzilhada desde Radbruch. Ao mesmo tempo em que positivista, por não ter abandonado sua perspectiva social, a partir dos anos 1970 inaugura outra revisão para a teoria direito, pensando também as normas a partir da função que exerce e não apenas do seu papel estruturador e institucional. Com isso, alinha-se ao funcionalismo e oxigena o juspositivismo. É, portanto, responsável por manter robusta a teoria juspositivista, sobretudo no pós-guerra, momento em que o jusnaturalismo renascia e fazia contundes críticas ao juspositivismo (convém que se avance ao cap. 4 para ver a percepção normativa de Bobbio).

Robert Alexy. (Oldenburg 1945). Autor de *Theorie der juristischen Argumentation. Die Theorie des rationalen Diskurses als Theorie der juristischen Begründung* (1983), *Theorie der Grundrechte* (1985; 2ª ed. 1994 c/ pós-fácio em 2002), *Recht, Vernunft, Diskurs* (1995), *Der Beschluß des Bundesverfassungsgerichts zu den Tötungen an der innerdeutschen Grenze vom 24. Oktober 1996* (1999), *Begriff und Geltung des Rechts* (2002), *The Argument from Injustice: A Reply to Legal Positivism* (2002) e *Elemente einer juristischen Begründungslehre* (2003). Estudou direito e filosofia em Göttingen, iniciados em 1968. Influência em Gottingen do filósofo analítico Günther Patzig. Doutor em 1976 com a tese *Theorie der juristischen Argumentation*, orientada por Ralf Dreier. Livre-docência em 1985 com a tese *Theorie der Grunrechte*. Professor da Universidade Christian-Alberechts de Kiel, hoje aposentado. Sua teoria envolve o normativismo kelseniano e o jusnaturalismo radbruchiano. Leitura procedimentalista e pós-positivista.

O que Alexy pretende é encontra um enlace entre a teoria do direito e a teoria da argumentação. De modo mais específico, pretende sustentar que a racionalidade do discurso jurídico não leva a uma resposta correta, cabendo a uma estrutura argumentativa garantir a racionalidade da decisão, ainda que esta seja gravada de incorreções internas. A teoria da argumentação, portanto, representa uma ferramenta que proporciona uma estrutura para organizar os argumentos ou premissas derivadas da análise de um caso, dando maior segurança e estabilidade ao resultado (convém aqui que o leitor prossiga, neste particular, para o cap. 6).

Alexy procura organizar o modelo procedimental do sistema jurídico em quatro níveis, numa tentativa de conectar a sua teoria procedimental da moral com a teoria do direito. Assim, estes quatro níveis representam o passo desde a *razão prática geral* até a *decisão jurisdicional*, o que visa a expressar a ideia de institucionalização da razão e da ideia de direito como *razão institucionalizada*: (i) *primeiro nível* – o procedimento do discurso prático geral; (ii) *segundo nível* – o procedimento de criação normativa em um Estado; (iii) *terceiro nível* – o procedimento da argumentação jurídica ou discurso jurídico; e (iv) *o procedimento jurisdicional*. Mas, para além do procedimentalismo, há regras a serem respeitadas:

1. OS CONTORNOS DA JURIDICIDADE

Há seis regras para o discurso prático geral em Alexy – fundamentais, de razão, sobre o peso da argumentação, de fundamentação, e de transição.

(a) *Regras fundamentais* (regras básicas que permitem a própria comunicação, comuns aos discursos teóricos e práticos): (i) *não-contradição* – não violar as leis da lógica formal; (ii) *sinceridade* – crer no que se afirma e naturalmente não afirmar em algo que não se acredita; (iii) *universalidade da lógica* – nos "discursos teóricos", caso se predique algo de um objeto, este também há de predicar-se em qualquer outro objeto igual; nos "discursos práticos", chamados normativos ou valorativos, caso se afirme um juízo de dever ou valor em uma situação, igualmente há de se firmar em situações idênticas; (iv) *uso comum da linguagem* – diferentes falantes não podem se utilizar de expressões com significados distintos.

(b) *Regras de razão* (regras que implicam em condições para a racionalidade, comuns aos discursos teóricos e práticos, embora nestes, significam um ideal que só se cumpre de modo aproximado): (i) *dever de fundamental quando requerido* – regras geral de fundamentação, exceto se outras razões justificarem a desnecessidade de fundamentar o discurso; (ii) *aberto geral ao discurso* – todos que podem falar, podem participar; (iii) *igualdade entre participantes* – todos podem "problematizar" as asserções, "introduzir" asserções, bem como "expressar" opiniões fático-normativas, desejos e necessidades; (iv) *liberdade* – implica em não-coerção, posto que ninguém pode ser impedido de "exercer direitos", "participar" e ou de ser submetido em desacordo com os demais, interna ou externamente ao discurso.

(c) *Regras sobre a incumbência da argumentação* (regras técnicas que ordenam a discussão para esta não seja bloqueada pela abertura ou igualdade): logo, cumpre argumentar quem: (i) *pretenda um tratamento desigual*; (ii) *ataque uma afirmação descritiva/normativa não discutida*; (iii) *ataque um argumento a favor de uma afirmação prévia (contra-argumentação)*; e (iv) *quando requerido, introduz uma afirmação sobre as suas próprias opiniões, desejos e necessidades até então não discutidos*.

(d) *Regras ou formas dos argumentos*: (i) *recondução ao silogismo prático*; (ii) *justificação das premissas, também dito justificação externa silogística ou argumentação de 2º grau*; e (iii) *possibilidade de acrescentar prioridades entre as regras, de modo absoluto ou sob determinadas circunstâncias.*

(e) *Regras de fundamentação* (exclusivas do discurso prático, destinadas a fundamentar o discurso – embora sejam muito indeterminadas e justificam muitas coisas; as três primeiras próximas à universalidade; as duas seguintes, exigem a racionalidade das posturas normativas dos participantes; e a última introduz certo realismo ao discurso): (i) *princípio do intercâmbio de papéis individuais* – quem aceita uma proposição normativa para satisfazer interesses dos outros, deve também aceitar as consequências idênticas para si mesmo (máxima kantiana e de Hare); (ii) *princípio do consenso 'coletivo'* – as consequências de uma regra para a satisfação do interesse de cada um devem ser aceitas por todos (do paradigma individual kantiano ao paradigma intersubjetivo habermasiano); (iii) *princípio de publicidade* – toda regra deve poder ser ensinada de maneira aberta e geral; (iv) *regra da gênese social* – as normas morais que fundamentam as posturas dos interlocutores devem passar no teste de sua gênese histórico-social, qual seja, não podem ser usadas se, na origem estivessem justificadas, mas hoje deixaram de ser, ou, ainda, se não estavam justificada na origem e muito menos hoje há razões que a justifiquem; (v) *regra da gênese individual* – as normas morais que fundamentam as posturas dos interlocutores devem passar no teste de sua gênese-individual, qual seja, não podem ser justificadas quando baseadas em condições de socialização injustificáveis; e (vi) *regra da 'realizabilidade'* – implicam no respeito aos limites de possibilidade de realização do fato (o discurso deve abordar problemas reais e soluções possíveis e não utópicas, realizáveis no mundo real dentro de suas possibilidades).

(f) *Regras da argumentação dogmática* (típicas do enunciado dogmático): (i) *uso de argumento prático* – todo enunciado dogmático, se colocado em dúvida, deve ser fundamentado mediante o emprego, ao menos, de um argumento prático de tipo geral; (ii) *comprovação sistemática* – todo enunciado dogmático deve poder passar por uma comprovação sistemática em sentido estrito e amplo; e (iii) *uso obrigatório de argumentos dogmáticos* – se são possíveis argumentos dogmáticos, estes devem ser usados.

(g) *Regras de transição* (todas estas últimas regras, dizem respeito à formulação do discurso racional prático de justificação de normas que prescrevem comportamentos – argumentação prescritiva, porém, podem ser que outros discursos venham à tona): qualquer interlocutor, em qualquer momento pode passar para: (i) *um discurso teórico-empírico*; (ii) *uma análise linguística*; e (iii) *a teoria do discurso*.

Detalhando esta última regra: (i) *discurso teórico* – às vezes é preciso permitir que os participantes se apoiem em discursos empíricos (descritivos, cognoscitivos) que dizem como as coisas são e não como deveriam ser (regidos pela razão pura kantiana, logo, o discurso da química, física e ciências sociais); (ii) *discurso de análise linguístico* – dito também conceitual e lógico, permite aos interlocutores buscarem a estipulação e a análise de conceitos, delimitando-os pela atribuição de significados e significantes; e (iii) *metadiscurso* (discurso sobre o discurso, p. ex., quando se está discutindo um problema moral como o aborto, e, num dado momento, passa-se a discutir se as regras do discurso que estão sendo usadas, como estas de Alexy, estão ou não corretas). Por exemplo: na discussão sobre a descriminalização do aborto, é possível passar para um discurso teórico – a partir de quantos meses um feto é viável, tem cérebro, sente dor etc.?; ou passar para um discurso de análise linguística – o que significa embrião, e em que se diferencia de pré-embrião?; por fim, passar para um metadiscurso – cabe introduzir argumentos de caráter religioso na discussão; podem participar sacerdotes da discussão?

Existem três problemas em relação à teoria do discurso: (a) *Problemas referentes ao status da teoria do discurso como teoria da verdade*: estes aparecem quando se analisa uma relação entre os conceitos de verdade e correção, assim quando se faz referências a conceitos como consenso, discussão ilimitada e racionalidade; (b) *Problemas referentes à utilidade da teoria do discurso*: aparecem quando se acusa a teoria do discurso de carecer de todo o conteúdo e ser meramente formal, em razão da própria teoria não conduzir a nenhum resultado definitivo; e (c) *Problemas referentes à justificação da teoria do discurso*: dizem com a determinação das razões conclusivas para as regras e princípios do discurso.

Alexy acredita que quem está disposto a aceitar apenas como teoria da argumentação jurídica racional um procedimento que garanta a segurança do resultado, já está desde logo rechaçada qualquer possibilidade frutífera, pois se trata de um erro, já que equipara *segurança* com *racionalidade*. Não é a *produção de segurança* que constitui o caráter racional da justificação, as o cumprimento de uma série de condições, critérios e regras que tornam o caráter racional da argumentação jurídica.

Crê Alexy que as regras do *discurso prático geral* são postas em jogo na *teoria da argumentação jurídica*, pois são elas que tornam possível uma justificação racional das decisões jurídicas. Todavia, surge sempre um questionamento: "o que é uma fundamentação racional no marco do ordenamento jurídico vigente?" Isto se expressa, por um lado, pela atenção às regras e aos procedimentos (acima descritos), que tornam o sistema racional, mas, também, pelo nível de justificação de um caso especial de proposições normativas – as decisões judiciais. A justificação se apresenta sob dois níveis (classificação feita em 1974 por Jean Wróblewsky):

(a) *Justificação Interna*: expressa-se pelo *silogismo jurídico* (premissa maior, premissa menor, termo médio e conclusão). Representa a derivação lógica do resultado argumentativo das premissas que conformam o seu antecedente. Todavia, este esquema silogístico é insuficiente em todos os casos complicados, vez que não dá resposta quando: (i) uma norma contém diversas propriedades alternativas no suposto fático; (ii) sua aplicação exige um complemento de normas jurídicas aclarativas, limitativas ou extensivas; (iii) são possíveis diversas consequências jurídicas; (iv) na formulação da norma se usam expressão que admitem diversas interpretações. Para assegurar a correta dedução na justificação interna acredita que: (i) toda justificação interna deve ser capaz de extrair ao menos uma norma universal, base da decisão jurídica, ainda que com outras proposições; (ii) na dúvida de algo é um x ou y, é necessário escolher uma regra que decida a questão; (iii) há que se respeitar passos de desenvolvimento que permitam formular expressões cuja aplicação ao caso não seja discutível; (iv) é necessário articular o maior número de passos. "Exemplo" de Alexy: (1) o soldado deve dizer a verdade sobre assuntos do serviço; (2) o senhor M é um soldado; e (3) o senhor M deve dizer a verdade sobre assuntos de serviço. O 3 é deduzido das premissas maiores 1 e 2.

(b) *Justificação Externa*: seu objetivo é fundamentar as premissas usadas na justificação interna. Estas premissas podem ser de três ordens: (i) *regras de direito positivo;* (ii) *enunciados empíricos;* (iii) *premissas que não são nem enunciados e nem regras.* Detalhando, há, então, *formas de argumentos* e *regras de justificação* classificadas em seis grupos: (i) *de interpretação;* (ii) *de argumentação dogmática;* (iii) *de uso dos precedentes;* (iv) *de argumentação prática geral;* (v) *de argumentação empírica;* e (vi) *formas especiais de argumentos jurídicos.* Estas regras são regras de direito positivo, enunciados empíricos (presunção racional e atribuição probatória) e reformulação de normas por argumentação jurídica. É neste peculiar, da justificação que se debruça Alexy para discutir o tema da ponderação em busca da pretensão de correção.

Avançando, Alexy sustenta que há uma tese na argumentação jurídica de pretensão de correção, entendida como um ideal regulativo que seve ser almejado em toda resolução (muito próximo da *resposta correta* de Ronald Dworkin, para quem, mesmo nos casos difíceis, sempre é possível chegar a uma única solução). Por isso, esta pretensão de correção envolve os seguintes elementos: (i) *formulação objetiva, pretensão pessoal de correção;* (ii) *formulação subjetiva, pretensão oficial e juízes;* (iii) *destinatários (institucionais como legisladores e destinatários da lei, os juízes e partes do processo, e, funcionários administrativos- -sujeito; e não institucionais como todo aquele que participa de um sistema jurídico);* e (iv) *a formulação (afirmação da correção, garantia de fundamentalidade e expectativa de reconhecimento da correção por parte dos destinatários.*

Não basta a adoção de um procedimento e de respeito a regras, há necessariamente a busca pela pelo ideal de correção. Há uma proximidade de Alexy com Radbruch, em relação à sua fórmula: "é impossível traçar uma linha bem-definida entre casos de ilegalidade positiva e leis que são válidas apesar de seus defeitos. Uma linha de distinção, contudo, pode ser traçada com máxima nitidez: quando não há nem mesmo uma tentativa de fazer justiça, onde equidade, o âmago da justiça, é deliberadamente traído na essência do direito positivo, então a lei não é meramente uma 'lei defeituosa', ela perde completamente a real natureza de direito" Radbruch fala isso no início no artigo *Fünf Minuten Rechtsphilosophie (Fünfte Minute)*, como visto acima: "*Há princípios do direito, portanto, que têm mais peso que qualquer direito positivado*" ("*Es gibt also Rechtsgrundsätze, die stärker sind als jede rechtliche Satzung*")

Apenas retomando, Alexy sustenta que as *normas* encontradas nos *enunciados normativos de direito fundamental* podem se apresentar estruturalmente como *regras* ou como *princípios*. A diferença entre ambos está na "estrutura" e na "forma de aplicação", e não na generalidade, abstração, especialidade ou fundamentalidade. *Regras* são *deveres definitivos* aplicáveis mediante *subsunção*, com base na máxima *all other nothing*. *Princípios* são *deveres prima facie* – normas que obrigam que algo seja realizado na maior medida possível de acordo com as possibilidades fáticas e jurídicas, em suma, "mandados de otimização" (*Optimierungsgebote*) – aplicados pelo *sopesamento* em maior ou menor grau. Em situações de *conflitos de regras*, ou se parte para a *cláusula de exclusão* – diante de duas normas, a incidência de uma implica o afastamento da outra – ou, então se parte a *regra de exceção* – critérios do tempo, especialidade e hierarquia. Em situações de *conflitos de princípios*, não se admite a exclusão ou invalidação de um deles, então, é preciso estabelecer uma "relação de precedência condicionada, pela atribuição de pesos" que permite chegar no caso concreto a uma *normal de direito fundamental associada (zugeordnete Grundrechtsnorm)*, não escrita na Constituição, mas a qual se pode subsumir o caso concreto.

Fórmula do Sopesamento – raciocínio sobre regras e princípios: Embora irrelevante ao que aqui se propõe, Alexy vai classificar os direitos fundamentais em: *direitos a algo* – a ações negativas ou a ações positivas; *direitos às liberdades* – negativas como uma alternativa de ação ou negativas como uma ação específica; *direitos às competências* – exercício de ações institucionais, com a possibilidade de modificações de posições jurídica por atos jurídicos (casamento, obrigações, propriedade). O *sopesamento (Abwägung)* não é princípio, mas *regra* (sem embargo) para ponderar princípios/valores. Não pode ser confundido com *proibição de excesso (Übermassverbot)* (apesar de o fazer Gilmar Mendes, Luís Barroso) – apesar de servir de controle dos excessos dos poderes estatais, é também instrumento contra omissões ou ações insuficientes do Estado, chamadas de *proibições de insuficiências (Untermassverbot)*, mesmo quando Canotilho fala em *proibição por defeito*. Não pode ser confundido com *razoabilidade* – apesar dos mesmos autores, juntamente com Suzana Toledo e o STF o fazerem constantemente. Origem e estruturas são diversas. Muito embora há quem diga que nasceu na Magna Carta, para Willis Guerra na Inglaterra se fala em princípio da irrazoabilidade, portanto, a questão nasce em 1948 no *teste Wednesbury* – rejeitar atos que sejam excepcionalmente irrazoáveis. Os ingleses só começam a buscar a regra da proporcionalidade com o *Human Rights Act de 1998*. Um fato pode ser desproporcional, mas não necessariamente irrazoável. Nos EUA aproxima-se do *substantive due process*. O STF confunde, usando como sinônimo, dizendo que é proporcional o que não extrapola os limites da razoabilidade. De fato, a razoabilidade está próxima do primeiro critério da proporcionalidade, ou seja, a adequação entre fins e meios, ou compatibilidade de meios e fins.

A *Lei do Sopesamento* (*Verhältnismässigkeitsprinzip/Law of Balancing*) assim se afirma a partir de regras previamente definidas, cujos passos devem ser seguidos. Caso se resolva a questão num primeiro passo, não há por que prosseguir para o próximo. Relação de subsidiariedade.

(i) *Adequação* (*Geeignetheit/Suitability*): não significa algo apto para alcançar o resultado pretendido, pois se trata de tradução feita por Gilmar Mendes errada de *fördern*, logo, significa o "meio com cuja utilização a realização de um objetivo é fomentada, promovida". EX1 (ADC 9-6 – racionamento de energia – MP estabelece metas de consumo de energia elétrica com sanção de suspensão do fornecimento pelo descumprimento). O meio escolhido é adequado para fomentar os objetivos visados, pois pressiona os consumidores a economizar. EX2 (ADIn 855-2 – pesagem de botijões de gás – L. 10.248/93-PR obriga a pesagem de botijões na presença do consumidor para ressarcimento do restante sobre o botijão novo). O meio escolhido é adequado pois fomenta as empresas a respeitar os consumidores (ainda que o custo da balança fosse alto e o consumidor tivesse que buscar o botijão em local distante).

(ii) *Necessidade* (*Erförderlicheit/Necessity*): um ato limitador de direitos fundamentais só é necessário se o objetivo perseguido não puder ser promovido com a mesma intensidade por outro meio que limite em menor medida o outro direito fundamental atingido. Ser necessário significa que "não deve existir nenhum outro meio mais suave ou menos gravoso" (*weniger eingreifendes Mittel*). Ao contrário do exame anterior, que é absoluto, este é comparativo. EX1 – é preciso analisar inúmeras medidas alternativas. Os direitos envolvidos e limitados foram o da igualdade (já que baseada no consumo dos três meses anteriores, prejudicando que era justamente econômico), o direito ao trabalho e a livre iniciativa que dependiam do fornecimento, e, mesmo a vida digna. O meio escolhido não é necessário vez que há outras alternativas, que não o estabelecimento de metas, menos invasivo nos direitos fundamentais envolvidos. Logo, para-se aqui e a medida não é proporcional. EX2 – entendeu-se que, apesar de existirem medidas alternativas (como o controle do peso dos botijões por amostragem), a medida não buscava apenas o locupletamento indevido pelas empresas, mas a proteção o do consumidor, sendo mais eficiente que a amostragem, por isso, necessário o meio.

(iii) *Proporcionalidade em sentido estrito (Proportionality in the narrower sense)*: sopesamento entre a intensidade da restrição e a importância da realização do direito fundamental com ele colidente. "Quanto maior for o grau de interferência em um princípio, maior deve ser a importância em se realizar um outro". Momento de se atribuir pesos e verificar o mais preponderante na situação em conflito. Não se confunde com o sopesamento das evidências (Lei Epistêmica de Sopesamento).

Então, Alexy assim expõe em variáveis para fins didáticos: $W_{i,j} = W_i.L_i.R_i / W_j.L_j.R_j$ – peso relativo de um princípio "i" em relação ao princípio "j" ($W_{i,j}$) é produto da ponderação entre o peso abstrato do princípio "i" (W_i), o grau de interferência que interferência que a conduta C (destinada a realizar o princípio "j") causa no princípio "i" (L_i), e as evidências sobre a interferência no princípio "i" e o peso abstrato do princípio "j" (R_i) *versus* o peso abstrato do princípio "j" (W_j), o grau de interferência que a omissão da conduta C (destinada a realizar o princípio "i") causa no princípio "j" (L_j), e as evidências sobre a interferência no princípio "j" e o peso abstrato do princípio "j" (R_i). EX2.: – pesagem dos botijões – o peso relativo do princípio da "livre iniciativa" pela obrigação de pesar em relação ao princípio do "consumidor" ($W_{i,j}$) é produto da ponderação entre o peso abstrato da "livre iniciativa" (W_i), o grau de interferência que interferência que a L. 10.248/93-PR (destinada a realizar a "proteção do consumidor") causa na "livre iniciativa"(L_i), e as evidências sobre a interferência na "livre iniciativa" e o peso abstrato da "proteção ao consumidor" (Ri) *versus* o peso abstrato da "proteção ao consumidor" (Wj), o grau de interferência que a omissão da L. 10.248/93-PR (destinada a realizar a livre iniciativa) causa na "proteção do consumidor" (Lj), e as evidências sobre a interferência na "proteção do consumidor" e o peso abstrato da "livre iniciativa" (Ri).

Naturalmente, é possível ver que há aproximações de Alexy com outros autores:

(i) *Dworkin e Alexy* – (a) *regras e princípios*: Alexy parte da distinção entre regras e princípios de Dworkin, mas avança ao dizer que os princípios são normas que determinam que algo se realize na maior medida possível em relação às possibilidades fáticas e jurídicas. Ainda, não aceita o fato de que todas as regras seguem o tudo ou nada e de que princípios seriam razão de direção ainda que sem a consequência de levar a uma decisão. É possível que por uma cláusula de exceção à regra, perca ela o seu caráter definitivo, justamente por um princípio. Logo, é possível que as regras também tenham caráter *prima facie* nessas situações de cláusula de exceção. (b) *amplitude do conceito de princípio*: para Alexy os princípios podem se referir tanto a direitos individuais quanto a bens coletivos como saúde pública, abastecimento energético, logo, ultrapassa-se o plano dos direitos individuais, ao invés de Dworkin, para quem os princípios seriam razões de direitos individuais; (c) *questão dos direitos sociais vinculados a bens coletivos/prestações positivas estatais*: Dworkin distingue decisões baseadas em princípios e decisões baseadas na política (argumentos de princípio e argumentos de política), de modo que o juiz, em razão do déficit democrático, só poderia se basear na teoria da argumentação principiológica, e, por isso, a questão dos direitos sociais só se cola se enquadrada como direito individual ou de um grupo; (d) *tese da resposta única*: para Alexy a teoria da única resposta não tem condições de se sustentar por si só, além do fato de que não uma teoria da argumentação sustentada pelo conceito de razão prática; ademais, crê que só existe uma teoria fraca dos princípios, que não determina para cada caso uma única resposta correta.

(ii) *Habermas e Alexy* – a grande crítica de Habermas diz respeito à tese do "caso especial" (*Sonderfallthese*), pois acredita que ela é plausível sob pontos de vista heurísticos, mas sugere uma falsa subordinação do direito à moral, porque ainda não está totalmente liberta de conotações do direito natural. Acredita quenum nível pós-convencional a tese não se sustenta (Habermas critica em Direito e Democra, e Alexy responde em um artigo *Jürgen Habermas Theorie des juristischen Diskurses*). De fato, Alexy aceita que o problema está no enquadramento do discurso jurídico como parte do discurso moral, já que ele também está aberto à ética e à pragmática. Mas diz que é preciso ver entre estes três elementos uma interpenetração. Também, Alexy não aceita a distinção feita por Habermas e Klaus Günther entre *discurso de fundamentação* (*Begründungsdiskurs*) e *discurso de aplicação* (*Anwendungsdiskurs*).

Há outras tantas, como exposto no cap. 6: (i) *noção de princípio como mandado de otimização* – (Aulis Aarnio e Jan Sieckmann) o mandamento tem caráter definitivo, logo, pode ser cumprido ou não ser cumprido; (ii) quanto à ideia de sopesamento (Jürgen Habermas *Faktizität und Geltung*; Friedrich Müller *Juristische Methodik* e *Die Positivität der Grundrechte*; Bernhard Schlink *Abwägung im Verfassungsrecht*; Lothar Hirschberg *Der Grundsatz der Verhältnismässigkeit*; Matthias Jestaedt *Grunrechtsentfaltung* e Walter Leisner *Der Abwägungsstaat*); (iii) falta de legitimidade da decisão judicial (*the counter-majoritarian difficulty de Alexander Bicker*); (iv) paternalismo da jurisprudência dos valores (*Herr der Verfassung* no lugar de *Hüter der Verfassung* – der Zipfer der Souveranität – *Oligarchie in der Demokratie* de Winfried Brohm); (v) excesso da o juiz como legislador positivo (*Juristiz als gesellschaftliche Über-Ich* de Ingeborg Maus); (vi) direito judicial (*Supertatscheninstanz – Juriskiktionstaat – erosion der Rechtsform* Josef Isensee); (vii) insegurança da ponderação; (viii) panconstitucionalização; (ix) *policy decisions* e não *legal decisions* Dieter Grimm; (x) a distinção entre discursos jurídicos e discursos práticos gerais é neokantiana, que já foi superada pelo giro linguístico; (xi) a ponderação sufoca mas não anula o horizonte hermenêutico das pré-compreensões a respeito do peso de cada um dos princípios em conflito; (xii) as etapas da ponderação provocam uma quebra da própria identidade do direito como sistema funcionalmente diferenciado da política e da economia; (xiii) princípio não precisam ser omitizáveis já que eles não são fins, mas princípios, fundamentos; (xiv) uma regra jamais poderia restringir e determinar a amplitude de um princípio (como entender a coerência entre a concepção de princípio que pode ter sua normatividade restringida por regras com a afirmação de que os direitos fundamentais, como princípios que se manifestam na forma de mandados de otimização, produzem uma limitação dos conteúdos juridicamente possíveis do direito como um todo; (xv) a questão do ótimo de Pareto é que torna a economia de colisões perigosa, pois aceita a escassez, justificam-se exclusões ou graus de otimização das exigências, preterindo-se princípios fundamentais

Joseph Raz. (Jerusalem 1939). Atualmente é o último grande representante, ao menos em termos de originalidade, no juspositivismo. Foi o grande professor de Oxford de teoria do direito. Com suas obras *The Concept of a Legal System* (1970), *The Authority of Law* (1979) e *The Morality of Freedom* (1986), empreendeu uma leitura do que se denominou de *positivismo exclusivo* ao sustentar que a recepção pelo ordenamento jurídico de elementos valorativos não significa, necessariamente, a derrocada do próprio positivismo. Herdeiro igualmente de Kelsen, afirma que, numa percepção institucional do direito, este só o é porque: (i) instaura instituições jurisdicionais capazes de resolver problemas decorrentes da aplicação das normas aos fatos; (ii) respaldado e observado por parcela significativa da sociedade; (iii) autoritário, à medida que dispõe de um lugar privilegiado na sociedade que lhe confere supremacia para legitimar ou proscrever outras instituições sociais. Com isso, o direito existe enquanto ordem, mas também desde que os cidadãos aceitem e cumpram os seus comandos, e que as instituições responsáveis por aplicar a legislação assim o façam em situações de descumprimento das normas jurídicas. O direito, então, dentre todas as demais instituições sociais, sobrepõe-se como um guia, um sistema de decisão, gozando de autoridade efetiva por ser eficaz. Sua leitura *institucional do direito* acaba indo de encontro ao jusnaturalismo, seja porque pressupõe um padrão institucionalizado de juridicidade, seja porque não vê um diálogo fértil entre direito e moral. Apenas as morais institucionalizadas é que lhe são úteis e válidas. Assim, o grande problema está na própria identificação do direito, que há de ser visto a partir de três teses: (i) *tese social* – para quem o direito é uma questão de fato social e o estude das fontes podem auxiliar na sua clara e objetiva identificação; (ii) *tese moral* – afirma que uma disposição jurídica individual ou coletiva é contingente segundo o conteúdo do direito de uma dada sociedade, sendo esta definidora moralmente da obrigação; (iii) *tese semântica* – aduz que termos como direito e deveres não são necessariamente iguais quando se está num ambiente jurídico e num ambiente moral. No entanto, a teoria central do juspositivismo para Raz é a *teoria das fontes sociais do direito*, pois qualquer disposição jurídica, inclusive o próprio ordenamento, dependem de uma fonte social. Nesse sentido, os atos normativos que geram comportamentos, como a lei, a decisão judicial, o costume etc. só são fontes do direito se houver uma prática social que assim as considere. O que importa é a *origem social* e não o conteúdo da norma para que ela seja assim classificada. Esta origem pressupõe, de outra parte, que se perceba que a pretensão do direito é a de regular as relações sociais a partir de instituições, logo, pressupõe: (i) a existência de limites institucionais; e (ii) a existência de critérios exclusivamente institucionais de atribuição de juridicidade, logo, não podem valores e princípios morais servir como critério de validade da ordem jurídica.

Todavia, o problema da questão moral ainda existe. Raz não aceita a tese positivista tradicional de natureza incorporacionista, pois o fato da norma abrir espaço para a moral não implica que esta moral tenha sido efetivamente incorporada ao direito. Todavia, tampouco não aceita visões que permitem a discricionariedade judicial, pois não se pode saber se o juiz estaria propriamente aplicando uma disposição jurídica preexistente com discricionariedade ou se estaria criando um novo direito. Afirma que a existência e o conteúdo das normas jurídicas devem ser fixados sem nenhuma referência a argumentos morais, mas apenas institucionais, isto é, uma norma é jurídica e existe porque posta pelo parlamento e não porque cumpre determinado preceito moral. Diante disso, sustenta o que os autores denominam de *tese da não-conexão identificadora entre direito e moral*, pois, na linha de autores convencionalistas, crê que ser impossível aceitar a incorporação de critérios materiais de validade das normas porque é impossível aceitar que existe uma convenção de seguir critérios convencionais, ou seja: uma regra convencional, um costume, por exemplo, só o é porque há uma prática reiterada e convergente das pessoas sobre a sua validade, então, há um acordo, ainda que informal, do conteúdo dos critérios que tornam esta prática uma prática reiterada ou um costume, portanto, não se pode afirmar que não há uma convenção (logo, há uma convenção aparente, pensada ao contrário). Os juízes, para ele, quando decidem segundo a moral, não decidem de acordo com uma norma jurídica válida, apenas se esta norma estiver assentada em fatos sociais. Para fugir deste dilema, Raz advoga a chamada *tese autoritativa do direito*, em suma, a *autoridade do direito*, pois apenas o direito, dentre todas as demais instituições sociais, tem *pretensão de autoridade* (que as normas sejam legítimas e efetivas) – pretensão de criar pautas vinculantes para os indivíduos. As normas, para que modifiquem as razões individuais (obrigando, facultando ou reprimindo comportamentos) não podem recorrer a razões morais, pois, se em cada situação o indivíduo tiver que buscar os critérios substanciais do seu agir, a autoridade do direito deixa de ter seu papel mediador e o próprio indivíduo deixa de eventualmente benefícios de sua autoridade. Por isso, não cabe ao juiz discutir a pretensão de correção da norma que aplicará ao caso concreto, tal Dworkin, mas apenas verificar a origem da norma, para que permaneça sua natureza autoritativa. É preciso, então, recorrer às fontes sociais do direito e não à moral para se reconhecer a juridicidade a obrigatoriedade do comportamento adequado.

Por fim, então, fala-se que o direito busca sua autoridade moral à medida que se pretende respeitado, moralmente legítimo a partir de quem o produz. Nesse sentido, seu agir pressupõe-se moralmente legítimo se ele é capaz de fazer os indivíduos rechaçarem suas razões dependentes, determinando o que deve ser feito, isto é, o direito determina o que deve ser feito, excluindo razões dependentes eventualmente controvertidas para o próprio agir, logo, não se preocupa em ser tão somente um determinante da boa ação para o indivíduo, mas de excluir (por isso positivismo exclusivo) quaisquer outras razões dependentes que seriam capazes de levar o indivíduo a ter o comportamento esperado ou dele se abster. Portanto, para que uma ordem seja jurídica, ele deve reivindicar autoridade, isto é, ao impor um comportamento para os indivíduos ela supõe que há a obrigação de ser obedecida, pois parte da premissa de que quaisquer razões eventuais que os indivíduos pudessem ter para agir de outro modo, encontram então nela norma, nela razão (dita excludente por Raz) para agir como deve ser (logo, prevalece sobre o juízo individual). Por isso, enfim, que a razão moral não pode ser jurídica, já que as razões morais são passíveis de críticas pelos indivíduos, o que lhe retira a autoridade inerente e indispensável das razões jurídicas.

3. Movimentos Críticos

Considerações gerais. A solidez do positivismo costurada no séc. XIX não passou, naturalmente, ilesa de críticas ao longo destes últimos dois séculos. Muito embora a batalha tenha, na essência, tenha sido e ainda assim o é, pelo positivismo, o fato é que seu arsenal teórico teve de ser repensados e seus defensores obrigados a relativizar uma série de posicionamento a fim de mantê-lo vivo e proferindo respostas suficientemente satisfatórias aos movimentos críticos. Estes movimentos, fazendo-se uma ampla leitura, podem ser dividido em dois grandes momentos, pensando-se nos ciclos de longa duração braudelianos: um primeiro, que se processa a partir dos anos 1860, especialmente na Europa e Itália, com desenvolvimento concomitante em parte nos estados unidos e na Escandinávia, e vai até o entreguerras; e, um segundo, iniciado na Europa no pós-guerra na Alemanha, mas com fortes raízes "americanas" a partir dos anos 1970 até os dias de hoje. Ressalte-se que, embora a base esteja na filosofia, não são classificados na perspectiva da crítica filosófica, pois, se assim o fosse, melhor seria a classificação feita por Celso Ludwig, ao mencionar três grandes momentos: um primeiro, da crítica moderna operada ainda no séc. XIX, um segundo a partir da teoria crítica da Escola de Frankfurt, e, um terceiro, a crítica pós-moderna.

No primeiro movimento críticos, há o que Renato Treves define como o *antiformalismo tedesco o concettuale*, o *antiformalismo francese o legale* e o *realismo giuridico (scandinavo ed americano)*, no segundo movimento, há os seguintes movimentos: culturalismo, raciovitalismo, egologismo, *critical legal studies*, magistratura democrática, teoria crítica, uso alternativo do direito, o direito achado na rua, teoria transmoderna e novas tendências.

Antiformalismo conceitual alemão. O movimento antiformalista se dá, sobretudo, pelo próprio desdobramento das ideia s de Rudolf von Jhering, inicialmente um autor de matriz evidentemente positivista, enraizado na *Begriffsjurisprudenz*, com seus três volumes de *Der Geist des römischen Rechts* (1852, 1854 e 1865 – este último já bastante arejado), mas que nos anos setenta empreende uma dura crítica ao romanismo, com seu clássico *Der Kampf ums Recht* (1872), e suas conferências de Viena *Der Zweck im Recht* (1877), *Scherz und Ernst in der Jurisprudenz* (1884) e *Über die Entstehung des Rechtsgefühles* (1884). A organização dos volumes sobre o espírito do direito romano é típica do séc. XIX, a ver-se por Savigny e seu *System des heutigen römischen Rechts* (1840) e também pelos autores de direito grego, que imitavam a estruturação jusromanista como Jean Beufret e Ludwig Mitteis. Contudo, Jehring abandona o método essencialmente lógico e a confiança exaustiva na validade e na ideia sistemática, para cobrar da jurisprudência a busca pela justificação e pela necessidade histórica, prática e ética do direito. Nesse sentido, e a obra de 1977 é fundamental, sustenta que o direito deve ser guiado não por sua estrutura ou por método, mas pelo seu "escopo". Todos os institutos deveriam ser pensados a partir de seus fins, em prol de seu exercício prático, pois os fins do direito nascem da vida social e se transformam em mecanismo de manutenção da própria sociedade. O propósito do direito é garantir as condições da vida social, ainda que pelo recurso ao poder coercitivo do Estado. (Eva Cantarella).

Der Kampf ums Recht, obra de mutação, reflete que o direito é produto da história das sociedades, pois haveria um sentimento jurídico de necessidade de regramento em cada um dos seres humanos. Como este sentimento se estabeleceu e se desenvolveu, nasceu entre os homens a luta pela manutenção dos direitos, uma luta constante, o que viria a transforma o direito em algo vivo, dotado de uma força viva, cuja sociedade a re-elaboraria constantemente. Logo, o direito não emerge de modo passivo, pois sempre os homens lutaram pela proteção de seus direitos, o que exigiu de sua instituição a busca pelo equilíbrio entre a força e a brandura. Tanto mais forte é a defesa dos direitos, quanto mais forte foi a luta pela sua conquista, afirma Jhering. Em suma, a luta é a essência do direito, gerando em cada um esse dever de defender e buscar direitos de acordo com seu modo de ser e de viver. O direito não é, então, produto abstrato, de ideia s metafísicas (tal como o queriam os autores da *Begriffjurisprudezn*), mas fruto da luta pela sua definição, fruto da soma dos anseios de todos os indivíduos em seu agir concreto. Por isso, para Jhering trai aquele que é credor e não cobra, que é pode empenhorar o bem de alguém e não o faz, pois, no fundo, está negando a realização conflituosa do direito e do próprio direito. Só poder conservar a liberdade e a vida, quem luta por seus direitos de liberdade e de vida. Então, a luta pelo direito é, antes, um dever de cada cidadão do que propriamente um direito. Cada um deve lutar para que as regras se mantenham, não permitindo que o arbítrio ou a ilegalidade cheguem a abalar as estruturas do direito.

Jhering, segundo Karl Larenz (C. 3. *Methodenlehre der Rechtswissenschaft*), passa, então, a se opor nos anos 1970 à hipervalorização da lógica e o modo de pensar matemático do direito. A partir da noção do valor da vida, crê que é ela que deve guiar a coerência da realização do direito via decisão judicial, e não apenas pela simples manifestação da competência formal do Estado. O direito deve ter um fim social, posto que é a sociedade que realiza a odem jurídica. Isto abre, então, caminho para que o antiformalismo se apresentasse por dois movimentos distintos: a jurisprudência dos interesses (*Interessenjurisprudenz*) e o movimento do direito livre (*Freirechtsbewegung*).

(i) *Interessenjurisprudenz* – originária pelas mãos de Philipp Heck e Max von Rümelin, posteriormente com Rudolf Müller-Erzbach e Paul Oertmann, opõe-se à jurisprudência dos conceitos, a partir do momento que concede primazia ao estudo e à valoração da vida. A interpretação do direito deveria se basear na consideração dos interesses em conflito em determinada situação e não na estrutura conceitual que se integra em cada uma das normas. A grande questão é o modo como se deve interpretar a lei, muito mais do que na busca pela sua definição ou a definição do direito. O direito se destina à proteção de interesses sociais e seus preceitos mesmos são produtos dos interesses. Nesse sentido, afirma a *Interessenjurisprudenz* que os cientistas do direito deveriam se concentrar em interesses reais da sociedade, por isso, papel fundamental está na figura do juiz diante de situações não previstas pelo ordenamento (neste ponto é uma escola mais conservadora se comparada à ao movimento livre, pois os juízes não têm plena liberdade de criação, apenas quando possível). Afasta-se da leitura cosmológica ou exclusivamente filosófica do jusnaturalismo ou do juspositivismo, pois empreende um olhar sobre as relações existentes entre os membros da sociedade. No interior do ordenamento jurídico se deve dar atenção à ponderação de interesses, valorando as situações hipotéticas do legislador e a vida real. Por isso, a interpretação do direito é histórico-teleológica e a linguagem decisiva para o seu dia--a-a, como Philipp Heck em sua metáfora senhor-servo, ao afirmar que este cumpre interpretar a vontade do senhor sem analisar as suas palavras. O juiz deve criar, pois uma ordem jurídica sempre terá, em sua essência, lacunas. Essa é a uma grande questão, que os autores da jurisprudência dos conceitos não conseguiram dela sair.

(ii) *Freirechtsbewegung* – nascido nas obras do processualista Oskar Bülow, *Gesetz und Richteramt* (1885), *Das Geständnissrecht* (1889) e *Klage und Urteil* (1903), desloca o olhar da jurisprudência dos interesses para o papel decisivo desempenhado pela jurisprudência na concepção do direito. A ideia central se desenvolve com a obra de Eugen Ehrlich *Grundlegung der Soziologie des Rechtes* (1913) e de Hermann Kantorowiz, que sob o codinome Gnaeus Flavius publica *Der Kampf um die Rechtswissenschaft* (1906). Sustenta a escola que, ao lado do direito estatal, há um *direito livre*, fruto da opinião jurídica dos membros da sociedade e expressos pelas decisões judiciais. Propugna uma forma de interpretar a norma pela jurisprudência de modo casuístico, devendo-se de dar plena liberdade judicial para estabelecer os conceitos que entender necessários para a sua decisão. Por isso, diante de lacunas, caberia busca na comunidade os interesses a serem respeitados, inclusive de natureza jusnaturalista. Dentre seus propósitos, estão, segundo Eva Cantarella: (i) refutar o dogma legalista; (ii) refutar o dogma da completude do ordenamento jurídico; (iii) reconhecimento de que o centro de gravidade do direito não está na legislação, mas na sociedade; e (iv) o reconhecimento da existência do direito com lacunas, cumprindo ao juiz colmatá-la e a integrando a partir de valores inspirados no legislador. Com isso, o direito se transforma numa ciência empírica e não formal.

Antiformalismo legal francês. Enquanto o antiformalismo alemão se opôs à jurisprudência dos conceitos, o antiformalismo francês se opõe frontalmente à escola exegética. Isto se opera no final do séc. XIX a partir de François Gény e suas obras *Essai critique sur la méthode d'inteprétation juridique en vue d'une orientation nouvelle des études de droit privé* (1897/1898), *Méthode d'interpretation et sources en droit privé positif* (1899), *Science et technique en droit privé positif* (1914/1924); Léon Duguit com *Les transformations du droit public* (1913), *Traité de droit constitutionnel* (1911) e *Des fonctions de l'État moderne* (1894); Maurice Hauriou com *L'histoire externe du droit* (1884), *La science sociale traditionnelle* (1896) e *Principes de droit public* (1910); e, por fim Georges Gurvitch com *L'expérience juridique et la philosophie pluraliste du droit* (1935), *Éssai de sociologie* (1938), *La vocation actuelle de la sociolgie* (1950) e *Dialectique et sociologie* (1962). Opõem-se à análise do direito a partir de elementos exclusivamente formais, pois entendem que esta abstração, como o fez a exegética, é incapaz de satisfazer a vida jurídica. Por isso, cumpre um papel decisivo à jurisprudência, à medida que, valendo-se de uma pesquisa científica livre, é capaz de interrogar a razão e a consciência da natureza íntima que está na base da justiça. As instituições, assim como o direito, devem ser vivas, fruto de uma evolução social, que incorporam e personificam os seres. Buscando uma relação interdisciplinar com a sociologia, seus autores pensam em serviços públicos como elementos caracterizadores do estado, a necessidade de um direito com base na solidariedade e que promova a interdependência entre os indivíduos. Por fim, entendem que se deve buscar as respostas então, na sociedade, logo, não na fórmula vazia da lei, e sim nos costumes, na tradição doutrinária e na livre pesquisa científica: o direito em si, o direito em ação.

Realismo Jurídico Escandinavo. O realismo, de um modo geral, representa uma doutrina filosófica que pretende vincular e identificar a própria noção de direito à eficácia normativa e a força estatal, sobretudo pelas decisões judiciais. Por esta razão, o direito não é produto de um grupo lógico, ideal e orgânico de enunciados sobre o que deve ser obrigatório, mas de regras observadas e seguidas na realidade pela sociedade ou simplesmente impostas pela autoridade estatal. Naturalmente, distancia-se da perspectiva essencialista e vislumbra as normas com suas indeterminações linguísticas, tendo em conta os resultados efetivos que cada uma tem ou não na realidade social.

Na luta por esta construção crítica, com suas diferenças, formou-se ou realismo escandinavo, soviético e norte-americano. Sem grande expressão, apenas a título de informação, o *realismo soviético* está inserido no contexto da URSS, como um movimento político, cultural e intelectual em torno do direito revolucionário soviético, que naturalmente não é liberal como o são escandinavo e o norte-americano. Sua base é marxista-leninista, tendo como ideia central a superação do direito burguês e sua perspectiva de dominação de classe. Seus principais expoentes foram: Michael Andreevic Rejsner, Pëtr Stucka, Andréi Vysinskij e Evgeny Pasukanis. Após a revolução e a criação dos tribunais populares, começa-se a pensar, tal Sucka, num direito como "sistema de relações sociais concretas, reflexo dos interesses da classe dirigentes. De consequência, os tribunais deveriam aplicar os decretos do Conselho de Comissários do Povo e sua consciência revolucionária, remetendo-se à antiga legalidade tão somente apenas no que não tivesse sido abolida pela revolução ou não fosse contraditória à perspectiva revolucionária. Por isso, aproximam-se autores de perspectiva psicologista e intuitiva. Isto leva a um direito comunista para Rejsner, ao transformar um direito intuitivo revolucionário num direito de classe. Eis porque houve um "direito proletário" a partir de 1919 na URSS na linha de Stucka. Pasukanis parte desta noção de "direito proletário" e pretende identificar no direito o que há ainda de traços burgueses e reprodutores das relações de classe.

O realismo escandinavo, propriamente dito, aparece na Suécia e Dinamarca, concentrando-se na Escola de Uppsala. Iniciou suas construções opondo-se à doutrina das decisões valorativas e dos conceitos jurídicos fundamentos metafísicos e determinantes da moral (direito subjetivo, obrigação jurídica, contrato etc.), à medida que os considerava vazios, porque ausentes de fatos psicológicos, comportamentais e sociais (estes indispensáveis). Representa uma rejeição do jusnaturalismo e do positivismo normativista e formalista.

Na esteira de Lundstedt, não há conceitos válidos pré-determinados, portanto, noções como "obrigações jurídicas" *a priori*, mas, sim, sanções coativas que se impõem faticamente, conduzindo as pessoas ao encontro de um resultado útil. Acreditam que a ciência jurídica está muito atrelada a tais conceitos, descurando dos fatos. Por isto valorizam a "tese da realidade". Chega a acreditar que as normas jurídicas não têm realidade, já que os juízes decidem formulando suas próprias regras.

Questionam, em especial Olivercrona, a noção de "norma" como "declaração de vontade implicadora de relações pessoais", mas a viam como imperativos independentes destinados a expressar signos linguísticos com função diretiva, logo, não é da vontade do eminente, mas do respeito a determinados procedimentos formais que decorrer sua força. A obediência se dá não a uma ordem coercitiva, mas a imperativos impessoais que conformam a impressão subjetiva do que deve ser feito, logo, não se garantem as normas pela força. A força é uma convicção do sujeito que se constrange a si mesmo de que o não cumprimento da norma levará a uma sanção (trata-se de uma "sugestão" psicológica de cumprimento da norma).

O direito é um fenômeno psíquico coletivo, pois os direitos subjetivos e os deveres, diversos da realidade empírica, existem dentro do imaginário humano, de onde decorre sua força vinculante. Axel Hägerström crê que o direito é uma ideia de poderes suprassensíveis de caráter mágico, e, naturalmente, falso, pois os conceitos formulados pela ciência jurídica nesta perspectiva se tornam entidades místicas e metafísicas, não representando de modo algum a realidade. Por isso, as normas jurídicas, na linha de Alfred Ross, servem como esquema de interpretação para um conjunto de atos sociais correlatos (direito em ação), e sua obrigatoriedade decorre do fato de que elas são vividas socialmente como obrigatórias.

Dentre os principais representantes do realismo escandinavo, com suas respectivas mais emblemáticas obras estão: Axel Anders Theodor Hägerström (Vireda 1868 – Uppsala 1939), *Das Prinzip der Wissenschaft* (1908) e *Inquires into the nature of law and morals* (1953); Anders Vilhelm Lundstedt (Göteborg 1882 – Uppsala 1955), *Superstition or rationality* (1925) e *Die Unvissenschaftlichekeit der Rechtswissenscahft* (1932); Alfred Niels Christian Ross (Copenhague 1889 – Virum 1979), *Theorie der Reschtsquellen* (1929) e *On law and justice* (1958) [*Om Ret og Retfaerdighed* (1953)]; Karl Olivercrona (Norrbärke 1897 – Norrbärke 1980), *Law as Fact* (1939 e 2a ed. 1971) e *Is a Sociological Explanation of Law Possible?* (artigo 1948); Olof Ekelöf (Estocolmo 1906 – Estocolmo 1990), *i Vem är det* (1969) e *Om interventions grunden* (1937) (estas não lidas pelo autor); e, para alguns, apesar de sua perspectiva argumentativa, Aleksander Peczenik (Carcóvia 1937 – Lund 2005), *The basis of legal justification* (1983) e *On law and reason* (1989).

Uma das obras mais significativas do movimento realista, a ponto de representar o próprio movimento (com as devidas escusas de simplificação, naturalmente) é a elaborada por Alfred Ross, por representar um meio termo, ao ser discípulo de Kelsen e crítico do jusnaturalismo, mas ao mesmo tempo preocupar-se, tal Axel Hägerström, Vilhelm Lundstedt e Karl Olivercrona com o "direito" como um "conjunto de fatos" ou também fenômenos psicofísicos, buscando formular uma "ciência do direito" de base empírica.

Alfred Ross publicou uma considerável e vasta obra: *Theorie der Reschtsquellen* (1929), *Imperatives and logic theoria* (1941), *Towards a realistic jurisprudence: a criticism of the dualism in law* (1946), *A textbook in international law* (1947), *Constitution of the United Nations* (1951), *Why democracy?* (1952), *On law and justice*

1. OS CONTORNOS DA JURIDICIDADE

(1958) * [*Om Ret og Retfaerdighed* (1953)], *The United Nations: peace and progress* (1966), *Directives and norms* (1966), *On self-reference and a puzzle in constitutional law mind* (1969) e *On guilt, responsability and punishment* (1975).

Em sendo um filósofo moral e ao mesmo tempo do direito e do direito internacional, ao ocupar-se dos fatos e não apenas das normas, pretende levar os princípios do empirismo no direito às últimas conclusões, eliminando a "validade jurídica" como categoria autônoma e a submetendo à realidade. Isto fica evidente ao se analisar a obra *On law and justice*, ao sustentar as seguintes teses: (i) em termos de direito vigente, crê que é indispensável o estudo da conduta dos juízes em cumprir ou não as normas para se saber como uma norma é utilizada e se serve como diretiva sobre o uso da força; (ii) na perspectiva da ciência jurídica, entende que o caráter científico é necessário para que haja um método capaz de extrair dados e conceitos a partir da "verificação empírica"; (iii) no que diz com a interpretação judicial, a partir de uma visão cética do posicionamento judicial, afirma que a decisão dos juízes é gravada por valores subjetivos (sobretudo quanto ao valor da justiça), tornando impossível traduzir uma interpretação sob uma perspectiva metodológica; (iv) quanto aos conceitos jurídicos, sustenta existir uma proliferação endêmica de conceitos vazios, como de "propriedade", "boa-fé" etc. que servem a ligar fatos jurídicos a consequências jurídicas, o que acaba por manifestar uma espécie de política judiciária.

Apesar de robustas bases kelsenianas, o movimento pelas mãos de Alfred Ross diverge de modo significativo, por exemplo, ao opor-se ao austríaco, para quem não importaria o que um fato seria capaz de provocar no estado psíquico das pessoas, bastando a sua objetivação (tal a indiferença entre um servidor público ou um criminoso que cobra indevidamente um imposto, pois o relevante é o fato ilícito) – previsão conforme hipótese normativa e dinâmica do ordenamento em suas competências e delegações. Apenas as normas serviriam como padrão de validação objetiva de significados subjetivos dos fatos. De outro lado, Alfred Ross se preocupa com a norma muito além da simples perspectiva de ser um esquema de interpretação, mas verdadeiro modelo de proposições verificáveis empiricamente, de modo que, ao exemplo das ciências naturais, separa o "direito" do "direito vigente", posto que este se ocupa das questões subjetivas à medida que trabalha com normas efetivamente aplicadas pelos juízes na decisão de controvérsias.

Os realistas escandinavos, pelas mãos de Alfred Ross, avançam na análise linguística da norma, pois creem que é através da relação entre linguagem e discurso diretivo que se pode compreender as "prescrições" do direito, e, portanto, a "natureza do direito". Ao aceitar a classificação saussureana entre a entre "língua" (fenômeno social) e a "palavra" (fenômeno individual), entende indispensável avaliar o direito a partir da teoria semiótica e seus níveis: (i) *sintático* (construção das sentenças); (ii) *semântico* (expressões linguísticas portadoras de significados) e (iii) *pragmático* (discurso como ato humano que produz efeitos) (algo mais bem elaborado no cap. 4).

O "direito" possui esta estrutura discursiva, e como todo discurso se realiza no mundo, afirmam que é necessário compreender a ideia -ação diretiva das proposições jurídicas nos três planos, à medida que não bastam sons emitidos pelo ordenador, nem que estes sons venham simplesmente a ter significado, mas que seja capaz operar um verdadeiro "processo comunicativo", que influa na conduta do receptor (Adrian Sgarbi). Dessa compreensão da linguagem, há uma diferença, então, entre o "direito", enquanto discurso diretivo, e a "ciência do direito", enquanto discurso indicativo (teórico e descritivo). De consequência, o que se entende é que as leis não comunicam "verdades teóricas", mas assumem papel diverso: "dirigem pessoas", já que seus enunciados que expressam uma "ideia -ação". O direito, assim, é um complexo de diretivas e de enunciados destinados a determinar a conduta social, seja pela norma, seja em conjunto pelo ordenamento jurídico. Em síntese, é um corpo de regras que "determina as condições sob as quais a força física será exercida contra uma pessoa através de um aparato de autoridades públicas".

Opondo-se ao dualismo essencial acima mencionado, a perspectiva do realismo escandinavo, e, sobretudo, Alfred Ross, é relacionar a a "validade" do direito à realidade, pois, além ser este conjunto de normas morais obrigatórias no mundo da moral ou dos valores, é um fenômeno suscetível de observação fática, logo, o direito deve ser ao mesmo tempo "válido" e "fático", uma forma de "validade na realidade", eis porque é visto como uma "ciência social empírica". A "validade" deixa de ser uma categoria abstrata e independente e se torna uma "dimensão específica da realidade – fatos psicofísicos". Aqui há uma nítida mudança de rumos, levados em conta o jusnaturalismo e o juspositivismo.

1. OS CONTORNOS DA JURIDICIDADE

Ao comparar, Alfred Ross, o direito como o "jogo de xadrez", afirma que as regras jurídicas, assim como ocorre com as regras do mencionado jogo, apresentam-se como "esquemas de interpretação" para ações sociais, devendo ser "efetivamente acatadas", porque "sentidas como socialmente obrigatórias". Distinguindo os "fenômenos do xadrez" das "regras de xadrez", sustenta que ambos fazem parte de uma mesma realidade, e precisam estar vinculados, para que empreendam o sentido do jogo de xadrez. Isto implica afirmar que todos os jogadores devem realizar suas condutas, mas não o fazem livremente, porque sempre atentos às "regras do jogo". Então, a grande questão é compreender como os jogadores, assim como os cidadãos, conseguem alcançar o conhecimento de tais regras? (Luiz Fernando Barzotto)

Não basta analisar o comportamento dos jogadores para se inferirem as regras (modelo condutivista), tampouco o regulamento e suas diretrizes (modelo formalista), é preciso mais, é indispensável vincular as ideia s e a realidade, logo, analisar o *direito vigente*, o direito em ação, sobretudo o direito dos juízes, bem como o direito produzido pelas instâncias formais e competentes. Então, Alfred Ross coloca-se questões relevantes (e que acabam sendo as mesmas de quase todo o realismo escandinavo): (i) quais são as normas em discussão? – para tanto sustenta haver "normas de conduta" e "normas de competência"; (ii) quem é o destinatário das normas?– alega ser o tribunal, pois é ele que acaba por expressar este direito em ação, o direito vigente; (iii) o que se entende por norma?– O o movimento dos juízes para aplicar a força ou "exercer a autoridade". Não por outra razão, seguindo os passos kelsenianos, a sanção é absolutamente relevante, pois é ela que define em grande parte a ideia de norma jurídica, ao criar, por meio de sua inserção no ordenamento jurídico, as condições para que a força possa ser utilizada.

Além da sanção, questão relevante também é a forma como o ordenamento jurídico pode ser visto como um *esquema interpretativo* e ao mesmo tempo um *direito em ação*. Alfred Ross, então fugindo aos modelos mencionados formalista e condutivista, afirma que não se pode chegar a um único conceito de validade, mas o que existem são "vivências de validade conceitualmente racionalizadas". Por isso, a validade de uma obrigação decorre da validade normativa, mas, sobretudo, de sua integração à realidade (mesma realidade psicofísica do direito). Em síntese: numa sociedade movida por um "sistema de compulsão", criam-se costumes coletivos que buscam evitar esta compulsão

– uma "atitude de conduta interessada", que, consequentemente, à medida que estas práticas de evitar compulsão se fortalecem, produz um poder de sugestão social, criando impulsos espontâneos desinteressados de ação – "atitude de conduta desinteressada". Esta ação desinteressada, fruto da sugestão social, ganha o selo de validade, de modo que as pessoas passariam a seguir a conduta não pelo medo do castigo (conduta interessada), mas pelo simples fato de ser norma a ser obedecida como atitude geral de cumprimento (conduta desinteressada). A legislação, então, seria produto, ainda que de agentes competentes, reflexivos destas condutas desinteressadas (Adrian Sgarbi).

A consequência desta leitura é o prelevado aspecto do papel dos juízes para o direito vigente. Ao discutirem os realistas escandinavos o labor judicial, a questão da noção de *condutas interessadas* e *condutas desinteressadas*, passa a ser relevante, pois os juízes agem com motivos desinteressados, que os obrigam pelo simples respeito de obediência à "ideologia jurídica em vigor", ou seja, buscam apenas o "cumprimento das normas". Nesse sentido, a ideologia se mostraria pelas "fontes do direito", entendidas estas como conjunto de fatores ou elementos que exercem influência na formulação do juiz da regra na qual ele funda sua decisão". A classificação das fontes obedeceria ao "grau de objetividade", isto é, quanto mais ou menos pronta uma fonte se apresenta ao juiz como regra formulada. Por isso, as fontes do direito apresentam a seguinte classificação: (i) fontes objetivadas – completamente (legislação), parcialmente (costume e precedente); (ii) fontes não objetivadas (razão ou tradição de cultura. Os sistemas de *common law* se apoiam em menor objetivação (precedentes), se comparados aos do *civil law*. Em suma: as "fontes do direito" representam um conjunto de fatores que exercem influência no posicionamento dos juízes".

Como afirma Adrian Sgarbi, então, se as fontes do direito constituem a ideologia dos juízes, naturalmente, a questão da organização das fontes se coloca também para Alfred Ross. Em termos estruturais, sua análise é próxima de Kelsen, aceitando que uma norma C3 (não sancionada por nenhuma autoridade), cria uma A3, que, por sua vez, emite a norma C2, que cria uma A2, a qual sanciona a norma C1 e cria a A1. Disto exsurge que a norma C3 não seria uma norma superior e nem poderia ser interpretada do ponto de vista jurídico, mas uma "ideologia pressuposta", um fato sociopsicológico puro produtor de mudanças no fenômeno jurídico, vinculada em sua unidade à ideologia normativa dos juízes. Em toda prática de mutação constitucional (modificação, rompimento, reforma), há sempre o fenômeno psicológico-empírico dos juízes adotarem as normas de uma constituição como obrigatórias, tornando-a "direito vigente".

Verifica-se, assim, nesta perspectiva, a ciência do direito muito próximo daquela perspectiva empirista que se discutiu no cap. 1, algo que não é próprio das ciências humanas, e, sim, das ciências naturais. As proposições jurídicas não devem ser interpretadas como uma validade abstrata, inobservável ou com força obrigatória derivada de princípios *a priori*, mas com proposições que se referem a fatos sociais. Por isso, é necessário um método que estabeleça procedimentos de verificação, seja das normas de conduta, seja de competência. Por isso, é necessário compreender qual é a "norma aplicada", o que pressupõe: (i) que a norma que se afirma como direito vigente 'tenha importância'; (ii) que durante o transcurso do tempo da decisão até o momento em que se formula a predição "não haja nenhuma modificação nas circunstâncias que condicionaram o direito afirmado". Por esta implicação prática, é que não há como separar a "ciência do direito" da "sociologia do direito", ou, como diria Alfred Ross: "a fronteira entre a ciência do direito e a sociologia do direito não é nítida, residindo, sim, numa relativa diferença de abordagem e interesse".

Então, para que uma norma de competência possa validade social, é preciso que os tribunais apliquem somente regras de condutas criadas conforme as condições assentadas nas normas de competência, e, que o descumprimento gere algum tipo de responsabilidade. Como afirma Adrian Sgarbi: "a ciência de Ross é empírica porque seu instrumental auxilia na leitura dos fenômenos sociais relacionados ao uso das normas válidas, ou seja, é reveladora do "direito vigente". Contudo, suas previsões não evitam a incerteza inerente à possibilidade de posicionamento, de tempo em tempo, dos órgãos de aplicação, isto é, dos juízes; isso, por razões "de prova", "de interpretação" e em razão de fatores "ideológicos não jurídicos". Portanto, o cientista de Ross não é um enunciador de previsões lógicas realizadas a partir de pontos de partida certos em termos absolutos; o cientista de Ross, atento aos fatos sociais relacionados ao comportamento, é, por assim dizer, um "cientista social" de "probabilidades"".

Então, fica evidente que para o realismo escandinavo, sobretudo na perspectiva de Alfred Ross, o positivismo está em mente, mas deve ser abrandado por força das implicações sociais (e aqui o texto de Karl Olivercrona é indispensável: *Is a Sociologial Explanation of Law Possible?*), assim como o direito natural, por força de sua preocupação com os valores existentes, mas abrandado por sua natureza ideológica.

Realismo Jurídico Norte-Americano. O realismo nos EUA nasce na primeira metade do séc. XX, de modo mais evidente no entreguerras, de cunho crítico (*progressivism*). Diante dos anos de crise que antecederam 1929, desenvolveu-se entre os intelectuais uma forma de pensamento crítico ao formalismo jurídico, incapaz de trabalhar com o fenômeno socioeconômico. Trata-se de uma ânsia de demonstrar a cegueira diante das problemáticas reais e a necessidade de encontrar reflexões mais funcionais, pragmáticas e funcionais do direito. Uma forma de contracultura que desmascara a insuficiência do formalismo jurídico e seus métodos dogmáticos tradicionais de trabalhar com a adaptação e a criação do direito diante destas novas condições e demandas sociais.

Procuram romper com o modelo da *old school, mechanical jurisprudence* ou *escola conceitualista* liderada por Christopher Columbus Langdell. Embora sem unanimidade entre os jushistoriadores, é fato que o movimento se produz inicialmente entre professores da Columbia (Karl Llwewllyn e Robert Lee Gale) e de Yale (Walter Wheeler Cook e Arthur Lincon Corbin). Trata-se de um movimento herdeiro do *Progressive Legal Thought*, pretende atacar tentativas dos clássicos do final do séc. XIX de criar um modelo que separava direito e política, vendo-o como algo neutro. Para o *progressive*, era importante se questionar o silogismo que, a dos fatos de casos particulares se obtinham regras e precedentes para uma decisão correta. Holmes criticava esta compreensão do direito como um problema ideal e abstrato. Por isso, era necessário abandonar grandes princípios morais, e a ideia de um direito autoaplicável em casos particulares, dando-se valor ao papel individual do juiz e seu dever de considerar os prováveis resultados sociais das decisões.

Dentre suas características fundamentais estão: (i) conceitualismo; (ii) formalismo normativista; e (iii) possibilidade mecanicista de determinação das decisões judiciais. De consequência, impuseram a compreensão de "indeterminação do direito em seu sentido e aplicação", sobretudo, pela necessidade do uso de elementos externos ao direito para a explicação fática e teórica.

1. OS CONTORNOS DA JURIDICIDADE

O movimento implicou em modificações no "ensino jurídico", ao destacar a interdisciplinaridade na compreensão social, política e econômica dos problemas jurídicos, bem como na "teoria do direito", influenciando os movimentos *Law and Society Association* (empirismo e ceticismo – leis como 'regras de papel'), o *Law and Economics* (judges' law-making power) e o *Critical Legal Studies* (conflitos, lacunas e a visão ideológica da doutrina na sua resolução).

A base está na filosofia pragmatista de William James, Charles Sanders Peirce e John Dewey, que via na teoria um instrumento e não uma resposta, para buscar além das primeiras coisas, princípios, categoriais, para ir em busca das últimas, frutos, consequência e fatos. De consequência, veio à tona na ciência o empirismo, o experimentalismo e o relativismo para orientar a produção do conhecimento (destacam-se o funcionalismo e o behaviorismo na psicologia experimental). Não por outra razão, pelo behaviorismo se estudou o comportamento humano, e, sobretudo, o comportamento dos juízes. Karl Llewellyn.

A crítica sempre feita foi de abertura para um "relativismo ético" e certa "arbitrariedade". Expressão disso é que alguns antropólogos, como Ruth Benedict, Carl Becher e Charles Beard, nos anos trinta, sustentaram que os julgamentos históricos padeceriam de certa subjetividade, posto que baseados em evidências parciais e não experimentadas. O ceticismo era quanto ao conteúdo decisório, mas não quanto ao método (o que difere em parte do pragmatismo filosófico). Não se pode esquecer que houve um diálogo entre o realismo e outros movimentos: *escola do direito livre* de François Gény, Eugen Ehrlich. Tanto Cardoso quanto Pound se valeram das teses de Gény. Isto é possível pela presença das discussões sociológicas em ambas, pelo valor dado ao papel dos juízes na atualização e adaptação do direito.

Principais autores e suas mais relevantes obras: Oliver Wendel Holmes (Cambridge 1809 – Cambridge 1894), *The common law* (1881) e *The path of the law* – artigo (1897); Roscoe Pound (Lincoln 1870 – Cambridge 1964); *An introduction to the philosophy of law* (1922) e *The spirit of the common law* (1922) Benjamin Nathan Cardozo (New York 1870 – Port Chester 1938), *The nature of the judicial process* (1921) e *The paradox of legal science* (1928); Jérome Frank (New York 1889 – New Haven 1957), *Law and modern mind* (1930) e *Courts on trial* (1949); Karl Nickerson Llewellyn (Seattle 1893 – Chicago 1963), *The brumble bush* (1930) e *Jurisprudence: realism in theory and practice* (1962);

e Felix Solomon Cohen (New York 1907 – Washington 1953), *The handbook of federal Indian law* (1941) e *Readings in jurisprudence and legal philosophy* (1951).

As origens frankfurtianas da teoria crítica. As origens históricas das teorias jurídicas críticas do pós-guerra remontam, em termos filosóficos, ao pensamento da Escola de Frankfurt e lá encontra o manancial marxista e freudiano que precisa para tecer suas duras críticas à jusfilosofia tradicional e ao próprio saber dogmático (Antônio Wolkmer). Conhecer a teoria crítica feita pelos frankfurtianos, então, é imprescindível, ainda que brevemente e a partir de categoriais centrais.

Escola de Frankfurt. A *Frankfurter Schule* (Escola de Frankfurt) tem sua origem datada em 1923, através da contribuição de Félix Weil, filho de um negociante de grãos de trigo na Argentina, que irá sustentá-la por longos anos. A filosofia e a linha característica da Escola surgem com a criação do *Institu fuer Sozialforschung* (Instituto de Pesquisa Social), inicialmente vinculado à Universidade de Frankfurt, embora respondesse independentemente da Universidade e conservasse uma autonomia financeira. Após Carl Gruenberg, historiador e marxólogo de Viena, o Instituto passa a ser dirigido por Max Horkheimer, filósofo formado na própria universidade, e professor da disciplina de Filosofia Social.

Max Horkheimer, além de pesquisador, era também professor da Universidade, o que fez garantir o vínculo com a Universidade de Frankfurt. Foi o grande precursor dos "frankfurtianos" ao conseguir aglutinar inúmeros pensadores e cientistas sociais ao seu redor. Doutor e livre-docente, Horkheimer aproximou grandes filósofos deste século, como: Friedrich Pollock, Karl August Wittfogel, Erich Fromm, Julian Gumperz, Theodor Adorno, Herbert Marcuse, Walter Benjamim e outros que tinham o mesmo interesse de pesquisa do Instituto.

O Instituto teve várias filiais: Genebra, Londres, Paris, pois Horkheimer temia o crescimento descontrolado do movimento nazista, bem como seu anti-semitismo que avançava a cada dia. Em 1933, colimando a reação nazista, o Instituto tem suas portas fechadas, por ser considerado como uma instituição que realizava pesquisas e atividades hostis ao Estado Alemão de Hitler. Anos mais tarde, a partir de 1950, volta o Instituto para as proximidades da Universidade de Frankfurt, mas em 1947, com o livro *Dialetik der Aufklärung*

(*Dialética do Esclarecimento*), Theodor Adorno e Max Horkheimer iniciam a Teoria Crítica com a afirmação do caráter negativo do movimento Iluminista. "... o *Iluminismo incinerou os últimos restos de sua própria (do homem) consciência de si...*" (Max Horkheimer e Theodor Adorno).

A reação negativa ao Iluminismo, que desencadeou a Teoria Crítica, dizia que o Iluminismo era um saber que promovia a dimensão de calculabilidade e da utilidade; um saber de essência técnica; que retira do mundo a ideia de gratuito (arte); bem como se torna uma nova forma de dominação. Juntamente com a Dialética do Esclarecimento", outro livro foi marco referencial da Teoria Crítica, "Personalidade Autoritária" sob coordenação de Theodor Adorno, que procurava evidenciar a dinâmica psíquica do indivíduo e as condições sociais e políticas da sociedade em que o indivíduo vive.

A partir da década de 60, o Instituto passou a ser questionado pelos movimentos estudantis, que segundo Barbara Freitag, assumiam feições neonazistas, ao criticarem as estruturas autoritárias da universidade e terem com um de seus objetivos a invasão do Instituto de Pesquisa Social. Os frankfurtianos combateram o movimento estudantil, cada qual com sua arma, pois Theodor Adorno mandou chamar a polícia; Jürgen Habermas procurou debater com textos críticos o que ele chamava de "fascismo de esquerda"; e Ludwig von Friedburg e Herbert Marcuse procuraram, "corpo-a-corpo" enfrentar as massas estudantis, através de debates e constantes reflexões.

A *primeira geração* da Escola de Frankfurt foi composta pelas figuras de Max Horkheimer, Theodor Adorno, Herbert Marcuse, e Salter Benjamim; a *segunda geração* compõe-se de Jürgen Habermas, Alfred Schmidt e Rolf Tiedemann, enquanto que a *terceira geração* compõe-se por Carl Dahlhaus, Peter Buerger, Ruediger Bubner e Ullrich Oevermann. Outros autores aproximam-se da Escola de Frankfurt por sua Teoria Crítica, como Niklas Luhmann; e, atualmente, os representantes são Axel Honneth e Rainer Forst.

O *Instituto de Pesquisa Social* tinha como feição essencial a preocupação de analisar os problemas modernos do capitalismo, até então visado por sua valorização sobre a superestrutura. As reflexões eram dirigidas para a compreensão da especificidade do capitalismo moderno nas condições históricas da Europa, e quando muito, principalmente sobre a Alemanha do pós-guerra. Sob a obra "Estudos sobre a Autoridade e Família" de Horkheimer e Eduard Fromm, a Escola de Frankfurt passa a delimitar algumas de suas características de pesquisa, tais como a integração entre a teoria marxista e o freudismo, que segundo Raymond Geuss, ambas seriam teorias críticas. Propõe, também, a importância de se relacionar o *"nível macroteórico (produção capitalista) e o nível microteórico (indivíduo sexualmente reprimido)"* (Barbara Freitag). Com os livros anteriormente citados, "A Personalidade Autoritária" e "Dialética do Iluminismo", lançam-se questionamentos a respeito da crença da humanidade sobre razão Kantiana que se diz "libertadora". Para os frankfurtianos, as origens da produção capitalista, concomitantemente com o Iluminismo, definem o homem como sendo asfixiado pelas relações de produção, e tendo na razão não a libertação, mas a imposição de uma racionalidade aos indivíduos sem reconhecimento de sua realidade.

Através da Escola de Frankfurt, houve um abandono definitivo dos paradigmas do materialismo histórico, desconsiderando, portanto, a ideia de que o único fator determinante da vida humana era real, não podendo coexistir fatores psicológicos também fundantes do pensamento humano. Abandonou-se também a luta de classes como motor da história. Tendo em vista a rebeldia estudantil supracitada, alguns debates entre os estudantes e os membros da Escola de Frankfurt foram de grande valia e de importante influência na atualidade, pois muitos dos que não partiram para a luta armada fundaram linhas teóricas próprias. Claus Offe, Preuss, Brandt, Senghaas, Altvater, Buerger e Sloterdijk foram e são grandes pensadores que, em virtude dos constantes debates que travaram com os frankfurtianos, atuam na realidade de hoje, sob forte influência da Escola de Frankfurt.

Teoria Crítica. Para a Escola de Frankfurt, uma teoria social é um conjunto de convicções que certo agente tem sobre a sociedade, mas ainda mais relevante é a distinção que tal escola faz entre teorias científicas e teorias críticas. A diferenciação se processa em três distintas e importantes dimensões:

(i) a primeira dimensão diz respeito ao propósito, ou ao fim a que as teorias se dedicam. As teorias científicas têm como *telos* principal a manipulação satisfatória do mundo exterior, sendo portanto, de uso instrumental; enquanto que as teorias críticas preocupam-se com a emancipação, o esclarecimento do indivíduo, ou seja, conforme Raymond Geuss, preocupam-se em *"tornar os agentes cientes de coerções ocultas"*.

(ii) a segunda dimensão condiz com a estrutura lógica ou cognitiva das teorias. Quando se conhece uma teoria científica vê-se que tais são "objetificantes", ou seja, em sua estrutura resgatam uma distinção clara entre a teoria e os objetos; enquanto que uma teoria crítica diz--se reflexiva ou autorreferente, uma vez que esta faz também parte da esfera do objeto domínio.

(iii) uma terceira dimensão, por fim, diferencial localiza-se no campo dos tipos de evidência ou dos tipos de confirmação. As teorias científicas possuem uma confirmação empírica para seus pressupostos, por meio da observação e do experimento, enquanto que as teorias críticas são apenas "cognitivamente aceitáveis", pois, como afirma Habermas, "a teoria é cognitivamente aceitável se ela gozar do acordo universal de todos os agentes na situação ideal de fala", ou seja, na legitimação por uma situação ideal.

Fundamentos e efeitos. A teoria crítica, segundo Habermas, tem como fundamentos básicos, a exemplo da teoria marxista, a capacidade de abordar sobre sua própria gênese e origem, bem como de antecipar o seu próprio uso ou aplicação na realidade. Retira-se daí a característica principal e diferencial da Teoria Crítica, o fato de ser uma teoria dotada de uma estrutura cognitiva reflexiva. Entre seus efeitos imediatos estão a emancipação e o esclarecimento que produzem no indivíduo social. O efeito de emancipação descreve-se pela passagem, que a Teoria Crítica permite, de um estado inicial para um estado final. O estado inicial caracteriza-se por apresentar uma falsa consciência, uma existência sem liberdade, bem como por uma dependência e uma ilusão, enquanto que o estado final por haver um esclarecimento, uma emancipação, assim como um desapego aos erros da consciência, as ideologias legitimadoras e as existências enclausuradas e massificadas.

Tendo em vista que a Teoria Crítica possui uma estrutura cognitiva reflexiva, Habermas diria que a consciência é ideologicamente falsa e que a coerção que sofrem é autoimposta, cabendo à Teoria Crítica levar os agentes à autorreflexão. Na concepção de Habermas há três tipos de autorreflexão: (i) num primeiro estágio a Teoria Crítica "*dissolve a objetividade autogerada e a ilusão objetiva*", ou seja, a Teoria Crítica, incorporada pelos membros da Escola de Frankfurt, desestruturam o poder ou a objetividade das ocultas coerções, levando os indivíduos a uma maior liberdade e conhecimento de seus verdadeiros interesses; (ii) numa segunda visão a Teoria Crítica *"torna o indivíduo cônscio de sua própria gênese ou origem"*, ou seja, cabe a Teoria Crítica a função direcionar a reflexão humana sobre seu próprio ponto inicial, de seu próprio surgimento; (iii) num último estágio a Teoria Crítica *"opera ao trazer à consciência os determinantes inconscientes da ação ou da consciência"*, isso quer dizer que a Teoria Crítica desperta o indivíduo para certos elementos que são inconscientes, mas que ao mesmo tempo conseguem moldar a consciência humana. (Raymond Geuss)

Na concepção da Escola de Frankfurt, qualquer indivíduo possui um conjunto de princípios epistêmicos que o permite não apenas criticar, mas também avaliar suas próprias convicções. Tais princípios representam um conjunto de convicções secundárias, que permitem o indivíduo reconhecer a aceitabilidade ou inaceitabilidade de suas convicções. Nesse sentido, a Teoria Crítica insere-se no instante em que mostra ser uma consciência falsa, inerente ao indivíduo, quanto essa se faz reflexivamente inaceitável, ou seja, os princípios epistêmicos dos indivíduos o fazem despertar um espírito crítico sobre sua configuração de mundo, quando tal configuração não admite reflexão.

Arte e cultura. Para os frankfurtianos, tanto a arte, como a cultura e a Teoria Crítica, além de assumirem um papel importantíssimo em suas reflexões a ver por suas contestações presentes na maioria dos livros, admitem desde o início uma postura profundamente positiva. Profundamente positiva, ainda que "ideologicamente" falando, pois se posta num lugar eminentemente de crítica e de negação da ordem social vigente, ao se oporem cada qual com seus fundamentos contrários. A arte opõe-se à cultura de massa, a cultura opõe-se à civilização, enquanto que a Teoria Crítica opõe-se constantemente ao positivismo. Essa última oposição pode ser facilmente verificada nos textos de Walter Benjamin, quando se refere contrariamente às teorias e às formas de análise do positivismo histórico ou do historicismo. "O historicista apresenta a imagem eterna do passado ... O historicismo culmina legitimamente na história universal ... Seu procedimento é aditivo ... Ao contrário, a historiografia marxista tem em sua base um princípio construtivista ... O historicismo se contenta em estabelecer um nexo causal entre vários momentos da história. Mas nenhum fato, meramente por ser causa, é só por isso um fato histórico." (Walter Benjamin)

Em busca de ir contra as novas tendências positivista e neopositivista que afloravam na época, os frankfurtianos resolvem distanciar a teoria da praxis, pois viam essa relação como sendo estreita e coercitiva. *"O pensamento do Instituto leva ao extremo a polarização entre o espaço da liberdade e a sociedade"*. (Renato Ortiz). Por isso, a realidade social é dotada de uma qualidade que degenera a cultura autêntica da sociedade, levando-a a um nível de exclusiva utilidade pública. Ainda que pareça paradoxalmente confuso, Herbert Marcuse afirma a necessidade de se existirem universidades de elite que se ocupariam unicamente das teorias puras, ou seja, das teorias que se encontram completamente desvinculadas com a prática social.

Ideologia. Aproximam-se os frankfurtianos mais de Max Weber do que Karl Marx, ao ser configurada também com uma característica essencial da época, o pessimismo e a noção de um mundo desencantado (*Entzauberung*). O desencanto do mundo, bem como o pessimismo que estarão constantemente presentes na obra de Theodor Adorno e de W. Benjamin, o qual resgata amiúde as obras do poeta Charles Baudelaire, ultra-romantista característico do *"spleenful"* (mau humor, melancolia), do séc. XIX. Tal desencanto surge ao perceberem, intelectuais da época – talvez sem se dar conta, o povo em geral – que a realidade social sofria de um mal imprestável, o desenvolvimento dos ideais capitalistas, culminados com as grandes guerras. O pessimismo se fazia presente diante do reconhecimento de um processo de uniformização das consciências humanas, de uma manipulação corrente, bem como de um ocultamento da realidade. A ideologia surge desse desencanto, que se põe na posição de perceber as forças ocultas e coercitivas da realidade. Para Renato Ortiz, a ideologia frankfurtiana apresenta-se em dois níveis: um nível histórico e um nível categorial:

(i) num nível histórico, pela busca dos textos dos autores, cria-se uma relação constante entre a sociedade passada e a sociedade presente, ou seja, entre a sociedade tradicional e a sociedade moderna. Conforme o texto de Horkheimer "Teoria Tradicional e Teoria Crítica", percebe-se a ideologia em seu nível histórico, ao confrontar as teorias presentes nas sociedades apenas conceituais, com as teorias da *praxis social"*. Horkheimer procura distinguir entre um *agir racional-com-respeito-a--fins* e um *agir comunicativo*.

(ii) num nível categorial, por uma redefinição de conceitos, a Ideologia, distantemente da concepção marxista, pressupõe uma existência de um mundo autônomo, e desligado da realidade. Em virtude da racionalidade moderna, cujo crivo essencial é o da dominação e o da manipulação, surgem a arte e a tecnologia como um nível de ideologia.

A arte, para os frankfurtianos é uma ideologia que se opõe a realidade dada, pois é uma forma de alienação, uma vez que transcende constantemente o mundo real. *"A arte é uma ideologia que foge ao processo de ideologização total."* (Renato Ortiz). Antes de ela mesma ser uma ideologia que rompe com uma dada sociedade, não pode pertencer ao povo, pois para eles não há arte popular, uma vez que os indivíduos estão completamente inseridos num sistema de dominação. Nesse sentido, Ideologia para os frankfurtianos é o travestimento de uma dada realidade, em que se insere uma confusão entre o real e o ilusório. Por isso, a *crítica* à ideologia particular, na Escola de Frankfurt, assume dois aspectos distintos, um na figura de Theodor Adorno e o outro na figura de Jürgen Habermas.

A perspectiva adorniana é do tipo contextualista, ou seja; para Adorno a Teoria Crítica dirige-se a um grupo particular de indivíduos, contribuindo para o seu autoconhecimento. Portanto, para Adorno, a Teoria Crítica desvela a Ideologia ao encontrar, nas atividades individuais, experiências de sofrimento e de frustração, que fazem com que os agentes sociais reconheçam e tomem consciência da realidade em que vivem. Ou seja, aquele nível de distinção entre teorias científicas e teorias críticas, em que na dimensão que diz respeito aos fins, insere-se a emancipação dos indivíduos. "As teorias críticas visam à emancipação e ao esclarecimento, ao tornar os agentes cientes de coerções ocultas."

Por outro lado, após a década de 1960, Jürgen Habermas busca uma explicação para o desvendar da ideologia pela Teoria Crítica, baseada num tipo de transcendentalismo. Assume a posição transcendentalista ao afirmar que a Ideologia pode ser desmascarada pela Teoria Crítica, quando conclui que os indivíduos "devem" aceitar a consideração de que qualquer forma consciência, advinda de condições de coerção, são reflexivamente inaceitáveis. Ou seja, como afirma Habermas, " *Ser um agente humano é participar ao menos potencialmente de uma comunidade de fala...".* Em sua opinião, qualquer agente humano, quando em qualquer ação, deve "pressupor" uma situação ideal de fala, ou ao menos agir como se a situação real fosse ideal. Para Jürgen Habermas *"a verdade consiste num consenso na situação ideal de fala."*. Por haver uma situação ideal de fala, tendo-se em vista que é na linguagem em que se encontram as pré-condições, é que se percebe o critério de verdade. Em suma, ao contrário do contextualismo, a veracidade da realidade, ou a negação de uma realidade ideológica, não parte de experiências recorridas em erro, mas sim, de situações ideais de fala.

Ideologia e tecnologia. Avançando, na concepção de Herbert Marcuse, a tecnologia, na atual sociedade industrializada, fez com que as dominações presentes nas relações sociais se tornassem perenes e quando muito dotadas de legitimação. A técnica, para os frankfurtianos, na presente sociedade capitalista e desenvolvida, desempenha um papel equivalente às ideologias presentes nas sociedades tradicionais. Conforme as palavras de Renato Ortiz, *"O espírito da racionalidade transborda os limites da fábrica (esfera do trabalho) e se transforma em racionalidade tecnológica que subjugará até mesmo a própria subjetividade."*

A legitimação, então, faz-se um tanto complexa, a fim de que a ideologia se torne algo comum a todos numa determinada realidade social. Por isso, Jürgen Habermas distingue quatro estágios históricos da legitimação social: (i) o *arcaico*, em que os agentes sociais legitimavam suas ideologias nas narrações míticas; (ii) o *histórico*, tradicional, que além dos mitos, as ideologias eram legitimadas por figurações religiosas, metafísicas ou até mesmo através de algumas opiniões sobre a realidade; (iii) o *moderno*, as ideologias passam a ser legitimadas por normas e princípios universais, que se dizem ideologias científicas; (iv) o *pós-ideológico*, pois legitima suas ideologias com referência à sua eficiência técnica.

Para Jürgen Habermas, ao conceber a Teoria Crítica, como uma teoria que critica um conjunto de convicções de mundo ideológicas, define Ideologia como sendo *"fundamentalmente falsa consciência"*, mas também, conceitua Ideologia como sendo *"uma forma aparentemente autônoma de consciência que é, contudo, realmente ligada a algum interesse particular"*. Caso não se desmascarem as consciências falsas, continua-se a promover uma falsa legitimação das ideologias. Da mesma forma, ideologicamente, as Instituições Sociais também legitimas suas práticas, por vezes exageradamente repressivas.

Ideologia e ilusão. Antes de se conhecer o abismo em que se encerra a Ideologia, é preciso reconhecer que é através da introjeção que a Ideologia dominante estabelece a legitimação. É da contradição entre realidade e ilusão que arte se reconhece, enquanto uma alienação positiva. Conforme as ideias de Herbert Marcuse, nas sociedades atuais há o *"fim das ideologias"*, pois é preciso que se perceba na sociedade capitalista o extermínio da contradição entre ilusão e realidade. A ideologia não mais remota a esfera dos conceitos, do mundo das ideias, mas sim, ao universo do processo produtivo, de modo a não mais permitir a existência de um espaço autônomo e isolado das dominações sociais, para que a ilusão e a ideologia se insiram. Nesse sentido, a sociedade capitalista, conforme diz Herbert Marcuse em sua obra, *Ideia s Sobre Uma Crítica da Sociedade*, impede aos indivíduos de poderem ter uma consciência livre, a ponto de poder ser corrompida por uma nova ilusão de mundo. Todavia, contrariamente ao que se pensava na época, os frankfurtianos afirmavam que o *"fim das ideologias"* nada mais poderia ser que uma situação ideologizada.

Cultura. Está longe de ser apenas práticas, hábitos ou modos de vida, conforme Renato Ortiz, os pensadores frankfurtianos assemelham a cultura à arte, à filosofia, à literatura e à música. De acordo com as ideias de Herbert Marcuse, cultura é *"o conjunto de fins morais, estéticos, intelectuais que uma sociedade considera objetivo de organização, da divisão e da direção do trabalho."* As informações marxistas que influenciaram o pensamento da Escola de Frankfurt, percebem-se no que diz respeito à conceituação do termo de origem alemã, *Kultur*, cultura. Tal como para Marx, em que o conhecimento não era um ato, mas sim um processo de abstração-particularidade-generalização, a cultura para o frankfurtianos é um processo, que se estende por toda a sociedade. Ainda na conceituação de cultura, a Escola distinguia claramente entre cultura e civilização, ao afirmar que a cultura se insere num mundo espiritual, de dimensão universal, enquanto que a civilização se insere num mundo material. A civilização funciona como amarras ao processo de universalização da cultura.

Cultura de massa. Na concepção de Theodor Adorno e Max Horkheimer, a cultura de massa é *"uma psicanálise ao revés"* (Olgária Matos), pois os frankfurtianos consideram que a cultura de massa não pode ser nem cultura e nem produzida pela massa, mas sim, um busca pela lei da "novidade", que seja de fácil acesso a todos e ao maior números de expectadores. "*A luta contra a cultura de massa só pode ser levada adiante se mostrada a conexão entre a cultura massificada e a persistência da injustiça social."*, nessa afirmação, Olgária Matos mostra que Theodor Adorno e Max Horkheimer acreditavam que a mídia transmitia uma cultura "agramatical e desortográfica", bem como admitem que a cultura não mais serve às massas, mas apenas uma elite educada.

Houve para esses autores uma "abolição do privilégio educacional", o que resultou num regresso educacional numa ascensão da barbárie. A cultura de massa é um termo contraditório, pois *"a massificação significa a integração do espaço da liberdade na engrenagem da vida social"* (Renato Ortiz). Theodor Adorno e Herbert Marcuse acreditam se necessária uma universidade das elites, como anteriormente referida, pois embora se apresente um pouco dicotômica, o que almejavam os dois pensadores era evitar que especialistas da cultura fossem comprometidos com a ordem administrativa e mercadológica. Embora para Lenin, o termo cultura de massa, como partido de massa tenha ressonado bem, para os frankfurtianos o conceito adquire um caráter negativo. A ideia de cultura de massa leva Theodor Adorno a fazer um estudo sobre a "regressão da audição humana", para comprovar que o homem tem perdido a sua habilidade de ouvir o que nunca foi tocado pelas mãos, de modo a fazê-lo perceber que o homem da atualidade não mais percebe, o que se encontra além dele. Isto vem a se corroborar com a *indústria cultura*, já que na vida humana da atualidade tudo se transforma em artigo de consumo, dados os ideais capitalistas insurgentes. Por isso, a cultura é promovida pela indústria, bem como a particularidade da arte se reproduz tecnicamente. Na concepção de Theodor Adorno, a *"indústria cultural criou uma barbárie estilizada ... A arte ligeira tem sido a sombra da arte autônoma. É a má consciência social da arte séria."*, ao definir uma oposição entre alta cultura e cultura popular. Tudo isto é o lugar desejado para que a teoria crítica se oponha. Aqui está o gérmen do pensamento da *teoria críticas* em termos filosóficos e do qual as *teorias críticas jurídicas* vão se utilizar.

Teorias críticas pós-guerra. Os grilhões do positivismo jurídico (sejam na sua formação originária, sejam mesmo na contemporaneidade) sofreram constantes ataques pelas *teorias críticas*, sobretudo por aquelas que apareceram a partir do colapso do ordenamento jurídico com a Grande Guerra. O fortalecimento do papel estatal como consequência da demanda dos expropriados dos meios de produção, que se evidenciou pela legislação trabalhista, previdenciária e antitruste, bem como pelo desenvolvimento de uma política intervencionista, em vez de sustentar o monismo jurídico e o monopólio da instituição jurídica estatal, vieram a colocar em xeque, em razão de sua atenção gradativa aos anseios sociais, a própria sustentação de uma teoria que "observava" o direito como mecanismo externo, estático, instituído e nitidamente instrumentalizado pelas classes dominantes.

Nesse sentido, inúmeras teorias de prelevado valor vieram a questionar os pressupostos e os objetivos da compreensão do fenômeno jurídico realizado pelo positivismo, as quais poderiam vir reunidas, conquanto as suas claras diferenças, sob o signo de *críticas*. Encabeçadas pelo movimento de *contestação* em prol de um direito de emancipação, cujo símbolo estaria na recepção de uma filosofia axiológica e pelo resgate da metafísica em comunhão com a vida mundana, as *teorias críticas* efetivamente deflagraram a busca de um direito como espaço de luta, de pluralidade, de modernização, de coletividade, em detrimento da trilogia fundamental instituída no século inaugurado com o dezoito Brumário: monismo, estatalidade e racionalidade. (Luiz Fernando Coelho).

As *teorias críticas*, apoiadas em clara formação marxista, desde o jurista de Bonn até o sartrianismo e o althusserianismo, foram capazes de percorrer o século vinte sob diversos matizes, até a construção de suas recentes configurações, sustentadas antes no "paradigma" da linguagem (Celso Luiz Ludwig). A descoberta da subjetividade de Heidegger, da linguística de Saussure, Bakthin e Jackobson, da nova retórica de Perelman, Atienza e Rorty, da nova hermenêutica de Ricoeur e Gadamer, da emancipação de Dworkin, do psicologismo de Freud e Lacan, ou mesmo das teorias comunicativas de Habermas, leva a teoria crítica, enquanto manifesto político e dogmático, à construção de um direito com perfil essencialmente democrático. (Luiz Fernando Coelho) A inter e a transdisciplinaridade como signo da ciência do direito contemporâneo representam a assunção teleológica de novos propósitos ao direito. Nessa perspectiva, verifica-se que as *teorias críticas* se desvelam pela drástica oposição à metodologia pura e à ciência normativa do direito, lançando-se à ruptura das leituras positivistas do mundo jurídico.

O arsenal dos autores da *teoria crítica*, nascida nas universidades francesas da década de setenta, especialmente com Michel Miaille e Antoine Jeammaud, dirige-se à perspectiva lançada por Kelsen desde o seu primeiro grande ensaio de 1911, intitulado *Hauptprobleme der Staatsrechtslehre*, depois corroborado pela primeira edição alemã de *Reine Rechtslehre*, em pleno alvoroço da ascensão do III Reich do chanceler Adolf Hitler. Seu foco de questionamento parte da frieza e do distanciamento do jurista positivista, que, tal o cientista da natureza, foge das manifestações políticas e sociais. Sustentam seus autores a inevitabilidade da implicação da vontade humana no discurso teórico, e salientam que a neutralidade política e ideológica da ciência do direito, tal como quisera Kelsen, acaba por ruir diante das construções críticas, as quais deflagram o caráter essencialmente opressor e exterior do direito burguês. Seus autores partem da premissa de que é preciso negar o modo de interpretação proposto por Kelsen: "Se por interpretação se entende a fixação por via cognoscitiva do sentido do objeto a interpretar, o resultado de uma interpretação jurídica somente pode ser a fixação da moldura que representa o Direito [...]", (Hans Kelsen) pois como afirma Agostinho: "o sujeito está irremediavelmente implicado nas determinações de sua prática" (Agostinho Neto).

A *teoria crítica* reconhece que Kelsen procurou suprimir o sujeito enquanto operador e cientista jurídico, matando sua vontade (*animus*) e aniquilando sua necessidade de interdisciplinaridade com a exaltação da neutralidade científica a e o natural enfraquecimento de sua alma (*anima*). Ao expurgar a ciência jurídica de todos os elementos ideológicos, políticos ou mesmo das ciências físicas, Kelsen seria responsável, segundo os críticos, por buscar uma pureza na forma de olhar, e não na coisa olhada, uma espécie de reflexão do direito como norma, como *dever ser*, na qual as opiniões e os juízos de valor, assim como os preconceitos e as construções metafísicas, fossem rechaçadas da dogmática jurídica.(Luís Warat e Albano Pêpe). Nesse sentido, o julgamento de Kelsen pela *teoria crítica* consiste na redução de sua concepção positivista a uma ciência formal fundada na norma, o que acarreta na eliminação do contingente da vida social e na consideração de certas características do ordenamento jurídico como irrelevantes: "A reação surge contra os próprios fundamentos epistemológicos da teoria pura, considerando-se que a redução do fenômeno ao 'átomo' faz desaparecer características necessárias que somente persistem no fenômeno considerado em seu conjunto". Assim, desse reducionismo da ciência do direito à ciência normativa do direito, todos os conceitos jurídicos fundamentais acabam sendo deduzidos da estrutura lógica da norma. (Luiz Fernando Coelho)

Para seus autores, a pureza da ciência do direito, proposta por Kelsen, seria tanto uma crítica ao jusnaturalismo, como já faziam os positivistas do séc. XIX, (Luís Warat e Albano Pêpe) quanto uma crítica ideológica num amplo sentido. Ela leva, ao negar a função social do direito, o discurso jurídico a se distanciar ainda mais da teia social em que se encontra por sua natureza gradativamente isolada e autorreferencial. Dessa concepção pura da ciência do direito, ora reduzido à norma, surge uma espécie de monismo jurídico, através da identificação entre Direito, Estado e o conjunto de normas jurídicas vigentes. Essa discussão instaurada pelo positivismo reconhece tão somente como direito aceito e verdadeiro aquele conjunto de normas emanado estritamente do Estado, posto em texto fixo e legal, como mero instrumento a serviço de uma razão jurídica, e incapaz de ser questionado para além de sua pureza e dogmaticidade. Como afirma Tercio Sampaio: "a dogmática não questiona suas premissas porque elas foram estabelecidas (por um arbítrio, por um ato de vontade ou de poder) como inquestionáveis".

A despeito das diferenças, o *programa básico das teorias críticas*, sustentadas inicialmente pelo culturalismo, recepciona o social e o político em seu discurso, definindo-se como espaço de luta, de libertação e de emancipação do sujeito, através da valorização de seus direitos e garantias individuais. Seu propósito é a recusa de um direito posto, frio, avalorado e objetivo, para privilegiar a busca da valorização do juiz, da sustentação moral, (Tercio Sampaio) do desmascaramento das ideologias burguesas dominantes, (Lyra Filho) da fragilidade da completude do ordenamento, do pluralismo jurídico, da democracia e da presença popular, da "dialética da participação", (Luiz Fernando Coelho) das garantias constitucionais, do desabuso dos efeitos de poder da ciência, (Luís Warat) da dignidade da pessoa humana e da atenção às demandas sociais. Trata-se de teorias que se formulam criticamente a partir da reenunciação dos conteúdos tradicionais do direito, isto é, a *validade* não se traduz na mera correlação ou pertinência da norma com o sistema jurídico ou com um critério abstrato de juridicidade, mas com a sua produção político-social. A *eficácia* não se reduz à condição necessária de validade, tal como quisera Kelsen, Ross e Hart, mas à sua potência na produção de efeitos, de mudança das condições sociais e materiais de existência etc.

Culturalismo. Essas críticas às teorizações kelsenianas se desdobraram no início do século passado em três correntes epistemológicas, as quais encorparam a tradição jusfilosófica denominada de *"culturalismo"*, base das *teorias críticas*: a concepção tridimensional do direito, a raciovitalista e a egológica. Cada qual com sua particularidade, essas correntes trouxeram em seu bojo traços marcantes de uma herança kelseniana, pois mantinham aspectos positivistas, debruçando-se, de certo modo, ainda por sobre as normas. No entanto, as correntes culturalistas pretenderam romper com o formalismo e o legalismo lógico-normativista kelseniano, na medida em que, para além da estrutura formal da norma, dedicaram-se a estudar a conduta e seu conteúdo axiológico e humano. Fundavam-se, então, as bases de uma teoria crítica, que anos mais tarde se reformularia pela admissão do político e dos movimentos sociais, típicos da fria guerra.

Ante o mundo da cultura humana pelo qual se interessava, o culturalismo carregava em seu estatuto as raízes do normativismo exegético e do pandectismo germânico, o que o fazia ter como meta principal de estudo o direito como objeto cultural, capaz de ser valorado subjetivamente e não como modelo ideal, tal a leitura de Kelsen isenta de todo e qualquer juízo humano. Longe do programa causal-explicativo das ciências da natureza, mas inflexionando pelo universo da cultura, o culturalismo enquanto sustentação da *teoria crítica* teve prelevado papel à medida que o decifrou e procurou estudá-lo com vistas à sua pragmática. Conquanto a aproximação dos textos kelsenianos, especialmente por Stammler, jusfilósofo culturalista próximo ao grupo neokantiano de Marburgo, do qual Kelsen fazia parte, o culturalismo não se desnaturalizou enquanto teoria crítica, tanto que sua construção chegara a se disseminar em diferentes acepções.

Numa primeira proposta, o culturalismo se abriu ao universo jurídico como base da teoria crítica a partir da *concepção realeana e tridimensional do direito*. Segundo seu precursor, o direito, entendido em sua dimensão triédica: histórico-social, axiológica e normativa, estaria além da mera normatividade kelseniana, sendo o produto da realização histórica de um valor bilateral através de uma norma. Seria uma forma de integração unitária dos aspectos fático, normativo e valorativo. A concepção realeana supõe o direito como integrante legítimo do mundo da cultura e, portanto, embora se fixe às origens do normativismo, distingue-se claramente do legalismo kelseniano, por uma característica fundamental em suas argumentações: a concretude da norma jurídica, como diria Luiz Fernando Coelho. Ou seja, para Miguel Reale, o direito deve estar além do mero dever ser, mas deve ser sim, o ser e suas apreciações materiais e culturais, tanto como fato quanto valor. O direito é visto como um objeto cultural. Para Emil Lask a ciência jurídica o estudo sob um mandamento positivo, como vontade da comunidade, sendo um fenômeno único e individual enraizado na vida e na cultura de uma época. Por certo que há uma reavaliação do conceito kantiano de "categoria", pois deixa de ser um esquema inerente à racionalidade humana apto a conferir significado para a mente do que ocorre na realidade (função eurística), para ter uma "finalidade", um caráter intencional, porque referida sempre a um conteúdo real ou ideal alheio a si própria. Assim, a "cultura" se torna chave, um complexo categorial, que revela sentidos para o conhecimento, apto a realizar a síntese entre idealismo e realismo. A cultura (*Kultur*) permite uma função constitutiva (porque o processo cognitivo emerge da atividade cultural), integradora (choques entre razão e sentimentos; choques entre teorias dos processos cognitivos; choque entre juízos e realidade; incongruência de apreensão do ideal valorativo na vida concreta do homem; choques entre vivências subjetivas e condições objetivas) e teleológica do conhecimento. Por isso, os fatores centrais da *Kultur* são: i) cultura como *Wertbeziehung* (relação de valores); ii) cultura como categoria complexa de valores e não meio puro; iii) cultura como categoria do conhecimento e integradora de antinomias espirituais voltadas aos objetos; iv) sujeito cultural e objetos estão teleologicamente relacionados; v) dialética interna ao processo cultural; vi) independência da cultura como elemento na ontologia.

Carlos Cossio crê que a ciência jurídica conhece as condutas compartilhadas pelas normas jurídicas, pois a intersubjetividade é uma fazer compartilhado, de modo que o substrato do direito é a vida humana vivente em sua liberdade (direito como produto da conduta). Sustenta que há um "juízo disjuntivo" formado pela "endonorma" (prestação ou dever jurídico) e a "perinorma" (ilícito ou sanção), de modo que a ciência do direito é normativa porque vê a conduta humana, qualificando-a juridicamente. Por isso, o direito é um momento do processo cultural, e a categoria cultura é capaz de relevar a essência do direito (eis porque é relevante a pesquisa fenomenológica). Nesse mesmo sentido também Miguel Reale e sua tridimensionalidade, ao crer que a norma é a estrutura enunciativa de uma forma de organização ou de conduta, que deve ser seguida de maneira objetiva e obrigatória, assim, há uma afirmação fático-axiológico-normativa do direito, sendo a conduta jurídica simples resultado da experiência social (relação funcional e dialética entre fato, valor e norma).

Raciovilatismo. Num segundo momento, a sustentação da teoria crítica teria sido conduzida por uma formulação de Ortega y Gasset e Luís Recasèns Siches, denominada de *"concepção raciovitalista do direito"*. Segundo essa construção, o direito se apresentaria na sociedade como um objeto cultural, uma forma de vida humana objetivada, sendo a racionalidade a própria vida humana, ou a razão vital. Dentro dessa concepção, insere-se novamente o conteúdo histórico e valorativo da norma jurídica, outrora afastado pelos positivistas, especialmente por Kelsen neste século, uma vez que a norma jurídica passa a ser estudada pelo direito como um momento de vida coletiva ligado às vicissitudes da realidade. Para Siches, a norma jurídica deve acompanhar as contingências da vida humana e cultural, não devendo os juristas se olvidarem disso, pois a norma revive toda vez que é aplicada, e se deve ajustar através de suas constantes modificações para a nova realidade que estaria por ser vivida. (Luiz Fernando Coelho).

O raciovitalismo consiste, como o título deixa sugerir, na tentativa, então, de conjugar a *vida* com a *razão*, como forma de superação desta dicotomia. Iniciado com o texto de Ortega y Gasset intitulado *Ni vitalismo ni racionalismo* de 1924, parte Ortega, portanto, para rejeitar ambas as correntes. Afirma que por *vitalismo* se deve entender tanto o *vitalismo biológico* (em que os processos de conhecimento podem ser reduzidos a processos biológicos explicáveis), quanto o *vitalismo de Henri Bergson* (em que a razão tem papel secundário no conhecimento, devendo-se privilegiar a intuição como vivência interna das coisas, verdadeira fonte de conhecimento), bem assim o *seu vitalismo* (no qual a razão se dá na vida, ou seja, o conhecimento é obra da razão, mas esta se realiza na vida e está rodeada e limitada por elementos racionais, que não a diminuem, ao contrário, tendem a reforçá-la no processo de conhecimento).

Apesar do papel que dá a razão, não é um *racionalista* exclusivamente. O seu racionalismo admite e necessita compreender que a razão tem limites, ou seja, quando ela pretende compreender as coisas e joga no mundo, encontra elementos irracionais, o que a faz perceber que tem limites. Consequentemente, não rechaça a razão como instrumento de conhecimento, mas refuta a ideia de que ela tudo pode conhecer (mito este que os racionalistas, para Ortega, acabam por ter uma questão de fé). Então, a saída é submeter a razão à vitalidade, colocá-la dentro do biológico, submetê-la ao espontâneo, como o autor diz. Logo, a cultura deve estar a serviço da vida e não o contrário.

Disso, enfim, decorre que: (i) há uma primazia ontológica do real em relação ao conhecimento, logo, do vital, sendo a vida algo mais importante do que a razão, esta simples cronista e não legisladora do real; (ii) não se trata de vida puramente biológica, mas como realidade radical, a vida pessoal, de cada ser humano, a vida e suas circunstâncias (eis o clássico *yo soy yo e mi circunstancia*) – é o que dá sentido para compreender a vida e sentido para a ção do homem no mundo; (iii) viver é "estar no mundo", um dar-se conta do vivido, um *quehacer*, uma ocupação com vistas a um fim, logo, viver é projetar e decidir com liberdade o que se quer realizar. É, justamente nesta perspectiva, que todo o projeto normativo deve se dar conta, procurando consertar a relação tradicional entre norma e fato, entre cultura e realidade, colocando esta no comando (eis porque um movimento crítico do positivismo).

Egologismo. Noutro pilar, as *teorias críticas* se sustentariam sobre a *concepção egológica do direito*, formulada originariamente pelo jusfilósofo Carlos Cossio, e construída a partir da ideia de que os objetos culturais se dividiriam em objetos mundanais, os quais teriam sua base no mundo da natureza (dando origem às artes e técnicas); e em objetos egológicos, os quais teriam como elemento básico a própria vivência humana demonstrada na conduta. Nessa perspectiva, o *egologismo* se apresenta como uma das teorias jusfilosóficas mais festejadas do culturalismo, especialmente na América Latina, em razão de sua consideração do direito não meramente como norma ou valor abstrato, mas como conduta humana vista em sua bilateralidade ôntica, em interferência intersubjetiva. (Luiz Fernando Coelho) Cossio não apenas acredita que o direito prescreve e estuda as normas, mas muito além disso, ele as conhece, pois se utiliza de um método lógico-transcendental. Assim, embora desenvolva ainda mais a especificidade da ciência do direito ao revisitá-la como ciência autônoma, há um claro distanciamento do formalismo normativista, vez que reconhece a possibilidade de o direito se criar por sobre a conduta humana, que é essencialmente real, e se deixa interferir dialeticamente pela bilateralidade dos valores até mostrar-se como norma interpretada. Seu objeto cultural traça linhas importantes para as teorias críticas posteriores, ao ter como substrato um objeto real: a conduta, relacionada dialeticamente com um valor bilateral, e interpretada conceitualmente em uma norma. (Carlos Cossio)

A importância do egologismo ressalta ainda mais, dada a sua plena consonância com as discussões do pós-guerra, e todas as suas tramas de valores arrependidos e danificados no mundo material. As experiências históricas lhe concederam um cabedal de leituras possíveis do mundo, e o fizeram naturalmente rejeitar as teorias puramente normativas, para se dedicar à apropriação do método fenomenológico e da teoria dos objetos de Heidegger, especialmente no que tange à identificação do ser do direito, na doutrina de Del Vecchio sobre a moral e o direito, e no normativismo ampliado de Kelsen. Os fundamentos heideggerianos de Cossio na teoria dos objetos os compreende como sendo naturais, ideais, culturais e metafísicos, isto é, naturais, em virtude de sua existência de *per se*, singular, independentemente do pensamento humano, enquanto os objetos ideais dentro de sua irrealidade, existentes apenas na subjetividade do homem, como os números matemáticos, os conceitos etc. Contudo, os objetos culturais se distinguem da neutralidade dos demais por comportarem o elemento axiológico, o que permitiria ao egologismo prever que o direito não estudaria os valores enquanto objetos, já que estes assim não o seriam, senão "sentidos que o homem atribui aos objetos naturais e metafísicos". (Luiz Fernando Coelho) O egologismo, então, considera o direito como um objeto real, inserido no mundo da cultura, vivenciado empiricamente, e pautado na conduta bilateral e valorativa do fazer e do proibido.

Critical legal studies. Este movimento nasce no final dos anos 1960 e início dos anos 1970 na Faculdade de Direito de Yale, posteriormente Harvard (apesar de simbolicamente no encontro organizado por Duncan Kennedy e David Trubek na Universidade de Madison em 1977), como um movimento intelectual e político reunindo renomados jusfilósofos, dentre eles, o Professor de Harvard Duncan Kennedy. Dentre os autores, estão: Roberto Mangabeira Unger, Mark Tushnet, Morton Horwitz, MArk Kelman, Elizabeth Mensch e David Kayris. Trata-se de uma rede de pessoas que passaram a compartilhar os seus estudos, bem assim algumas atitudes universitárias e acadêmicas, marcadamente de formação de esquerda. O *CLS*, nascido na contra-cultura, nos desconstrutivismo de Derrida, e no experimentalismo de esquerda (*new left*), é originário do realismo norte-americano, e, portanto, sustenta-se na tentativa de conduzir a teoria jurídica para alcançar temas até então não jusfilosóficos formalmente, como a desigualdade social, o feminismo, o racismo, o ensino jurídico e mais recentemente o multiculturalismo. Floresceu de modo público pela prática emblemática do *trashing*, consubstanciada no descarte no lixo da doutrina jurídica tradicional e nos julgados forenses, posto que consideravam o direito como *patchwork (thesis)*, isto é, que o direito era uma colcha de retalhos incoerente, sem comunicação conceitual, essencialmente político.

De modo bastante sucinto, dentre suas principais ideia s, estão: (i) reconhecimento do aspecto ideológico do direito, bem como a conseqüente necessidade de se desvelarem as práticas dos juristas, e, sobretudo, dos juizes, como práticas políticas de construção do direito; (ii) necessidade de ser destacar a dimensão histórica e social do direito, reconhecendo-lhe apenas uma autonomia relativa, posto que produto direto do contexto social e suas limitações; (iii) contraposição à neutralidade valorativa do direito a partir da sua compreensão como linguagem, e, naturalmente, como discurso apto a ser dominado politicamente; (iv) necessidade de se construir um pensamento jurídico interdisciplinar para combater a exclusividade da dogmática; (v) ressaltar o caráter de conservação discursiva, ao passo que empreender o direito como um instrumento de transformação social; (vi) crítica à organização do poder judiciário e sua não representatividade popular.

Avançando, os autores do *CLS* fomentaram robusta crítica ao modelo de ensino dos anos setenta, por afirmar que as faculdades de direito (algo não muito distante ainda nos dias de hoje) tenderem a formar profissionais para o âmbito empresarial, preparando os acadêmicos exclusivamente para o mercado de trabalho a serviço das grandes corporações capitalistas. Contudo, entendem que é indispensável o resgate da formação em *humanidades (humanities)*, a fim de assumam um pensamento crítico e além da simples percepção corporativista do direito.

Diante deste cenário, salientam a necessidade dos acadêmicos dar a devida atenção às crenças morais e políticas em sua formação, pois consideram que o ativismo jurídico e político é o ponto de partida para qualquer mudança do ordenamento jurídico, e apenas a formação inter e multidisciplinar permite a construção de uma outra realidade.

Teorias críticas. A teoria crítica nasce, portanto, nesse espaço aberto pelo culturalismo na jusfilosofia, e se estende para outros aspectos, como o político e o social, até então renegados pelo pensamento jurídico. A recepção de um

1. OS CONTORNOS DA JURIDICIDADE

jurista como reconstrutor e transformador do conhecimento jurídico, a partir da substituição das críticas kantianas pela epistemologia de Bachelard, permitiu à *teoria crítica* a absorção de novas formas de conhecimento para dentro do discurso jurídico, reformulando então o seu estatuto antropológico. Passava-se em revista as leituras de Kelsen, e se seguia para além do direito como objeto cultural, especialmente para o lugar em que fosse visto igualmente como espaço de luta e de emancipação social. A teoria crítica, portanto, não admitia mais a secular separação entre teoria e prática, entre ser e dever ser feita pelo modelo kelseniano, passando a admitir uma visão de dialeticidade imanente, de dialeticidade do ser social. (Luiz Fernando Coelho)

A pureza metodológica da ciência do direito se esvaziava de sentido, e a interdisciplinaridade preenchia a lacuna deixada pela exclusividade da norma ou da cultura. O discurso legitimador do Estado Moderno, veiculado pela construção kelseniana ou mesmo pelo liberalismo intrínseco do culturalismo, e todos os seus atributos de sistematização, impessoalidade, abstração, universalidade e manutenção do *status quo* se redimiam diante do desvendar da ideologia dominante proporcionada por um direito travestido de igualdade. Assim, as teorias críticas que marcaram o pensamento jurídico: seja nos *Estados Unidos* com C. Summer e A. Hyde, na *França* com M. Miaille e M. Bourjol, na *Itália* com P. Barcellona e L. Ferrajoli, na *Espanha* com J. R. Capella e P. Ibañez, na *Alemanha* com D. Böhler e W. Paul, na *Bélgica* com F. Ost e F. Rigaux, em *Portugal* com B. de Souza Santos e A. M. Hespanha, no *México* com O. Correas e G. Bensusan, no *Chile* com E. Novoa Monreal e M. Jacques P., na *Colômbia* com V. Manuel Moncayo e G. Burgos, na *Argentina* com C. M. Cárcova e A. Ruiz, seja no *Brasil* com T. S. Ferraz Júnior, L. F. Coelho, L. A. Warat, R. Lyra Filho, J. G. de Souza Júnior, R. Aguiar, A. R. Marques Neto e J. M. Adeodato. (Antonio Wolkmer)

Outras perspectivas recentes têm balançado os horizontes acadêmicos, dentro de uma linha que se pode sustentar também de crítica à pureza e à frialdade do positivismo. De um lado, as correntes embasadas nas leituras de Heidegger e Gadamer, a partir da linguagem, e, sem sombra de dúvida, de outro lugar, o discurso dos excluídos de Enrique Dussel. Os principiadores do paradigma da linguagem procuram a certa medida deslocar o foco de atenção das práticas jurídicas para a hermenêutica, acreditando que o direito se reduziria a meras formulações gramaticais ou semiológicas, ou, então, ao império da *pré-compreensão*. De outro lado, a partir da distinção entre ciências sociais funcionais e ciências críticas ao sistema hegemônico, Dussel se coloca a somatizar os efeitos que aquelas, nitidamente marcadas pela *centralidade* do sistema cultural dos países desenvolvidos, operam dentro do mundo contemporâneo, resgatando, então, a necessidade de uma teoria soluçosa, que se volte a ob-rogar-se contra o estado das coisas, fazendo-a nascer da experiência dos excluídos, das comunidades de vítimas, dos grupos oprimidos etc. (Enrique Dussel).

Magistratura democrática. Este movimento nasce, tal como os demais, em meados dos anos 1960, especialmente na Itália por meio *Associazione Nazionale Magistrati*, fundada em Bologna em 1964. Seus membros, cujo guia foi Adolfo Beria d'Argentine, depois Generoso Petrella, Piergiogio Morosini, Lucio Aschettino, Valerio Fracassi, Nicola Clivio etc. passaram a fazer incisivas críticas ao modo técnico e burocrático como os juízes agiam, sendo simples aplicadores de regras positivas. Assumindo um franco papel ideológico de matiz crítico e de esquerda, passaram a sustentar a autonomia e a independência judiciais diante, sobretudo, do Poder Legislativo. Naturalmente, sua base marxista fizera com que os juízes que o integraram a proferir decisões e agir processual em prol da emancipação das classes subordinadas. Houve um grande incremento nos anos 1970, especificamente no 3º Congresso da Magistratura Democrática realizado na cidade de Rimini (1977), quando as sentenças passaram a ser politizadas, e o movimento passou por mudanças em direção ao *garantismo jurídico* e, logo, a uma matriz mais liberal.

De qualquer modo, seus objetivos claramente definidos, sempre foram: (i) desenvolvimento de uma cultura jurisdicional fundado no respeito aos princípios do estado de direito, sobretudo, os direitos humanos; (ii) proteção das diferenças entes os seres humanos e os direitos das minorias (sobretudo imigrantes e mais pobres), com consequente proteção de sua emancipação social; (iii) independência do poder judiciário no confronto com os demais poderes; (iv) busca de uma atuação transparente no poder judiciário passível de ser controlada pelos cidadãos; (v) democratização do acesso à magistratura e nas condições de exercício da profissão; (vi) promoção da cultura jurídica democrática.

Direito alternativo. Movimento de natureza marxista que ganhou fôlego no Brasil nas linhas da magistratura democrática nos anos 1990, tendo como

1. OS CONTORNOS DA JURIDICIDADE

nomes Antônio Carlos Wolkmer, Edmundo Lima de Arruda Júnior, Miguel Presburguer, Miguel Baldez, Clèmerson Clève etc. É cotidianamente datado por força de um artigo publicado em 25 de outubro de 1990 no Jornal da Tarde de São Paulo, procurando detratar os juízes gaúchos, sobretudo, o grupo de estudos encabeçados pelo então magistrado Amilton Bueno de Carvalho. Como reação, os integrantes se organizaram no I Encontro Internacional de Direito Alternativo entre os dias 04 e 07 de setembro de 1991 em Florianópolis, levando à publicação do livro Lições de Direito Alternativo 1. De modo sucinto, suas ideia s foram: não aceitação do sistema capitalista como modelo ideal; crítica ao liberalismo burguês no âmbito sociopolítico; combate à miséria da população brasileira; luta pela implementação da democracia; crítica ao positivismo jurídico; flexibilização do formalismo jurídico; crítica à parcialidade e suposta neutralidade do direito; desvelar o caráter ideológico burguês das práticas jurídicas e jurisdicionais; necessidade de um positivismo de combate, lutando pela igualdade e fortalecimento dos movimentos sociais; fomento ao pluralismo jurídico etc. Em suma, apesar de parte de seus integrantes terem abandonado o seu projeto, trata-se de movimento que contribui sobremaneira para a formação de juristas críticas, à medida que fomentou o debate pedagógico nas faculdades de direito no correr dos anos 1990.

Direito achado na rua. Talvez, ao lado da teoria crítica, o movimento de maior expressão crítica até hoje lançado no Brasil, ainda bastante atuante através de José Geraldo de Souza Júnior, Alayde Sant'Anna, Alexandre Bernardino Costa entre outros, sua origem remonta a Roberto Lyra Filho desde os anos 1960, mas, mais precisamente, a partir da leitura de um manifesto na UnB em 1978, intitulado *Para um direito sem dogmas* (após dois anos publicado como livro). Neste ensaio, Lyra Filho lança a ideia de um "direito livre dos condicionamentos ideologizantes dos modelos antitéticos do juspositivismo empiricista e do jusnaturalismo metafísico" (Souza Júnior). Em seguida, na constituição da Nova Escola Jurídica Brasileira, e a publicação crescente de alguns importantes textos: *Direito e Avesso*, então boletim da Nova Escola, em três volumes, dois em 1982 e um em 1983; em seguida, *O que é o Direito* (1982), *A Nova Escola Jurídica Brasileira* (1984), o clássico *Por que estudar o Direito, hoje?* (1984) – texto de grande relevância para estas *primeiras reflexões* e de Souza Júnior *Para uma crítica da eficácia do direito* (1984). Recentemente, pelas coletâneas o *Direito Vivo* e *O Direito Achado na Rua*.

Suas ideias podem ser assim resumidas: (i) o direito emerge de modo transformador dos espaços públicos (eis porque da "rua", simbolicamente); (ii) a rua é o lugar de sociabilidades reinventadas; (iii) o direito dever servir como instrumento para abrir a consciência de novos sujeitos para uma cultura de cidadania e participação democrática; (iv) dentre seus projetos, estão – a determinação do espaço político no qual as práticas sociais enunciam direitos, a definição do sujeito coletivo que transforma a sociedade e se reconhece como sujeito de direito e a colheita de dados dessas práticas para criar novas categorias para além das existentes; (v) o direito decorre do protagonismo dos movimentos sociais achado na rua; (vi) a rua é a metáfora do espaço público, do protesto, da formação das novas sociabilidades e do estabelecimento de reconhecimentos recíprocos na ação autônoma da cidadania; (vii) os sujeitos autônomos que se dão a si mesmos direitos; (viii) redesenho do humanismo a partir dos movimentos sociais de natureza emancipatória; (ix) oposição ao homem universal metafísico (homem como valor em si mesmo); (x) homem como sujeito; ativo, capaz de transformar o seu destino e conduzir a sua própria experiência; (xi) o direito como liberdade; (xii) confiança no homem e sua capacidade de romper as algemas que o aprisionam nas opressões da História; (xiii); (xiv) promoção do constitucionalismo achado na rua; (xv) o direito como enunciação da legítima organização social da liberdade; etc.

Enfim, como dizia o próprio Lyra Filho, "o Direito não é; ele se faz, nesse processo histórico de libertação – enquanto desvenda progressivamente os impedimentos da liberdade não lesiva aos demais. Nasce na rua, no clamor dos espoliados e oprimidos".

Novas tendências. Recentemente, não foram poucas as teorias que apareceram com esse fim de reformulação. Algumas mais técnicas, voltadas a melhor instrumentalizar a dogmática; outras, porém, mais abstratas, destinadas a sustentar reflexões sobre a própria fundamentação do direito contemporâneo, em especial, em sua matriz ética. Dentre estas, cumpriria aqui apenas destacar aquelas que, de um modo ou de outro, possuem alguma proximidade com a busca pelo "fundamento ético" do direito, que importa nesta tese referenciar por ter a mesma temática, embora sob outros vieses. As últimas teorias, as mais modernas, segundo jusfilósofos contemporâneos como Sonja Buckel, Ralph Christensen, Andreas Fischer-Lescano, Carla Faralli, Winfried Brugger, Ulfrid Neumann e Stephan Kirste, seriam: a) a "teoria construtivista" do expoente do *Institut für Sozialforschung*, Professor Reiner Forster; b) a "teoria neomaterialista", entre tantos, de Andrea Maihofers e Andreas Harms; c) a "teoria desconstrutivista da justiça" com base em Nietzsche e Derrida; d) a "teoria pós-positivista" de Friedrich Müller e Ralph Christensen; e, por fim, e) a "teoria do neopragmatismo" de Robert Brandom.

Naturalmente outras teorias, também recentes, mereciam atenção, contudo, fogem à reflexão deste trabalho, por exemplo: a) a "teoria do positivismo democrático" de Habermas e Maus; b) a "teoria sistêmica" de Luhmann e Teubner; c) os partidários da "teoria crítica"; d) a "teoria do poder e do direito" de matriz foucaultiana; e) as "teorias feministas"; f) a "teoria dos campos" de sustenção em Bourdieu; g) a "teoria do estilo do direito" de Agamben; h) a "teoria da fragmentação radical" de Karl-Heinz Ladeur; i) a "teoria da interpretação" de Donald Davidson; j) a "teoria psicanalítica do direito" de Peter Goodrich; k) a "neuroteoria do direito" de Christian Eurich, Stefan Wilke e Künstliches Gedächtnis; l) a "teoria do processo jurídico transnacional" de Klaus Günther; m) a "teoria jurídica evolucionista" de Marc Amstutz; n) a "teoria deliberativa do direito" de Bettina Lösch; e o) talvez não tão recente, a "teoria econômica do direito" da matriz de Chicago. Também, por fim, não se deve esquecer aqui algo que foi trabalhado no início, encabeçado por Celso Ludwig, que é a teoria crítica a partir da analética de Enrique Dussel, que discute um direito emancipatório latino-americano.

2
A Construção do Direito como Norma

1. Princípios Jurídicos

O grande legado positivista, como dito, foi ter bem elaborado a compreensão do direito enquanto ciência a partir da noção de *norma*. Ela se tornou, então, a chave-mestra para mostrar que a ciência do direito tem um objeto específico, preciso e determinado, com o qual podem ser realizadas inúmeras experiências, sobre o qual podem ser tecidas incontáveis reflexões e teorias, e para o qual podem ser estabelecidas conclusões, respostas, dogmas, leis, inclusive previsões. A *norma* é objeto cognoscível e representa a expressão das condutas humanas já hipoteticamente positivadas, que pode ser compreendida em sua essência como a própria essência do direito. A consequência imediata desta compreensão é que, sendo possível traduzir o conteúdo fático ou valorativo em *norma jurídica*, está no âmbito da *ciência do direito*, tenha ela a característica peculiar no mundo teórico ou prático que tiver: ora simplesmente norma, ora princípio, ora ordenamento.

Todas estas categoriais acabam por ser, na essência norma, e apenas se diferem estruturalmente por desempenharem papéis peculiares e por apresentarem características próprias e pouco uniformes. É bastante comum se atribuir, tradicionalmente, a existência de uma rígida separação entre as categorias normativas: princípio, norma, ordenamento, como se não pudessem ser vistos metonimicamente ou em suas singularidades. No entanto, um estudo mais cuidadoso é capaz de evidenciar que as três estão intimamente relacionadas, apenas se exteriorizando no direito positivo por formas próprias, mas guardando em si a essência da normatividade jurídica. Princípio, norma e ordenamento, naquela perspectiva de direito mencionada no capítulo anterior, são expressões normativas de imposição de comportamentos mediante características próprias: (i) *normatividade (Normativität)* – descrição prescritiva (*präskriptive Beschreibung*) de relações, direito enquanto ordem de dever ser (*Sollensordnung*), expectativa comum de obrigatoriedade (*Erwartung Verbundlichkeit*) e ameaça de coação (*Androhung von Rechtszwang*); (ii) *racionalidade (Rationalität)* – sistema lógico consistente (*konsistent Systemlogik*), condicionalidade dos direitos: se ... então (*Konditionalität des Rechts: wenn ... dann*), subsunção (*Subsumtion*) e analogia (*Analogie*); e (iii) Faticidade (*Faktizität*) – validade social efetiva dos direitos (*tatsächliche soziale Geltung des Rechts*), direito como resultado e regulador do processo social (*gesellschaftlicher Prozesse*); sistema jurídico como ordem de valor (*Werterordnung*) e identificação (*Identifikation*). Em suma, todas são normas, mas com algumas singularidades.

Em termos filosóficos (convém que se retorne aos filósofos pré-socráticos mencionados no capítulo anterior), o conceito de *princípio* aparece originalmente com Anaximandro, em seus estudos sobre a física natural, como visto acima no jusnaturalismo clássico (ao falar na origem do cosmos em perspectiva monista). Ao tentar nomear tudo o que dava origem e fundamentava algo, Anaximandro institui o termo arch (princípio). É princípio aquilo que se posiciona entre o ser, por assim compreendido estruturado, e o não-ser, muito próximo ao nada, embora não o seja, isto é, algo que se posta entre a criação que se organizaria, e a criação que apenas possivelmente existiria, sem ao menos tomar forma. Estão presentes as ideias de "ponto de partida" e "fundamento de um processo qualquer" (Nicola Abbagnano). Partindo desta ideia, Platão orienta suas reflexões sobre os pontos de origem, a coincidir com sua teorização acerca da causa do movimento e do fundamento da demonstração. Não muito distante, Aristóteles dedica-se a elencar os possíveis significados para o termo princípio: (i) princípio como ponto de partida de um movimento – ponto como *locus* inicial de um caminho ou linha; (ii) princípio como o melhor ou mais adequado início – que possibilita apreender algo; (iii) princípio como *locus* efetivo de início – a quilha de um navio; (iv) princípio como causa externa de um processo ou movimento – um motim;

(v) princípio como origem de movimento, a partir de uma decisão – decisões políticas; (vi) princípio como lugar de onde se parte no processo cognitivo – premissas de demonstração de um raciocínio; e (vii) princípio como causa, pois para Aristóteles, todas as causas são princípios.

Assim, desde os tempos gregos, e, mais especificamente, desde a Escola de Mileto, *princípio* é o ponto de partida do ser, do conhecer e do devir. Esta ideia é incrementada na modernidade com as concepções sistemáticas, assumindo em Thomas Wolff, a definição do que "contém em si a razão de alguma outra coisa" e Immanuel Kant, como "toda proposição geral, mesmo extraída da experiência por indução, que possa servir de premissa maior num silogismo – e princípios absolutos ou em si: conhecimentos sintéticos originários e puramente racionais".

Desta tradição de investigação sobre a definição e conceituação dos princípios num plano filosófico, é possível afirmar, inobstante os recortes historiográficos da filosofia do direito, que *princípio* é a causa inicial, o ponto de partida, sintético e originário, o fundamento lógico, que contém em si a razão de um sistema, que é capaz de servir como premissa maior, e como se referiam os estoicos, um elemento constitutivo das coisas ou dos conhecimento. É uma espécie de mito, um "antes do primeiro momento; um lugar que é, mas do qual nada se sabe, a não ser depois, quando a linguagem começa a fazer sentido." (Agostinho Marques).

Em termos de comparação, as teorias de Ronald Dworkin e Robert Alexy conseguem defini-lo de modo mais claro, em oposição à simples regras ou às normas em sentido estrito. Para Ronald Dworkin, como visto, regras e princípios se diferenciam pelos seguintes critérios: (i) *tudo ou nada* – as *regras* são normas aplicáveis na forma *all or nothing*, visto que aplicáveis apenas quando surgem as condições que elas próprias fixam, enquanto os *princípios* são normas que não possuem consequência precisa, expressando considerações de justiça, equidade etc., de modo a não prever soluções unívocas (operacionalidade lógica diversa), logo, os princípios – como da proibição do benefício da própria torpeza – apenas orientam, mas dependem de uma decisão concreta particular, de modo que pode vir a não prevalecer, já que outros princípios estão em jogo; (ii) *dimension of weight* – os princípios possuem dimensão de importância, razão, guia a serem considerados em decisões jurídicas, devendo ser balanceados uns frente aos outros (proteção dos consumidores *vs* liberdade de contrato); (iii) *força* – os princípios admitem sempre incontáveis exceções (são mais fracos), já as regras podem ser objetivamente opostas e enumeradas, isto é, as exceções de validade de um testamento sem a assinatura de três pessoas é taxativa. Consequentemente, o ato de decidir, levando em conta regras e princípios e não só um ou outro em Dworkin, implica uma necessária avaliação do peso relativo de um conjunto de referências entre regras e princípios, eis porque a *rule of recognition* não é suficiente para a avaliação do direito.

Para Robert Alexy, como visto acima, as *normas* encontradas nos *enunciados normativos de direito fundamental* podem se apresentar estruturalmente como *regras* ou como *princípios*. A diferença entre ambos está na "estrutura" e na "forma de aplicação", e não na generalidade, abstração, especialidade ou fundamentalidade. "*Regras*" são *deveres definitivos* aplicáveis mediante *subsunção*, com base na máxima *all other nothing*. "*Princípios*" são *deveres prima facie* – normas que obrigam que algo seja realizado na maior medida possível de acordo com as possibilidades fáticas e jurídicas, em suma, "mandados de otimização" (*Optimierungsgebote*) – aplicados pelo *sopesamento* em maior ou menor grau. Em situações de *conflitos de regras*, ou se parte para a *cláusula de exclusão* – diante de duas normas, a incidência de uma implica o afastamento da outra – ou então se parte a *regra de exceção* – critérios do tempo, especialidade e hierarquia. Em situações de *conflitos de princípios*, não se admite a exclusão ou invalidação de um deles, então, é preciso estabelecer uma "relação de precedência condicionada, pela atribuição de pesos" que permite chegar no caso concreto a uma *normal de direito fundamental associada (zugeordnete Grundrechtsnorm)*, não escrita na Constituição, mas a qual se pode subsumir o caso concreto.

2. Normas Jurídicas

As primeiras expressões ocidentais da norma. A cultura jurídica grega, conquanto longe da sistematicidade demonstrada pelos romanos, presenciou o aparecimento da "lei" no sentido jurídico-político, criando um novo espaço institucional nas relações interpessoais. É com a experiência normativa desenvolvida a partir do séc. VI a.C. que a lei nasce entre os gregos como produto de uma convenção humana ou dos costumes, e não apenas, como o era no mundo judaico, de uma revelação divina. A politização social e estrutural da πόλις (cidade) trouxe consigo a laicização da norma jurídica, colocando-a no campo do consentimento originário.

A norma se torna objeto de orgulho entre os gregos, à medida que lentamente começam a definir suas condutas no espaço público a partir da obediência à lei. Como fundamento de oposição à anarquia e à desordem, expurgando a violência do contato pessoal, a selvageria da ausência de uma νόμος (norma) é o símbolo que os diverge, naquele momento crucial, dos Persas. Não é por acaso que as expressões escritas e artísticas rondam o campo normativo. Dizia com a sua própria definição enquanto grego. Como sustenta Romilly, os gregos eram demasiado filósofos (*trop philosophes*) para que a análise das normas não fosse antes a reflexão de sua própria natureza, de seus fundamentos e de seu papel diante das questões metafísicas e éticas.

A lei se desvela na antiga vida ateniense à medida que se distancia e se especializa diante de outras tantas "regras". Os fatos e o próprio vocabulário ateniense transformam-se, tornando-se cotidianos e intermediando grande parte das experiências vividas pelos cidadãos. O que outrora esteve nas mãos dos reis ou mesmo no interior das grandes famílias, de forte cunho oracular, vulgariza-se lentamente e começa a ocupar um lugar específico e não difuso, um lugar fundamentado e não vago, cuja autoridade não permite mais ser evocada a todo instante, ao contrário do período homérico. A "descoberta da lei", num sentido crítico de Jacqueline de Romilly, está intimamente ligada à expansão colonial e à proliferação da πόλις (cidade) no final do séc. VIII a.C. e início do séc. VII a.C.

A πόλις (cidade) aparece, apesar de uma certa falta de referência acadêmica, quando os usos comuns e o desenvolvimento das "coisas próprias" passaram a ser refletidos coletivamente e a serem catalogados, ainda que informalmente, no imaginário ateniense. Semelhante processo, porém mais ritualizado, será observado na tradução dos costumes e seu processo homologatório às vésperas das revoluções do séc. XVIII na Europa. Permite-se, assim, nas cidades, a retenção dos costumes e a organização espacial dos cidadãos, bem como a própria convivência social. É nesse exato momento, como visto outrora na delimitação da democracia, que a monarquia é substituída pela aristocracia, e um incipiente, porém robusto início de pulverização do poder normativo, começa a aparecer. Concomitantemente, vem agregar-se a necessidade de que as regras sociais passassem a ser fixadas coletivamente, eis porque a origem da *Νόμος* (Lei) não é outra senão fruto do acesso dos cidadãos à "vida política".

Se a *Νόμος* (Lei) aparece atrelada ao fenômeno político, outra força vem contribuir, que é a difusão da escrita, outrora restrita ao campo religioso e na maioria das vezes pictórico. Por isso, as *νόμοι* (normas) se tornam a chave indispensável para fixar a emancipação política e evitar a tradição da velha monarquia ateniense e seus resquícios autoritários. A própria condição da *δεμοκρατία* (democracia) e sua forma primitiva da igualdade, que subsumia ricos e pobres a um mesmo denominador, não poderia ter se fundado senão na escritura política das leis. Escritas, tornam-se também o próprio instrumento da política. Por isso, inúmeros *νομοθήτης* (legisladores) aparecem e iniciam o seu processo de construir a *πόλις* (cidade) pela lei. Exemplo maior é Licurgo, que pela *ρέτρα* (lei geral), espécie de constituição, regula Esparta ainda no início do séc. VIII a.C., porém outros se destacaram: Zaleucos, legislador de Locres, e Charondas, legislador de Charondas, por volta do início do séc. VII a.C., e, sobretudo em Atenas, Dracon e Sólon nos sécs. VII a.C. e VI a.C., respectivamente. É, portanto, no desdobramento da democracia que a *νόμος* (norma) deixa de ser mera expressão divina, de princípios universais ou sanções específicas de cunho eminentemente moral, para se transformar, devidamente fundamentada no debate coletivo, na autoridade democrática em regular os aspectos da vida privada e pública, sem o laço tirânico de um ou de poucos.

Carl Schmitt avança a leitura política de *νόμος* (norma) para um outro campo, mais próximo de uma noção econômica. Para o autor, a origem da palavra *νόμος* (norma) vem de *νέμειν* e está correlacionada à ideia de ação, de processo, e, logo, de "apropriação". Tal *λέγειν* (discursar, falar) está para *λόγος* (discurso, palavra, razão) e *τρέπειν* (virar) está para *τρόπος* (mudança de frase); *νέμειν* (apropriar-se) está para *νόμος* (apropriação). Daí se extrai, para Schmitt, a primeira definição de *νόμος* (norma) como "apropriação". O verbo *νέμειν* (apropriar-se) teria ecoado na germanística para *nehmen* (pegar). A segunda origem estaria noutro sentido do verbo *νέμειν*, que, ao invés de ser o ato de se apropriar, seria o mesmo que *teilen* (distribuir, dividir), ou seja, a ação e o processo de distribuição. O berço do substantivo *Ur-teil* (julgamento). Assim, *νόμος* (distribuição) representa o fenômeno de distribuir

2. A CONSTRUÇÃO DO DIREITO COMO NORMA

a cada um, a *divisio primaeva*. Um ato essencialmente soberano, de modo que a νόμος é a distribuição definida como justa, dividindo a cada homem o que é seu. Por fim, a terceira origem estaria relacionada ao verbo *weiden* (pastar). Apenas o proprietário é que pode valer-se do pasto. É atributo de quem tem a terra e se relaciona, por fim, à noção de produção, de uso, de pasto. O νόμος (norma) ganha, portanto, uma abrangência de "produção", pois aquele que se apropriou, obteve a terra e então a faz produzir age de acordo com o νόμος (norma).

Há, portanto, uma intrínseca relação para Schimitt (o que talvez possa ser criticado, haja vista que não há traços evidentes de que essa correlação exista, senão numa leitura politizada) entre apropriação, distribuição e produção. A ordem dos fatores, segundo Schimitt, depende da interpretação feita pela ciência jurídica e política ao longo dos séculos. Para ele, primeiro há apropriação, em seguida a divisão numa ordem econômica e social, e, por fim, a distribuição da terra e sua produção. Tal ordem teria sido distinta para a era antiga, se comparada ao liberalismo, ao império britânico, ao pensamento leninista, ao socialismo etc. De qualquer modo, a par das críticas possíveis, tem-se uma ideia complemente distinta da tradição nos estudos gregos.

Ultrapassada a argumentação sobre a existência peculiar do νόμος (norma) em seu sentido político e a delimitação de seu plexo semântico, ao menos no período especificado entre os sécs. VI e IV a.C. e seu escorço histórico, moveram-se os jusfilósofos clássicos num caminho singularizado pela reflexão entre esse estado de νόμος (norma) e a ideia por oposição ou por confirmação de φύσης (natureza). O sustentado problema da jusfilosofia em suas mais diversas acepções se tornava naquele momento um problema essencialmente filosófico e acompanhava o desenvolvimento das discussões sobre a divergência entre o ser e a aparência.

A antítese φύσης (natureza) – νόμος (norma) é um problema essencialmente sofístico e sua relação com o aparecimento do "direito natural" é inevitável. Trata-se, segundo muitos autores, de uma protodoutrina jusnaturalista, em que se opõe uma visão ética normativa de φύσης (natureza) contra outra positiva de leis e costumes.

O primeiro estrato do debate aparece no texto de Antifonte, intitulado por Diels e Kranz, os compiladores de seus papiros, "Acerca da Verdade"

(Ἐν Ἀληθείαι) ou "Teoria do Conhecimento e Doutrina dos Princípios" (Περὶ Ἀληθείας). Trata-se de uma passagem já um tanto trabalhada na doutrina, que convém, portanto, aprofundar um pouco. Antifonte inicia afirmando que a δικαιοσύνη δ'οὖν τὰ τῆς πόλεως νόμιμα, ἐν ἧ ἂν πολιτεύηται τις, μὴ παραβαίνειν (justiça é não transgredir as prescrições das leis da cidade da qual se é cidadão). Ressalta-se desde logo uma concepção já importante naquele momento, que é o reconhecimento de que o νόμος (norma) existe e que a sua transgressão está vinculada a uma noção de justiça. Ainda que a δικαιοσύνη (justiça) aqui não tenha a mesma profundidade que se apresenta em Platão e tampouco represente um ideal ou uma leitura teorética de virtude, é um valor presente numa acepção já normativa.

Avançando, sustenta que οὖν ἄνθρωπος μάλιστα ἑαυτῷ ξυνφερόντως δικαιορύνη, εἰ μετὰ μὲ μαρτύρων τοὺς νόμος μεγάλους ἄγοι, μονούμενος δὲ μαρτύρων τὰ τῆς φύσεως (um homem utilizaria convenientemente a justiça para si, se diante de testemunhas exaltasse as leis, mas sozinho e sem testemunhas exaltasse as prescrições da natureza). Esta passagem revela outro dado: a vinculação normativa. Enquanto a φύσης (natureza) se respeita por si mesma, mesmo quando assim não o queira o homem, o νόμος (norma) se respeita quando presentes testemunhas. Tem-se aqui um reduto para um possível valor contratual normativo. Talvez se pudesse apressadamente afirmar que a leitura de νόμος (norma) é que o seu conteúdo predispõe o homem para o respeito social ao mesmo tempo que para o dever comunitário, enquanto a φύσης (natureza) está no campo da conduta solitária humana. Isto sem adentrar, eventualmente, numa leitura negativa de que a φύσης (natureza) pressuporia o respeito inerente à condição humana e νόμος (norma) simples obrigação dissimulada em razão das testemunhas.

Prosseguindo, assevera que τὰ μὲν γὰρ τῶν νόμων ἐπίθετα, τὰ τῆς φύσεως (as prescrições das leis são impostas de fora, as da natureza, necessárias). Novamente Antifonte ressalta a progenia normativa νόμος (norma) como um elemento externo à própria subjetividade humana, o que é poderosamente original neste momento da filosofia clássica, quando os desapegos divinos começam a se consolidar. A busca pela procedência da força coativa do νόμος (norma) num plano exterior representa também essa necessidade dos sofistas de suturar a ψυχέ (alma) a um plano natural, separando-a do plano comunitário ao mesmo tempo que do cosmogônico. O homem se sente vinculado

2. A CONSTRUÇÃO DO DIREITO COMO NORMA

apenas pela φύσης (natureza), porque lhe é intrínseco, enquanto pelo νόμος (norma) se sente obrigado socialmente.

Continuando, argui que as τὰ μὲν τῶν νόμων ὁμολογηθέντα οὐ φύντα ἐστιν, τὰ δὲ τῆς φύσεως φύντα οὐχ ὁμολογηθέντα (prescrições das leis são pactuadas e não geradas naturalmente, enquanto as da natureza são geradas naturalmente e não pactuadas). Novamente esboça Antifonte uma natureza contratualista para νόμος (norma). A nomogênese pressuporia inevitavelmente um pacto, uma coobrigação, típica de uma sociedade que se tornava repentinamente complexa com o comércio e as reformas do século de Péricles (ao menos ao que tudo indica), enquanto caberia à φύσης (natureza) a coação interna. Antifonte parece, embora esta afirmação não seja tão segura, lançar os traços de uma diferenciação da coação interna da externa, também como referência, ainda que não expressa a ψυχέ (alma) humana. A necessidade de se desligar a φύσης (natureza) do plano divino talvez possa conduzir a reflexão para uma φύσης (natureza) humanista, mais voltada ao plano da subjetividade do que à leitura do κόσμος (universo).

Essa relação no plano da ψυχέ (alma) ganha maior sentido quando afirma que τὰ οὖν νόμιμα παραβαίνων ἐὰν λάθη τοὺς ὁμολογήσαντας καὶ αἰσχύνης καὶ ζημίας ἀπήλλακται, μὴ λαθών δ'οὔ. (transgredindo as prescrições das leis, com efeito, se encoberto diante dos que compactuam, aparta-se de vergonha e castigo; se não se encobre, porém, não). Aqui se reafirma aquilo que outrora se afirmou sobre a diferença entre sociedades de vergonha e de culpa, e, portanto, entre antigos e modernos. Mesmo o descumprir νόμος (norma) é uma forma de vergonha, porque os olhares dos outros o censuram. Aparece desde logo nos sofistas esse caráter constitutivo do modal normativo que se pretende nesta tese desvendar. O medo de ser descoberto pela refutação do caráter prescritivo do νόμος (norma) empurra o cidadão ateniense para a preocupação com os outros, seja para sentir vergonha, seja para não descumprir a norma. Há, portanto, nítida manifestação de um caráter de "direito constitutivo".

Seguindo, sustenta que τῶν δὲ τῇ φύσει ξυμφύτων ἐάν τι παρὰ τὸ δυνατὸν βιάζηται, ἐάν τε πάντας ἀνθρώπους λάθη, οὐδὲν ἔλαττον τὸ κακόν, ἐάν τε πάντες ἴδωσιν, οὐδὲν μεῖζον, οὐ γὰρ διὰ δόξαν βλάπτεται, ἀλλὰ δι' ἀλήθειαν (se alguma das coisas que nascem com a natureza é violentada para além do possível, mesmo que isso ficasse encoberto a todos os homens, em nada o mal seria menor e, se todos vissem, em nada maior, pois não é prejudicado pela opinião, mas pela verdade). Ao fazer tal reflexão, deixa claro o sofista a primazia da *φύσης* (natureza) sobre o *νόμος* (norma). Enquanto *νόμος* (norma) está vinculado ao campo da opinião, do aceito/não aceito, a *φύσης* (natureza) está mais próxima da verdade, de modo que esconder ou não dos homens o descumprimento de seus preceitos pouco importa, pois o mal já está desde logo realizado, porque a opinião dos outros é irrelevante. Tem-se uma vinculação entre *φύσης* (natureza) e *ἀλήθεια* (verdade).

Por fim, embora a leitura de Antifonte continue para outros caminhos, um último aspecto do modal constitutivo da norma aparece. Afirma que *τὰ δὲ ξυμφερόντα τὰ μὲν ὑπὸ τῶν νόμων κείμενα δεσμὰ τῆς φύσεώς ἐστι, τὰ δ' ὑπὸ τῆς φύσεως ἐλεύθερα* (as coisas convenientes fixadas pelas leis, por seu turno, são grilhões da natureza; as fixadas pela natureza, livres). Tem-se um vasto lugar para o campo da liberdade, quando a vinculação se dá pela *φύσης* (natureza), o que significa dizer que os homens podem livremente optar pelos seus caminhos e revivê-los a qualquer momento, enquanto as coisas postas pelo *νόμος* (norma) conduzem a uma conclusão inversa: o engessamento das coisas e dos valores humanos.

Desse debate bem apresentado no *Oxyrhynchus Papyri XI n. 1364* é possível extrair destas passagens, enfim, alguns polos diferenciais entre *φύσης* (natureza) e *νόμος* (norma): (i) aquela se torna fundamental na ausência de testemunhas, enquanto esta na sua presença; (ii) a punição pela violação daquela ocorre ainda quando não for vista por alguém, enquanto por esta apenas se presenciada por alguém; (iii) aquela é inevitável e necessária, já esta é subsidiária e secundária; (iv) aquela decorre da natureza, independentemente do acordo, enquanto esta nasce do contrato social; (v) aquela está relacionada à verdade, eis porque punir o homem por seu desrespeito é reestabelecer o homem na condição de verdade, enquanto esta se relaciona às opiniões, ao aceito, sem se preocupar com a verdade das coisas; (vi) aquela está no plano da liberdade, enquanto esta no plano da proibição.

Mesmo essa leitura não é tão pacífica entre os grecistas. Gerard Pendrick afirma que esta passagem do *P. Oxy. 1364* não é propriamente uma discussão sobre o "justo" por natureza ou pela lei, senão do *P. Oxy. 1797*. Aqui haveria antes uma indagação sobre o que Aristóteles chamava de *ἔνδοξα* (opiniões aceitas). De qualquer modo, não é menos verdade que o debate *φύσης* (natureza) – *νόμος* (norma) aparece no *P. Oxy 1364* inúmeras vezes. Tanto Pendrick quanto George Keferd acreditam que nesta passagem Antifonte pretendeu mostrar que a desobediência da lei diante de testemunhas, diferentemente de quando se está sozinho, não passou de um raciocínio individual de cálculo de qual é a melhor vantagem relativa. Ao desobedecer às leis e seguir a natureza, o homem incorre nas penas do sistema judicial; porém, ao obedecer às leis, ele sofre um mal, que resulta necessariamente na violação da natureza. Esse cálculo custo-benefício entre desobedecer às leis ou à natureza é a marca de uma escolha racional pelo conceito de "vantagem", muito mais do que propriamente φύσης (natureza) ou νόμος (norma). Pendrik, um pouco desconfiado e de modo categórico, chega a afirmar que em nenhum momento se pode encontrar, nestas passagens do *P. Oxy 1364*, uma concepção de norma ou regra ou padrão de conduta. Ao mencionar se é melhor desobedecer à lei ou à natureza, em suma, o que os homens estão questionando para Antifonte seria: o que mais é proveitoso ou útil em termos de punição? Trata-se, sem dúvida, de uma leitura que desloca a originalidade de Antifonte em torno de uma protoconcepção de direito natural. Não teriam, portanto, φύσης (natureza) e νόμος (norma) uma concepção prescritiva.

Outra importante construção, que, para muitos, seria o primeiro esboço jusnaturalista, é aquela lançada por Cálicles no Górgias de Platão. Seguindo os passos de Antifonte, Cálicles igualmente defende que as questões da natureza estão ligadas ao homem por uma relação de interesse próprio, isto é, os homens buscam obter sua própria vantagem. A leitura feita visualiza no νόμος (norma) uma forma de restrição imposta à φύσης (natureza). Contudo, a diferença entre ambos desde logo se justifica, porque em Cálicles há expressamente um caráter prescritivo para a moralidade natural. Mostra o grego um verdadeiro sofista na medida em que se deixa transparecer por uma perspectiva biológica e naturalística, de modo que vê o homem como um ser submetido à natureza, à qual não pode modificar. Há um princípio de conduta externo ao homem que lhe dá um tom instintivo. Certamente não se está aqui, ao contrário da era moderna, a se falar numa lei natural que se pode acessar pela razão, mas sim numa natureza inserida num universo físico. A natureza é contraposta ao νόμος (norma), de modo que há um justo pela natureza superior a um justo pela lei, este oriundo do estado ou do controle estatal. Por isso, Górgias deixa transparecer a vinculação que Cálicles faz do direito com a força, vez que a natureza mostra que o melhor prevalece sobre o pior, tal qual o mais capaz sobre o menos, de modo que o critério de justiça nada mais representa que o domínio da supremacia do mais dotado sobre o mais fraco.

Cálicles evidencia que o estado e o *νόμος* (norma) é um meio usado pelos fracos e medíocres para neutralizar os mais fortes por natureza, e, sobre eles, sobreporem-se. Por isso o *νόμος* (norma) é injusto, porque contraria a *φύσης* (natureza) e representa apenas o elogio da vaidade e da insegurança. Há, enfim, uma relação inevitável entre os homens e os outros animais, posto que a *φύσης* (natureza) se faz presente pelo instinto. Mesmo Trasímaco afirma que o poder é reduzido a simples força que procura sobre o mais fraco ao mais forte. Ao ser um produto artificial do homem, o *νόμος* (norma) é uma forma de impedimento à natureza humana de perseguir o seu próprio interesse. Eis porque o melhor viver está em seguir a natureza, ainda que se persigam interesses incontroláveis e anti-sociais.

Não crêem Cálicles ou Antifonte que a transgressão do *νόμος* (norma) sejam imorais, vez que são apenas convenções, muito ao contrário da transgressão da natureza, que importa em sanções naturais. Os homens se movem por seus corpos, por seus prazeres, por suas dores, logo, estão sempre na busca do útil, porém o *νόμος* (norma) conduz os homens para caminhos contrários, longe dos prazeres e da vida. Trata-se de um jusnaturalismo racionalista em parte, porque considera o direito natural como um conjunto de princípio de razão, a *φύσης* (natureza) essencial do homem.

Avançando, é já conhecida a passagem na Ética a Nicômaco em que Aristóteles afirma que "as coisas boas e justas estão sujeitas a variações e flutuações, que se acredita existirem apenas pela lei e não pela natureza". Essa, talvez, seja a mais expressiva representação de um movimento que se distancia dos sofistas na interpretação da relação *φύσης* (natureza) – *νόμος* (norma).

John Burnet afirma que a tradução de *φύσης* como natureza era, mesmo para os gregos, um tanto limitadora. Os autores da escola milesiana, de feição cosmológica, viam em *φύσης* não a redução "natureza", mas uma forma de denominar a "substância primeira", essencial, a que se destinam os homens a buscar a vida inteira. A fonte de *φύσης* (elemento primevo) era a compreensão da própria constituição do mundo. Isto aparece tanto em Thales, quanto em Anaxágoras, quanto, enfim, em Leukipos. A *φύσης* (elemento primevo) representava a estrutura menor da qual as coisas se compunham: o elemento primeiro. O sentido, para os pré-socráticos, era material, e não um elemento teórico e abstrato representado pela φύσης (elemento primevo). Neste momento, tudo era real e material, inclusive o próprio espaço já era visto deste modo. A água de Thales, e seus processos de solidificação e vaporização, expressam o quanto a φύσης (elemento primevo) era viva.

Todavia, como alerta Burnet, Parmênides insere nessa relação a dualidade mudança-estabilidade, variação-eternização. A questão do ser e aparência aparece inelutavelmente vinculada ao binômio φύσης (natureza) – νόμος (norma). O que é e o que se sabe aparecem pela primeira vez. Eis porque φύσης (natureza) se apresenta intimamente ligada a uma questão ética. A busca pela φύσης (natureza) é, em suma, a busca pelo que há de realmente essencial num mundo gravado por mudanças, seja dos usos e costumes, seja dos modos de pensar e agir entre os povos e os cidadãos de diferentes cidades. Trata-se da perquirição pelo essencial, pela menor partícula que se pode encontrar na vida humana e seus comportamentos. Reaparece aqui aquela discussão feita outrora sobre uma Afrodite urania, outra pandemonia, e, por fim, outra apostrofia.

Ao se visualizar a realidade ética num código de normas vinculantes, afirma Burnet, não se deve buscar de onde deriva a força vinculante de um código moral, mas sim o que há de válido e inválido neste código moral, ou o que há de arbitrário ou não. Essa busca pelo núcleo essencial, que se encontra abstraído dos fatos, é, em síntese, uma questão moral.

Esse código moral, traduzido numa sociedade através de seus usos, faz aparecer o conceito de νόμος (norma). O νόμος (norma) ganha estabilidade, regularidade e constância e se torna apto a capturar o curso da φύσης (natureza). Burnet correlaciona esta estabilidade à própria noção de δίκη (justiça). Na mesma direção também aponta Zinon Papakonstantinou. O νόμος (norma) evita que se avance além das medidas, no campo da arbitrariedade, o que a φύσης (natureza) por si mesma não consegue, porque carregada de julgamentos morais. Max Pohlenz insinua uma ideia parecida para o binômio φύσης (natureza) – νόμος (norma) a partir do tratado de Hipócrates (Sobre o Ar, a Água e os Lugares) e destaca que, na instituição da realeza no mundo asiático, νόμος (norma) é o instrumento hábil a implantar coragem na alma dos colonizadores dos vales, o que a φύσης (natureza) é incapaz de fazê-lo. É uma nítida insuficiência da φύσης (natureza) diante do νόμος (norma), vista como "ordem da vida humana em geral". Essa relação, ora antagônica, ora muito próxima, está longe de ser facilmente resolvida. Ao lado dela vêm ainda se atrelar outras polaridades relevantes, como a relação entre νόμος (norma) e δίκε (justiça), tal como tanto trabalhado por Zinon Papakonstantinou, ou mesmo entre νόμος (norma) e religião. Como visto, a questão religiosa está na base do elemento normativo, e, mesmo quando os romanos retornarão aos textos gregos e tentarão definir juridicamente a norma, ainda assim guardarão o misticismo e o caráter mítico para o fenômeno normativo. A noção de νόμος (norma), muito embora opere uma relativa humanização do conteúdo normativo, não consegue se desligar de elementos religiosos. François Ost afirma que os juízes, mesmo quando já reunidos no primeiro momento no Areópago, continuam fazendo a síntese dos deuses e das leis humanas. Eis a experiência grega da origem do νόμος (norma).

Por outro lado, segundo os romanis, embora houvesse leis esparsas, a experiência da norma só se apresenta propriamente dita após a publicação da Lei das XII tábuas. Foi esta experiência normativa que permitiu a possibilidade de abertura e publicização do saber jurídico dos pontífices (*ius* arcaico) – até então exclusivo da pronúncia dos *responsa* de manifestação oracular. Ao formular um *ius civile* e abandonar um modelo aristocrático, hereditário, baseado nos pronunciamentos individuais dos sacerdotes, acreditava-se que uma legislação pública, escrita, poderia abrir espaço para um paradigma "democrático", longe da clausura de seu conhecimento secreto e uma memória manipulada por um grupo exclusivo e sagrado de sacerdotes. Entre comunidade e *mores*, colocava-se um vetor laico pela fixação da certeza e do conhecimento do *ius*". Fixava-se, para Aldo Schiavone, uma costura entre "escritura-direito-política", e, logo, uma robusta tentativa de distanciamento da oralidade e exclusividade arbitrária patrícia. A escritura da *duodecim tabulae* alcança valor fundamental no seio político. Conquanto haja uma tábua dita de *direito público* (IX), não havia propriamente regras sobre a cidade – não era uma verdadeira "carta constitucional". Seu conteúdo consistia basicamente em regras privatísticas, visando às relações entre cidadãos, ainda marcadas pela "patrilinearidade", e, especialmente, a "patriarcalidade gentilícia", bem como pelo núcleo familiar como centro econômico e autárquico. Não houve efetiva alteração de conteúdo e de tradição. Não representou um instrumento de emancipação social e tampouco foi efetivamente inovadora, já que "cristalizou um modelo ainda de palavras mágicas do *ius*", posto que formalizou um modelo processual altamente religioso: as *leges actiones* (cujo nome foi posteriormente atribuído).

2. A CONSTRUÇÃO DO DIREITO COMO NORMA

Seu núcleo é de natureza privada, por isso constitui a gênese do direito civil ocidental (*nucleo genetico del diritto privato dell'occidente*) (Aldo Schiavone).

Apesar de se tratar de um processo de conquistas políticas, iniciado com a *duodecim tabulae* e cumprido em 75 a.C., fato curioso é que tão logo criada a Lei dos *decenviris*, os mesmos patrícios que a fizeram viram a sua tradição enquanto *lex* retornar ao cenário, ao menos no plano do *ius*, dos tempos da sacralidade. Então, embora não mais participassem propriamente da elaboração das regras, passava a cumprir aos sacerdotes o trabalho de custodiar esta legislação. Deste modo, a novidade era reabsorvida, e no diálogo entre "*lex* e *responsa*", reassumem as respostas dos pontífices um papel fundamental como fonte primária do direito, ao menos durante os sécs. IV e III a.C. Mantém-se, então, pela hermenêutica dos sacerdotes, o traço fundamental do *ius*: a formação de um saber jurídico de cultores privados e provenientes das instituições políticas. Sem embargo a importância da *duodecim tabulae*, o fato é que mal publicada já retorna o *ius* o seu caráter aristocrático, oligárquico, ainda que não tão exclusivamente patrício. Essa realidade evidentemente oligárquica, típica da antiga *nobilitas*, então com feição patrícia-plebéia, mantém-se por muitas décadas, e, consequentemente o *ius* e o seu caráter segregacionista só deixam de existir muito lentamente, culminando em 300 a.C. com a *lex olgunia*, quando plebeus ascendem ao Colégio dos Pontífices e passam a participar e compartilhar o poder do patriciado. Aqui se encerra a ordem oligárquica do ordenamento político, e o Direito Romano assume um "caráter jurisprudencial" (apesar da nomenclatura ser moderna e inexistir naqueles tempos).

No entanto, e aqui interessa mais diretamente, com esta alteração no final do séc. II d.C., inicia-se a formação de um *saber particular* de uma nova categoria de especialistas, que estabelece regras, mas não gerais como as assembleares (e aqui um distanciamento dos gregos, que viam no *nomos* um caráter decisivo, especialmente na formação das leis e na sua interpretação por assembleias democráticas e sua oratória forense), e tampouco próximo do que representou a *duodecim tabulae*. Por volta de 250 a.C., Tiberio Coruncanio, pontífice máximo plebeu, é o primeiro a "ensinar publicamente" o seu saber, violando a tradição de sigilo até então disseminada. Marca-se, assim, a passagem da imaginação do "sacerdote-sábio" para um "nobre-sábio", que, através de seus também *responsa*, assume um privilégio aristocrático, típico da *nobilitas patrício-plebéia*. Embora longe do elemento mágico e sagrado, mantém-se ainda a compreensão de que a "cognição do *ius*" é reservada a um exercício de poder na cidade, de modo que a "oralidade" e a "sacralidade" patrícia do *ius* cede a um novo serviço civil, costurando-se assim "política-religião-direito" (Aldo Schiavone).

A expansão, que o *ius* experimenta por força da complexidade social e da ampliação da participação plebeia, faz ampliar também o *ius* como um "saber civil", algo absolutamente inovador na história do direito ocidental. O que era no *ius* vínculo entre "sagrado" e "direito", agora, vira entre "saber jurídico" e "poder político", ao bom querer de Michel Foucault. Estes tais novos sábios da *nobilitas*, ainda que não juristas no sentido moderno, conheciam o direito, mantinham uma educação aristocrática e formavam uma milícia civil, conquanto muito apegada em certos aspectos ao elemento religioso. Não houve, apesar disso, modificação metodológica inicial ou mudança na forma mental deste novo especialista aristocrático e sua racionalidade do *ius*. De qualquer forma, o que se percebe é que o *ius* agora, embora não mais pontifical, mas de especialistas aristocráticos, expressa-se ainda pelas *responsa* e se mantém dirigido a situações individuais e não gerais como a *duodecim tabulae*. Suas emanações continuam a se tornar normas, prescrevendo caminhos e modos para as relações individuais, mas com um grande acréscimo de densidade prescritiva: aquilo que outrora se sustentara na "memória", passava a ser transcrito. Ao buscar precedentes para extrair regras em busca de uma possível tipificação prescritiva para o caso, colocavam-se os novos especialistas a vasculhar semelhanças e identidades casuísticas (*selva delle somiglianze*) (Aldo Schiavone). É exatamente neste instante que o *ius* transforma-se no *ius civile, ius civitatis* (o direito da cidade), de caráter essencialmente privatístico. Aperfeiçoa-se todo um bloco de natureza privada do *ius*, dado em três grandes etapas: a primeira, dos *mores* arcaicos, reservados aos pontífices; a segunda das *duodecim tabulae*, de interpretação pontifical; e a terceira, da interpretação oral dos jurisperitos. Então, o *ius civile* no séc. II a.C. identifica-se com a "interpretação dos jurisconsultos", que, ao lado do *cavere* (aconselhamento nos negócios) e do *agere* (assistência na fase *in iure*), faz do *respondere* a grande fonte do primado do saber jurídico.

Inobstante a primazia do *ius* pelas *responsa*, a *lex* assume papel importante, agora como uma regra votada, que imprime um vínculo entre "lei e comício". A *lex*, neste instante, começa a ser vista como "decisão do povo reunido em assembléia centuriata ou tribunata" (como afirmou no fim da República Ateio

2. A CONSTRUÇÃO DO DIREITO COMO NORMA

Capito: *generale iussum populi aut plebis rogante magistratu* – comando do povo aplicado a todos os cidadãos, emanado da proposta de um magistrado), o que difere, apesar da similitude do termo, da *duodecim tabulae*. Esta nova feição da *lex* agora é mais aprimorada e não simples necessidade vaga de materialização de direitos. Trata-se de um novo procedimento, com maior rigor e especialidade, que em muito faz manter apenas o nome emprestado da *duodecim tabulae*. É um produto mais bem talhado, subdividido, organizado e racionalizado (logicamente dentro do que se entendia naquela época).

À medida que a *lex* ganha estes contornos, há uma cisão de forma e abrangência, mas não de essência, entre *ius* e *lex*. O *ius*, outrora nas mãos dos pontífices, ainda que manifestado no conteúdo da *duodecim tabulae* (posto que interpretada também pelos sacerdotes), torna-se atividade de experts, de uma *nobilitas* cívica (jurisconsultos), exprimindo um núcleo elitista e aristocrático do disciplinamento civil romano. Nesse sentido, o *ius* representa uma transmutação do elemento religioso e da sacralidade para a técnica e a prática autônoma de experts. Enquanto à *lex*, seguindo a vontade do comício e do magistrado que a propõe, põe-se a representar um equilíbrio institucional republicano (embora menos inclusivo que o moderno), menos elitista, porque destinada à regulação da vida comunitária. Não há uma rígida antinomia, mas uma tendência. Por vezes, *lex* (comando geral do povo reunido em comício) e *responsum* (instituição particular do saber casuístico dos *dotti respondenti*, base do *ius civile*) se tornam parâmetros separados, mas não contrapostos, formando um tecido prescritivo. Exemplo deste estreitamento diz respeito a um exclusivo grupo de *leges*, os *plebiscita* que invadiram terreno típico do *ius civile* em função de fortes pressões sociais: *lex poetelia papiria* (326 a.C) – nexum; *lex aquilia* (286 a.C) – responsabilidade civil; *lex cincia* (204 a.C) – doações; *lex atilia* (215/200 a.C) – tutela; *lex furia* (II a.C.) – testamento; *lex plautia* (89 a.C) – violência; *lex falcidia* (40 a.C) – legado. Tanto *ius* quanto *lex*, em suas diferenças, representavam o abandono da "memória" e da "oralidade" (Aldo Schiavone).

Embora a *lex* tenha se tornado importante na República, especialmente na construção da igualdade entre patrícios e plebeus no plano comunitário, no final da República o *ius* se robustece, pois, o que outrora foi exclusivo do *pontifice responsum*, e em seguida em meados do III a.C. passara aos experts do *responsa prudentium*, agora ganha fôlego nos *editos pretorianos*. Cabe ao edito dos pretores, na fase inicial *in iure*, e seu saber casuístico, abrir espaço para a proteção jurídica de novas realidades a integrar o *ius*, num contexto em que não havia direitos subjetivos. Porém, este é um capítulo de desdobramento, que se forma dentro do *ius civile*, fazendo-se rivalizar, sem conflito essencial, com o novo *ius honorarium*.

Para além do amálgama institucional entre *ius* e lex, esta relação tem também fundo filosófico, tal como Hannah Arendt trabalhou. No *domus* há o predomínio das relações de família, altamente hierarquizadas, e a atividade ininterrupta de produção de bens de consumo necessários à subsistência (o *labor*). Não há liberdade, mas coerção, sob o ponto de vista familiar, e não há liberdade também por exigir o *labor*, que impede o indivíduo de participar da esfera pública (lugar da liberdade), já que precisa sobreviver com a produção de seus bens. Logo, no *domus*, o homem é escravo de suas necessidades de vida e de sua preocupação com a sua preservação. Somente aqueles que conseguem se liberar das necessidades da vida é que conseguem exercer a cidadania e ter liberdade política. Já a *civitas* é o lugar de encontro entre iguais, daqueles que se libertaram do trabalho e do *labor*, logo, daqueles que são livres para agir no que desejam. É o lugar da *ação*. Agir liga-se a *arkéin*, começar, conduzir, governar, qualidades do homem livre, e *práttein*, como levar a cabo ou permanecer fazendo aquilo que começou a fazer. Assim, a *ação* é "ilimitada", pois agir é iniciar continuamente relações, de maneira "imprevisível", já que as conseqüências não podem ser integral e antecipadamente determinadas. Como o resultado é incontrolável, o agir é livre de motivos e de fins premeditados, logo "capaz de transcender o motivo e a finalidade" (Tercio Sampaio). Na *ação* estão as incertezas e as instabilidades, já que é uma atividade compartilhada entre iguais, pela palavra e pelo discurso. Sua instabilidade pressupõe, então, a condução do agir por meio das virtudes.

Essa noção de liberdade política fundada na ação não alcança a todos, posto que nem todo mundo (especialmente plebeus) está livre do trabalho. Dentre as virtudes essenciais, estão o equilíbrio, a moderação e a prudência. Porém, para que haja uma estabilidade no espaço público e as virtudes permaneçam é indispensável o "trabalho do legislador" (*lex*), que não se confunde com o "resultado da ação" (*ius*). Se o "trabalho" se diferencia da "ação", a *lex* (trabalho do legislador para edificar os limites à ação) também se diferencia do *ius* (ação). Logo, é a *lex* que condiciona o *ius*, mas este só se torna estável por algo imanente à ação, a virtude que se define como justiça. Liberdade e justiça estão na estrutura da *civitas*, virtudes inerentes à ação. Como a *ação* não se submete à relação meio-fim, sua perfeição está no próprio desempenho, na excelência do comportamento, logo, na excelência do *ius*. Assim, *ius* é o resultado de uma atividade (ação) conduzida pela virtude, dominada pelas palavras, pela busca da decisão justa, sábia, prudente e corajosa. Logo, não há verdadeira separação entre ética e direito. Esta noção de *ius* discursivo abre espaço para o aparecimento da prudência e todo o desenvolvimento do Direito Romano a partir de meados do séc. II a.C. Questão esta que aqui não interessa diretamente. Apenas o que se ressalta é a dualidade já posta para os romanos, o que não havia para os gregos, entre o direito e a experiência da norma.

Considerações. Ultrapassada esta perspectiva histórica e avançando no tema, convém afirmar que a norma jurídica, lida em perspectiva tradicional que remonta às leituras kantianas, remete à ideia de juízo hipotético, e neste sentido, de uma conduta imposta com vistas a uma finalidade (diversamente do juízo categórico, cuja imposição é posta independentemente de qualquer condição, apenas pelo fato de ser necessário – tal a moral). Nesse sentido, ao estabelecer as condições para o fim pretendido, a norma se mostra como juízo hipotético, pois parte da necessidade de que as consequências pressupõem a ocorrência de condições. Esta ideia, trabalhada pelo positivismo kelseniano, vem a sustentar que, preenchidas as condições fixadas por um comando, efeitos podem ser produzidos, e, caso não ocorram, uma consequência há de ocorrer. Nesse sentido, a noção moderna e tradicional de norma se apresenta como um juízo hipotético de condutas, gravado pela possibilidade do uso da sanção. É, portanto, um juízo cogente e com previsão do uso da sanção como coerção.

Acabam por ser o ápice do processo de elaboração do direito, ao tempo que o ponto de partida operacional da dogmática jurídica, já que dispõe de modo cogente e autoritário, por seus juízos hipotéticos, sobre fatos, condutas e valores (Paulo Nader). Dito de outro modo, é proposição normativa inserida em uma ordem jurídica, garantida pelo poder público ou pelas organizações internacionais, disciplinando condutas e atos, coercitiva e provida de sanção (Paulo Doutrado de Gusmão), visando à ordem nacional e internacional e a paz social.

Teorias da norma. Há basicamente as seguintes teorias que procuram compreender e explicar a essência de uma *norma jurídica*: (i) *teoria do mandato ou estatualista* – a norma jurídica obriga porque é uma disposição que emana do Estado (Francesco Carnelutti); (ii) *teoria do conteúdo valorativo* – a norma jurídica obriga porque contém um valor (Récaseans Siches); (iii) *teoria coacionista* – a norma pressupõe coercibilidade ou coação (Hans Kelsen); (iv) *teoria imperativista* – a norma é comando ou imperativo (é a teoria prevalente) (August Thon). Há, ainda, uma *teoria mista*, que afirma, sem originalidade em comparação às existentes, que a norma jurídica é tanto imperativo quanto disposição estatal (Giorgio Del Vecchio).

Norma como linguagem prescritiva. No entanto, numa leitura bastante tradicional já no país, e de maior envergadura, naturalmente, e mais próximo da ideia que aqui nestas *primeiras reflexões* se supõe mais condizente em perspectiva crítica, há o pensamento de Norberto Bobbio, quando olha a norma desde um outro lugar, que não apenas de comando, mas da linguagem. Nesse sentido, a linguagem jurídica possui um *uso prescritivo*, pois se mostra por determinações de condutas, visando a modificar, direcionar e provocar comportamentos.

A garantia de que serão tais determinações são obedecidas é a presença do Estado e seu poder punitivo. Estas ordens se expressão por meio das *normas*, que não se confunde com o *texto normativo* (suporte fático, produto do legislador, logo, podendo conter inúmeras normas), nem com o *documento normativo* (suporte material composto por pelo menos um texto normativo/disposição legal), nem com as *espécies normativas* (nomes jurídicos das possíveis formulação das normas), já que é o *sentido obtido após a interpretação de um texto normativo*.

A *norma* é uma *estrutura sintática de composição condicional*: "se" (antecedente, termo condicionante, prótase, suposto) que corresponde ao fato e um "então" (consequente, termo condicionado, apódose) que corresponde a uma consequência imputada. As consequências podem ser: qualificação normativa de uma conduta como proibida ..., atribuição de uma propriedade institucional, ou uma sanção. Então, nesta perspectiva linguística, e não apenas a norma como comando ou imposição, convém já em Norberto Bobbio, vislumbrar a existência de três planos de análise da norma: (i) um *sintático* – gravado pelo "enunciado normativo", posto que é um texto legal; (ii) um *semântico* – visto como norma, prescrição revelada pela interpretação; e, (iii) um *pragmático* – como ato normativo, linguístico de formulação do enunciado.

2. A CONSTRUÇÃO DO DIREITO COMO NORMA

A norma, como toda proposição, tem uma estrutura lógico-linguística (S é P / ou / Se é A, deve ser B): "Sócrates é mortal", e "Se matou alguém premeditadamente, deverá sofrer a pena de reclusão e multa". Norberto Bobbio promove um estudo formal, logo, não importa discutir oportunidade ou conveniência ou justiça ou eficácia social de uma norma ou de um sistema, mas tão somente a análise de sua estrutura enquanto perspectiva lógico-linguística. Sua visão não implica em *formalismo*. *Formalismo* representa a percepção do direito enquanto forma, logo, o que é justo conforme a lei (*formalismo ético – o que é a justiça?*) – redução do justo à legalidade ou ao comando posto pelo soberano; ou, as formas que devem ser empreendidas pelos sujeitos em busca de seus fins e seus conteúdos, que são absolutamente livres, logo, a forma como definição do que é direito (*formalismo jurídico, kantiano e neokantiano – o que é o direito?*); ou, então, a tarefa declaração e recognitiva (mas não criativa) da ciência do direito na solução de casos controversos (*formalismo científico – como deve se comportar a ciência do direito*). Ressalte-se que o antiformalismo não se opõe ao formalismo ético e nem científico. Assim, não se faz um formalismo, pois não se pretende uma teoria exclusiva da justiça, do direito ou da ciência, mas apenas o estudo das formas.

Nessa perspectiva, a *norma é uma proposição*, uma proposição *prescritiva*. Em sendo *proposição*, leia-se "conjunto de palavras que possuem um significado em sua unidade". Assim, numa perspectiva gramatical (modo com o qual a proposição é expressa), as proposições podem ser *declarativas, interrogativas, imperativas e exclamativas*, e, sob a perspectiva funcional (fim a que se propõe alcançar aquele que a pronuncia), podem ser *asserções, perguntas, comandos e exclamações*. A *norma jurídica* é, então, proposição qualificada como *comando*, que, embora usualmente seja *imperativa*, pode ser *declarativa*. Mesmo em proposições exclamativas e interrogativas, é possível haver a noção de comando (Cuidado com o cão! Você acha que está fazendo isto certo?).

Há três funções na linguagem e que devem ser compreendida para vislumbrar como a linguagem jurídica se conforma: *descritiva* (linguagem científica – *fazer conhecer*), *expressiva* (linguagem poética – *fazer participar* dos sentimentos) e *prescritiva* (linguagem normativa – *fazer fazer*). Assim, a função da *linguagem normativa* é dar comandos, conselhos, recomendações, advertências, influenciar o comportamento alheio e modificá-lo. Por isso, pode se valer das outras para alcançar o seu fim.

Em sendo proposição prescritiva, apresenta as seguintes *características*: (i) em relação à função: informação para modificar o comportamento de alguém; (ii) em relação ao comportamento do destinatário: espera que se execute a prescrição, ; (iii) em relação ao critério de valoração: há justificação e não verificação. Com relação ao sujeito ativo e passivo, os imperativos normativos não são autônomos como os morais (a pessoa que fórmula executa), mas heterônomos (quem executa é pessoa diversa da que fórmula).

As normas jurídicas, ainda, trabalham como *imperativos hipotéticos* (prescrevem uma boa ação para atingir um fim, logo, deve ser cumprida condicionalmente para a obtenção do fim) e não categóricos como os morais (aqueles que prescrevem a ação boa em si mesma, de modo absoluto, devendo ser cumprida incondicionalmente).

Quanto à força vinculante: os *comandos* são imperativos, prescrições com maior força vinculante, diversamente dos conselhos, típicos da moral. Embora no direito valha conselhos com menor força vinculante (órgãos consultivos). Então, tem-se que as proposições jurídicas pertencem ao campo da linguagem prescritiva: *teoria da imperatividade do direito* (normas como comandos ou imperativos). Através de *preceitos positivos ou negativos* impulsiona-se a agir em busca de um dado comportamento (ativo ou passivo). Assim, o *comando/imperativo* é o "elemento indefectível" do ordenamento jurídico (Carnelutti). É comando por atribui a dois sujeitos uma faculdade ou pretensão, impondo ao outro o dever ou uma obrigação correspondente (Del Vecchio). Logo, estão fora do direito as afirmações ou observações de fato: proposições descritivas (conselhos e exortações). Thon crê apenas na *imperatividade*, Del Vecchio combina com a *estatualidade* e Carnelutti, combina ambas com a *coacionista*. No entanto, não convém esquecer, como visto, que a partir de Karl Olivercrona, é possível afirmar que a *norma jurídica* é um *imperativo impessoal* e não um *comando* (pois este pressupõe alguém que comande e quem obedeça, e na lei não alguém que comande).

A prescrição jurídica se distingue: pelo *conteúdo* (relação intersubjetiva), *fim* (conservação da sociedade), *sujeito normativo* (poder soberano), *valor* (justiça), *acolhimento pelo destinatário* (pela adesão exterior ou pelo convencimento de sua obrigatoriedade) e *resposta à violação* (sanção exterior e institucionalizada, diversamente da sanção moral e social). Então, a saída para Norberto Bobbio é ver a sanção organizada como um elemento constitutivo do direito não se referindo apenas às normas, mas ao ordenamento como um todo (no qual em sua maioria há normas sancionatórias). No plano internacional há uma resposta, seja a represália seja a guerra autorizada.

Norma como fenômeno lingüístico. Outra perspectiva, não fugindo à compreensão em parte levantada por Norberto Bobbio da linguagem prescritiva, nem tampouco à essência imperativa das normas jurídica, é a leitura original e compatível com a ideia desde sempre traçada nestas *primeiras reflexões* feita por Luís Alberto Warat e Tercio Sampaio Ferraz Júnior, que vê a norma como um fenômeno linguístico, e, portanto, muito mais complexo que a simples relação entre poder e direito desde a perspectiva sociológica, e sim poder e direito em linhagem microfísica.

Como visto, na teoria da linguagem, enquanto a *morfologia* se ocupa do estudo dos termos em si, a *sintaxe* da relação entre os termos/objetos, a *semântica* da relação entre o termo/sujeito e o objeto referenciado (significado); a *pragmática* se ocupa da relação entre o sujeito/objeto e os demais sujeitos. E aqui reside a questão central para ambos os autores. A *pragmática jurídica* preocupa-se com os aspectos comportamentais da relação discursiva, valendo-se do "princípio da interação"(mensagens trocadas entre pessoas – Watzlawick-Beavin-Jackson). "Uma análise pragmática é um estudo dos aspectos comportamentais no uso dos signos, por exemplo, das palavras" (Tercio Sampaio),

O "ato de falar" é uma relação entre emissor e receptor por meio de signos linguísticos. Mesmo quem não participa de uma argumentação, ou não quer, ou não está preparado para ela, está dentro de uma "situação comunicativa" (*princípio da impossibilidade de não comunicação*). Nessa linha, Luís Warat afirma que a pragmática ressalta que a ideologia é um fator indissociável da estrutura conceitual explicitada nas normas gerais, pois para existir univocidade significativa, é preciso prévia coincidência ideológica (conexão entre as palavras da lei, fatores políticos e ideológicos).

Nessa perspectiva pragmática, a *norma* é uma comunicação que expressa entre emissor e receptor uma atitude normativa (discurso normativo). É discurso por ser ato de fala dirigido a alguém com vistas a ser compreendido por outro. Ao colocar-se um "orador" (aquele que propõe a primeira asserção embasada – pretensão de autoridade por desejar ser aprendida e repetida), um "ouvinte" (destinatário da ação linguística) e uma "questão" (ação linguística que deve ser compreendida), tem-se uma "situação comunicativa".

Toda comunicação envolve dois níveis: o da informação (*relatio*) que é passada, e o do modo como o ouvinte deve se portar diante do emissor (metainformação – *cometimento*). Ao se dizer algo para que alguém o faça, há a *relatio*, que implica no conteúdo da informação (Fale baixo!), como o *cometimento*, que exige do ouvinte o comportamento desejado pela subordinação (faça) ou pela coordenação (por favor). Este cometimento é digital/verbal ou não–verbal (p. ex., entonação de voz, gestual). A norma, então, discurso, porque gravada pela troca de informações, apresenta característica peculiar, que não é comum a qualquer discurso. Dentre os *tipos de discurso*, existem:

(i) *dialógico*, é o discurso que permite o questionamento sobre as premissas (reflexivo – intercâmbio). Tem caráter personalíssimo e não se permite desvincular ação linguística e emissor. O ouvinte é convidado a intervir, sendo a "questão" um *dubium* (comportamento do ouvinte é crítico, reflexivo). Nesse sentido, o discurso vira um "jogo de estratégias" organizadas a partir de *topoi*, devendo regras serem respeitadas: "dever de fundamentação"; "possibilidade de questionamento pelo ouvinte"; "inatacabilidade das ações linguísticas primárias" (presunções, pressupostos, axiomas) do emissor (já que ele pode defendê-las) e "impossibilidade do emissor modificar suas ações linguísticas primárias". Pode ser "homológico" (estratégia de convencimento embasado por enunciados verdadeiros, demonstráveis e refutáveis/ discussão-com) ou "heterológico" (estratégia de persuasão embasada no interesse face conflitos de expectativas incompatíveis que exigem uma decisão / discussão-entre).

(ii) *monológico*, no qual o emissor parte de uma verdade irrefutável como premissa (nem todos os atos do orador podem ser atacados, pois, caso o sejam, não pode nem ser proposto). Baseia-se no *princípio do terceiro excluído*. O lugar do emissor é secundário, pois não é responsável pessoalmente pelo "ato de falar não-atacável". Tem caráter impessoal, podendo ser generalizado e universalizado. Há uma interrupção da reflexividade, pois o receptor não pode intervir, logo, a questão é um *certum* (verdadeiro ou falso).

(iii) *normativo*, é *sui generis*, pois corresponde à norma jurídica e apresenta características de ambos os tipos dialógico e monológico.

2. A CONSTRUÇÃO DO DIREITO COMO NORMA

O *discurso normativo* se apresenta à medida em que, havendo conflito de expectativas normativas, é preciso criar regras para institucionalizá-lo, transformando-o em uma *questão* a ser decidida. Recorre-se a um terceiro comunicador – *comunicador ou editor normativo* – que generaliza as expectativas e fixa regras para o processamento da comunicação. Assim, ele passa a fazer parte do sistema comunicativo, tornando-se orador, mas invertendo a lógica do dever de provar, que passa a incumbir ao ouvinte caso se recuse a receber a informação transmitida. É uma "relação hierárquica de superioridade" (complementar), entre editor e ouvinte, gerando uma *situação comunicativa normativa*. As palavras do emissor são premissas indiscutíveis. As expectativas desiludidas se resolvem e a decisão normativa se mantém se confirmada por terceiros não participantes da relação (não precisa ser expressa, pode ser suposta). Esta suposição de *consenso social* implica em afirmar que a autoridade está institucionalizada. Está institucionalizado no mais alto grau, afirmando-se sobre o consenso real, torna uma norma "jurídica". O ouvinte não pode desconfirmar ou desconhecer a relação, de maneira que o emissor (editor normativo) define as posições para que o receptor assuma uma relação complementar, já garantida por outra relação complementar que tem por objeto aquela relação complementar (relação metacomplementar). A decisão do emissor/comunicador normativo adquire força contrafática, respaldada pela insticuionalização e baseada na expectativa geral de que será respeitada. Eis aqui o caráter prescritivo das normas jurídicas (Tercio Sampaio).

A metacomplementaridade garante-se pelo aspecto-cometimento do discurso normativo através dos *operadores/functores normativos: é obrigado, é proibido, é permitido*. Os *comunicadores na situação comunicativa normativa*, então, são: a) regra de imputação do dever de prova pela recusa da comunicação ao endereçado; b) regra de garantia do conflito, pois os comunicadores sociais não podem mais se eximir da situação; c) regras da exigibilidade, relacionada à expectativa contrafática do comunicador normativo.

Por esta singularidade, é possível então afirmar que o *discurso normativo* é dialógico em seu aspecto-relato, e monológico em seu aspecto-cometimento. Logo, um *certum* e um *dubium*. É um *certum*, no plano *cometimento*, na medida em que os endereçados são convidados exclusivamente a se submeterem, não havendo possibilidade de reflexão. A *metacomplementaridade* implica um reforço da autoridade, posto que o endereçado deve ter uma adesão convicta (não submetida a coações externas ou persuasão – esta vista como "suspensão de autoridade") e o editor já prevê eventuais reações do endereçado. Logo, o editor normativo já prevê a metacomplementaridade em que ou o endereçado coopera ou a sua conduta será rechaçada. Caso o ouvinte não aceite a *ação linguística* do editor, é desde logo lhe posto o ônus de provar. Por outro lado, no aspecto *relato* é convidado a interpretar, podendo concordar, discordar, comparar etc., pois serve à co-determinação do sentido. Logo, o editor é um dos argumentantes, cumprindo-lhe adotar procedimentos para persuadir o endereçado na direção de seu propósito (*dubium*). A autoridade se afirma mesmo que haja descumprimento, desde que prevista a reação ao descumprimento (expectativa contrafática) até onde ocorra o rompimento da comunicação. A *ameaça de sanção* integra o relato e não o cometimento, pois é argumento de persuasão para dissuadir o endereçado. Eis aqui o paradoxo do discurso: *o editor mantém sua autoridade, mas a suspende temporariamente, até que o comportamento condicional ocorra.*

Ao lado da *descrição de ação* e das *condições da ação* (as quais constituem o aspecto-relato), existe aquele responsável pela metacomplementaridade, ou, o aspecto-cometimento. Com função sintática, o *operador pragmático* atribui o caráter prescritivo da norma ao qualificar uma ação e a relação autoridade/sujeito. "É proibido, facultado ou permitido define a relação entre as partes, de modo metacomplementar. Quando for uma norma de *proibição (é proibido)/obrigação (é obrigatório)*, o operador pragmático qualifica a relação entre emissor/receptor como *imposta*, logo, confirmação da confirmação, rejeição da rejeição ou desconfirmação da desconfirmação. Quando for uma norma de *permissão*), vale-se do *é permitido, desde que*, ou seja, vale de acordo como uma obrigação ou proibição geral (é permitido furtar, desde que em estado de necessidade), sempre for uma regra de exceção à norma de obrigação/proibição, e, quando for independente, vale-se do *é permitido* (regras de competência ou que conferem direitos). Neste último caso, o editor comunica que ao receptor é tolerado uma ação e se garante a sua realização. Isto se difere de seu silêncio, pois mesmo o silêncio, como dito, é comunicação, mas aqui não há uma relação de cometimento.

– *Situações jurídicas subjetivas*: a depender do *ônus da prova da recusa em se comunicar* (aspecto-cometimento) e da *sanção* (aspecto-relato), haverá situações distintas. O editor normativo, quando imputa o ônus da prova ao receptor,

2. A CONSTRUÇÃO DO DIREITO COMO NORMA

indica a sua contrarreação (sanção) em determinadas circunstâncias (reações). (i) *dever jurídico* – se o sujeito normativo tem o *ônus* e pode ser ameaçado de *sanção*, trata-se de uma norma de obrigação/proibição, em que o comportamento previsto está no *relato* e imposição de metacomplementaridade está no *cometimento*. (ii) *direito subjetivo* – se o sujeito normativo está isento do *ônus* da prova e pode ser ameaçado de *sanção*, trata-se de uma norma de permissão. (iii) *poder jurídico* – se o sujeito normativo pode imputar a outro o *ônus* da prova e ameaçá-lo com *sanção* (ou isentar terceiro do ônus).

Portanto, seguindo a perfeita conceituação de Tercio Sampaio, a *norma jurídica* se mostra como *"expectativas contrafáticas, que se expressam por meio de proposições de dever-ser, estabelecendo-se entre os comunicadores sociais relações complementares institucionalizadas em alto grau (relação metacomplementar de autoridade/sujeito), cujos conteúdos têm sentido generalizável, conforme núcleos significativos mais ou menos abstratos"* – *"discursos heterológicos, decisórios, estruturalmente ambíguos, que instauram uma meta-complementaridade entre orador e ouvinte e que, tendo por* quaestio *um conflito decisório, o solucionam na medida em que lhe põem fim."*

Em suma, *decisões* sobre decisões (determinar alternativas decisões para por fim e não necessariamente solucionar um conflito). A norma diz qual decisão/escolha deve ser tomada e qual pré-decisão deve ser entendida pelo endereçado (relato e cometimento). Por isso, diversamente de Kelsen, a sanção não é elemento caracterizador da norma jurídica, embora importante. Também não concorda que uma norma seja geral e abstrata, pois uma sentença é específica, e uma norma de revogação de outra não é abstrata. Para a *dogmática* é "imperativo despsicologizado (pois privilegia papéis sociais e não pessoas), de natureza vinculante (obrigatório), coercitivo (institucionalizado), bilateral (pois fixa posições sociais dos sujeitos) que estabelece uma hipótese normativa à qual se imputa uma consequência jurídica, servindo como critério de tomada de decisão (decidibilidade)".

Classificação das normas. Em coerência com a perspectiva semiológica elaborada por Tercio Sampaio, a melhor classificação (embora não a tradicional) das normas é feita considerando o tríplice aspecto discursivo sintático, semântico e pragmático. Então, assim se classifica a norma jurídica: (a) *critério sintático*: pela (i) relevância: *primárias* – objeto é a própria ação (tipos penais); *secundárias* – objeto outras normas (normas de Dipri – para alguns, normas de competência) ; (ii) subordinação: *normas-origem* – primeiras de uma série (quase todas), *normas-derivadas* – referem-se a outras em caso de conflito; (iii) estrutura: *autônomas* – têm em si conteúdo e sentido completo, *dependentes* – dependem de outra para ter sentido (normas penais em branco). (b) *critério semântico*: pelos (i) destinatários: *gerais* – destinadas a todos (prescrição tributária), ou *particulares* (cláusula penal contratual); (ii) matéria (com base na hipótese normativa – *faciti species*): *gerais-abstratas* – tipo genérico (livre iniciativa), *excepcional* – exceção à geral-abstrata (livre iniciativa se preenchidos requisitos para autorização de órgão público quando necessário), *especiais* – disciplina de maneira específica (contratos de locação comercial) ; (iii) espaço: *nacionais* – sobre todo o território nacional (regras processuais); *locais* – incidência regional (regramento de ITCMD); (iv) tempo: *permanente* (vigência indefinida) e *temporária* (vigência programada, como a lei dos crimes contra a FIFA – ultratividade e autorrevogabilidade). (c) *critério pragmático* (sujeitos normativos): pela (i) força de incidência: *cogentes* (injuntivas ou imperativas) – embora toda norma seja vinculante e tenha impositividade, estas retiraram do sujeito normativo qualquer autonomia, excluindo convenções (inoponibilidade de convenções ao fisco art. 123 CTN); *dispositivas* (especificação do local de cumprimento das obrigações art. 78 CC); (ii) finalidade: *de comportamento/conduta* – regulam comportamento; *programáticas/normas-objetivo* – expressam diretrizes, intenções ou objetivos; (iii) functor: *preceptivas* (é obrigatório); *proibitivas* (é proibido) e *permissivas* (é permitido).

De modo didático:

(a) *critério sintático*:

- (i) relevância: *primárias* – objeto é a própria ação (tipos penais); *secundárias* – objeto outras normas (normas de Dipri – para alguns, normas de competência) ;
- (ii) subordinação: *normas-origem* – primeiras de uma série (quase todas),
 normas-derivadas – referem-se a outras em caso de conflito;
- (iii) estrutura: *autônomas* – têm em si conteúdo e sentido completo, *dependentes* – dependem de outra para ter sentido (normas penais em branco).

(b) *critério semântico*:

   (i) destinatários: *gerais* – destinadas a todos (prescrição tributária), *particulares* (cláusula penal contratual);
   (ii) matéria (facti species): *gerais-abstratas* – tipo genérico (livre iniciativa)
   excepcionais – exceção à geral-abstrata (livre iniciativa se preenchidos requisitos para autorização de órgão público quando necessário)
   especiais – disciplina de maneira específica (contratos de locação comercial)
   (iii) espaço: *nacionais* – sobre todo o território nacional (regras processuais);
   locais – incidência regional (regramento de itcmd);
   (iv) tempo: *permanente* (vigência indefinida)
   temporária (vigência programada, como a lei dos crimes contra a FIFA – ultratividade e autorrevogabilidade).

(c) *critério pragmático* (sujeitos normativos):

   (i) força de incidência: *cogentes* (injuntivas ou imperativas) – embora toda norma seja vinculante e tenha impositividade, estas retiraram do sujeito normativo qualquer autonomia, excluindo convenções (inoponibilidade de convenções ao fisco art. 123 CTN);
   dispositivas (especificação do local de cumprimento das obrigações art. 78 CC);
   (ii) finalidade: *de comportamento/conduta* – regulam comportamento;
   programáticas/normas-objetivo – expressam diretrizes, intenções ou objetivos;
   (iii) functor: *preceptivas* (é obrigatório);
   proibitivas (é proibido)
   permissivas (é permitido).

Apenas a título de conhecimento, a classificação mais usual é aquela trabalhada por Norberto Bobbio, que divide as normas jurídicas em (a) *normas gerais* (proposições universais) e *singulares* (proposições particulares) – critério da individualidade e generalidade; (b) *normas abstratas* e *normas concretas* – critério da abstração e concretude. Combinando os critérios se tem: (i) *normas gerais e abstratas* – a maioria das leis penais; (ii) *normas gerais e concretas* – aplica-se a todos, mas a situações específicas; (iii) *normas individuais e abstratas* – atribuição de um ofício a uma pessoa, como ser juiz; (iv) *normas individuais e concretas* – sentenças. (b) *normas afirmativas* e *normas negativas*; (c) *normas categóricas* e *normas hipotéticas*.

Características. Usualmente, é intuitivo afirmar que a norma jurídica apresenta algumas características: (i) legitimidade; (ii) validade e (iii) eficácia. Norberto Bobbio se colocou a questão essencial e que há de ser respondida pela conceituação destas características – uma norma jurídica pode ser: justa sem ser válida?; válida sem ser justa?; válida sem ser eficaz?; eficaz sem ser válida?; justa sem ser eficaz?; ou eficaz sem ser justa?. A qualificação destas características depende, como visto, da matriz teórica que se adotando, seja ela jusnaturalista, juspositivista ou crítica. Os movimentos críticos, sobretudo o jusrealismo, tende a identificar a validade com a eficácia, uma espécie de validade material ou social, por força da necessária vinculação fática para o direito seja ele mesmo direito, e, por conseguinte, a norma seja jurídica. Os jusnaturaslistas, por sua vez, tendem a aproximar o conceito de validade de aspectos axiológicos e não de aspectos puramente formais do ordenamento jurídico. Esta complexidade é muito bem explorada por María José Falcon y Tella em sua obra *Concepto y Fundamento de la Validez del Derecho* (1994) Contudo, a par das divergências, a título didático, é usual se afirmar as características em perspectiva positivista.

(i) *legitimidade* – diz-se que uma norma é legítima não apenas quando preenche os requisitos formais de sua existência vigentes no espaço e no tempo ou se se aplica a situações concretas, mas quando obtém o consenso dos governados. Certamente o conceito se apresenta nas teorias de perspectivas sociológica e funcionalista e varia radicalmente, apenas a título de exemplo: Max Weber, analisando o código napoleônico, afirma que a norma só é legítima se não contradiz os postulados básicos ou axiomas (normas que exercem seu influxo sem o uso da força); Norberto Bobbio resume a legitimidade a aptidão da norma

2. A CONSTRUÇÃO DO DIREITO COMO NORMA

em ser obedecida; Leonor Soriano afirma que é legítima a norma que traduz os valores ético-jurídicos da sociedade; e Ricardo Guastini, em perspectiva positivista, afirma que a legitimidade da norma depende da legitimidade do Estado e do poder político, pelo fato de estar de acordo com normas formalmente por ele emitidas (vinculação entre legitimidade, validade e existência normativa).

(ii) *validade* – é qualidade da norma em pertencer a um ordenamento jurídico, ou seja, uma norma é válida formalmente quando pode ser identificada por sua pertinência (lembrar das características kelsenianas de normas fundantes e normas fundadas e fontes normativas) a um sistema jurídico pelo fato de cumprir com as condições prescrita pelo próprio sistema. Neste aspecto, uma norma se torna válida se ela é recebida adequadamente como norma para o ordenamento jurídico, seja porque posta por uma autoridade competente, seja porque posta de acordo com o procedimento previsto para a sua existência, seja por ter conteúdo previsto e aceito pelo sistema. Trata-se de uma característica objetiva e atemporal da norma (eis porque diverge da ab(de)rrogação, como forma de supressão da norma, total ou parcial). Normas válidas jamais pertencem ao sistema, diversamente de normas derrogadas, posto que deixam de ser válidas a partir do seu ato de retirada formal do ordenamento.

(iii) *eficácia* – é qualidade da norma de poder produzir formal e materialmente efeitos. Em *perspectiva dogmática*, uma norma válida implica em sua aptidão para produzir efeitos, logo, um ato inválido é também um ato ineficaz (há aqui certa confusão com a validade). Em *perspectiva política*, implica na satisfação ou realização de suas finalidade ou objetivos sociais e políticos em razão da qual a norma foi criada. Ao não produzir os efeitos esperados, fala-se em norma que, embora válida, é ineficaz. Em *perspectiva sociológica* diz respeito ao grau efetivo de cumprimento das normas por parte dos destinatários. Apenas se ressalte que *eficácia* (qualidade de *eficaz*), implica em alcançar os objetivos propostos, não se confundindo com *eficiência* (qualidade de *eficiente*), que é o alcance dos resultados da melhor maneira possível (com menos tempo, gasto, esforço, erros etc.) e *efetividade* (qualidade de *efetivo*), que é o alcance dos resultados de acordo com a realidade (que se realiza).

Estrutura. Em termos estruturais, é possível afirmar que a norma jurídica, em sendo um juízo hipotético (e não de causalidade, como nas ciências naturais), mas com vistas a incidir diante de um fato trazendo consigo um valor escolhido previamente, apresenta uma parte destinada a prever o ser, outra para formalizar o dever-ser, e, outra, por fim, para prescrever eventual consequência no descumprimento deste dever-ser. Estas divisões da norma implicam nas chamadas estruturas normativas, e depende da percepção de cada autor. Há, contudo, algumas já tradicionais:

Hans Kelsen entendia que a norma, por ser uma proposição jurídica, e, consequentemente, um juízo hipotético ou condicional, apresenta-se como uma imposição e uma coação, ou seja, há uma *norma primária* e uma *norma secundária*. A *primária* estabelece como devida a fixação de um condicional ato de coação pelo órgão judicial em caso de violação da norma, enquanto a *secundária* seria a conduta estabelecida para cumprimento dos sujeitos. Então, para Hans Kelsen, a *norma primária* é a norma jurídica propriamente dita (dado a importância da sanção para ele, como visto acima), e apresenta a seguinte estrutura: uma primeira estrutura, denominada de *antecedente* ou *suposto normativo* (*pródase* para Lourival Vilanova), no qual se supõe um fato hipotético ilícito, portanto, com características de ação num tempo e num espaço que levam ao descumprimento do dever ser; e outra dita *consequente normativo* (*apódase* para o jurista pernambucano), no qual se propõe uma consequência pelo descumprimento – via de regra uma sanção.

De outro lado, Carlos Cossio, numa perspectiva mais ampla e quem sido bem mais aceito, sustenta que haveria uma *endonorma*, gravada pela conceituação da prestação, e uma *perinorma*, que expõe a conceituação da sanção. Paulo de Barros Carvalho, valendo-se do avanço de Carlos Cossio, manifestando sua leitura para o direito tributário, mas afirmando se tratar de percepção de teoria do direito, sustenta as seguintes estruturas: *antecedente normativo* – mundo dos fatos hipotético (qualificado pelos critérios *material* – ação/omissão; critério *temporal* – conduta em algum momento específico; e critério *espacial* – conduta ocorrida em algum lugar) e um *consequente normativo*, cumprindo o juízo "dado um fato, então deve haver uma consequência na ordem jurídica" (qualificado pelos critérios *pessoal* – alguém/sujeito ativo realizar a obrigação para outro/sujeito passivo e *obrigacionais* – uma sanção ou uma obrigação).

3. Sistema Jurídico

Conceito de sistema tradicional. A ideia de *norma* como objeto da ciência do direito permaneceu com relativa estabilidade por quase todo o séc. XIX. No entanto, a evolução do pensamento no âmbito das ciências naturais, bem assim o franco desenvolvimento da sociologia no final do século pelas mãos de Émile Durkheim e Max Weber, trouxe a necessidade de serem ampliados os horizontes científicos no direito para algo mais complexo. Num dado instante, como visto nas farpas lançadas pelos movimentos antiformalistas francês e alemão do último quartel do séc. XIX, as críticas sociais fizeram com que a ideia de norma começasse a titubear como critério de racionalidade e justiça do direito. Houve, então, um dado momento, como afirma Bobbio, que se começou a pensar, em termos abstratos, se haveria a possibilidade do direito se resumir a apenas um tipo normativo, seja de proibição, faculdade ou permissão, contudo, logo se percebeu que a realidade estava tão mais vasta por força do imperialismo, do capitalismo financeiro emergente, da segunda onda da revolução industrial, do adensamento das cidades, que a ideia de ordem normativa começa a pulular.

É neste instante, portanto, que a noção de *sistema* passa a intrigar os juspositivistas, que encontram em Immanuel Kant um grande recurso de recepção. Conquanto não fosse nova a noção de *sistema*, posto que os filósofos antigos (Políbio, Platão, Aristóteles, Luciano, Arriano, Plutarco ao falar em constituição democrática, complexo de estados, legações, senado etc.) já haviam sobre ela se debatido (não por outra razão a etimologia remete à ideia de *syn* – com, junto, *stéma, sténai* – estabelecer, colocar em pé, possuir, estar, colocar e o sufixo *ma* – instrumento, meio, resultado (o efeito da ação), logo, algo como agregado de partes, conjunto de elementos, especialmente pelo conceito de *kósmos* (como já visto no cap. 3), a noção moderna se lhes apresenta muito mais próximo da compreensão desejada, tal como na astrologia, na biologia e na sintaxe.

A reflexão kantiana supera o modelo mecânico por outro, dito, orgânico, que, para além do conjunto de elementos ao sabor aristotélico, pressupõe uma força única, central que age de modo teleológico, isto é, a noção de sistema envolve obrigatoriamente a noção de elementos em conjunto, mas que se organizam dirigidos a um fim premeditado. Em seu clássico *Crítica da Razão Pura*, de modo mais claro no capítulo *Arquitetônica da Razão*, que compõe a parte sobre a *Doutrina Transcendental do Método*, menciona duas vezes a expressão *sistema (System)*, ao dizer que a arquitetônica é a arte dos sistemas, bem assim a "unidade sistemática" é o que permite transformar o conhecimento vulgar em conhecimento científico. Tempos depois, no final da década de oitenta, em sua *Crítica da Razão Prática*, quando discute especificamente a doutrina do direito, volta a mencionar a ideia de sistema íntegro e contínuo. Contudo, a sua contribuição decisiva para o tema está na *Crítica da Faculdade de Julgar*, quando pormenoriza a discussão no item *Do sistema teleológico nas relações dos seres organizados* e noutra *Do fim último da natureza como sistema teleológico*. É nestas reflexões, quando discute o reino dos seres vivos, que menciona a ideia de organização que pressupõe um fim interno e autônomo capaz de unir e classificar o que lhe pertence e o que lhe está fora.

É esta a noção clássica kantiana que influencia Kelsen a pensar o direito em perspectiva sistemática, assim como o fará Santi Romano e Norberto Bobbio (ressalte-se, apenas a título de esclarecimento, que embora Santi Romano seja o primeiro a usar a expressa "ordenamento", em seu livro de 1918, sua perspectiva é bem diversa, estando mais próximo do pluralismo de Maurice Hauriou e Georges Renard do que os herdeiros de Kelsen). Para ser sistema, é imperioso haver um conjunto de elementos organizados a partir de um princípio ou de um fim específico. Ao falar na ideia de sistema, pensam no que Tercio Sampaio diz: um repertório (conjunto de normas) e uma estrutura (conjunto de regras). São justamente estas regras que organizam, qualificam, singularizam e estruturam um sistema. No exemplo de Tercio Sampaio, ao ser ver uma ordem numérica 9, 7, 5, 3, 1, é fácil verificar o repertório composto de números, mas com certa reflexão, é possível perceber que existem algumas regras, a ponto de excluir o 2, o 8 ou o 4, pois se trata de: (i) números cardinais e não ordinais; (ii) números ímpares; (iii) números sequenciais; (iv) números decrescentes; (v) números separados entre si por duas unidades etc. São as normas que estruturam este conjunto e fazem perceber a existência de algo que vai além da mera aglomeração de números, mas um verdadeiro sistema. Há algo que lhe dá identidade, que se estrutura logicamente e permite afirmar que há em si um determinado sistema de números.

Esta compreensão foi levada, então, para o direito, a partir da noção de *ordenamento*, que, para além de um conjunto de normas, também tem sua

2. A CONSTRUÇÃO DO DIREITO COMO NORMA

estrutura, como normas produzidas ou não pelo legislador, normas vigentes, normas constitucionalmente autorizadas etc. Por isso o direito é um sistema de alta complexidade, em face de existência de uma rede complexa de normas que lhe conferem a perspectiva sistemática. É essa ideia que leva Kelsen, como visto no cap. 3, valar em *validade formal*, que estabelece o critério de identidade capaz de dizer se uma norma é norma e se ela pertence ao ordenamento (porque produzida por quem a poderia fazer – teoria das fontes –, sobre o que é permitido e de acordo com os trâmites previstos).

Há, nesta perspectiva clássica a necessidade de se respeitarem as regras de inferência, para que o direito seja um sistema lógico, ou seja, é preciso que haja uma identidade, que não haja contradição e tampouco ausência de regramento. Respeitadas estas regras, há um sistema no direito. (Jacques Chevallier). Quanto à identidade, Kelsen afirmou que se faz pelo respeito à teoria das fontes e ao procedimento, de modo que há uma norma superior fundante que, numa cadeia de validação, permite que outra seja uma norma inferior fundada. É preciso que haja um princípio unificador, como a *Grundnorm* (a norma hipotética de que se falou anteriormente). De igual modo, é preciso que seja coerente, não apresentando contradição, nem tampouco não preveja todas as hipóteses, ou seja, que se apresente com lacunas.

Esta noção prevaleceu nestes contornos por quase todo o séc. XX, que, apesar de suas oxigenações, não foram capazes de prever qualquer mudança razoável na ideia de sistema ao sabor do início do séc. XIX. Todavia, em termos jusfilosóficos, permanece a dúvida se se pode ainda falar em *sistema* ou *ordenamento* após toda a fragilidade apontada no pós-guerra. Será que ainda há uma ordem jurídica, e, mais precisamente, uma noção de sistema, ainda que não mais enclausurado? Será que eventual abertura da noção de sistema, como feito por Hart, Carré de Malberg, o próprio Santi Romano, afeta a existência e a importância da ideia de sistema ou de representação sistematizada interna ao direito? É possível um sistema plural e assimétrico (Tercio Sampaio).

Não são poucas as teorias que ainda procuram sustentar que a noção de sistema é fundamental: teorias dos jogos (D. Lecourt, E. Mackary, G. Ferrari, W. Krawietz, F. Ost, e F Vande Kerchove), teoria da adaptação (J. Piaget e J. Moigne), teoria da organização (E. Morin e J. Moigne), teoria da decisão (R. Gassin), teoria dos conjuntos imprecisos – *ensambles flous* (M. Delmas--Marty e B. Walliser), teoria da auto-reflexividade (C. Grzegorczyk, H. Willke e G. Teubner), teoria da sistêmica – *systémique* (R. Vernengo, G. Timsit e C. Samper) etc. No entanto, acordam todos a relevância da noção de sistema trazida para o direito e que ainda permanece, e, também, estão de acordo que a noção de sistema pressupõe ainda hoje os seguintes requisitos (François Ost e Michel Van de Kerchove): (i) um conjunto de elementos, ainda que de natureza diferente e ainda que formem internamente subsistemas; (ii) os elementos devem estar em interação e apresentem uma certa organização no seio do sistema, logo, não simples justaposição de elementos, mas elementos organizados por interdependência ou por solidariedade; e (iii) há necessidade de certa unidade, além do simples conjunto de elementos com interação, dando-lhe especificidade.

Unidade. A teoria do ordenamento jurídico que se desenvolveu nas primeiras décadas do séc. XX, especialmente com Kelsen, recepcionou a ideia de sistema por hierarquia, ou como afirma Carré de Malberg, por degraus, de modo que critérios como subordinação, causalidade, competência etc., apesar de relevantes, não conferem a centralidade do elemento sistemático no direito. A unidade implica afirmar que um ordenamento apresenta uma estrutura lógico-sistemática porque seus elementos estão de tal modo interligados que é possível claramente distingui-los de outros sistemas. Ainda que as normas jurídicas esbocem valores e traduzam fatos, elas pertencem a um dado ordenamento porque possuem com este uma identidade (e aqui, como já dito outrora, resgatam-se as regra de inferência da *identidade*, em que algo é algo e não pode ser outro e nem a sua negação, e do *terceiro-excluído*, em que a proposição ou é verdadeira, ou é falsa, não podendo outra coisa). Esta unidade se estabelece, seja porque as normas foram produzidas por quem as deveria produzir (teoria das fontes subjetivas), e ingressaram pelos instrumentos que poderiam ingressar (teoria das fontes objetivas), bem como respeitaram o modo, o procedimento pelo qual poderiam vir nele nascer ou ser inseridas.

Fontes do direito. O tema das fontes do direito, portanto, não apenas a discussão sobre a origem do direito, mas passa, desde o paradigma kelseniano, pelo ponto de referência, ao lado dos procedimentos normativos, do que pode ou não fazer parte do ordenamento jurídico, ou seja, a questão da validade, como visto, gira em torno de quem pode emitir uma norma, qual a norma permitida e de ser emitida, e qual o procedimento adequado de emissão para que integre um sistema normativo específico. Quanto à quem pode emitir

2. A CONSTRUÇÃO DO DIREITO COMO NORMA

(critério subjetivo); o sujeito que detém a outorga do poder normativo, trata-se de questão que remete necessariamente à norma principal, e, num sistema pátrio, em última análise, à Constituição (logo, ao Poder Constituinte Originário) e suas formas de outorga de poder competente. Quanto ao modo em que pode ser emitida (critério procedimental), igualmente depende da norma principal e seus passos devidamente definidos. Por fim, quanto às formas, embora também dependa da norma principal, é comum na teoria "geral" do direito que estas sejam estabelecidas menos por uma técnica e mais por uma "racionalização do estado liberal" (Tercio Sampaio).

A questão da consistência e da completude do ordenamento jurídico vincula-se à problemática dos centros produtores de normas. Por isto, a teoria das fontes utiliza-se da ideia de que o direito não é um dado, mas construção da cultura humana. A consequência disto, na linha de Tercio Sampaio, é que há dois tipos básicos de fonte: o direito no seu aspecto dado, e o direito no seu aspecto construído. As primeiras dizem respeito às *fontes substanciais*, dividindo-se elementos materiais, os quais não constituem prescrições, mas contribuem para a própria formação do direito; elementos históricos, racionais e ideais. As segundas, as *fontes formais* dizem respeito à elaboração técnica das fontes substanciais por meio de forma solene. Naturalmente, a questão que se coloca diz, portanto, dada esta divergência intrínseca entre fontes, da percepção do ordenamento em sua *unidade*. Por isso questões vêm à tona quanto legitimação do direito e quanto à fundamentação da ordem, levando a doutrina ora a minimizar as fontes formais, ora a minimizar as fontes materiais. Trata-se, aqui, de um jogo estratégico e absolutamente relevante no plano jurídico. O positivismo, como dito, privilegiou de maneira excludente as fontes formais, e relevou a segundo plano as fontes materiais (tão somente naqueles momentos em que o próprio ordenamento jurídico abriu formalmente espaço). Por outro lado, leitura jusnaturalistas e críticas tendem a dar atenção especial às fontes materiais e as novas formas de origem do direito (eis aí um papel central conferido à interpretação e aplicação judicial).

Por fonte, tem-se termo ambíguo: em princípio, pretende significar origem, gênese, contudo, discute-se o significado jurídico conforme se analise sua origem histórica, sociológica, psicológica, ou então, a origem analítica, sua natureza filosófica etc. Estas ambiguidades têm, no entanto, sua razão de ser, na medida em que a teoria das fontes relaciona-se com a identificação do direito, como visto (a teoria piramidal kelseniana), ou seja, com a "dominação legal". Trata-se de problema existente na sociedade sempre que esta não apresenta, segundo olhares tradicionais, mais padrões estáveis, passando assim a dogmática a assumir tal função. Na linha foucaultiana, lida por Tercio Sampaio, o poder disciplinar vai tornando-se cada vez mais racionalizável, robusto, e não descontínuo, cumprindo ao aparelho estatal conhecer sempre novas subjetividades e novas formas, e se valendo da ciência dogmática moderna para tal fim. É a teoria das fontes lugar privilegiado para tal fim. Ela permite uma série de regras referentes à entrada de uma norma no conjunto, a partir da distinção entre os elementos que constituem o repertório (como visto), e as relações conforme as regras, compondo a estrutura do sistema. Com isto, tem-se a identificação do direito para aplicá-lo (decidibilidade). Não por outra razão, em perspectiva liberal desde o início do séc. XIX, o princípio orientador geral desta teoria é os ideais de segurança, certeza e previsibilidade, podendo-se, a partir daí estabelecer-se uma classificação, na qual aparecem: (i) fontes estatais (gravadas de autoridade e maiores formalidade); (ii) fontes menos objetivas (os costumes e a jurisprudência), e, (iii) fontes negociais (a atividade privada, variável e dotada de subjetividade).

Em termos de direito positivo, nas fontes formais, está a legislação em sentido geral, assim subdividida segundo o ordenamento pátrio (questão esta que há de ser estudada pelo Direito Constitucional e não propriamente pela teoria do direito): legislação, costumes, jurisprudência

(i) *legislação* – constitui um modo de formação de normas jurídicas por meio de atos competentes, isto é, sancionadores, estabelecidos de normas soberanas. Apresentam-se como:

(a) *constituição* – conceito bastante controvertido, sendo entendido atualmente como a Lei Fundamental (porque contém normas essencialmente secundárias, embora haja normas obrigacionais) de um país, possuindo normas respeitantes à organização básica do Estado, os direitos fundamentais consagrados e a definição do exercício do poder público. Surge daí uma classificação, qual seja, a de constituição material e constituição formal. No tocante à matéria, há então normas que definem procedimentos para a

2. A CONSTRUÇÃO DO DIREITO COMO NORMA

elaboração de outras. De outra parte, as formais se identificam não pela matéria, mas porque estão submetidas a processos específicos de produção e alteração.

Outra questão relevante diz respeito a seu caráter fundamental e supremo, sendo desta problemática que advém os três conceitos de constituição: o sociológico, o político e o jurídico. Para o primeiro, a constituição seria a soma dos fatores reais de poder. Estes constituem a força ativa que forma todas as leis e instituições jurídicas. Os fatores reais transformam-se em fatores jurídicos quando se dá uma organização de procedimentos para a elaboração de normas jurídicas (constituição escrita). A problemática desta corrente é de que somente a constituição escrita que refletisse perfeitamente os fatores reais de poder poderia ser considerada constituição real. No seu sentido político, a constituição seria a decisão política fundamental, equivalendo assim ao próprio estado. Assim, a decisão política se identificaria pelo seu conteúdo político-social, e é em função de seu decisionismo (vontade do poder que a estabelece) que esta noção se difere da concepção sociológica. A terceira concepção refere-se à lei fundamental, ou seja, a normas que viabilizam os procedimentos. Este aspecto independe de outros fatores, sendo a constituição um conjunto de normas básicas, de conteúdo técnico, de onde o jurista retira elementos para solucionar conflitos. A fonte desta concepção seria o que Kelsen denomina norma fundamental pressuposta (como visto acima).

(b) leis – em regimes constitucionais, as leis assumem papel de grande relevância, de modo que as constituições dão-lhe preeminência, por meio do princípio da legalidade (e aqui a marca do juspositivismo é fundamental). É importante, então, que a norma seja revestida sob forma de lei, tida como a verdadeira fonte do direito para o pensamento burguês. Isto implica que é lei se uma série de procedimentos foram realizados, conferindo à norma seu caráter legal. Os acontecimentos que lhe conferem este caráter são basicamente a promulgação e a publicação (esta apenas com vistas a neutralizar a ignorância, sem contudo eliminá-la). Não são poucos os tipos de lei existentes, conforme a força que possuem:

emendas constitucionais, leis complementares, leis ordinárias e leis delegadas. Ademais, os diversos níveis da federação também possuem leis com amplitudes distintas: leis federais, estaduais ou municipais. No âmbito das leis, também se dá a distinção entre um sentido formal (modo de produção de normas) e um sentido material (conteúdo, de forma que, segundo a antiga concepção liberal, teria como características a generalidade e a universalidade).

Ressalte-se que o tema da hierarquia das fontes legais (leis, decretos, regulamentos, portarias e instruções) depende, naturalmente, do ordenamento jurídico doméstico. Normalmente, assim se apresentam: *decretos* são atos normativos do poder executivo, os quais têm basicamente a função explicitar as normas, vinculados que estão ao princípio da legalidade; *portarias* atos administrativos ministeriais; *instruções normativas* constituem-se em atos internos dos órgãos administrativos. Esta complexidade normativa decorre do desenvolvimento do Estado-gestor, o qual com sua infinidade de funções tornou necessários estes atos, embora acabem por implodir a clássica estrutura hierárquica das fontes. A existência desta hierarquia está, naturalmente, no sistema kelseniano norma fundante e norma fundada, levando à ideia simples de "a lei superior prevalece sobre a inferior". As controvérsias iniciam-se quando se questiona qual lei, ordinária ou complementar é superior. A solução ocorre pela verificação de qual delas contrariou os limites horizontais. Ressalte-se que a questão da hierarquia é uma função mais jurídico-política do que analítica. Uma fonte prevalece sobre as outras pela sua validade, e não pela generalidade de suas normas. Resolve-se então a questão pela ideia de norma origem, a qual confere validade a outras. Os sistemas normativos conteriam, assim, várias normas origens, constituindo um todo coeso, integrado, o qual se rege pelo princípio da finalidade equitativa, segundo o qual um mesmo ponto pode ser regido por diversas origens.

Convém esclarecer, apenas ao acadêmico, que códigos, consolidações e compilações não se confundem. Estes são criados por uma necessidade de sistematização e coerência. Os *códigos* seriam

2. A CONSTRUÇÃO DO DIREITO COMO NORMA

conjuntos de normas estabelecidas por lei, visando à regulação unitária de um ramo do direto, orientado por critérios não necessariamente lógicos, mas tópicos. Sua existência constitui um esforço técnico de domínio prático, estabelecendo amplas redes conceituais, caracterizadas por um espírito de rigidez e conservadorismo. As *consolidações* consistem numa compilação de leis preexistentes, retirando as normas de seu contexto e reformulando-as. As *compilações*, por sua vez, constituem-se em simples repertórios de normas, que geralmente obedecem a critérios cronológicos.

(c) *tratados e convenções internacionais* – fontes normativas internacionais, cuja importância vem crescendo, tanto no direito público quanto no privado, o que acaba se tornando um fator complicador da teoria das fontes tradicional, a qual surgiu com a formação dos Estados Modernos e sua noção de soberania. Não obstante, se incorporados ao ordenamento sob uma forma correta, adquirem força de lei, sujeitas ao sistema. Os tratados constituem acordos entre as vontades soberanas dos Estados. As convenções, por sua vez, são atos de organismos internacionais que, uma vez reconhecidos, integram o ordenamento (classificação, contudo, não segura e varia radicalmente de autor para autor, que, inclusive, chegam a dizer não haver diferença entre elas). Há, por outro lado, normas internacionais que repercutem imediatamente nos indivíduos, relativas a direitos fundamentais, o que acaba por implodir o conceito antigo de soberania. Também os costumes internacionais são importantes, à medida em que prevalecem sobre as ordens jurídicas e se equiparam às Constituições. a consequência é a necessidade da ampliação da teoria das fontes pela força das relações internacionais. O tema da recepção destas normas é complexo, sobretudo quando envolve direitos humanos, e há de ser cuidadosamente estudado pelo Direito Constitucional.

(ii) *Costume e Jurisprudência* – costume constitui-se num segundo grupo de fontes, mas de menor objetividade, pois exige um procedimento difuso. Tem, portanto, menor importância que no passado (embora no direito internacional seja ainda de grande relevância). Dois são os requisitos para sua existência: o uso continuado e a convicção de sua obrigatoriedade. Esta última seria a distinção entre o costume e o uso, embora se configure imprecisa. Procura-se diferenciá-lo pela expectativa de reação quando um uso é contrariado, as quais seriam distintas. O defeito desta tentativa é que acaba por inverter a ordem de procedência das coisas. Uma segunda solução que então aparece seria o apelo à ordem jurídica como um todo, tornando-se costume quando esta confere reconhecimento aos usos. Novamente, porém, inverte-se causa e consequência. A solução deve, portanto, advir do aspecto sociológico e sua noção de institucionalização. A obrigatoriedade dos costumes teria origem na expectativa de consenso. Instituições seriam processos que se verificam enquanto atuam, de forma que quem se coloca contra ela acaba por romper o consenso e observar uma reação social. Normas consuetudinárias, portanto, seriam também dotadas de validade (*opinio sive necessitatis*) e de eficácia. Esta noção de institucionalização seria em verdade uma explicação sociológica. Dogmaticamente, os costumes seriam regras estruturais, contidas em fórmulas doutrinárias. A prova de sua vigência, entretanto, por não haver publicação, deve ser realizada por quem a alega, devendo haver também um controle da autoridade.

Ressalte-se que, dentre os tipos de costumes, há aqueles que disciplinam matérias que a lei não conhece (*praeter legem*), diferentes dos *secundum legem*, os quais são coincidentes à lei. E aqui reside o grande problema do conflito de fontes no debate *jusnaturalismo vs juspositivismo*, pois para aquele o costume *praeter legem* deve ter a atenção necessária para a própria oxigenação do direito, enquanto deste se ignora quase que por complete, exceto quando o próprio ordenamento jurídico assim permite. Há também usos que possuem relevância, mesmo não sendo fontes, pois não trazem a *opinio necessitatis*, tal o caso dos usos do direito comercial, os usos da praça (local e data de pagamento, por exemplo).

Contudo, como dito, questão importante a se refletir é se o costume jurisprudencial é ou não fonte do direito. Esta dúvida remonta à história do direito, na qual se nota que na tradição anglo-saxônica, os preceitos judiciais possuíam força vinculante. Esta concepção vai sofrendo uma evolução na idade moderna, de forma que atualmente possuem as seguintes características principais: tribunais inferiores devem respeitar as decisões dos tribunais superiores, e estes se obrigam por suas decisões; qualquer decisão constitui um argumento relevante para outra; o que vincula nestas decisões é um princípio geral do direito; um precedente nunca perde a sua vigência, apenas a sua aplicação prática. Obviamente, tal liberdade tem sua explicação histórica, na medida em que cada juiz não é um mero funcionário do Estado, mas é especialmente escolhido. Todavia, desde o direito Romano, há uma proibição desta liberdade, devendo as decisões ser subordinados à lei geral. Não há, portanto, esta vinculação à jurisprudência. O juiz deve julgar conforme a lei e a sua consciência. Nota-se, no entanto, uma jurisprudência pacífica, com relação às interpretações uniformes e constantes que ocorrem.

(iii) *fontes negociais (racionais)* – doutrina, princípios gerais do direito, equidade e negócios jurídicos. Estas são consideradas as fontes de menor grau de objetividade. As fontes negociais caracterizam atos de autonomia privada que derivam da lei. Dentre estes, os atos *praeter legem* são aqueles que atuam no vazio da norma, formando regras gerais. Sua força repousa no costume, e portanto só são aceitos como fontes do direito no sentido de criar normas individuais (ao menos para o positivismo rígido). A razão jurídica, por sua vez, baseia-se primordialmente na *doutrina*, a qual não é fonte do direito, mas orienta a interpretação, embora haja verdadeiras construções doutrinárias que poderiam ser fontes (mas não vinculam). A função principal da doutrina, bem como da jurisprudência, é criar certos *standards* que dão ao direito alguma uniformização. São os conceitos de mulher honesta ou justa causa, por exemplo. Quantos aos *princípios gerais do direito*, previstos na Lei de Introdução às Normas do Direito Brasileiro, constituem uma reminiscência do direito natural, baseado na ideia de equidade (no sentido de sentimento do justo). À medida que não são normas, mas sim princípios, não compõem o repertório do sistema, mas atuam como regras estruturais, responsáveis pela imperatividade do sistema. Assim, não se trata de fontes no mesmo sentido das demais, pois são metalinguagem, compostas por lugares-comuns e de caráter tópico. Por sua vez, a *equidade*, é uma consideração harmônica das situações concretas, ajustando à norma para a solução mais justa. Possui, assim, esta mesma função metalinguística. Por fim, a razão jurídica possui um caráter meta-normativo, dela derivando, por exemplo, as *fontes negociais*, que são vínculos formais e normativos estabelecidos por particulares.

Para além da teoria das fontes, porque então já definido quem e através de que meio as normas podem existir formalmente no direito, é preciso, no fundo, ver em abstrato, que toda esta percepção passa pelo filtro piramidal kelseniano de que se falou acima, isto é, uma norma, para que seja assim qualificada e ingresse formalmente no ordenamento jurídico, deve respeitar a ideia de *sistema por hierarquia*, logo, é preciso que haja sempre uma *norma superior fundante* que a permite ser uma *norma inferior fundada*, ou seja, é preciso que ela seja antes uma norma de execução de uma norma superior de produção. Se respeitado o escalonamento normativo, há uma identidade entre as normas, e, portanto, é possível se falar em *unidade*. Por isso é que ordens jurídicas plurais, como feitas por comunidades tradicionais, são tão difíceis de serem aceitas, se não também a partir da recepção via Poder Judiciário, já que, no fundo, é uma maneira também formal de interiorizar regras externas como normas jurídicas (e aqui, naturalmente, entra todo o debate sobre o ativismo judicial que se fará ao final no cap. 6).

Plenitude. Contudo, não basta para que exista um sistema, ao menos em perspectiva positivista clássica, que este conjunto de normas esteja organizado por regras que lhe conferem identidade e permitam dizer ou que pertence e o que não pertencem a um ordenamento. É preciso que não haja lacunas, isto é, que o sistema tenha em si regras escalonadas de tal como que as incompletudes não existam, e, se elas aparecerem com o tempo, que haja todo um conjunto integrado de regras capaz de lhes colmatar. O dogma da plenitude certamente foi árduo para os positivistas, sobretudo com o incremento da tecnologia, das novas formas de vida, da complexidade da realidade urbana, dos novos agenciamentos econômicos e migratórios do séc. XX, etc., de modo que o pilar no qual se apoiava (e do que já se falou bastante nestas *primeiras reflexões*) foi sucumbindo, sobretudo no pós-guerra e a fragilidade do dogma da lei.

2. A CONSTRUÇÃO DO DIREITO COMO NORMA

O dogma da plenitude, sobretudo por força do engessamento da realidade social, e por força das lutas proletárias do séc. XIX, bem assim das insuficiências em garantir direitos frente a movimentos totalitários do início do séc. XX, foi criticado já pelos movimentos, como vistos, antiformalistas francês e alemão. Talvez por isso, a melhor definição de lacuna seja feita nesta perspectiva crítica, como a de *Karl Engisch*, que afirma se tratar de uma "incompletude insatisfatória dentro da totalidade jurídica" (Tercio Sampaio). A muito contragosto, os positivistas passaram a estudar as incompletudes, sobretudo para tentar salvá-las e manter a integridade do sistema.

Por isso, uma das primeiras questões foi classificá-las para melhor conhecê-las, a partir de alguns critérios: (i) *lacuna autêntica* e *inautêntica* (Ernst Zitelmann) – que parte da situação em que a própria lei não leva a uma resposta (porque impossível: inexistente ou não encontrada), logo, autêntica, e quando a resposta existe, mas não é desejada, logo, inautêntica; (ii) *lacuna intencional e não intencional* (Félix Somló) – parte da situação em que o legislador, ciente, não legisla sobre determinada situação fática porque não se entende em condições de elaborar a norma – intencional (dita também querida), contudo, é possível que não o faça – não intencional – porque não percebe a problemática possível, porque as situações do contexto não permitem que perceba, ou, então, porque não foi diligente o suficiente para percebê-la; (iii) *lacunas originárias* e *posteriores* (Karl Engisch) – são lacunas que já estão presentes no ordenamento desde a origem, mas não havia sido colocadas à tona – originais –, ou que decorrem do tempo, por força da modificação do sistema ou da realidade; (iv) *lacunas patentes* e *lacunas latentes* – as primeiras ocorrem quando não há norma que regule uma dada situação fática, enquanto as últimas ocorrem quando a norma existe, mas é de tal modo amplo que apenas a incidência fática da norma é que permitirá perceber a sua insuficiência – ausência de restrições necessárias (Claus Canaris); e (v) *lacunas de conflito* – quando não há lacunas capazes de estabelecer a resposta adequada diante da antinomia normativa (Ulrich Klug).

Classificadas as lacunas, estabeleceram então os positivistas mecanismos sistêmicos para resolvê-las, ou seja, estabeleceram o que se denomina de *integração do direito*. Aqui, para evitar análise exaustiva, apenas se referenciam estes mecanismos, que nada mais são do que fontes do direito: costumes, analogia, princípios gerais do direito. Diante da ausência da norma, cumpre ao aplicador, sobretudo o magistrado, valer-se de um poder criativo e encontrar respostas capazes de construir uma norma de decisão para o caso concreto.

Coerência. No entanto, não basta que um sistema normativo evite ausências normativas ou normas que lhe sejam estranhas, é preciso que respeite outra regra de inferência: *princípio da não-contradição*, ou seja, não podem elementos negarem uns aos outros, sob pena de se manter a higidez sistêmica. Por esta razão, um ordenamento jurídico deve ser um conjunto de normas com *coerência* interna, logo, sem conflitos normativos.

Contudo, este constantemente ocorre, o que levou os positivistas a refletirem a sua existência, igualmente para entendê-los e solucionar o problema dito: antinomia (Tercio Sampaio). O primeiro a mencionar o termo foi Rudolph Goclenius em 1613 ao falar em antinomia entre sentença/proposição e entre leis. Ambas antinomias real e aparente. Em seguida, Johan Heinrich Zedler em 1732, ao dispor sobre contrariedade de leis que se opõem e se contradizem. Contudo, coube a Alexander Gottlieb Baumgarten em 1770 promover o grande avanço classificatório.

Tercio Sampaio, seguindo a linha que aqui se adota da leitura semiológica, distingue as antinomias na tríade: (i) *antinomia lógico-matemática* – autocontradição por processos aceitos de raciocínio, em que o raciocínio é simultaneamente contraditório e demonstrável (tudo o que é totalidade de um conjunto não pode ser parte do conjunto, algo passível de ocorrer na questão constitucional entre constituição formal e regras para sua reforma); (ii) *antinomia semântica* – contradição resultante de dedução correta a partir de premissas incoerentes por força do pensamento ou da linguagem. (clássico: só é verdadeiro se for falso o "eu estou mentindo"), no entanto, a resposta estaria na teoria dos níveis de linguagem (Carnap e Tarski) e seria a diferença entre língua-objeto (enunciados sobre objetos) e meta-língua (enunciados sobre enunciados), logo, "eu estou mentindo" é meta-língua e não pode valer para a língua-objeto, ou seja, o enunciado "eu estou mentindo" vale para todos os enunciados do mentiroso, mas não pode se referir a si próprio. Aqui o mesmo exemplo da reforma constitucional; (iii) *antinomia pragmática* – condições: forte relação complementar entre emissor e receptor (superior-inferior, chefe-subordinado: relação de diferença), instrução a ser desobedecida para ser obedecida, receptor em posição inferior insustentável (não consegue agir sem ferir a complementaridade e não possui meios para dela fugir). Em suma: na lógico-matemática há uma "falácia", na semântica "sem-sentido" e na pragmática "situação de indecidibilidade".

Na *antinomia jurídica*, há os mesmos fatores da pragmática, mas se revela no deôntico: duas normas com operadores opostos (uma permite e outra proíbe) e conteúdos de ação/omissão que se negam internamente um no outro (uma prescreve o ato e a outra omissão): "é permitido pisar à grama" e "é obrigatório não pisar à grama". Há ainda *comandos-sísifos* "fecha a porta sempre que estiver aberta"/"abra a porta sempre que estiver fechada".

De modo claro, Tercio Sampaio assim a conceitua: "*Oposição entre duas normas contraditórias (total ou parcialmente), emanadas de autoridades competentes, num mesmo âmbito normativo espacial e temporal, colocando o sujeito numa posição insustentável pela ausência ou inconsistência de critérios para permitir uma saída dentro do ordenamento.*"

De igual modo às lacunas, seguindo a linha terciana, é possível classificar as antinomias em: (i) *antinomias reais e aparentes* – é *real* quando não há regra normativa de solução e *aparente* quando existem critérios (lacuna de regra de solução); (ii) *antinomias próprias e impróprias* – é *própria* por razões formais e *imprópria* em virtude do conteúdo material das normas (*de princípios*: proteção de valores contraditórios, como liberdade e segurança; *de valoração*: pena mais leve para delito mais grave; *teleológica*: fins propostos por uma norma incompatíveis com os meios propostas por outra para alcançá-los) – na *imprópria* há mais um conflito entre o comando estabelecido e a consciência do aplicador do que evidentemente uma interdição para agir; (iii) *antinomias de direito interno, internacional e interno-internacional*. É de "*direito interno*" quando se dá entre normas domésticas e os critérios de solução são os tradicionais; é de "*direito internacional*" quando ocorre entre aquelas fontes do art. 38 da Convenção da CIJ 1946 (antiga CPJI 1920): costumes, princípios gerais e tratados difícil resolução, face a ausência de relação de complementaridade entre editor e receptor (quando se dá entre atos bilaterais e destes com multilaterais, valem as regras: *prior in tempore potior in jus*; *lex posterior derrogat priori*; *lex specialis derrogat generali*; e *lex superior derrogat inferior* – vista como superar enquanto valor encarnado na ordem pública internacional; e, quando se dá entre atos coletivos, as regras se tornam difíceis de serem aplicadas); é de "*direito interno-internacional*" e depende da adoção da teoria monista de prevalência interna (Georges Bourdeau e Jellinek) ou internacional (Kelsen e Verdross), ou da teoria dualista (Dionisio Anzilotti e Heinrich Triepel); (iv) *antinomias total--total, total-parcial e parcial-parcial* – É *"total-total"* quando não se é possível aplicar uma norma sem entrar em conflito com outra em nenhuma circunstância; é *"total-parcial"* quando o campo de conflito é apenas em parte em relação a uma delas; e *parcial-parcial* quando o campo de conflito é em parte em ambas.

O grande problema das antinomias jurídicas, é que ela coloca o aplicador da norma em uma *posição insustentável,* como afirma Tercio Sampaio: ausência de saída, ou, ausência de uma regra no sistema que o auxilie, como os critérios (regras práticas) da *hierarquia, especialidade* e *cronologia* (lembrando que não mais existe o critério *lex favorabilis derrogat odiosa*: prevalência da permissiva sobre a proibitiva, ou seja, deve-se dar preferência em situações de ambiguidade ou incerteza na interpretação de um texto a mais favorável – *lex favorabilis* prevê liberdade, faculdade ou direito subjetivo e *lex odiosa* uma obrigação seguida de sanção).

Esta posição insustentável, como já organizara Friedrich Savgny nos anos quarenta, deixa de existir se houver critérios que permitem dizer qual a norma que deve ser aplicada, ou seja: (i) *critério hierárquico* – *lex superior derogat legi inferiori* (a lei superior derroga a inferior); (ii) *critério da especialidade* – *lex specialis derogat generali* (a lei especial derroga a geral); e (iii) *critério temporal* – *lex posterior derogat legi priori* (a lei posterior derroga a anterior). Contudo, pode ser que situações coloquem os critérios em disputa, ou seja, é possível que uma norma seja posterior, mas genérica, outra inferior, mas mais recente, em suma, nestas há a necessidade de *metacritérios* para tentar estabelecer qual o critério há de prevalecer, se hierárquico, temporal ou de especialidade.

Quando houver os seguintes conflitos: (a) entre critério hierárquico e critério cronológico, tem-se como *metacritério* – *lex posteriori inferiori non derrogat priori superiori* (lei posterior inferior não derroga lei anterior superior); (b) entre critério de especialidade e critério cronológico – *lex posteriori generalis non derrogat priori speciali* (lei posterior geral não derroga lei anterior especial); e (c) entre critério hierárquico e critério de especialidade, a doutrina é quase uníssona em afirmar que não há meta-regra geral, pois adotar o da especialidade implica em desrespeitar, às vezes, à CR, e o primeiro em desrespeitar a adaptabilidade e efetividade do direito. Logo, há uma antinomia de segundo grau insanável, cumprindo ao juiz estabelecer de modo criativo um critério de decisão prudente.

3
Os Estratos Hermenêuticos do Direito

1. A Filosofia Hermenêutica e Jushermenêutica Tradicional

As origens greco-romanas da hermenêutica jurídica. O tema da interpretação, naturalmente, não é nada recente no âmbito dos textos normativos, e, seguramente, é possível encontrar dentre gregos e romanos orientações seguras, ainda que apresente feições diversas e ainda que não fosse propriamente uma teoria aos moldes modernos. Já nos antigos o tema se apresentava relevante, muito embora com imensa dose de imaginação e religiosidade. Tanto gregos, por força da transição democrática, quanto romanos e o projeto republicano, experimentam modificações na questão da *hermenêutica* do direito, caminhando em busca de uma secularização gradativa até a extinção de suas epistemes. No entanto, inobstante a laicização leve a uma proximidade com o ambiente moderno, na origem (o que acaba por deixar marcas ainda muito fortes até os dias de hoje) havia essa íntima relação com o saber divino, transformando a questão da interpretação jurídica num exercício cognitivo ao passo que ascético. Mesmo lá, o tema do sentido verdadeiro e da interpretação como desvelamento ou criação de sentidos já se postava. Também era visível que o interpretar envolvia o exercício do poder da fala, do poder dizer o que é o direito, de abrir ou manter o segredo da interpretação, bem como de fazer da interpretação um exercício estético subjetivo (questão esta tão relevante, que até hoje se propaga o domínio da interpretação como o domínio do *senso comum teórico* de que se falou no início destas *primeiras reflexões*).

A interpretação, para os gregos, sempre foi mais secular do que o foi para os romanos. Passado o período das profecias, com as entidades pitonisas e délficas, logo o saber do direito foi conduzido pelos juízes, ainda que em respeito às divindades. Sempre se apresentou com uma forma própria de auscultar o saber dos deuses, ora apenas de modo oracular, ora de modo mais criativo, conduzindo os homens na πόλις (cidade). Mesmo a questão da criação não é simples. Admitir que os magistrados atenienses poderiam atribuir novos sentidos às normas não parece ser algo plenamente claro e aceito entre os intérpretes contemporâneos. Alguns poucos *scholars* já se dedicaram a investigar o tema, como H. J. Wolff, H. Meyer-Laurin, Louis Gernet, Ugo Paoli, Vinogradoff, J. Meinechke e, atualmente, Edward M. Harris da Durham University, mas ainda continuam abertas as linhas de pesquisa neste campo.

De um lado, autores como Harris avançam sobre esta questão da interpretação normativa, a partir do que Hart denominara de *open texture*, para sustentar uma posição mais conservadora, mais segura, ou seja, da possibilidade de valer-se da δικαιοτάτη γνόμη (opinião mais justa) a título de interpretação apenas quando houvesse ausência de normas. De outro, estão autores mais clássicos, que acreditam que a δικαιοτάτη γνόμη (opinião mais justa) prevista no juramento anual dos juízes, abriria amplamente, tal Arnoldo Biscardi, um triplo papel para os magistrados: (a) de servir de guia para fins de interpretação legal; (b) de auxiliar na colmatação das lacunas legais eventualmente existentes; (c) de ajudar na resolução de conflitos entre a lei e a equidade, que, de regra, pendia para esta.

Conforme Arnaldo Biscardi, tem-se que por força do juramento feito pelos juízes de atentar às leis, de δικάζειν (votar) ou ψηφίζεσθαι (votar) de acordo com o que foi previamente estabelecido pela comunidade, ou melhor, de se manifestar κατὰ τοὺς νόμους (segundo as normas), transformava-se num dever moral do próprio juiz, de bem pronunciar a sua γνώμη τῇ δικαιοτάτη (opinião mais justa). Fica clara essa ideia quando Aristócrates, no discurso de Demócrito, afirma que votaria segundo a sua alma e consciência, sem obedecer ao χάρις (favor) ou à ἔχθρα (raiva). Havia, portanto, uma necessária vinculação entre o κατὰ τοὺς νόμους δικάζειν (julgar conforme as leis), inclusive quando ausentes (καὶ περὶ ὧ ἄν νόμοι μὴ ὦσι ἀλλὰ μὴν ὧν γ' ἄν μὴ ὦσι νόμοι),

3. OS ESTRATOS HERMENÊUTICOS DO DIREITO

e o bem julgar. A própria ideia de ausência de norma implica um exercício necessário da δικαιοτάτη γνόμη (opinião mais justa). Havia um ativismo por parte dos gregos, ao mesmo tempo em que o νόμος (norma) era uma forma de condensação da δικαιοτάτη γνόμη (opinião mais justa).

Enfim, a preocupação em interpretar, independentemente das hipóteses, muito embora tivesse um cunho pragmático, evidentemente não descurava, para os gregos também neste capítulo, de um conteúdo ético. Havia sempre no ato de interpretar um juízo do "bem interpretar", do interpretar corretamente segundo as regras morais e segundo a boa condução do λόγος (raciocínio/argumentação). Interpretar não era apenas um dever com o νόμος (norma), com sua origem, o seu sentido, mas, antes, um dever com o julgamento ético, com o Ὀρθῶς Βεβουλευμένων (bom senso). Aristóteles, inclusive, chega a vinculá-lo diversas vezes na Ética a Nicômaco como uma virtude do homem e sua regra de conduta.

Em suma, para os gregos, o ato de interpretar estava muito mais próximo de uma questão ética do que propriamente cognitiva. Com os romanos, por força da preponderância da religiosidade, o ato de interpretar se apresentou sempre mais próximo da cognição intermediada do que algo vinculado com o modo da interpretação. Isto se verifica pelo papel originário dado, ainda nos tempos arcaicos pré-*duodecim tabulae* ao *Collegium Pontificum*. O elo institucional da religião com a política acaba por se manifestar num corpo hierarquizado de sacerdotes: o Colégio dos Pontífices (*pontifex*, cuja etimologia remonta à "construção de pontes"). Cumpriam aos religiosos entrar em contato com os deuses e orientar os homens na *civitas*. Para cada matéria, uma categoria própria se constituía, numa espécie de especialização entre rituais sacrificais e simbólicos (Aldo Schiavone): os *fecialis*, responsáveis por rogar aos deuses tudo o que competisse às relações exteriores; os *augures*, a quem era dada a interpretação dos presságios por meio do *ius auspiciorum*; os *fratres arvales*, que oravam segundo as divindades naturais pelas terras e pela comida; os *flâmines*, envolvidos com o culto individual dos deuses (para cada um dos 15 deuses, havia um flâmine: *flamen dialis, flamen martialis, flamen quirinalis*, os principais, embora outros houvesse: *caramentalis, cerialis, falacer, floralis, furrinalis, pulatualis, pomonalis, portunalis, volcanalis, e volturnalis*); os *vestali* (únicos membros femininos, escolhidos entre meninas de 6 a 10 anos, cuja castidade deveria ser mantida durante 30 anos), dedicados às virgens que cuidavam do fogo sagrado e oravam a Vestes; e os *luperci sodales*, que sacrificavam animais para pureza da cidade (Antonio Guarino, Rolando Salmorán).

Dentre todos, sem dúvida, os pontífices mais importantes eram os augures, porque podiam predizer os presságios ao se comunicarem com os Deuses pelo *auspicium*. Eles eram responsáveis por obter a direção, por meio dos augúrios, das coisas públicas, que poderia se dar e dali extrair a normatividade da conduta: *ex caelo*, por meio de raios, trovões, ventos; *ex avibus*, de acordo com o vôo e o canto das aves; *ex tripudiis*, conforme o andar das galinhas; *ex quadrupedibus*, pelo gestual dos animais de quatro patas; *ex diriis*, por todo o resto que se manifestasse como um sinal divino. Conforme Cícero (Sobre as leis) – ele mesmo um augure em certo momento – o *ius auspiciorum* é a expressão máxima da manifestação pública; é o direito máximo da cidade, de mais alta autoridade, que permite dissolver ou anular assembléias, leis ilegais etc. (o que ficou conhecido como "consagração augural"). O seu conhecimento, do ponto de vista histórico, chegou através de fontes de produção direta, seja de natureza técnica, como o *Il liber singularis enchiridii* de Sexto Pomponio (D. 1.2.2), ou os *Annales Maximi*, seja de natureza atécnicas, como As narrações de Diodoro Siculo, Polibio, Livio, Dionisii di Alicarnasso, Appiano, Plutarco; ou ainda por fontes indiretas, como o *Cippus Vetustissimus* sob a *Niger Lapis* e a Tumba de François di Vulci.

Por meio das manifestações dos pontífices (*responsum*), criava-se uma complexa estrutura de suas *responsa*, que articulava regras para a cidade e servia (com base na mentalidade prescritiva, tal os mores) para disciplinar as relações entre os grupos no interior da comunidade, bem como os liames com a função exercida pelo *rex*. Ao dar as respostas aos *patres*, exerciam os pontífices o seu primordial papel cívico, pois lhes cumpria guardar a "verdade dos cultos, os segredos mágicos, a garantia dos favores dos deuses" de modo que as suas respostas, ao extrair as normas pela interpretação, emolduravam a conduta impressa pelos *patres* às famílias, e, logo, à conduta social. Esta "cognição do *ius*" operada pelos pontífices servia para resolver "problemas concretos", razão pela qual não constituíam propriamente norma de caráter geral. Contudo, embora servissem apenas para o caso, "não eram esquecidos", e a sua lembrança representava uma evocação memorial passada de geração em geração entre pontífices. Assim, com o incremento gradativo do número de *responsum*, e o filtro realizado por um grupo restrito, formava-se uma "sabedoria peculiar" e potencialmente nova se comparada à arcaica, posto que "casuística, preceptiva e puntiforme." Deste modo, embora não haja testemunhos de como os pontífices construíam as suas respostas nem o seu teor, é já de acesso aos romanistas que o pensamento republicano conservou traços das *responsa* nos seus procedimentos e nos seus métodos, mantendo sua herança por toda história do Direito Romano (Aldo Schiavone).

Este saber operado por meio das *responsa* é quase integralmente oral, ao menos até o III a.C. A "oralidade" tem um papel constitutivo, que condiciona a consciência dos romanos e exprime o seu estilo, a sua transmissão, o seu modo de ser, de modo a criar um vínculo entre "poder e palavra" na tradição do *ius*. Não à toa o centro das manifestações jurídicas está muito mais nos signos verbais do que no conteúdo próprio das respostas. Por isso, é possível afirmar que a experiência religiosa e a experiência jurídica não se mostravam tão-somente nos fatos, mas, sobretudo, nas construções linguísticas e nos gestuais criados para evocá-los e coligar com o divino (aqui tem ganhado destaque, numa nova romanística e suas pesquisas, o estudo de fontes pictóricas e dos discursos nos tribunais, como o de Cícero, com vistas a encontrar este elemento discursivo dos signos). Esta é a razão por que os pontífices controlavam a forma das palavras pronunciadas, a sua sequência, o ritmo da linguagem, para singularizá-la em relação às demais formas de comunicação possível com o divino (e, logo, com o *ius*), implicando num domínio sobre o pensamento coletivo. Nesse sentido, quanto mais seguro fosse o controle exercido sobre os signos verbais e a sua dinâmica, mais recluso, privilegiado e exclusivo se tornava o poder. Por isso é possível identificar nos hábitos e nos modos verbais verdadeiras técnicas de disciplina da vida comunitária, de maneira que o direito tardorepublicano se constrói basicamente por "cláusulas petrificantes", "formalismos" e "tradicionalismos". A "cultura oral", concentrada sobre o som da palavra, incrementava potência, como uma verdadeira "fórmula mágica", uma espécie de "caráter formulaico" do saber, através do "valor performático da linguagem". Assim, a eventual mobilidade que a oralidade possui em relação à escritura se perde, e a solidificação das regras pelo recurso da memória e da repetição se torna a chave de configuração do jurisconsulto clássico. Por decorrência, opera-se também uma viva relação entre "oralidade e acontecimento", pois cumpre aos pontífices e suas *responsa* filtrar e construir os acontecimentos, conservando em sua vivência o saber do *ius*. Esta realidade, tão bem costurada, continuará por séculos, decaindo apenas no período tardio das primeiras abstrações e primeiras categorias e esquemas lógicos (Aldo Schiavone).

Os pontífices ganham então, por este peculiar domínio, um papel de imenso relevo, como verdadeiros sapientes, que cuidavam e interpretavam desde os problemas cotidianos das famílias e da *civitas*, quanto os principais temas religiosos, e, talvez, o maior deles, o domínio do calendário (com os dias fastos e nefastos e as formas lunares, bem assim os ritos para invocar as divindades). Essa possibilidade de interpretação com exclusividade lhes imprimia a detenção de um conhecimento único, especialmente pelo controle do segredo, o que lhes conferia um poder absoluto. Não à toa na República, Gneo Flávio e Tibério Coruncânio procuraram retirar esta exclusividade, abrindo a interpretação do direito à comunidade, ainda que de expertos. Lentamente, contudo, a complexidade política, o incremento social, o engrandecimento das trocas mercantis acabarão por dissociar o *ius* da experiência religiosa, de modo que a expansão do saber jurídico se transformará no logos da cidade, longe do poder dos pontífices, através de um "poder laico" da aristocracia (especialmente pela pretura). Embora não venha a ser por completo esquecida esta religiosidade originária, acabará por se restringir a partir do séc. III a.C. apenas ao *ius pontificium* (direito dos pontífices), posto que o *ius civile* cumprirá muito mais ao *ius honorarium* (direito dos pretores) (Arnaldo Momigliano).

Todavia, no direito arcaico, antes desta secularização gradativa, a marca era o domínio exclusivo dos pontífices, que por suas *responsa* apenas davam aos *patres* o poder de segui-los em seus os conselhos, realizando uma interpretação literal. Por esta razão, não havia margem de discricionariedade neste momento, e aos homens na *civitas* não restava outra coisa senão operar uma interpretação literal das *responsa*, já que, antes de tudo, eram elas meras expressões divinas. Formou-se, então, toda uma rede de manifestações ritualísticas, a fim de que o elemento religioso não se perdesse nas possíveis e variadas interpretações das *responsa*. Cumpria, então, às palavras, aos gestos e procedimentos o condicionamento necessário para que o ius se mostrasse aos humanos por meio dos conselhos divinos. Seguir esta gestualística jurídica era, antes, manifestação segura e direta do que os deuses haviam reservado e esclarecido pelos pontífices aos humanos (Max Kaser).

3. OS ESTRATOS HERMENÊUTICOS DO DIREITO

Isto é nitidamente verificado nos diversos institutos que começam a ser criados ainda nesta época clássica: i) *nexum, mancipium* e *solutio* – somente com a presença das partes, do objeto, de 5 testemunhas e o pronunciamento de certas fórmulas verbais, com perguntas e respostas, é que efeitos jurídicos são gerados. Se a pronúncia não for correta, não vincula – eis o que Aldo Schiavone fala de uma forma pela linguagem; ii) na *stipulatio*, por exemplo, a promessa solene de prestação em resposta à pergunta do credor deve ser feita do mesmo modo e amplamente compreendida, ainda que em outra língua: Respondes? Respondo. Prometes? Prometo. Garantes? Garanto, Afianças? Afianço. Darás? Darei. Farás? Farei., do contrário, não produz qualquer efeito; iii) no matrimônio – cria-se todo um complexo de perguntas e respostas também previamente determinadas, inclusive com a obrigação de comparecer e dizer perante testemunhas que aceita ou não o vínculo etc.; iii) na *manumitio* – o ato de tornar liberto uma *persona servilis* poderia se dar por diversas formas, cada uma guardando um rito específico, uma forma dos deuses se comunicarem com os homens e por seus atos se expressarem: *per testamentum* (em que a libertação se dava pela inscrição no testamento), *per censu* (através da inscrição feita pelo dono na lista de cidadãos livres da cidade, a qual era elaborada por censores a cada cinco anos), *per vindicta* (o cidadão iria até um pretor pela fórmula da *vindicatio in libertatem* e declarava solenemente em voz alta que seu escravo estava livre), *inter amicos* (quando o dono o declarava livre perante testemunhas), *per epistulam* (quando o fazia por escrito), *per mensam* (quando fazia o escravo sentar-se à sua mesa), *per pileum* (quando colocava o chapéu no escravo e o declarava livre), etc. A lei das XII tabuas é recheada destes exemplos, como a emancipação de filhos, abandono do leito conjugal, venda da prole etc..

Apesar de se tratar de um processo de conquistas políticas, iniciado com a *duodecim tabulae* e cumprido em 75 a.C., fato curioso é que tão logo criada a Lei dos *decenviris*, os mesmos patrícios que a fizeram viram a sua tradição enquanto *lex* retornar ao cenário, ao menos no plano do *ius*, dos tempos da sacralidade. Então, embora não mais participassem propriamente da elaboração das regras, passava a cumprir aos sacerdotes o trabalho de custodiar esta legislação. Deste modo, a novidade era reabsorvida, e no diálogo entre "*lex* e *responsa*", reassumem as respostas dos pontífices um papel fundamental como fonte primária do direito, ao menos durante os sécs. IV e III a.C.

Mantém-se, então, pela hermenêutica dos sacerdotes, o traço fundamental do *ius*: a formação de um saber jurídico de cultores privados e provenientes das instituições políticas. Sem embargo a importância da *duodecim tabulae*, o fato é que mal publicada já retorna o *ius* o seu caráter aristocrático, oligárquico, ainda que não tão exclusivamente patrício.

Contudo, os romanos, com o passar do tempo e das transformações políticas, ainda mapeados na origem pelo pensamento mítico e religioso, passaram a qualificar algumas pessoas como aptas a obter do plano divino as respostas para suas indagações, especialmente aquelas de ordem coletiva, da formação da *civitas*. Assim, atribui-se aos pontífices o poder de obter estas respostas, os auspícios (*auspicium*), e os comunicar aos homens por meio de sentenças às suas perguntas (*responsa prudentium*). Com o desenvolver das estruturas políticas e da laicização do saber jurídico, como adiante mais bem investigado, esta tarefa de dar respostas aos problemas dos homens sai do Colégio dos Pontífices e passa a figuras públicas, inicialmente os conhecedores das normas humanas, os prudentes, em seguida de modo reflexo aos pretores, e, por fim, de modo mais vivo, aos profissionais intitulados jurisconsultos (*iuris consultus*). De qualquer modo, toda manifestação casuística destas personalidades por meio das respostas (*responsa*) passou a ser decisiva na condução dos comportamentos dos indivíduos, especialmente quando assumem lentamente um lugar no *ius civile*. Assim, vestiram desde sempre uma natureza de fonte jurígena.

De qualquer forma, o que se percebe é que o *ius* agora, embora não mais pontifical, mas de especialistas aristocráticos, expressa-se ainda pelas *responsa* e se mantém dirigido às situações individuais e não gerais como a *duodecim tabulae*. Suas emanações continuam a se tornar normas, prescrevendo caminhos e modos para as relações individuais, mas com um grande acréscimo de densidade prescritiva: aquilo que outrora se sustentara na "memória", passava a ser transcrito. Ao buscar precedentes para extrair regras em busca de uma possível tipificação prescritiva para o caso, colocavam-se os novos especialistas a vasculhar semelhanças e identidades casuísticas (*selva delle somiglianze*) (Aldo Schiavone). É exatamente neste instante que o *ius* transforma-se no *ius civile*, *ius civitatis* (o direito da cidade), de caráter essencialmente privatístico. Aperfeiçoa-se todo um bloco de natureza privada do *ius*, dado em três grandes etapas: a primeira, dos mores arcaicos, reservados aos pontífices; a segunda das *duodecim tabulae*, de interpretação pontifical; e a terceira, da interpretação oral dos jurisperitos. Então, o *ius civile* no séc. II a.C. identifica-se com a "interpretação dos jurisconsultos", que, ao lado do *cavere* (aconselhamento nos negócios) e do *agere* (assistência na fase *in iure*), faz do *respondere* a grande fonte do primado do saber jurídico.

Inobstante este pensamento tópico-retórico, na base da *scientia iuris* está a racionalização do saber romano, intimamente vinculada à passagem da sacralidade à dessacralização. Inicialmente, como já visto, o saber dos presságios era secreto. Os pontífices eram os "sábios de Roma" e custodiavam e interpretavam com exclusividade o patrimônio mais importante: o calendário (com os dias fastos e nefastos e as formas lunares, bem assim os ritos para invocar as divindades). Tinham, portanto, um vínculo com o poder, pois o conhecimento exclusivo, o domínio do segredo, imprimia um poder absoluto. Contudo, na época republicana, este saber vai se tornando aberto, desvelado, seja inicialmente pelas mãos dos pretores, seja pela ebulição de um saber "vulgar", que se lança pelas vozes de alguns jurisconsultos e pela atitude de outros, como Gneo Flávio e Tibério Coruncânio, que procuram retirar esta exclusividade, abrindo a interpretação do direito. À medida que a complexidade política aumenta, o *ius* começa a se dissociar da experiência religiosa, e a expansão do saber jurídico ser transforma no logos da cidade, através de um "poder laico" da aristocracia. Não é por completo esquecida, embora muito se restrinja a partir do séc. III a.C. em *ius pontificium*. Aquele modelo de interpretação literal em que aos *patres* não competia senão seguir os conselhos e realizar uma conclusão literal, sem margem de discricionariedade, especialmente pela vinculação divina dos conselhos, agora, desvelado, torna-se poroso, flexível, apto a se adaptar à nova realidade da *civitas* (Vicenzo Ussani). Assim, laicizava-se a interpretação, mas mantinha em sua essência o controle do saber das normas com algo privilegiado, para poucos, marca da antiguidade, e, talvez se possa dizer, ainda dos dias de hoje.

Modernidade e Hermenêutica Científica. No Medievo, com visto também, o lugar desempenhado pela religião nas escolas patrística e escolástica limitaram a interpretação jurídica aos métodos da interpretação das sagradas escrituras, sendo a hermenêutica jurídica tão somente um modelo em identidade ao elaborado no cristianismo. Será, contudo, no jusnaturalismo, desde os racionalistas, e, principalmente os positivistas (como visto acima), os grandes fomentadores da reflexão sobre a interpretação do direito em sua singularidade.

A interpretação que se desenvolve a partir do séc. XVIII e XIX é marcada, por certo, pelo paradigma do sujeito e por toda a epistemologia moderna, consequentemente, sua sustentação está no âmbito do racionalismo e do iluminismo e o desenvolvimento da lógica formal. Interpretar um texto normativo é, então, um exercício lógico de descoberta, a partir das regras de inferência (cap. 1) da não-contradição, do terceiro excluído e da identidade do "verdadeiro" sentido existente no texto. A interpretação é, então, a busca de verdades fundantes e imanentes que existem nas coisas, e, em especial, na legislação posta pelo Estado. O jurista é quem desvela este sentido verdadeiro, e o juiz, na hora de decidir um conflito, apenas elucida este sentido (Eis o dilema para Eros Grau da Vênus de Milo já existir no mármore e apenas ser desvendada por Alexandros de Antioquia). Busca, por rigorosos métodos (visão objetivista-essencialista) a essência do texto normativo, do comando esperado para a situação normada, e, uma vez encontrado, interrompe o curso de raciocínio, dentro da tradicional máxima *in claris cessat interpretatio*.

A interpretação jurídica por muito tempo (e ainda nos corredores forenses não foge muito disso) esteve atrelada ao paradigma da consciência e da primazia do sujeito racional e cognoscente. De consequência, ela se ambienta na clássica divisão *sujeito-objeto*, dualidade insuperável, seja pelo método dedutivo racionalista, pelo indutivo empirista, seja mesmo pela tentativa de conciliação do idealismo transcendental kantiano.

A imagem deste modelo de interpretação, simbolizado pela figura do juiz incrustado pelo legalismo napoleônico da simples manifestação literal da lei (*la bouche de la loi* de Montesquieu), é marcado então pela sacralização e intangibilidade da lei. A lei como expressão suprema do parlamento, dentro de um universo liberal, individualista e normativista burguês, cujo sentido apenas seria descoberto pelo aplicador, mas sem qualquer função criativa, apenas elucidativa (noção de clareza textual). Interpretar é um agir silogístico, geométrico e rígido, e, ainda que a realidade suscite algo diverso, a interpretação deve levar claramente à aplicação da lei (velha máxima "faça-se justiça, ainda que o mundo pereça – *fiat justitia, pereat mundus*).

Os positivistas, naturalmente, foram pródigos na elaboração deste projeto de hermenêutica de um sujeito *solipsista*, que tem em si a descoberta da verdade das coisas externas (tudo está reduzido ao sujeito pensante, em perspectiva gnoseológica, metafísica e moral), por essa razão, tendem a esmiuçar o

3. OS ESTRATOS HERMENÊUTICOS DO DIREITO

raciocínio do intérprete, como algo absolutamente objetivo, guiado por regras racionais, e levado ao sentido por silogismos lógicos, que apenas precisam ser esclarecidos. Daí toda a sorte de categorias, princípios e classificações que são elaboradas metodicamente pela hermenêutica tradicional (Carlos Maximiliano).

Interpretação autêntica e doutrinária. Dentre as primeiras classificações relevantes posta pela leitura tradicional, está a distinção feita entre a interpretação autêntica e a doutrinária. De modo simples, *autêntica* é a interpretação feita por autoridade juridicamente competente para aplicar a norma, quanto *doutrinária* é feita por pessoas e órgãos que não sejam autoridades competentes. Nesse sentido, é irrelevante para Kelsen se é verdadeira ou falsa, o que importa é a interpretação como ato de vontade – escolha aleatória do juiz dentro das possibilidades institucionais dadas (logo, não automática como na exegética). Trata-se, no fundo, de um problema de vontade e não técnico.

Métodos hermenêuticos. Também se ocuparam os positivistas, em busca de aproximar a ciência jurídica das ciências exatas e biológicas, em estabelecer um conjunto de métodos capaz de guiar o jurista na interpretação da norma em busca do sentido verdadeiro "existente" na lei. Os *métodos hermenêuticos* então, são ferramentas postas para o juiz (especialmente) para interpretar a lei de modo seguro e correto, evitando as falácias do raciocínio. São eles de três categorias: uma primeira, que olha apenas o texto normativo (métodos gramatical, lógico e sistemático); uma segunda, que olha o contexto (histórico e sociológico); e uma terceira metainterpretativo, pois pensa o próprio desenvolvimento da norma interpretada e sua vinculada com o suporte fático existente (evolutivo, teleológico e axiológico).

Assim se subdividem: (i) *gramatical* – é o que compreende o texto a partir da própria língua e sintaxe (contato com o texto); (ii) *lógico* – trabalha a partir das ferramentas lógicas para clarificar sentidos, logo, identidade, terceiro excluído e não-contradição (por exemplo, se a norma versa sobre homicídio, não se está interpretando como furto); (iii) *sistemático* – é o que compreende a norma no contexto do ordenamento ou do sistema jurídico, logo, compara com outras normas e princípios, evitando ambiguidades, antinomias e lacunas (portanto, analisa validade, vigência ou perecimento da norma); (iv) *histórico* – é o que fixa as circunstâncias de um tempo que leva a formação da norma (*voluntas legis* – vontade do lei e *voluntas legislatoris* – vontade do legislador); (v) *sociológico*

– é o que busca na sociedade as causas que geraram base à formação da norma, tais os conflitos sociais, as lutas políticas, os movimentos econômicos etc.; (vi) *evolutiva* – é o que compreende as mudanças, as correções de sentido, os novos entendimentos ou as rupturas na hermenêutica; (vii) *teleológico* – é o que compreende os propósitos da norma, logo, a análise das finalidades do direito (o fim que se pretendia alcançar com a norma, como segurança pública, segurança nos contratos etc.); (viii) *axiológico* – é que investiga os valores relacionados à norma, por isso, a própria visão de mundo.

Tipos de interpretação. Não bastassem os métodos, pensaram os cientistas tradicionais do direito quais os possíveis e aceitos resultados que se pode conseguir da interpretação normativa, sem que ofendam os pressupostos lógicos do conhecimento. Os métodos permitem a fixação do entendimento do jurista, que acaba fixando, restringindo ou ampliando sentidos da norma. De consequência, tendo em conta os resultados possíveis da interpretação, diz-se que a interpretação é: (i) *especificadora* – se acabar por fixar limites de um conceito jurídico (por furto, entende-se a subtração etc. ...); (ii) *restritiva* – caso venha a delimitar a compreensão de modo a diminuir as hipóteses de aplicação; (iii) *extensiva* – quando se aumenta o campo de possibilidades hermenêuticas pelo jurista (previsões originalmente não estipuladas passam a ser compreendidas no âmbito de aplicação de uma norma) – algo que é, no ordenamento jurídico brasileiro, proibido no direito penal e tributário.

Interpretação e integração. Para a teoria hermenêutica tradicional, ultrapassado o uso dos métodos com seus respectivos tipos de interpretação, caso se chegue à inexistência (lacuna) ou confusão semântica (obscuridade) de norma capaz de conferir sentido e ser revelada pelo intérprete, é necessário recorrer à *integração*, fenômeno pelo qual, sem que nada seja efetivamente criado, permita-se a busca no ordenamento jurídico de norma para ser aplicada ao caso concreto. Esta integração por se operar por instrumentos quase-lógicos (analogia, indução amplificadora, interpretação extensiva) e instrumentos institucionais (*costumes* – reiteração sistemática, regular e aceita por um grupo de pessoas; *princípios gerais de direito* – pressupostos gerais existentes no ordenamento jurídico capaz de conferir abstratamente validade a determinadas normas; e *equidade* – integral racional a partir do bom senso, da ponderação, da razoabilidade e das circunstâncias concretas, apenas quando devidamente autorizado pelo ordenamento jurídico, no caso brasileiro). Quanto a estes últimos, evitando repetição, é conveniente que o leitor reveja o cap. 4, especificamente no plano das fontes do direito, lá mais bem esmiuçadas.

Contudo, quanto aos primeiros, têm-se tradicionalmente: (i) *analogia* – permissão (porque dada pelo ordenamento jurídico, como no art. 4° da LINDB, art. 3º CPP, art. 8º CLT, art. 108, I do CTN, ou no antigo art. 126 do CPC, já que o novo no art. 140 nada menciona expressamente) dada pelo ordenamento para que o intérprete recorra a situação com suposto fático semelhante e se valha da norma à qual esta se faria subsumir para usá-la na outra situação próxima; (ii) *indução amplificadora* – possibilidade do intérprete extrair por dedução ou indução regra de decisão a partir de axiomas postos para situações semelhantes (como a dedução de que se fala sempre em decisão por maioria, quando se está analisando um estatuto social, nas situações em que ele silencia; (iii) *interpretação extensiva* – parte-se da percepção de que situações semelhantes podem estar reguladas implicitamente na norma contida em outro texto normativo.

Segundo Tercio Sampaio, os *limites* ao uso da integração são: (i) nenhum meio integrador gera, por si, um efeito generalizante (o ato integrado é singular; o preenchimento da lacuna é *in casu*); em princípio, só o legislador elimina lacuna; (ii) princípio da tipicidade cerrada (não admite analogia – ex.: leis penais e leis tributárias isentivas) e (iii) *jus singulare* (direito que, em virtude de uma alguma utilidade particular, é introduzido contra a razão; uma norma singular – para atingir uma utilidade especial – vai contra um princípio geral).

2. O Paradigma da Linguagem e a Crise Jushermenêutica

Repensando a jusinterpretação. Todavia, esta leitura tradicional da interpretação sofre uma imensa revisão no início do séc. XX, quando o interpretar como ato exclusivo de conhecimento se percebe como ato constitutivo de conhecimento. A partir do *giro linguístico*, percebe-se que nenhuma interpretação é neutra, pois se é ato de vontade, então convicções, experiências, ideologias, compromissos políticos, econômicos, culturais, religiosos e de classe social estão presentes. Percebe-se que a hermenêutica não é um processo desinteressado, mas existencialmente vinculado e toda compreensão é uma pré--compreensão. Jamais se parte de uma página em branco, pois, no mínimo, já estão presentes no sujeito e no discurso preconceitos dos quais não se pode deslembrar. Não há leitura desinteressada. E isto tem uma reflexão decisiva para o Direito, pois, especialmente na figura do juiz pela concretização da normatividade põe-se às claras que o juiz quer decidir, e não apenas conhecer, logo, a aplicação do direito condiciona a hermenêutica jurídica. Não se trata de uma especulação isolada, mas é uma atividade intelectiva orientada para fins de decisão e aplicação. Logo, é necessário inserir a norma num contexto amplo onde estão os impulsos hermenêuticos. Intérprete é, antes, um tradutor do direito, tal o processo de tradução para Tercio Sampaio. Assim, a hermenêutica jurídica entra em crise e o processo neutro e simples de extração da verdade se transforma em prelevado ato de interpretação criativa de sentidos.

Positivismo lógico. De modo sucinto, a marca da modernidade – *filosofia do sujeito/consciência* – iniciada especialmente com Descartes, Kant, Husserl, como visto acima, é a relação sujeito/objeto, em que o sujeito é *solipsista*, pois, para além do eu, só existem as experiências. A lógica deste modelo instaurado já no curso do séc. XVII, é que o conhecimento está fundado em experiências exclusivamente interiores e pessoais (ao menos no racionalismo inicial). Assim, toda a realidade se encontra reduzida ao sujeito pensante. Só existe o eu e suas sensações, sendo os outros entes participantes da única mente pensante. Nesta perspectiva, a realidade do mundo é apenas o eu e a solidão é marca da consciência individual.

Esta compreensão, contudo, começa a sucumbir quando, autores do início do séc. XX começam a discutir os paradigmas das ciências, e, fundando o que viria a ser o *positivismo lógico*, revisitam a atitude crítica filosófica e o ato cognitivo, e chegar à conclusão de que é impossível filosofar sobre algo, sem filosofar sobre a linguagem. Percebe-se que a linguagem não simples forma de comunicação, mas momento constitutivo de todo saber humano. Qualquer reflexão pressupõe a infraestrutura linguística pensada. Por isso, a linguagem é o que possibilita a compreensão do indivíduo no mundo, fruto de sua comunicação e sua intersubjetividade. Instaura-se com esta perspectiva uma nova relação, agora não mais sujeito-objeto, mas sujeito-sujeito. A linguagem não é mais "racionalidade epistemológica", mas uma condição para a "racionalidade prática".

Tudo se inicia, de maneira distante, com Frege (1892), quando se apresentou, pela primeira vez, a distinção entre pensamentos e representações.

3. OS ESTRATOS HERMENÊUTICOS DO DIREITO

Pensamentos são mais complexos que objetos de representação, e devem os falantes compartilhar sobre os mesmos significados. Logo, o ambiente e as relações entre os falantes assumem papel decisivo no processo cognitivo, e isto só foi possível com o advento do *Wiener Kreis* (Círculo de Viena), quando a busca pelo conhecimento empírico é retomada em superação ao idealismo kantiano. A superação ao conhecimento a partir da especulação se dá, especialmente, nos anos 1920, quando alguns intelectuais se reuniram neste círculo e passaram a discutir a reação ao criticismo kantiano: Moritz Schlick, Rudolf Carnap, Hans Hahn, Philipp Frank, Otto Neurath e Hans Reichenbach.

Partindo do *Tractatus Logico-Phylosophicus* de Ludwig Wittgenstein (1921), seus autores releram o idealismo e passaram a sustentar a possibilidade de uma interpretação empírica para fundar o conhecimento, seja pela crença de que a ciência deveria ser unificada com a linguagem e com os fatos que ela expressa, já que sua base é a experiência (e o conhecimento abstrato é obrigatoriamente tautológico); seja pela afirmação de que a filosofia é apenas filosofia da ciência, destinada a discutir a objetividade do conhecimento científico e suas proposições; seja, enfim, e consequentemente, pela aniquilação da metafísica, já que as questões filosóficas são antes questões de linguagem providas de sentido, cumprindo à reflexão filosófica o esclarecimento das proposições que não possam ser verificáveis (o resto é conhecimento científico). Eis o que se convencionou denominar de *positivismo lógico* ou *neopositivismo*.

Os *neopositivistas*, então, propõem-se a aproximar a filosofia da ciência, exigindo-lhe o rigor de raciocínio e o uso lógico da linguagem através de uma base empírico-formal. Assim, a discussão passa a ser como estabelecer distinções, como estabelecer um critério seguro entre proposições? A possibilidade ou não de verificação é a chave, e, tal as ciências naturais, o exercício filosófico só é válido se verdadeiro, e verdadeiro/falso é uma questão que depende de verificação. Enunciados, tais como os científicos, só assumem o selo de verdadeiros se passam pela verificação empírica.

A consequência desta reviravolta para o conhecimento filosófico é que, o conhecimento de suas proposições, então, depende da verificação, ou seja, uma proposição é verdadeira ou falsa a depender da possibilidade de conhecimento das circunstâncias em que ela se mostra como verdadeira ou falsa. Isto implica, portanto, que o exercício filosófico é de natureza (retomando aqui as teorias da verdade de que se falou no cap. 1) *semântico-verificacionista*. O sentido depende de sua verificação existencial.

Assim, ao se afirmar que "a distância mais curta entre dois pontos é uma reta", para que este enunciado seja recepcionado pela reflexão filosófica, basta que seja possível a sua verificação, ainda que não se faça o percurso para se realmente comprovar a afirmação – isto, por exemplo, justifica porque o enunciado é verdadeiro na geometria euclidiana (geometria plana), mas não o é na geometria riemanniana (geometria espacial, na trigonometria esférica, e na geodésica). No entanto, ao se afirmar que "a vidente grega *Sibilla Delfica* retratada por Michelangelo na *Cappella Sistina* tem a cabeça girada para a direita e o olhar surpreso, como se visse a chegada de Jesus Cristo para confirmar a profecia que está em sua mão esquerda", há, aqui, um enunciado sem significação para o positivismo lógico, pois não é suscetível de verificação se não mera interpretação feita a partir do afresco. Logo, embora possa ter valor estético e seja correta em termos sintático e semântico, este enunciado é um pseudo-enunciado, situado fora do conhecimento, e, ainda que correto, não tem valor cognitivo. Esta compreensão leva o positivismo lógico a afastar quaisquer enunciados desta natureza, porque, ainda que verdadeiros, são desprovidos de sentido cognitivo da realidade (simples especulações metafísicas). Já as proposições matemático-físicas, por serem analíticas, têm a sua qualificação como verdadeiras ou falsas a partir da razão e não da experiência, logo, apenas a partir de sua significação. Assim, dentre outras questões, a grande importância do *positivismo lógico*, misto de formalismo e empirismo, foi demonstrar a tradução das ideias científicas a partir da essência das proposições, logo, a partir da possibilidade da linguagem ter ou não sentido, ser ou não verificável.

Charles Pierce avança este projeto, e lança um norte relevante, que a ideia de que a verdade deve ser posta como aceitabilidade racional (justificação de uma validade criticável sob condições de comunicação). Logo, não é imutável e depende, naturalmente, do modo como é argumentada. Com o velho Wittgenstein (*Investigações Filosóficas*, obra póstuma de 1953), acrescenta-se para além da semântica, a pragmática pelos "jogos de linguagem". Assim, a linguagem que apenas representaria e exprimiria a coisa na sua perfeição (*Tractatus*), agora assume a própria constituição da coisa (qual o significado de uma palavra – depende de seu uso em uma situação determinada e das palavras: um jogo de linguagem). Assim, percebe-se que o conteúdo depende de uma "forma de vida" e não de uma especulação *a priori* – semântico-transcendental. Por isso, as palavras estão inseridas numa situação global que regra seu uso, não sendo apenas instrumento de comunicação de conhecimento, mas "condição de possibilidade de construção de conhecimento".

A consequência desta compreensão é que o Direito (assim como não é a forma que distingue o cavalo do rei no xadrez, mas o seu uso no jogo) não se restringe a uma justificação ontológica semântica *a priori* que diz o que é, próximo da botânica ou entomologia, mas uma prática argumentativa, no nível pragmática. A validade intersubjetiva de uma norma exige a assunção de uma perspectiva interna pelos envolvidos. Logo, supera-se no processo interpretativo aquela compreensão de que a norma estaria num plano independente de sua situação de aplicação (platonismo), e que justificava a a busca isolada do seu sentido. A leitura do sentido da norma, naturalmente, depende da linguagem e sua constituição, bem como a superação da relação sujeito-objeto, pela construção argumentativa da verdade na relação sujeito-sujeito. Algo próximo do que se falou na introdução destas *primeiras reflexões* sobre a superação da busca pela verdade em prol de *discursos de verdade* (Michel Foucault).

Fenomenologia, interpretação, direito. Aprofundando, a base de toda esta reviravolta, está, por um lado, centrado no círculo de Viena, como visto, e, por outro, na fenomenologia. A fenomenologia propõe a superação sujeito-objeto a partir da "consciência sensível" (*sinnliche Bewußtsein*), lendo os acontecimentos cognoscitivos como fenômenos (*Erscheinungen*) ou manifestações sob um dúplice aspecto: pelo modo como os atos de consciência se tornam conscientes das objetividades e pelo modo como as objetividades se exibem como objetividade (Edmund Husserl). Leia-se fenômeno como o que se mostra, o manifesto, posto em claro. Isto implica eleger a consciência como a única e mais viva instância capaz de ver de forma absoluta, muito longe do simples psicologismo ou do naturalismo e seu olhar totalitário. A consciência (*Bewußtsein*), na linha husserliana, é ativa, predisposta, que se projeta sobre a experiência sempre de modo desejado, seguro em seu fim. Por isso, é intencionalidade (*Intentionalität*), porque dirigida à captura do fenômeno, visto como a manifestação do mundo dos objetos, da objetividade (*Gegenständlichkeit*). Uma objetividade (e aqui não se pode deslembrar o paradigma da linguagem em que o ser está inserido, logo, um ser que nada mais é do que um acontecimento revelado nos signos linguísticos) só ocorre na interação da consciência com o mundo, e, logo, no plano da normatividade do direito, entre a consciência cognitiva e normalizadora com os fatos mundanos. Há, certamente, uma dupla implicação existencial (o que o racionalismo e o empirismo rechaçaram aos seus modos), vez que os objetos existem em razão da intencionalidade da consciência e a consciência funda sua existência na manifestação da objetividade.

Os sentidos captam a mundidade (*Weltlichkeit*) e a realidade (*Realität*) e a projetam sobre a consciência, que, uma vez alterada, exercita-se como experiência e consciência do que foi captado (Martin Heidegger). Dessa interação, o fenômeno se apresenta ao sujeito cognoscente como que lhe é dado no universo de sua vivência. É na sua vivência que se constrói a sua percepção, o caminho de realização da existência humana. Cabe a ela, porque também dirigida a algo, perceber a objetividade, não em sua pura essência, mas em seu estado – estados de coisas. Nesse sentido a fenomenologia se remete às coisas mesmas, pois a percepção se envolve com seus estados e não apenas com fatos que se desbordam das coisas. Elas se manifestam à intencionalidade perceptiva em suas variadas maneiras, de modo que a fenomenologia concentra-se, então, na ciência desta vivência consciência-mundo (intencionalidade e estados de coisas). Ao projetar-se sobre o mundo, a percepção da intencionalidade da consciência captura os estados das coisas, o modo como as coisas se manifestam na fenda de abertura no mundo.

Por meio da redução fenomenológica, o mundo é posto em parênteses, nos quais as crenças, os sensos comuns e mesmo as explicações científicas tradicionais são suspensos de modo a permitir ao sujeito recuperar do mundo aquilo que realmente é. É o que permite auscultar as coisas mesmas, a essência (*eidos*) para além da simples manifestação do fenômeno, garantindo a sua vivência e sua evidência no espaço subjetivo do "eu penso", tal quisera Edmund Husserl no resgate cartesiano. Pensado no plano da normatividade, é o momento em que o intérprete projeta na sua vivência, e, por conseguinte, do ordenamento jurídico o estado das coisas para dela extrair-lhes em sua consciência a normatividade que lhes é própria. Pensadas as coisas deste modo, imbricam-se sujeito-objeto, juiz-fatos, ordenamento-fenômeno como categorias indissociáveis, de correlações recíprocas, que fazem os estados das coisas se manifestarem na vivência subjetiva do intérprete (sobretudo o juiz) e do ordenamento como fenômeno normativo. Ao menos é isto o que a

3. OS ESTRATOS HERMENÊUTICOS DO DIREITO

fundamentação deixa vir à tona da subjetividade da função jus-autor, seja ela exercida momentaneamente pelo magistrado no debater-se com a violência do conflito, seja ela exercida num plano de imanência pela experiência jurídica ao projetar-se intencionalmente sobre os fenômenos "jurisdicisáveis", seja, enfim, ela manifesta pelos receptores (jurisdicionados) e suas vivências conjuntas.

O agir da consciência se mostra como atitude fenomenológica e se evidencia pelas razões da fundamentação nas escolhas próprias que o intérprete faz para desvelar a normatividade dos fenômenos. É assim uma atitude fenomenológica (*phänomenologische Einstellung*) à medida que o ego promove a interação da consciência e sua atividade de conhecimento (atividade noética – *noesis*) e da subjetividade com o mundo (unidade significativa do objeto – *noema*) (Edmund Husserl), tomando uma posição radical que pretende constituir o mundo desde si. Ao promover a intenção descritiva das essências dos fenômenos, tem-se esta interação noética-noemática, diga-se subjetivo-objetiva na polaridade própria da atividade cognitiva (valor-realidade, tal avançou Miguel Reale e seu criticismo ontognoseológico de base fenomenológica) (Luiz Fernando Coelho). O intérprete do direito faz a normatividade ser vivida na consciência intencional, que busca a essência "do que é direito" na situação conflitiva, a qual, por sua vez, fez o ordenamento jurídico ser tensionada pela lide ou o caso penal. Opera uma redução fenomenológica (*phänomenologische Reduktion*), selecionando as notas essenciais, passando por alto (*übergehen*), retirando o que é posto ao espírito como acessório, até chegar à essência das coisas. Pratica, então, "a dúvida metódica de tudo o que não se ofereça como evidente na consciência, na relação intuicional." (Edmund Husserl)

A intuição permite e instaura a percepção ao visualizar os variados vetores de sentidos no mundo. Não idealiza o mundo e nem o reflete, ao contrário, capta os objetos no mundo da vida postos à intencionalidade perceptiva. É neste viver subjetivo do fenômeno intencionalmente percebido, que o exercício da compreensão do mundo e do julgamento se manifestam. É por este processo fenomenológico (manifesto pela fundamentação da interpretação) que o intérprete expõe-se ao mundo e desvela a vivência do direito no a priori material de sua consciência. É o momento do cuidado (*Sorge*) do direito em que a normatividade expressa dos estados das coisas, vista como um anteceder-a-si-mesmo-no-já-ser-em-sendo-junto-a (no querer fenomenológico do terceiro modo de ser de *Sein und Zeit* heideggeriano) imbrica-se na consciência intencional do intérprete e do modo de ser do ordenamento jurídico. A normatividade absoluta exposta pela fundamentação entra em acordo com a normatividade fenomênica dos fatos, desvelando o *Dasein* (*ser-no-mundo*) do direito, aquele anteceder-a-si-mesmo (*Sich-vorweg*), um estar-lançado (*Geworfenheit*). É, então, a própria fundamentação do processo interpretativo (e o próprio ato cognitivo hermenêutico assim obriga) o mundo da publicidade (*Offentlichkeit*) que permite o reconhecimento da normatividade, do *Dasein* próprio (*Selbst*) do Direito (Martin Heidegger).

A interpretação, ao expor o conflito intersubjetivo e o desvelar de sua normatividade, faz fervilhar esta compreensão fenomenológica do direito, visto em seu tríplice modo-de-ser (*Seinsart*) enquanto ser-no-mundo (*Dasein*): da coisa, com sua estrutura ontológica substancial e suas propriedades; do manual com sua estrutura ontológica da manualidade (*Zuhandenheit*) e seu para-algo (*Um-zu*) ; e, do homem, com sua estrutura ontológica do cuidado como um anteceder-a-si-mesmo-no-já-ser-em-sendo-junto-a.

Evitando, no que é possível, a obscuridade da linguagem heideggeriana, sucintamente, entendem-se estes modos de ser no raciocínio a seguir (antes mesmo do direito enquanto um fenômeno). (1) O ente possui substância (materialidade ou idealidade) e se mostra com propriedades, como o pincel do artista, o artigo do acadêmico, a música do violinista etc.. (Heidegger usa martelo – *Hammer* –, plaina – *Hobel* –, agulha – *Nadel* –, sapato – *Schuh* –). O pincel é fino, com pêlos longos e escuros; a música é intensa, grave, alta etc. O pincel e música o são não por suas propriedades, mas por suas matérias. Há, assim, uma estrutura da substância pincel e música com suas propriedades, levando, então, à forma como o ente se mostra em seu modo de ser da coisa, da coisidade (*Dinglichkeit*). Eis o centro de atenção das ciências. (2) Não basta a coisidade para explicar algo, pois não basta dizer que um pincel é uma estrutura de madeira com pêlos (e suas propriedades fino, longo ...) ou a música é uma combinação de sons e ritmos pré-organizados no tempo (e suas propriedades intensa, grave ...). É preciso saber para que serve, como se dá a sua lida, a sua manualidade/utilizabilidde (*Zuhandenheit*), a sua ocupação (*Besorgen*), em suma, seu segundo modo de ser como manual/instrumento (*Seinsart des Zeugs*), como ser-para (*zu-sein*), como algo-para (*etwas, um zu*). Logo, um pincel e uma música, na medida em que estão sempre à mão (material ou idealmente), definem-se não por sua substância, mas para

3. OS ESTRATOS HERMENÊUTICOS DO DIREITO

que servem, pelo modo de sua ocupação: um pincel nas mãos de um pintor para produzir quadros e afrescos e uma música nas mãos de um violinista para produzir arte, congraçamentos, terapêutica, ritos sociais e culturais ... Ampliada a reflexão em busca de sua totalidade, olhando para o mundo circundante, é possível avançar sobre o pincel e sobre a música a partir de seu ser como manual, pois do pincel e sua capacidade de produzir afrescos ou da música e sua terapêutica, na sua extensão, aparece a matéria-prima fios de crina de cavalo ou sintéticos, e a crina de cavalo de potros ou não etc. ou sons de uma terapia, junto com aromas e cores relaxantes etc. Há uma extensão da coisa e sua ocupação até chegar ao núcleo da natureza, quando esta se abre como mundo circundante do manual, a conformidade-a-mundo do mundo-ambiente (*Die am innerweltlich Seienden*). As coisas (pincel e música) existem junto de algo (*mit ... bei, bei etwas*), remitidas para algo, conjuntas a algo (*bei etwas sein Bewenden*), ou dito simplesmente por Heidegger, como conjuntação (*Bewandtnis*). No entanto, as coisas (pincel e música) aparecem para o homem antes como manualidade do que coisidade (há uma prioridade ontológica, já que antes se vê o pintar do pincel sobre o quadro ou a música sendo usada em rito cultural, como casamentos, festas etc., tudo antes do próprio pincel e da música . (3) Isto leva ao modo de ser do homem, já que o pincel e seu pincelar de arte, ou a música e sua arte de congraçar existe em função daquele que quer ver e regozijar-se com a pintura, ou do ouvinte e seu deleitar com a música. O como a obra de arte deve ser feita, o como a pintura e a música hão de ser produzidas é posto pelo homem. Os instrumentos se direcionam para o homem e só podem ser compreendidos para ele. Em suma, um pincel e uma música só hão se ser entendidos (*verstehen*) se vistos como instrumentos – modo de ser como manual – , com suas substâncias e propriedades – modo de ser como essência – , usados pelo homem para um fim cultural desejado (logo, sempre historicamente determinado) – modo de ser do homem. Um homem é um anteceder-a-si-mesmo ou ser-adiantado-em-relação-a-si (*Sich-vorweg-sein*) , posto que é livre e, apesar de ser condicionado pelo mundo circundante, não é por ele na essência determinado, logo, é um para-nada ou sujeito falta de mundo (*weltlosen Subjekt*), podendo escolher livremente o que pretende ser, suas possibilidades existenciais próprias (*eigentliche existenzielle Möglichkeiten*). O fato de ser condicionado implica sempre um já-ser-em ou aquilo-em-vista-de-que (*worumwillen das Dasein*), visto a partir do mundo circundante, isto é, um pintor ou um violinista, já o foi, mas poder vir a deixar de sê-lo. Sua totalidade se exerce, por fim, ao ser-junto-a (*Sein-bei*), porque interpretado desde os outros entes com os quais ele convive. Assim, o pintor e o violinista o são porque o pincel e a música, como substância e suas propriedades do modo como utilizados para algo, tornaram-nos artistas vistos assim desde sempre (em sua vivência interior e no confronto com o mundo) "adiantados-em-relação-a-si-mesmos", marcados pelo mundo em que vivem – "ser-junto-a", mas livres para serem outra existência – "já-ser-em". Em suma, é nesta peculiar totalidade existencial que o homem e o objeto, a noesis e o *noema* se entrelaçam, expondo-se ao mundo.

Esclarecida a linguagem fenomenológica, percebe-se que a interpretação do jurista, e, de modo mais contundente, a fundamentação de sua decisão interpretada, manifesta o direito, especialmente neste terceiro modo de ser, em sua experiência conflitiva na busca de expor a sua normatividade, e, deste modo, procura expressá-lo inicialmente como coisa e como instrumento. Mas, além disso, como algo predisposto e posto para e pelo homem. O intérprete é quem o desvela enquanto cuidado (*Sorge*), como um ser-aí. Nesse sentido, o direito, ainda que gravado em sua imaterialidade (tal a música suso analisada), expressa-se de modo estratificado, nestes modos de ser, em sua vivência interior e sua coisidade (*Dinglichkeit*), nem tampouco apenas em sua utilizabilidade (*Zuhandenheit*) manifesta pela ameaça de coercibilidade (*Androhung von Rechtszwang*) ou de sua expectativa comum de obrigatoriedade (*Erwartung Verbundlichkeit*), mas como a própria realização do direito no mundo. A interpretação revela, pelo encontro entre intérprete/ordenamento e realidade factual o primeiro modo-de-ser (*Seinsart*) do direito enquanto ser-no-mundo (*Dasein*): da coisa, com sua estrutura ontológica substancial e suas propriedades, visto, então, como regras com suas propriedades de organização, plenitude, sistematização, hierarquia etc. Revela, também, e de nada bastaria a identificação do ordenamento, posto que a isto não pode se resumir o magistrado pelo velho princípio de Aulus Gelius *non liquet*, caso não se lhe exigisse desvelá-lo como manual/instrumento com sua estrutura ontológica da manualidade (*Zuhandenheit*) e seu para-algo (*Um-zu*), logo, como algo predestinado pela coerção e obrigatoriedade de buscar a justiça.

Nessa perspectiva, a interpretação do direito deve ser capaz, a fim de cumprir a exposição de sua estrutura ôntica, de exteriorizar as finalidades (*Zweck*)

3. OS ESTRATOS HERMENÊUTICOS DO DIREITO

do direito, seja secundariamente a paz social (*soziale Frieden*), a segurança (*Sicherheit*) ou o bem-estar coletivo (*soziale Wohlfahrt*), seja, essencialmente: a justiça (*Gerechtigkeit*) (Reinhold Zippelius). E aqui certamente o intérprete (privilegiado na figura do magistrado) deixa antever a justiça e todos os demais valores do direito como, inicialmente, inserido em seu mundo circundante, naquela perspectiva de um Dasein do direito que existe (tal o pincel e a música acima mencionados) junto de algo (*mit ... bei, bei etwas*), remitido para algo, conjunto a algo (*bei etwas sein Bewenden*), em suma, em sua conjuntação (*Bewandtnis*). Isto leva à historicidade e à culturalidade do conceito de justiça, implicando o intérprete e o direito naquela estrutura ontológica do cuidado como um anteceder-a-si-mesmo-no-já-ser-em-sendo-junto-a, ou seja, ao mesmo tempo que a fundamentação revela, no tensionar do direito no caso concreto conflitivo, a fronteira da normatividade e logo do que o intérprete faz aparecer como justiça, ele também permite a abertura, o desvelamento do conceito de justiça como algo que já foi (já-ser-em) e pode vir a ser a depender das consequências de sua decisão fundamentada (em-sendo). Eis porque a fundamentação, para o campo da fenomenologia (e, sobretudo, na hermenêutica fenomenológica) é crucial na consecução pragmática do direito, ao revelar, sobretudo, o conteúdo dos valores escolhidos pelo intérprete como integrantes legitimamente ou não de uma ordem jurídica circunstancial. A justiça é, antes de tudo, uma palavra vazia a ser preenchida nas razões de direito.

Ao expor esta interação noética do direito em suas razões, o intérprete referenda os valores escolhidos pela sociedade abstratamente, mas lhe cumprindo questionar o seu alcance justamente no momento em que tensionado pelo conflito. Cada valor, eleito dentre os democraticamente previstos e fundamentados, expõe-se igualmente como Dasein, com seu ôntico "estar-sendo-no-mundo". Ainda que exerça seu juízo num recôndito abandono, sua fundamentação deve expor a sua própria inserção no mundo, pois seu ato de julgar "observa o mundo das coisas como algo comum a todos nós (...) mesmo quando parece agir maquinalmente, não prescinde desta concórdia potencial com os outros, pois o seu processo de pensar não é um diálogo do eu consigo mesmo, mas demanda, mesmo quando está inteiramente só ao elaborar a sentença, ao tomar a decisão, este estar em comunicação antecipada com os outros (...) O juiz/julgador não é, pois um ensimesmado. Ao contrário, põe-se no mundo comum." Nessa perspectiva, sua sentença realiza o direito e realiza a si mesmo.

Nesta vivência da normatividade do direito diante de sua facticidade, a fundamentação expõe a decisão como um dado da realidade do direito, mostrando o seu *Dasein*, o seu modo de acessá-lo (e aí toda a sorte de metodologia empregada aparece para o magistrado que lha exibe, ou deveria exibir, em seus argumentos: técnicas de ponderação, silogismos lógicos, lógicas não-monotônicas, subsunção, analogia, regras de solução de antinomias e lacunas, técnica de determinação sucessiva, métodos hermenêuticos, regras de argumentação, diretivas interpretativas, modo do uso das provas etc.). Há um exercício fenomenológico da interpretação e da decisão (no maior das vezes expressa pela "sentença"), de modo que ela se torna um fragmento da experiência jurídica. É ela, por excelência, como visto, por meio dos métodos e por meio da valoração jurídica exposta, que a experiência jurídica se realiza. O momento decisivo, por antonomásia, no querer de Carlos Cossio, que o direito se manifesta em sua materialidade.

Com isso, por derradeiro, antes de tudo é a própria subjetividade do magistrado que se confessa na fundamentação, num anteceder-a-si-mesmo como homem e não do direito tão somente, já que o "autêntico juiz, como julgador, cuida de seus objetos à sua própria maneira 'pessoal', humanizando, assim, o mundo dos argumentos, da sua qualidade e do talento do argumentador, bem como o do verdadeiro."

A fundamentação, para além da manifestação do encontro da vivência do direito e do magistrado com a experiência normativa, demonstra o nível de exposição de sua subjetividade, e, nessa medida, o grau de engajamento na existência concreta, pois é justamente a sua imbricação que produz a sua robustez original e produtiva. É neste momento que o saber jurídico pelas mãos da prudência judicial é posto em xeque, não sendo apenas um saber abstrato, desvinculado da experiência material, na redundância do termo, mas um exercício efetivo, vívido, concreto, um modo de exercer o pensamento de maneira real no dia a dia. Não é simples λόγος (saber) sobre o fenômeno normativo e sobre o ordenamento jurídico, ou sobre as suas variáveis de legitimidade, eficácia e validade, mas uma forma mesmo de "experiência pessoal diante do normativo". Tem antes um cunho subjetivo que propriamente racional. É, portanto, uma forma de manifestação estética de si mesmo.

3. OS ESTRATOS HERMENÊUTICOS DO DIREITO

Consequências da ontologia fundamental. No entanto, não bastou a revelação do lugar da linguagem, foi necessário uma reviravolta na ontologia tradicional pela fenomenologia, como visto. Era preciso que a linguagem estivesse na superação da gnoseologia e alcançasse a ontologia. Nesse sentido, aparece em termos gerais, a superação do dualismo metafísico e da relação epistêmica consciência-mundo, como visto. Pensa-se em *temporalidade* e *mundo vivido*. Pensa-se não numa transcendentalidade (kantiana), mas numa *analítica existencial* do "ser". Logo, há uma compreensão existenciária, uma compreensão a partir do sentido do ser (hermenêutica do sujeito existencial/*Dasein*). Heidegger, longe das teorias da razão, tem sua *ontologia fundamental* parte da *circularidade hermenêutica*, isto é, a compreensão como um processo prévio e articulado entre o mundo e o sistema do ser. O *Dasein* já desde sempre possui uma compreensão de si próprio. A consequência, é que se rompem com as verdades eternas (base na natureza ou na religião), superando-se o conhecimento finito e buscando a coisa mesma, sem o meio da consciência reflexiva soberana.

A ontologia clássica de tradição greco-cristã-moderna se ateve ao *ente* e o confundiu com o ser, deixando-o (ocultando-o) de ser interrogado enquanto ser. No entanto, a partir da *ontologia fundamental*, não existe verdade sem o ser humano. Compreender é um modo de ser no mundo. A interpretação não é uma descrição do sujeito transcendente, onipotente (daquele sujeito *solipsista* da modernidade), mas da facticidade na qual está imerso com suas limitações. A linguagem não é transmissora de imanências, mas condição de possibilidade do ser, de sentido, por isso, a linguagem é a abertura à compreensão. Logo, a *verdade* deixa de ser subjetiva para ser intersubjetiva (verdade relativa) à medida que o ente se abre em sua possibilidade. Por isso, enfim, compreender é visto como modo de existir na relação sujeito-sujeito.

Hermenêutica filosófica. Ao lado desta visão heideggeriana, a grande mudança hermenêutica no direito se permite a partir do texto *Wahrheit und Methode* (1960) de Hans-Georg Gadamer. Com este texto, opera-se um momento de plena superação do paradigma do sujeito (consciência), que, por sua vez, já havia superado o do ser (ontológico) em prol do paradigma da linguagem (Celso Ludwig) pela apresentação de novos fundamentos para a hermenêutica filosófica.

Não importa o que se faz ou se deve fazer (método), mas o que é comum a qualquer modo de compreender (possibilidade de compreensão).

Sucintamente, Hans Gadamer parte da *historicidade do ser*, a partir da experiência, como condição positiva do conhecimento da verdade e não delimitação da verdade. Crê que o universo do ser humana é obrigatoriamente descrito pela experiência (totalidade). Mas ao falar de experiência, fala em *experiência hermenêutica* que não se confunde com a empírica/sensorial das ciências. A experiência não como dado, mas como construção vivida ao longo do tempo. E aqui a base é a ideia de uma *finitude existencial* (heideggeriana) como limitadora do processo compreensivo-interpretativo.

É a temporalidade em constante movimento e ampliação que se faz produtiva à compreensão humana, por isso, da qualquer forma de abstração é uma *consciência histórico-efetual*, uma forma de consciência hermenêutica formada na distância temporal preenchida pela continuidade da origem e tradição. Nesse sentido, reconhecer esta consciência histórica e saber dos pré-conceitos que delimitam a compreensão e permitir o encontro com a tradição (opinião diversa) como suspensão dos próprios pré-conceitos.

Não por outra razão, na visão gadameriana, *compreender* é um processo histórico-efetual além do objetivismo histórico, pois não se auto-exclui na compreensão. O intérprete se inclui, logo, compreender não a reconstrução exata de um texto ou das intenções de um autor, mas de si mesmo no processo de interpretação. Tem-se aí o que chama de *fusão de horizontes*. De consequência, *interpretar* e *compreender* não são processos distintos, sendo necessário se supera a tradição hermenêutica que cindia compreensão (*subtilitas intelligendi*) – interpretação (*subtilitas explicandi*) – aplicação (*subtilitas applicandi*). Tudo ocorre na *applicatio* num único momento.

A percepção é de que não se reproduzem sentidos, pois compreender é aplicar. A facticidade se projeta ao intérprete que interpreta a partir de seu mundo vivido. Naturalmente, a compreensão pressupõe um *projeto prévio*, pois se lê um texto com expectativas de antemão, com um sentido todo, que apenas sofre mudanças e revisões constantes à medida que se aprofunda a leitura. Há, portanto, uma construção do sentido a partir de si mesmo: "Ser que pode ser compreendido é linguagem". Logo, a linguagem é "processo de generalização", um *medium* que se realiza na compreensão. Por isso, antes do pensar crítico, filosófico, o mundo já sempre se apresenta numa interpretação feita pela linguagem, não propriamente numa interpretação correta, mas numa interpretação que se acomoda à situação hermenêutica a que pertence.

Assim, o lugar do intérprete é decisivo a configurar a compreensão linguística do "verdadeiro" sentido.

A consequência disso para a hermenêutica jurídica é que o processo de interpretação já não é, pós-fenomenologia e círculo hermenêutico, um exercício simples e lógico, mas, antes uma imbricação do intérprete de modo criativo no mundo. Naturalmente, volta à tona aquilo de que se falou no início, sobre o *senso comum teórico* dos juristas waratiano, a pseudotransparência, a padronização de sentidos etc., bem assim a produção da verdade e polícia discursiva na linha foucaultiana, a fim de demonstrar a complexidade e o perigo do exercício hermenêutico dentro do direito. Interpretação jurídica é, portanto, uma exposição linguística mais do intérprete e seu contexto (na velha máxima de Ortega y Gasset *yo soy yo e mi circunstancia*) do que dos signos linguísticos postos no texto normativo.

3. Nova Hermenêutica e Neoconstitucionalismo

Ambiente material. Esta mudança ocorrida na hermenêutica, que se iniciou no círculo de Viena e na fenomenologia heideggeriana na década de vinte, mas que ganhou fôlego a partir das *Investigações* de Wittgenstein e do *Verdade e Método* de Gadamer nas décadas de cinquenta e sessenta, acaba encontrando no plano estatal um ambiente bastante fértil no pós-guerra, assim como no plano da teoria do direito.

Em termos teóricos, a nova hermenêutica passa a contar com as aproximações ocorridas com a temática da moral, propiciada pelo novo debate entre jusnaturalistas e juspositivistas a partir dos anos sessenta, e, em termos estruturais, pela nova onda de constituições vivenciada após a Segunda Guerra Mundial, bem como o surgimento dos Tribunais Constitucionais. Este cenário permitiu que o tema dos valores fosse posto no seio dos Estados Contemporâneos por meios de suas cartas maiores, e consequentemente, o paradigma da legalidade erigido na modernidade passasse a ser filtrado por estes valores (alguns antigos, mas outros novos existentes nos estados-desenvolvimentistas) através dos novos controles jurisdicionais de constitucionalidade.

Surge, então, no pós-guerra uma situação inusitada que foi a permissão para que, não apenas cortes superiores pudessem controlar a legalidade desde um ponto de vista central (equilibrando o jogo entre os poderes por meio de um *controle abstrato de constitucionalidade*), algo até então apenas permitido nas situações concretas por aquilo que se convencionou denominar de *controle difuso de constitucionalidade* na herança norte-americana, mas para que este controle pudesse ser feito a partir de novos valores plasmados na Constituição dos Estados, agora também com força normativa.

O que havia até o aparecimento desta nova hermenêutica, em termos estatais e substanciais, era o um ciclo de longa duração, na linha braudeliana, do *constitucionalismo moderno,* nascido no final do séc. XVIII em razão da queda do *Ancien Régime* (civilização socio-econômico-político-jurídica da França pré-revolucionária entre os sécs. XV e XVIII) – este usualmente marcado com as seguintes características: estrutura corporativa com resíduos medievais, apesar do longo itinerário do moderno, capitalismo comercial, imperialismo, estados absolutistas baseados ora no poder (*Machtstaat*), ora na polícia (*Polizeistaat*), poder soberano (Jean Bodin) e leituras jusnaturalistas (como visto).

Constitucionalismo moderno. Com as revoluções burguesas do séc. XVIII, para além da Americana e da Industrial, a Francesa se destacou (no que aqui pertine), por permitir este *constitucionalismo moderno* (que marcará a história até o pós-guerra), tendo como elementos centrais: (i) constituições escritas e um constitucionalismo formal (Gerber, Jellinek e Laband); (ii) constituição como "carta política" liberal (tradução de anseio e ideais); (iii) poder soberano no povo pelo parlamento na Inglaterra e na lei como *volonté générale* (ao menos desde Sieyes com seu *Qu'est-ce que le tiers état?* de 1791) e a noção de democracia representativa; (iv) Estado de Direito; (v) primado da legalidade e do PL (mitologia legislativa de Paolo Grossi de que se falou no início destas *primeiras reflexões*); (vi) constituição como *norma normarum* (princípio da distribuição e princípio da organização de poderes e funções); (vii) restrição das atividades do PJ (visto apenas como boca da lei); e, (viii) matrizes essencialmente positivistas (escolas da exegese, conceitos e escola histórica – como visto). As maiores manifestações deste *constitucionalismo clássico* foram as constituições norte-americana e francesa.

Este modelo burguês permaneceu relativamente rígido, apesar das crises proletárias do séc. XIX, até a Segunda Guerra mundial, passando a entrar em crise justamente com a Guerra e concomitantemente à teoria hermenêutica tradicional. A crise operada no *constitucionalismo moderno* assim se apresentou

3. OS ESTRATOS HERMENÊUTICOS DO DIREITO

por força: (i) do capitalismo financeiro e a redefinição das fronteiras estatais (colapso de Viena); (ii) da insuficiência do Poder Legislativo na consecução dos direitos e garantias dos cidadãos; (iii) do aparecimento do *Welfare State* e o incremento do Poder Executivo; (iv) do ápice do direito nazifacista (negação de direitos naturais) e da noção de *extreme Ungerechtigkeit* (extrema injustiça); (v) da crise do primado da legalidade (ao se mostrar que, justamente a serviço da lei, foram feitas as maiores irracionalidades da história, logo, a lei já não era simplesmente sinônimo de racionalidade e progresso humano e social); (vi) dos movimentos anti-formalistas (jurisprudência dos interesses, movimento livre e realismos); e (vii) do Pode Judiciário se modifica, ainda para questionar os limites da legalidade (com os novos tribunais constitucionais, iniciando-se com o Alemão em 1949).

Constitucionalismo contemporâneo. A consequência disso foi o que se denomina de *constitucionalismo contemporâneo* ou *neoconstitucionalismo* para outros. Trata-se do regime atual, nascido então formalmente no recente pós-guerra, com novas e essenciais características que servem ao que a *nova hermenêutica* estava por desenvolver em suas perspectiva criativa: (i) novas constituições e um constitucionalismo material (Schmitt, Smend e Heller); (ii) as constituições deixam de ser estatais para serem políticas e dirigentes (*Verfassungsdirektiven* – Peter Lerche 1965); (iii) há uma reaproximação entre direito e moral – dita mudança kantiana (*kantische Wende*) e a leitura moral do direito; (iv) um reaparecimento do jusnaturalismo, como visto, ao se questionar a validade exclusivamente formal do direito; (v) a ideia de força normativa da constituição (*die normative Kraft der Verfassung*), a partir da aula inaugural em Freiburg de Konrad Hesse em 1959) – *normierend Kraft*; (vi) a constituição passa a ser vista como ordem objetiva (e não mais como "direitos de defesa" – *Abwehrrechte*) com eficácia de irradiação (*Australhungswirkung*).

Estas mudanças, permitindo um amplo papel ao Poder Judiciário na análise das normas feitas pelo Poder Legislativo, a partir das novas constitucionais, trouxeram para a nova hermenêutica (com suas características de pré-compreensões), a própria novação de interpretação constitucional (*Verfassungs Auslegung*) como concretização (*Konkretisierung*) de valores e não apenas elucidação de valores existentes, permitindo-se à fuga dos métodos tradicionais de interpretação de Savigny de 1851 e a abertura a ao que se passou a denominar de jurisdição constitucional (essencialmente pelos tribunais constitucionais), à medida que, pela interpretação, passaram à atribuição de sentidos e ressignificação dos estatutos fundamentais.

Então, as constituições passaram a ser vistas como simples moldura (*Rahmenordnung*), e, naturalmente, abrindo um amplo espaço criativo (*einen weiten Gestaltungsspielraum*), com sua ordem de valores (*Wertordnung*) (por isso, alguns autores chegam a falar que a *Begriffsjurisprudenz* do séc. XIX, a qual cedeu para espaço para a *Interessenjurisprudenz*, torna-se, então, uma *Wertejurisprudenz* – Jurisprudência dos Valores), e servindo em última instância como unidade de sentido (*sinnganzes*). Eis que surge, então, o movimento do *judicial review* (revisão judicial), no momento em que há o enfraquecimento do PL e do PE, mudando-se o ponto de gravidade para o Poder Judiciário (*Schwerpunkt* – Bockenford) e seu raciocínio interpretativo a partir do (*Abwägung* – Schlink) dos valores constitucionais.

Há, portanto, no *neoconstitucionalismo* a redefinição da legalidade pelas cláusulas gerais, princípios; uma mudança de efeito (*Wechselwirkung*) entre "legislações e direitos"; o reaparecimento das discussões sobre justiça e democracia, bem assim a perspectiva de uma nova democracia deliberativa e a reafirmação do poder constituinte pelas mutações constitucionais (*Verfassungswandel*) – democracia radical. Neste cenário, a nova hermenêutica vem a ser um grande estofo para a *teoria hermenêutica*, atrelando-se ao papel das constituições, e, sobretudo, ao sobrelevado papel que se concedeu ao Poder Judiciário. Com isso nasce, então, o perigoso (mas muitas vezes necessário), *ativismo judicial*.

Ativismo judicial. O ativismo judicial nasce num momento de crescente constitucionalização do direito privado e judicialização das relações sociais, à medida que o Poder Judiciário passa a ser visto como o ente garantidor da *vontade geral*. Nesse sentido, manifestam-se concomitantemente: uma amplitude operada pelos novos direitos, os novos sujeitos coletivos, as minorias e a luta pelo reconhecimento de direitos (no Brasil a redemocratização), a constituição abrangente, novas ações constitucionais, novos perfis institucionais (MP e DP), e a reafirmação das garantias do Poder Judiciário.

Este ativismo leva ao embate teórico entre *procedimentalistas*, para os quais o controle jurisdicional dos atos executivos e legislativos deveria se restringir à fiscalização dos processos políticos e tomada de decisão; e *substancialistas*, para quem há se fazer uma integral revisão destes atos estatais, a partir do caráter valorativo das constituições. Nestes, portanto, o ativismo é proeminente, e se opera pela: (i) aplicação direta da constituição em situações não previstas; (ii) declaração de inconstitucionalidade dos atos normativos; e (iii) imposição de condutas e abstenções ao Poder Público.

Críticas ao ativismo judicial. Por certo que não se trata de movimento simples o ativismo judicial, sofrendo, como deveria ser, inúmeras críticas, que podem ser, sucintamente, assim resumidas: (i) falta de legitimidade (*the counter-majoritarian difficulty* Bickel, 1962), haja vista que o juiz, especialmente no caso brasileiro, apenas ingressa por concurso, não representando interesse de nenhuma maioria ou minoria social; (ii) paternalismo da jurisprudência dos valores, pois, como afirma, Ernst Böckenförd, o o juiz deixa de ser o guardião da constituição (*Hüter der Verfassung*) para ser o senhor da constituição (*Herr der Verfassung*); (iv) os tribunais se transformam no "cume da soberania"- *der Zipfel der Souveranität*, o que igualmente é perigoso, pois não lhe seria função essencial; (v) Winfried Brohm fala de uma oligarquia dentro da democracia (*Oligarchie in der Democratie*), já que os juízes assumes lugar destacado em relação aos demais agentes públicos; (vi) excesso enquanto legislador positivo, quando, no fundo, foi criado no máximo como legislador negativo ao retirar do ordenamento jurídico normas insustentáveis; (vii) criação de um direito judicial no lugar de um direito legislativo, pois, como afirma Ingwer Ebsen, coloca-se o Poder Judiciário num lugar de super instância (*Supertatscheninstanz*), ou como diz Josef Isensee, num Estado Jurisdicional (*Jurisdiktionstaat*); e (viii) permite-se a erosão da juridicidade (*erosion der Rechtsform*), com uma crescente incerteza do direito e a doutrina de valores (*Wertordnungslehre*).

Defesa do ativismo judicial. Do mesmo modo que as críticas aparecem, não são menos importantes as defesas possíveis: (i) a legitimidade dos juízes é, no fundo, extraída da própria constituição; (ii) é possível que a intervenção judicial não seja rigorosa, bastando que se faça um uso moderado, com base na teoria do *self restraint* (Dieter Grimm); (iii) não há como fugir a ideia de constituição como um processo aberto de interpretação (*Verfassungsinterpretations als öffentlicher Prozess* – Peter Häberle), permitindo a redefinição da "esfera pública pluralista" (*die pluralistische Öffentlichkeit*), o que muitas vezes a legalidade abstrata e genérica revela por produzir injustiças (ainda que democráticas); (iv) a percepção de que a democracia formal não é necessariamente eqüitativa e racional, sendo importante ter em vista que as premissas da maioria podem ser movidas por interesses privados, permitindo uma *moral reading of constitution* (Ronald Dworkin); e (v) para fugir da busca de valores pessoais no processo interpretativo (algo que a pré-compreensão coloca, como visto), a saída é a pensar num "constitucionalismo cooperativo", de modo que o judiciário, numa sociedade órfã (*Vaterlosen Gesellschaft* – Ingeborg Maus) pela deficiência do Poder Legislativo e do Poder Executivo, passe a ser o guardião das promessas constitucionais (*guardien des promesses*), como disse Antoine Garapon, dos valores cooperativos lá existentes e não os seus valores pessoais.

4
Aplicação e Argumentação do Direito

1. Hermenêutica e Argumentação Tradicional

A argumentação representa o espaço, por excelência, da realização do direito, e, no momento em que a ciência do direito se encontra, por força das sucessivas críticas dos movimentos antiformalistas, bem assim a própria defesa do juspositivismo, o critério da própria cientificidade do direito. Se em outros tempos, a ciência se estabeleceu a partir da análise do fenômeno fático e de toda a elaboração do direito a partir de um único, determinado, objetivo, exterior objeto – a norma jurídica – como condição de segurança e previsibilidade, atualmente se tem dado à argumentação e à retórica o seu lugar próprio. É o estudo rigoroso da argumentação que tem permitido resgatar e manter ao mesmo tempo a cientificidade do direito, pelo controle dos argumentos normativos de decisão fática a partir, sobretudo, das regras do discurso.

Nessa perspectiva, a argumentação se opera no direito em três campos: (i) na produção normativa, especificamente, no trato legislativo, seja de modo incipiente, nas discussões políticos feitas no parlamento, seja derradeiramente, na elaboração da técnica-jurídica expressa pelo texto normativo; (ii) na dogmática jurídica, através das reflexões doutrinárias; (iii) na decidibilidade dos conflitos pela aplicação das normas à resolução dos casos concretos (Manuel Atienza).

Seu papel é evitar o arbítrio e possibilitar o estabelecimento de critérios para a produção normativa, também para a efetivação do ordenamento jurídico pelas decisões, assim como para organizar de modo sistemático o ordenamento jurídico. Em termos clássicos, a argumentação sempre se baseou no estudo tradicional e lógico dos tipos de argumentos como forma de melhor expor o raciocínio igualmente extraído da norma pela hermenêutica positivista tradicional. Por isso, o estudo sempre se dedicou ao aspecto retórico dos argumentos, e uma gama incessante de classificações esteve ao seu dispor, como:

Argumento de autoridade (ab auctoritatem) – dito apelo à autoridade (por qualidade ou por quantidade) ou argumento ad verecundiam, consistente na sustentação de uma tese com base na adesão ou testemunho de determinada pessoa ou órgão. *Argumento a pari* – dito *argumento a simile* ou *a pari ratione*, implica no argumento fundado na analogia, pois sustenta que dois casos exigem a a mesma solução por forma de sua similitude (base do velho brocardo *ubi eadem ratio, ibi eadem dispositio* (princípio da semelhança). *Argumento a fortiori* – dito igualmente *argumento a minori ad majus*, representa o tradicional argumento no âmbito jurídico, expresso no dia-a-dia por "quem pode o mais, pode o menos". Baseado em parte na analogia, acredita que uma forma é maior do que a hipótese paradigmática, logo, dever ser válida para situações menores. Há uma ponderação de valores, relacionando duas hierarquias: "a hipótese-proposta, para a qual se quer a aceitação do auditório, é dada como uma forma mais "ampla", "maior", mais "grave" ou mais "evidente" da hipótese-paradigma, que se sabe previamente aceita pelo auditório. Não é, portanto, um argumento puramente lógico, mas sim axiológico (que pondera valores)". *Argumento a majori ad minus* – sustenta que a regra aplicável para o todo igualmente deve ser aplicado para as partes. Logo, a hipótese-proposta é parte ou forma menor da hipótese-paradigma, cuja solução se sabe previamente aceita pelo auditório. *Argumento a contrario sensu* – crê que existe uma contradição nas conseqüências com base numa oposição nas hipóteses. *Argumento ab absurdum* – estabelece que a deve se invalidar uma tese, inobstante verdadeira, pelo fato de levar a resultados incongruentes, contraditórios, antijurídicos, inadmissíveis, ou dito melhor, absurdos. *Argumento ex concessis* – é o argumento que limita a validade de uma tese aos fatos que reconhece ou àquilo que está disposto a ceder (reconhece-se à argumentação contrária parte de razão). *Argumento a posteriori* – dito *per efectum* ou *ab effectis*, implica na comprovação da validade de uma tese pelas conseqüências da sua aplicação. *Argumento a priori* – dito igualmente *argumento a causa* e representa, por fim, o inverso do *a posteriori*, logo, partindo-se das causas para os efeitos, do abstrato para o particular. (Tercio Sampaio).

Todavia, os abalos na legalidade promovidos no séc. XX, como adiante se verá, fez com que a argumentação, por muito tempo esquecida dos estudos jusfilosóficos, ou, ao menos lembrada apenas como uma quase (um pouco mais complexa) enciclopédia de argumentos ao bom querer aristotélico, viesse à tona e assumi posição de vanguarda nas discussões filosóficas. Ao lado disso, o próprio desenvolvimento da filosofia a partir da teoria da linguagem, como visto, que se procede concomitantemente, deu verdadeiro impulso a repensar a norma como discurso e deslocar o foco de atenção da ciência do direito, antes centrada como teoria da norma, para ser uma teoria da decidibilidade.

2. Nova Retórica e Argumentação Jurídica

A grande contribuição da argumentação é transposta para o plano da justificação, e neste ponto muito além do *determinismo metodológico* clássico, em que as decisões jurídicas não dependeriam de justificação porque postas por uma autoridade legítima ou porque oriundas de silogismos lógicos, e do *decisionismo metodológico* em que as decisões não precisariam ser justificadas porque fruto de atos volitivos do órgão emissor. Neste momento, opera-se a grande distinção entre justificação interna, cuja função compete à lógica tradicional e dedutiva (como se verá no próximo item) e a justificação externa, baseada na fundamentação das premissas (Andrzej Wróblewski). Eis aqui, então, o ponto de ruptura com a argumentação tradicional.

Isto só se operou quando se fez a distinção entre *contexto de descobrimento* (a explicação, muito porque baseada em vontade, não é explicável por uma análise lógica, logo, as "razões explicativas" são psicológicas, ideológicas, circunstanciais, políticas, pessoais) e *contexto de justificação* (a justificação, porque objetiva, sujeita-se a juízo lógico, de modo que as "razões justificatórias" são claras e expostas pela interpretação de dispositivos legais).

Assim, a justificação passou a ser o fato da argumentação, porque sua objetividade passou a permitir o controle desejado do raciocínio jurídico.

A teoria da argumentação, base da aplicação e interpretação do direito, ao ocupar-se dos conceitos e dos fatos, destina-se a realizar uma análise conceitual que permite clarificar a linguagem empregada na argumentação, explicitando não o que é o como as questões são decididas, mas o modo racional usado, ou, em suma, o raciocínio utilizado para a conclusão. Nesse sentido, tem um aspecto prescritivo, pois se destina a compreender como construir melhores argumentos, como agir diante de casos difíceis, como formular guias abstratos para resolução de casos, e como propor critérios para melhorar a racionalidade da função jurisdicional. Nesse sentido, algumas importantes teorias da argumentação jurídica (de modo sucinto) foram aparecendo:

Tópica de Theodor Viehweg. Coube, no plano mais estreito jurídico, a Theodor Viehweg o primeiro grande resgate da argumentação nos anos cinquenta a partir da obra *Topik und Jurisprudenz* (1953). Sua teoria, embora sem a sistematicidade e sem a proposta metodológica que já existe, apresentou, contudo, algumas características que servem como ponto de partida até os dias de hoje, base de outras teorias, especialmente pela noção de *topos*, usada para se possa formular consenso, seguido de persuasão no debate e discurso argumentativo. Foi Viehweg o primeiro a estudar os *elementos da tópica*, afirmando ser: (i) técnica de pensamento problemático (tendo em conta o objeto); (ii) lugar comum ou topos (tendo em conta o instrumento com que opera); e (iii) busca e exame de premissas (tendo em conta a sua atividade). Para ele, os *topoi* são lugares comuns ou pontos de vista que servem de premissa para a argumentação e tem como função servir na discussão de problemas, podendo ser: *lugares comuns da vida ordinária, princípios de sentido comum, fórmulas argumentativas, princípios gerais de direito, normas positivas.* A perspectiva argumentativa de direito consiste num intercâmbio de razões e se expressa pela ação comunicativa dos sujeitos, por isso, é um processo retórico em que a tópica serve como fonte de argumentos. Nesse sentido, para buscar o *consenso* na racionalidade das decisões jurídicas é preciso: (i) selecionar as premissas dos argumentos capazes de fundar as soluções; (ii) a decisão deve se sustentar na solução admissível e nos argumentos que a apoiam; (iii) a eleição das premissas o lugar por excelência do consenso; (iv) o consenso deve estar no ponto de partida da argumentação, servindo de base para os argumentos usados. Por isso, em toda argumentação há os seguintes elementos: o ataque dos argumentos pela parte contrária, a defesa da própria postura por argumentos e a explicação da tese que se sustenta e se justifica perante o auditório. Há que se respeitar os deveres de comunicação.

Nova Retórica de Chaïm Perelman. Partindo da retórica de Aristóteles, em 1958, com sua obra *Traité de l'Argumentation* busca uma concepção retórica para o raciocínio jurídico a partir de alguns pontos principais: (i) o *objeto* de sua teoria é o estudo das técnicas discursiva que permite provocar ou acrescentar adesão dos destinatários do discurso às teses apresentadas; (ii) os *elementos* são *adesão* e *adaptação* entre o orador e o auditório a quem se pretenda persuadir e influenciar-se reciprocamente; (iii) entre os *auditórios* que se pretende persuadir, há o "particular" – real, assembleia, juízes, público em geral; e o "geral" – dirigido a todo ser de razão. O conceito de *auditório universal* é um conceito ideal por ser uma construção do orador, que mostra que os argumento que estão com ele de acordo são *válidos*, e o os que estão de acordo como o *auditório particular* são eficazes. Em sua teoria, afirma serem os *pressupostos* e *elementos* da argumentação: (i) discurso, (ii) orador, (iii) auditório. Igualmente avança e especifica os *gêneros* oratórios: (i) deliberativo (ante a assembleia); (ii) judicial (ante os juízes); (iii) epidítico (ante os expectadores que não têm que se pronunciar) – ainda, fala em *tipos* de argumentação: (i) ante a um auditório universal; (ii) ante um único ouvinte (diálogo); (iii) deliberação consigo mesmo. Chaïm Perelman também distingue *persuadir* – ato válido para um auditório particular que busca o acordo ou crença individual – e *convencer* – válido para todo ser de razão e que pretende a adesão racional. Por isso, para ele, a *argumentação* é um processo, uma ação que busca a adesão do auditório por meio da linguagem, prescindindo da violência física ou psicológica. De consequência, as *premissas* da argumentação estão baseadas nos seguintes aspectos: (i) o acordo; (ii) a eleição; e (iii) a apresentação das premissas. Chaïm Perelman destaca como *petição de princípio* que os valores universais são instrumentos de persuasão por excelência (justiça, equidade etc). Por isso, em seu tratado, avança para as *técnicas de argumentação de enlace* – marcadas por esquemas que unem elementos distintos de um argumento e permitem estabelecer entre estes uma obrigatoriedade bem estruturada ou valorada; e, *técnicas de argumentação de dissociação* – gravadas pela ruptura, pelo objetivo de dissociar, separando elementos e os considerado elementos de um todo. Também *classifica a força* dos argumentos: (i) eficaz; (ii) válido; (iii) fortes; e (iv) débeis. Para ele, o *raciocínio jurídico* é uma conciliação dos valores de "equidade" e "segurança jurídica", por isso, deve-se buscar a solução conforme a lei, mas também equitativa, razoável e aceitável.

Teoria Informacional de Stephen Toulmin. A partir de uma nova concepção de lógica, em sua obra *The Uses of Argument* (1958), busca opor-se à tradição aristotélica de que a lógica seria uma ciência formal comparável à geometria. Acredita que o *argumentar* é o modo de comportamento que constitui a prática das razões, de racionar para os outros a favor do que fazemos, pensamos ou dizemos. Nesse sentido, o *raciocínio* é a atividade central de apresentar razões a favor de uma pretensão, mostrando de que modo se pode obter êxito em dar força à pretensão desejada. A *argumentação* consiste na atividade total de colocar pretensões em discussão, buscando respaldo racional, criticando e refutando críticas. Trata-se de uma teoria prática, que buscar ensinar como construir argumentos e se aplicar na motivação judicial. Há, para ele, quatro elementos no *argumento*: (i) a *pretensão* – ponto de partida como de destino do proceder argumentativo; (ii) as *razões* – motivos a favor de sua pretensão que sejam relevantes e suficientes, os fatos específicos do caso; (iii) a *garantia* – que são regras, princípios enunciados gerais ou definições e máximas da experiência que autorizam a sustentação racional da pretensão, manifestados pelas formas: "se ... então"; e (iv) o *respaldo* – através da proposição categórica sobre fatos, visto por normas, teses, princípios e garantias individuais. Na argumentação, então, são necessários elementos para atribuir *força*: (i) *qualificadores morais* – por meio de conectores que indicam a percurso da premissa à conclusão, ditos presumíveis, plausíveis e prováveis; e (ii) *condições de refutação* – circunstâncias extraordinária ou excepcionais que podem retirar a força dos argumentos (a menos que ...). Stephan Toulmin distingue os seguintes *tipos de argumentos*: (i) *substanciais* – quando o respaldo para a garantia não contém a informação expressa na conclusão; e, (ii) *analíticos* – quando o respaldo para a garantia, que permite passar das razões à conclusão, incluem explícita ou implicitamente a informação expressa na conclusão. Por fim, assinala como *tipos de falácias*, cinco categorias a que correspondem a cada um dos elementos de que se compõe um argumento: (i) de uma falta de razões; (ii) de razões irrelevantes; (iii) de razões defeituosas; (iv) de suposições não garantidas; e (v) de ambiguidades.

4. APLICAÇÃO E ARGUMENTAÇÃO DO DIREITO

Teoria Integradora de Neil MacCormick. Em *Legal Reasoning and Legal Theory* (1978), embora haja elementos de argumentação (a exemplo da referência ao princípio da universalidade), a retórica é fundamental, destacando seu papel decisivo na decisão do julgador. Trata-se de uma teoria integradora, porque recolhe das antecessoras seus fundamentos. Distingue no raciocínio jurídico: (i) *justificação dedutiva* para os casos fáceis; e (ii) *argumentação jurídica* para os casos difíceis. Destaca que o julgador, na hora de solucionar um caso, deve distinguir o problema em: (i) problemas que afetam a premissa normativa (*problemas de interpretação* – que se dá em situações de pluralidade de interpretações; e, *problemas de relevância* – para saber se há ou não uma norma aplicável ao caso); e (ii) problemas que afetam a premissa fática – problemas típicos de prova, referindo-se a estabelecer a premissa menor ou fática, como questões de qualificação para a subsunção. Esta classificação afirma que antes se resolvem questões de qualificação, para, em seguida, buscar a interpretação e a subsunção. Na *justificação* dos casos difíceis crê que o requisito da "universalidade" é fundamental (quando a premissa é expressão de uma norma geral ou de um princípio – não se confundindo com "generalidade"). Para que uma decisão seja "racional" é dever atentar aos seguintes *princípios*: (i) *consistência* – que implica que a decisão está embasada em premissas normativas que não entram em contradição com as normas validamente estabelecidas (não infringe o direito vigente e se ajusta à realidade das provas); e (ii) *coerência* – quando a resolução está de acordo com o resto das normas e princípios do ordenamento jurídico (seja a *coerência normativa*, seja a *coerência narrativa*). Na *coerência normativa* há dois tipos de argumentos importantes: (i) argumentos a partir de princípios; e (ii) argumentos consequencialistas – dizem com os estados de coisas posteriores ao resultado e a ele correlacionados. Nestes consequencialistas, é possível distinguir, então: (i) conseqüências da ação e do resultado; (ii) consequências conectadas causalmente; e (iii) consequências remotas. Os argumentos consequencialistas são hipotéticos, mas não probabilistas, de modo que as consequências são refletidas em relação a uma série de valores como justiça, bem comum, segurança jurídica, levando a um *utilitarismo ideal*. O *argumento consequencialista* consiste em valorar as consequências que derivam em razão da adoção de uma ou outra hipótese rivais, ou seja, dadas as possíveis alternativas diante do juiz para determinar a regra, a premissa normativa que soluciona o caso, o critério de valoração é a aceitabilidade ou não das consequências que derivarão de sua adoção. Na última obra, o escocês Neil MacCormick afirma que no Estado de Direito a aplicação da lei pode ser problemática em razão da aplicação das normas ou da interpretação dos fatos, por isso, busca conciliar a retórica e o Estado de Direito para alcançar maior segurança jurídica. Por fim, destaca que os argumentos que são *conclusivos e demonstrativos* não são persuasivos, por isso, propõe uma reconciliação entre eles, buscando o ideal entre a retórica e o Estado de Direito.

A teoria do discurso prático de Robert Alexy. Há outros autores relevantes, embora não convenha nestas *primeiras reflexões* trazer em detalhe apenas pela natureza de roteiro, como: Manuel Atienza, Aulis Aarnio, Luigi Ferrajoli, Eemeren y Grootendorst etc. No entanto, o último grande e original autor na teoria da argumentação é Robert Alexy, que, com suas obras *Theorie der juristischen Argumentation* (1983), *Theorie der Grundrechte* (1985), *Recht, Vernunft, Diskurs* (1995) e *Begriff und Geltung des Rechts* (2002) avança numa verdadeira crítica aos seus antecessores e ao próprio positivismo do qual é herdeiro, como visto acima. Para ele, o problema fundamental das decisões jurídicas está no fato de que ninguém pode afirmar que a aplicação das normas jurídicas não é senão uma subsunção lógica a premissas maiores formadas abstratamente.

Todavia, inúmeros são os argumentos contrários, diz Alexy: (i) a vaguidade da linguagem jurídica; (ii) a possibilidade do conflito de normas; (iii) situação que demandam regulação que não existe; e (iv) a possibilidade de decidir em casos especiais mesmo contrariamente à literalidade de uma norma. Há diversos cânones de linguagem: para Savigny, a interpretação gramatical, lógica, história e sistemática; para Larenz cinco critérios, o sentido literal, o significado da lei conforme o contexto, as intenções, as metas e ideia s normativas do legislador histórico, os critérios teleológicos-objetivos e o mandato de interpretação conforme a constituição. No entanto, eles são insuficientes. Por isso, crê que não se deve buscar um *sistema de regras de fundamentação*, mas um *sistema de enunciados* do qual se possa extrair ou deduzir as premissas normativas que faltam e são necessárias para a fundamentação.

Inevitavelmente, afirma Robert Alexy que as fundamentações extraídas nos enunciados redundam em valorações e a questão, então, que se coloca é saber quando estas valorações manifestas nos enunciados são necessárias e como podem ser racionalmente fundamentadas/justificadas. Crê que na grande maioria das decisões as valorações são indispensáveis, especialmente naquelas em que se exige um posicionamento moral do julgador, todavia, não é livre este para discricionariamente escolher o valor que lhe convém, pois deve se orientar num sentido juridicamente relevante de acordo com *valorações moralmente corretas*.

Deste modo, evitando que recaia o julgador numa discricionariedade moral, propõe Robert Alexy três *paradigmas de objetividade*: (i) a decisão jurídica não pode se fixar estritamente no sistema de valorações do ordenamento jurídico, havendo-se de recorrer a outros pontos de vista valorativos em outras leis, na Constituição e em outras decisões relevantes; (ii) identificar as convicções coletivas sobre determinados valores, explicitando as formas e regras pelas quais tais convicções podem e deve entrar na fundamentação da decisão; e (iii) apelar para uma ordem objetiva de valores existentes na Constituição e na jurisprudência. Por isso, na busca desta objetividade, acredita que a *teoria do discurso racional* é a única possibilidade de sustentar a fundamentação jurídica de uma decisão, sendo esta a *teoria da argumentação jurídica*. Alexy parte de uma declaração do BVerG que afirma que há valorações imanentes à ordem jurídica constitucional que não chegaram a ser expressas na lei escrita, cumprindo ao juiz fazê-lo sem arbitrariedade, com base no discurso racional, desde critérios da razão prática e das concepções gerais de justiça consolidadas na coletividade.

A teoria do discurso prático geral integra o que Habermas denominou de *teoria da racionalidade comunicativa*, a qual implica na ideia central de que a "racionalidade" é alcançada pelo discurso ou racionalidade comunicativa. Em suma, a influência habermasiana está no fato de que as questões prático-morais podem ser decididas racionalmente, mediante as regras do uso da linguagem. Nesse sentido, o *discurso* é um intercâmbio de atos de fala orientados para buscar o consenso entre os participantes. Nesse sentido, o *discurso prático geral* consiste num intercâmbio de atos de fala que estão orientados ao entendimento dos participantes sobre a correção de enunciados a respeito da conduta humana. Os discursos, para Alexy, são "conjuntos de ações interconectadas nos quais se comprova a verdade ou correção das proposições". "Os discursos nos quais se trata da correção das proposições normativas são discursos práticos". Por isso, o discurso jurídico é uma espécie singular do discurso prático geral. A base do *discurso prático geral* habermasiana está na *teoria consensual da verdade*. Fala-se que é um discurso *prático* porque fundado sobre o que há de se fazer ou omitir ou sobre o que pode ser livremente feito ou omitido (em suma, porque se sustenta sobre questões deontológicas). Fala-se que é um discurso *geral* porque aplicável a qualquer procedimento decisório que tenha como fim um resultado racional.

O *discurso prático geral*, visto numa perspectiva *ideal*, pressupõe algumas condições: (i) todos os participantes potenciais devem ter as mesmas possibilidades de se utilizar dos atos de fala comunicativos, e, logo, iniciar um discurso e perpetuá-lo (por réplica e contrarréplicas); (ii) todos os participantes devem ter a mesma possibilidade de interpretar, asseverar, recomendar, explicar, justificar, problematizar e fundamenta ou contradizer a validade de tudo continuamente; (iii) os atores devem ter as mesmas condições e possibilidades de expressar pelos atos de comunicação opiniões, sentimentos e intenções; (iv) os atores devem ter as mesmas possibilidades de se valer de atos de fala "regulativos", logo, ordenar e se opor, permitir e proibir, prometer e retirar a promessa, render e exigir contas.

Em suma, as *condições do discurso ideal* são: tempo ilimitado, inclusão ilimitada de todos, ausência absoluta de coação, conhecimento e clareza sobre os temas discutidos e dados empíricos relacionados; liberdade para incluir e excluir argumentos, capacidade de trocar papéis e ausência absoluta de prejuízos. Todavia, na prática, essas características não estão presentes, formando o *discurso prática geral real*, mas aquele serve como um objetivo regulativo a ser seguido, buscando uma *"pretensão de correção" dos* enunciados empregados. Este discurso prático geral é a base do discurso jurídico.

Nessa perspectiva, o discurso jurídico passa a ser visto como *caso especial* (*Sonderfallthese*) do discurso prático geral: Tanto o *discurso prático geral* quanto o *discurso jurídico* se referem à correção de enunciados práticos. Todavia, a diferença está na maior liberdade e menor coloquialidade da argumentação do discurso prático geral. A tese do *caso especial* consiste na afirmação de que o *discurso jurídico* é um caso especial do discurso prático geral em razão do fato que a argumentação jurídica só encontra o seu lugar se atendidas uma série de condições limitadores: (i) sujeição à lei; (ii) obrigatoriedade de respeito aos precedentes; e (iii) o enquadramento na dogmática elaborada pela ciência jurídica. Enquanto a pretensão de correção do *discurso prático racional* se orienta simplesmente à racionalidade de seus enunciados, o *discurso jurídico*

4. APLICAÇÃO E ARGUMENTAÇÃO DO DIREITO

vai além da racionalidade dos enunciados normativos, buscando a pretensão de que tais enunciados sejam capazes de ser fundamentados no contexto de um ordenamento jurídico vigente. Em ambas as formas de discurso, fundamentações são feitas no mesmo momento que a pretensão do que se afirma seja produto desta própria fundamentação. Do contrário, há uma *contradição performativa*.

Robert Alexy também, na linha habermasiana, crê que as regras de discussão racional não se referem apenas a proposições, como na lógica, mas a comportamentos do interlocutor, por isso são *regras pragmáticas*. Estas regras não garantem a certeza definitiva do resultado, mas o torna *racional* (ainda que não haja certeza absoluta). Nas discussões jurídicas, dadas em diversos níveis (doutrinária, judicial, debates legislativos etc.) há um aspecto comum a todos: as formas se argumentam juridicamente, logo, há uma vinculação ao direito vigente que o diferencia da liberdade do *discurso prático geral*. Nesse sentido, além dos limites, tem-se que a *teoria do discurso racional* é uma *teoria do discurso normativo* por regras do discurso podem ser encontradas, assim como um procedimento estabelecido (o que provém, antes de tudo, de Habermas).

Portanto, para Robert Alexy, a cientificidade jurídica e o controle da arbitrariedade argumentativa decorre da rigorosa análise dos argumentos usados para fundamentar a subsunção normativa e a própria decisão do caso concreto. Assim, a previsão normativa em abstrato é relevante, contudo, mais ainda o é o exame dos argumentos segundo o respeito ou não às regras do discurso, para se verificar a logicidade e a coerência argumentativa empreendida pelo intérprete do direito e, especialmente, do magistrado no caso fático discutido.

Convém exemplificar, ainda que hipoteticamente, a fim de que se verificar como se poderia ou não pensar um caso a partir das regras do discurso propostas por Robert Alexy e que serve de grande valia no dia-a-dia forense a evitar arbítrios judiciais. *O Colégio X, de propriedade da Família judaica Y, procura oferecer a todos, e, em especial à comunidade judaica do bairro, além do ensino fundamental e médio aos seus alunos, uma formação baseada nos bons modos, educação e construção moral (Derech Eretz), o estudo e a prática da Torá (Torá im Derech Eretz), bem como a identificação e o envolvimento com o lar nacional judaico pela solidariedade e participação (base do sionismo). Assim, dentro do seu projeto pedagógico e judaico, promove inúmeros cursos, dentre eles, naturalmente, alguns com vistas aos preceitos religiosos. Abre-se, então, o debate, pelos seguintes questionamentos:*

i) *escolas confessionais são admitidas no Estado Democrático de Direito?*
ii) *os princípios e fins da educação nacional existentes na LDB se aplicam às escolas privadas?*
iii) *é possível restringir a matrícula a quem não pertence à comunidade judaica? Como fica o art. 3º da LDB (L 9.394/96) que afirma que o ensino será ministrado com base na igualdade de condições para o acesso e permanência na escola?*
iv) *há liberdade de formulação em seu programa religioso, com a consequente exigência de participação nas atividades religiosas por quem não congrega os mesmos preceitos? (Art. 33 fala que o ensino religioso é de matrícula facultativa e constitui disciplina de horário normal das escolas públicas, mas e as escolas privadas?)*
v) *pode o Estado intervir e dirigir o conteúdo programático do Colégio X para além do currículo mínimo?*
vi) *havendo liberdade para os pais não matricularem seus filhos no Colégio, mas inexistindo na região outra escola, pode então haver restrição na matrícula por parte deste Colégio para alunos de fora da comunidade judaica?*

Levando-se em conta a teoria da argumentação de Robert Alexy, uma possibilidade seria passar este debate dos argumentos acima lançados pelo filtro das regras discursivas, a fim de se ganhar segurança e racionalidade na decisão concreta (de uma eventual ação ordinária com pedido de antecipação de tutela, por exemplo, em que se buscasse a matrícula de criança não judia nesta escola):

(a) Primeiro, para que o debate exista, é indispensável o respeito às chamadas *"regras fundamentais"*, ou seja, é imperioso que o interlocutor neste debate:

   (i) *não-contradição* – não coloque algum argumento que atente contra as leis da lógica formal (ou seja, não pode dizer que entende que escolas confessionais não podem existir e ao mesmo tempo dizer que podem existir e restringir o acesso a algumas pessoas);

(ii) *sinceridade* – afirme algo, creia no que afirma e naturalmente não afirme algo que não acredita, a não ser que o faça por pura abstração e avisando a todos que assim o faz (ou seja, não pode dizer que é pessoalmente contrário a existência de escolas confessionais, mas matriculou seus filhos numa escola confessional);

(iii) *universalidade da lógica* – nos "discursos teóricos", caso predique algo de um objeto, este também há de predicar-se em qualquer outro objeto igual; nos "discursos práticos", chamados normativos ou valorativos, caso afirme um juízo de dever ou valor em uma situação, igualmente há de se afirmar em situações idênticas (ou seja, na formulação de "discursos teóricos" sobre a existência de escolas judaicas, aceite que seus argumentos sirvam também para escolas cristãs etc.; e, na formulação de "discursos práticos", que o seu argumento sobre a liberdade do ensino se estenda a todas as situações de ensino);

(iv) *uso comum da linguagem* – se valha juntamente com os demais interlocutores de expressões com os mesmos significados (ou seja, ao sustentar a igualdade de condições no oferecimento do ensino, fale o mesmo que os demais sobre o que entende por "liberdade" neste contexto)

(b) Segundo, o debate deve se sustentar em *"regras da razão"*, que implicam em condições para a própria racionalidade do debate, logo, que o interlocutor, ao formular o seu argumento:

(i) *dever de fundamentar quando requerido* – deve fundamentar o seu ponto de vista sempre que o outro interlocutor o requeira, exceto se outras razões justificarem a desnecessidade de fundamentar o discurso (ou seja, deve sustentar o seu argumento de permissão de estabelecer restrições a matrículas quando um outro interlocutor assim o quiser, salvo se a sua opinião, que não parece *a priori* o caso, seja já de fácil aceitação a ponto de dispensar fundamentação);

(ii) *abertura geral ao discurso* – permita que todos possam também falar e participar com suas opiniões (ou seja, deve permitir que os demais interlocutores contradigam as suas afirmações, bem como coloquem seus pontos de vista sobre as escolas confessionais);

(iii) *igualdade entre participantes* – permita que qualquer interlocutor possa "problematizar" as asserções, "introduzir" asserções, bem como "expressar" opiniões fático-normativas, desejos e necessidades (ou seja, deve sustentar seu argumento a favor da restrição de matrícula, admitindo que todos os demais interlocutores estejam na mesma condição de acatá-lo ou contrariá-lo);

(iv) *liberdade* – implique em não-coerção, posto que ninguém pode ser impedido de "exercer direitos", "participar" ou de ser submetido em desacordo com os demais, interna ou externamente ao discurso (ou seja, deve garantir que todos possam livremente se opor ao seu argumento a favor das restrições de matrícula sem que ninguém seja coagido a aceitá-lo).

(c) Terceiro, o debate deva basear-se nas *"regras sobre o ônus argumentativo"* que ordena a discussão, evitando o bloqueio pela abertura ou igualdade e exigindo que o interlocutor que formula o seu argumento fundamente sempre que:

(i) *pretenda um tratamento desigual* – ao expô-lo, crie uma circunstância desigual (ou seja, ao imprimir uma argumentação que foge ao que a maioria pensa sobre a liberdade de ensino, deve fundamentar o tratamento desigual pretendido);

(ii) *ataque uma afirmação descritiva/normativa não discutida* – ; vá de encontro a uma afirmação já posta e aceita no debate, deve fundamentar o seu ponto de discórdia (ou seja, ao sustentar a permissão do Estado em intervir no ensino da escola confessional, deve fundamentar as razões de sua asserção favorável à regulamentação da questão)

(iii) *ataque um argumento a favor de uma afirmação prévia* – ao contra-argumentar, deve fundamentar (ou seja, ao sustentar a liberdade de intervenção do Estado quando todos do auditório já se posicionaram em sentido contrário, como contra-argumenta, deve fundamentar);

(iv) *quando requerido, introduz uma afirmação sobre as suas próprias opiniões, desejos e necessidades até então não discutidos* – ao apresentar por requerimento uma afirmação de cunho pessoal não discutida ainda, deve argumentar (ou seja, caso apresente um argumento de caráter religioso, como a proibição da restrição de matricula, pelo fato de ser judaica, ainda não discutido, deve argumentar)

(d) Quarto, ao apresentar argumentos no debate, deve o interlocutor respeitar as *"regras/formas dos argumentos"*, logo:

(i) *recondução ao silogismo prático* – deve ser apto a retornar sempre ao silogismo inicial de seus argumentos (ou seja, se toda escola confessional tem liberdade, se o Estado só pode intervir para implementar o direito à educação, então, o Estado só pode intervir na escola confessional até onde não lhe retire a liberdade pedagógica)

(ii) *justificação das premissas* – deve buscar silogismos externos que justifiquem suas premissas (ou seja, se toda pessoa tem liberdade religiosa, se toda escola tem liberdade de ensino, logo, a escola confessional pode ensinar a religião sem que prejudique a liberdade de culto do aluno);

(iii) *possibilidade de acrescentar prioridades* – respeitar que haja regras entre determinadas circunstâncias, de modo que umas valham mais que outras segundo o consenso (ou seja, deve admitir que a liberdade religiosa já é postulado consagrado na cultura popular e no Estado, de modo que deve prevalecer, até que o contrário seja provado, sobre a obrigatoriedade do ensino de uma única religião).

(e) Quinto, o debate já de natureza prática, deve exigir do interlocutor *"regras de fundamentação"* que o obriguem a uma racionalidade de sua postura no debate de modo que:

(i) *princípio do intercâmbio de papéis individuais* – quem aceita uma proposição normativa para satisfazer interesses dos outros, deve também aceitar as conseqüências idênticas para si mesmo (ou seja, caso defenda a restrição à matrícula, deve aceitar que, caso seu filho tenha que estudar na região, possa a vir a ser prejudicado se o colégio impedir a sua matrícula por não ser judeu);

(ii) *princípio do consenso 'coletivo'* – as conseqüências de uma regra para a satisfação do interesse de cada um devem ser aceitas por todos (ou seja, ao propor o seu argumento de liberdade de ensino religioso, todos os interlocutores devem aceitá-lo como regra de satisfação do interesse de todos);

(iii) *princípio de publicidade* – toda regra deve poder ser ensinada de maneira aberta e geral (ou seja, ao argumentar que as restrições de matrícula são justas, tem o dever de professar abertamente a sua opinião);

(iv) *regra da gênese social* – as normas morais que fundamentam as posturas dos interlocutores devem passar no teste de sua gênese histórico-social, qual seja, não podem ser usadas se, na origem estivessem justificadas, mas hoje deixaram de ser, ou, ainda, se não estavam justificada na origem e muito menos hoje há razões que a justifiquem (ou seja, caso sustente que hoje é proibido o ensino religioso para mulheres, não o pode, sob o argumento de que a norma moral que fundamentou outrora esta postura argumentativa hoje não mais se sustenta);

(v) *regra da gênese individual* – as normas morais que fundamentam as posturas dos interlocutores devem passar no teste de sua gênese-individual, qual seja, não podem ser justificadas quando baseadas em condições de socialização injustificáveis (ou seja, caso sustente que hoje é obrigatório o ensino religioso cristão, não o pode, sob o argumento de que a norma moral que fundamentou outrora esta postura argumentativa hoje não mais se sustenta já que não promove a socialização na origem);

(vi) *regra da 'realizabilidade'* – implicam no respeito aos limites de possibilidade de realização do fato (ou seja, caso lance um argumento sobre a possibilidade de ensinar todas as religiões para os alunos na sala, não o pode, posto que não serve ao problema real e a solução é irrealizável).

(f) Sexto, formulado o debate, deve o interlocutor respeitar as *"regras da argumentação dogmática"*, ou seja, deve ser capaz de colocar o seu argumento de acordo com os enunciados dogmáticos expressos:

   (i) *uso de argumento prático* – valer-se de interpretação da vida (ou seja, deve encontrar respaldo de fundamentação para o seu argumento na realidade);
   (ii) *comprovação sistemática* – todo enunciado dogmático deve poder passar por uma comprovação sistemática em sentido estrito e amplo (ou seja, deve ser capaz de colocar o seu argumento em sintonia com o resto do ordenamento jurídico e dos demais argumentos);
   (iii) *uso obrigatório de argumentos dogmáticos* – se são possíveis argumentos dogmáticos, estes devem ser usados (ou seja, se há previsão, por exemplo, na LDB sobre o ensino religioso, este não pode ser ignorado pelo interlocutor que propõe um argumento).

(g) Sétimo, ao se formular um discurso racional prático de justificação das normas envolvidas no caso, que implicam numa resposta jurídica, deve o interlocutor respeitar as *"regras de transição"* permitindo que outros discursos venham à tona, de modo que qualquer interlocutor, em qualquer momento pode passar para:

   (i) *discurso teórico-empírico* – buscar um outro discurso (ou seja, é possível que busque na religião a resposta mais clara para o caso);
   (ii) *análise linguística* – buscar a estipulação ou a análise de conceitos para delimitar significados e significantes (ou seja, quando se discute o que se entende por "intervenção" do Estado, é preciso delimitar este conceito, se é intervenção por regulamentação, se é intervenção física etc.);
   (iii) *metadiscurso* – ver a possibilidade de se discutir o próprio assunto (ou seja, discutir se as regras sobre a formulação de argumentos a favor ou contra a intervenção do Estado na escola confessional, que estão sendo levantadas, são ou não válidas).

Enfim, a grande contribuição de Robert Alexy, então, neste aspecto, seria que todos os argumentos jurídicos eventualmente lançados no debate (seja inclusive pelas partes em processo judicial) deveriam pelo exame das regras do discurso prático, e, uma vez respeitadas tais regras, haveria então na argumentação decisiva (aquela para fins de decidibilidade fática) um juízo criterioso e seguro, a fim de revitalizar o direito enquanto ciência.

3. Lógica, Razoabilidade e Ponderação

Argumentação lógica tradicional. A decidibilidade na teoria da decisão sempre operou um juízo bastante simples, quase matemático, à medida que, baseado na lógica tradicional ao bom sabor do positivismo jurídico clássico, costumeiramente se fez esquemas lógicos tradicionais de aplicação da legislação às circunstâncias concretas.

Isto significa que raciocínio jurídico empregado desde o início do séc. XIX (de modo mais seguro, sem se recorrer aos tempos aristotélicos em que o direito tinha outra percepção, como visto) foi sempre baseado na teoria proposicional, modal e deôntica. Logo, as variáveis em jogo foram as tradicionais e seus conceitos essenciais, como: ideia ; termo; juízo; proposição; enunciado; raciocínio e argumento, com a conseqüente linguagem simbólica: letras esquemáticas; conectivas (negação, conjunção, disjunção, condicional e bicondicional); símbolos auxiliares e fórmulas proposicionais: tautologia, contradição, contingência, implicação e equivalência.

De consequência, o raciocínio esteve vinculado às regras de inferência sistêmicas (princípios, formas, operadores ou leis deônticas), logo, a ideia de que qualquer argumento haveria de ser extraído ou por dedução, ou por indução ou por abdução, e, cumprir as exigências dos critérios tradicionais (explorados no cap. 4) da identidade, da não-contradição, do terceiro excluído, da razão suficiente e da tríplice identidade.

O estudo da lógica dentro do universo jurídico é relativamente recente, se comparado à lógica geral, cujo nascimento se esboça já no período clássico. Seu surgimento, afora experiências menores com Roger Rosetus, Robert Golcot, William Ockham no séc. XIV, é datado de modo mais seguro no início do séc. XIX, ainda que suas construções só ganhem ampla dimensão dentro da ciência jurídica apenas em meados do séc. XX. De qualquer modo, é na Alemanha das primeiras décadas novecentistas que as obras originais da escola histórica do direito decidem se dedicar ao seu uso, pois se percebe, não apenas proximidade da matemática, mas mesmo sob o ponto de vista ideológico, que o uso da lógica serviria aos propósitos estatais e burgueses então incipientes.

A lógica emprestada da matemática é a monotônica, o que era aceito para a época, diversamente do que hoje se sustenta com as chamadas lógicas não-monotônicas: paraconsistente, minimal, revisão de crenças e normas, derrotabilidade por lógica de exceção e por lógica de qualificação. A necessidade em se proteger o legislador de quaisquer interferências do arbítrio judicial e sua possível ruptura, instabilidade e eventual retrocesso ao *Ancien Régime*, bem como de construir um sistema pronto e acabado capaz de respeitar os valores fundamentais do positivismo (segurança, certeza e previsibilidade), exigiu que o raciocínio jurídico e a decidibilidade seguissem passos precisos (o que o raciocínio exato da matemática muito bem haveria de emprestar).

Pela lógica tradicional, analisam-se os argumentos expostos na hipótese normativa, seja no relato, seja no cometimento, bem como a expressão linguística dos fatos e suas descrições. Então, opera-se, inicialmente, um juízo de compatibilização da incidência do suposto normativo com o suporte fático em busca da correta e exclusiva subsunção, a fim de que haja a plena juridicização do fato e suas implicações (concessivas de direitos ou obrigacionais de deveres) sejam postas para o ordenamento jurídico. Definidos o fato e a norma a partir da linguagem, a submissão opera-se pelo recurso das regras de inferência, ou seja, avalia-se passo a passo o ordenamento jurídico e seus elementos:

i) *Regra da identidade*, se o antecedente normativo é apenas aquele ou se não é outro ao mesmo tempo – algo é a partir de seus elementos e não o pode ser a partir de outros que preencham requisitos para ser outro elemento (excluem-se, assim, as ambiguidades inadmissíveis no raciocínio lógico). Neste sentido, verifica-se se o fato descrito com suas características é mesmo um serviço acompanhado de um bem, por exemplo, ou é uma mercadoria com o consequente serviço que a torne útil (discussão relevante, por exemplo, para saber se a incidência tributária será municipal ou estadual). Aqui entra toda a discussão da teoria piramidal, como visto, kelseniana, sobre a identificação do que também faz parte ou não do sistema jurídico, ou, o que é validado ou não por uma norma superior fundante. Também, naturalmente, da plenitude e a fuga das lacunas normativas.

ii) *Regra da não-contradição*, se há uma norma cujo antecedente descreve claramente um fato, ou esta norma é válida ou inválida, não podendo persistir no ordenamento jurídico como válida e inválida para situações idênticas. E aqui toda a sorte de critérios de antinomias (como já exposto no cap. 4) foram elaborados desde o séc. XIX com bases romanas a fim de evitar a contradição e a incoerência sistêmica (Se A, então deve ser B, não podendo ser também não-B). Haveria uma forma de *non-sense* sistêmico, pois se ocorresse, não haveria sistema, já que um repertório de elementos pressupõe como regra algo que evite que termos contraditórios sejam unificados e aceitos como pertencentes a este sistema (ou um número é primo e crescente ou não é).

iii) *Regra do terceiro excluído*, se não há outra norma também válida (e não "verdadeira", pois este é o raciocínio normativo, já que a ciência jurídica é de imputação e não de causalidade). Isto implica dizer que uma proposição normativa ou é válida ou a sua negação é verdadeira, não podendo ser válida e inválida ou válida e invalidada por outra norma válida (Se A, então deve ser B, não podendo ser também C). Logo, ou bem a norma incide sobre os fatos porque integralmente se subsume a eles ou não. Aqui o problema da inconsistência sistêmica se coloca.

Feita a subsunção lógica, igualmente lógica deve ser a argumentação, se indutiva ou dedutiva, baseada nos silogismos (tradicionais e não: entimema, epiquerema, polissilogismo, expositório, informe, sorites, hipotético e dilema). O tradicional é o que pressupõe que o argumento seja exposto (no que diz respeito ao trato normativo) pela relação entre *premissa maior* (enunciado de dever-ser expresso na norma), *premissa menor* (enunciado de realidade sobre fato referido na norma) e *conclusão* (aplicação da norma ao fato pela decisão jurídica). Dito de modo simbólico, A deve ser B; C é A, então C deve ser B. Assim, por exemplo, se alguém, funcionário público, decide ficar com valores depositados a título de fiança como se fossem seus, quando o deveria recolher em depósito formal. A *premissa maior* é a do art. 312 do CP, que menciona o peculato na forma apropriação, a *premissa menor* é a conduta praticada pelo funcionário público, e a *conclusão* que permite a decisão pela condenação após o devido processo legal é a de que o funcionário público então cometeu o delito de peculato apropriação e não de apropriação indébita. Juízo simples, seguro, claro e preciso.

Argumentação lógica não-monotônica. De modo bastante sucinto, já que o tema é complexo e não são poucos os autores no Brasil que assim se dedicam como Juliano Maranhão, Cesar Serbena, José Cella etc., é possível visualizar que a lógica tradicional não é capaz de dar conta de problemas normativos contemporâneos mais complexos, e isto não implica, obrigatoriamente, o abandono do uso da lógica.

Estes autores, em grande parte apoiados na primogenitura de Carlos Alchourrón e Eugenio Bulygin, propõem a introdução de uma lógica informal, de natureza não-monotônica, ao que denominam de derrotabilidade normativa. Tendo buscado no ensaio de Herbert Hart *The Ascription of Responsability and Rights* (1948), afirmam os defensores da derrotabilidade que no raciocínio monotônico, adições de premissas e axiomas não podem, de modo algum, invalidar conclusões construídas de mesmo modo anteriormente, sob pena de se ofender as citadas regras de inferência lógica. Contudo, o mundo moderno, sobretudo da programação eletrônica, traz inúmeras situações que tendem a invalidar premissas anteriores, obrigando a lógica a se desdobrar e permitir a superação da interpretação normativa a partir de uma nova norma.

Isto ocorre nas seguintes situações: (i) modificações de enunciados por força de interpretações extensivas ou restritivas; (ii) inclusão de exceções fáticas que modifique a solução normativa sistêmica; (iii) obrigatoriedade de reflexão do enunciado a partir do seu conjunto por força de situações fáticas; (iv) incerteza na aplicação por força da vaguidade da linguagem; (v) a simples generalidade da legislação e a impossibilidade de previsão total; (vi) a discricionariedade judicial em fazer a subsunção aos conceitos jurídicos; (vii) normas morais judicialmente aceitas em detrimentos de normas jurídicas formais; (viii) validação de normas judiciais de decisão individual concretas pelo recurso a normas formais, o que opera novas inserções sistêmicas indiretas; (ix) a necessidade de descrição dos fatos para a sua correta qualificação levam a imputações várias; (x) juízos normativos podem ser derrotados pela simples e inevitável ausência de informação plena da realidade; (xi) exceções apoiadas no sistema também podem derrotar normas próprias quando não previstas (Jorge Rodríguez e Gérman Sucar). Todas estas situações, no fundo, de modo bem sintetizado por Fernando Vasconcellos a partir de Neil MacCormick e e Manuel Atienza, são oriundas dos seguintes problemas de: (i) *pertinência* – quando o fato impõe a dúvida quanto a qual norma haveria de ser aplicada e os critérios tradicionais de antinomia são insuficientes por exceções implícitas que afastam a norma prevista; (ii) *interpretação* – quando a vagueza da linguagem impõe interpretações plúrimas que derrotam a norma tradicionalmente interpretada no texto normativo; (iii) *prova* – como os fatos chegam ao conhecimento do intérprete, especialmente o juiz, por meio de prova, é possível que modificações nela ocorrida levem a derrotas normativas lógica e anteriormente estabelecidas; e, (iv) *qualificação* – por força da generalidade das normas, há a dificuldades de qualificação dos fatos no antecedente normativo.

No fundo, de modo bastante sucinto, o que a derrotabilidade faz é permitir que em determinadas situações, a norma existente no ordenamento jurídico cria apenas *obrigações prima facie*, podendo ser derrotada e outra regra de decisão se estabeleça sem que, com isso, se perca a unidade, a plenitude, a coerência, e, no fundo, a lógica sistêmica. Convém exemplificar, ainda que hipoteticamente, a fim de que se aprofundar e se verificar o quão é útil para situações de *hard cases* no direito. Passa-se à análise de um caso concreto, procurando aplicá-la e visualizar de que modo a lógica da derrotabilidade se evidencia:

Pense-se, por exemplo, numa situação em que um Município promova execução fiscal em face de empresa pública (como a CEF), cobrando-lhe valores não recolhidos a título de IPTU. As questões envolvidas, em princípio, são bastante simples e envolvem os seguintes raciocínios: (i) *regime jurídico de direito público* – em princípio, como a empresa pública exerce atividade empresarial, e não se enquadra o regime de direito público, qualquer benefício (como isenção fiscal ou imunidade) que o estado venha a conceder, só o pode fazer, sob pena de ele mesmo desequilibrar a concorrência do setor, se o estender a todos os particulares (disposições do art. 173, § 1º, II e § 2º da CR), logo, se isentá-la do pagamento de IPTU, deverá isentar todas as demais instituições financeiras privadas; e (ii) *imunidade recíproca* – também por força de disposição constitucional (art. 150, VI da CR), não há sentido nos entes tributários instituírem impostos uns sobre os outros, contudo, esta disposição é expressa para entes estatais diretos e não para eventuais empresas públicas (fazenda pública).

A partir destes raciocínios normativos, a incidência do ordenamento jurídico nesta situação seria, aparentemente, simples na subsunção: sendo a CEF empresa pública e não tendo o ente estatal (no caso um Município) estendido a interpretação da imunidade para todas as instituições financeiras privadas, não poderia ela gozar da imunidade recíproca, logo, haveria de pagar IPTU por força de seus imóveis nele situado. Todavia, há uma questão que a situação fática coloca ao intérprete (especialmente ao juiz), que não pode deixar de ser ponderada e que leva à derrotabilidade deste juízo, permitindo, então, que a empresa pública possa também ser imune ao pagamento deste imposto.

Avançando no raciocínio. No caso em concreto a cobrança do IPTU decorre de imóveis que a CEF os "detém" por força de programa de arrendamento público (PAR) em que, por meio de recursos públicos, ela transfere a posse dos imóveis aos particulares de baixa renda, mantendo consigo a propriedade fiduciária até que o pagamento seja feito integralmente pelo particular, momento em que há a resolução da propriedade em nome deste. Por tanto, são imóveis que estão, em princípio, temporariamente em nome da CEF, já que ela está implementando política pública do governo federal no tocante ao direito à moradia.

Esta situação peculiar é que leva, embora naturalmente seja raciocínio passível de críticas, à derrotabilidade normativa. A CEF, embora empresa estatal típica do desenvolvimentismo nacional, não está neste exemplo "exercendo atividade empresarial", nem tampouco está competindo com outras instituições bancárias no fomento e na captação de clientela, mas tão-somente servindo como braço do núcleo estatal de implementação de fins públicos, qual seja, o direito à moradia e à dignidade humana pela gestão dos recursos da União. Logo, não há de lhe ser aplicada a restrição prevista no art. 173, § 2º da CF. Os recursos são dotações orçamentárias anuais específicas da União, sem qualquer transferência "efetiva de titularidade" para a CEF, de modo que, não exercendo esta senão uma espécie de "representação" através da criação de um fundo, cujos recursos advém da União e da integralização de cotas gradativas dos particulares pela posse direta do propriedade fiduciária, a imunidade recíproca deve prevalecer, não podendo o município cobrar quaisquer impostos da União através da CEF.

Ocorre aqui, então, no plano da incidência normativa um aspecto cuja teoria tradicional não conseguiria responder, especialmente por sua lógica essencialmente monotônica, baseada nas velhas regras de inferência da identidade, da não-contradição e do terceiro excluído, senão desde a teoria da derrotabilidade normativa. Isto porque, neste exemplo, há uma pluralidade de normas que incide e cuja análise não se resolve pelo simples e antigo jogo recobrado dos romanos por Savigny na primeira metade do séc. XIX, definido pelas regras sistêmicas dos critérios da anterioridade, especialidade e hierarquia. De um lado, há norma constitucional que fixa o regime jurídico privado da CEF, visto ser empresa pública cotidianamente exploradora do mercado financeiro (art. 173, §2), o que afasta desde logo benefícios fiscais; de outro, norma constitucional que atribui imunidade recíproca aos entes da administração direta e indireta – restrita a autarquias e fundações (art. 150, VI, a), não aplicável, em princípio, a CEF, o que afastaria benefício fiscal; por fim, outra, do PAR, que obrigada a CEF a pagar o IPTU incidente sobre o imóvel que esteja em seu nome como proprietária fiduciária (arts. 1º, 2º e 3º da L. 10.188/01).

Assim, em juízo de lógica deôntica tradicional, na esteira de Von Wright, a solução normativa seria simples, ou seja, na estrutura cruzada de ambas as normas constitucionais e da norma infraconstitucional, opera-se um juízo de imputação hipotético-condicional baseado na cláusula "se-então", ou seja, "antecedente normativo – se a CEF é proprietária fiduciária de imóvel devedor de IPTU, se a CEF é empresa pública exploradora da atividade econômica e com regime jurídico de direito privado – consequente normativo – então, não incide a regra imunizadora recíproca dos entes federados.

Contudo, este juízo bem demonstra a falibilidade da lógica clássica, o que não implica, como bem gosta Peczenik, Bayón, Bulygin e Alchourrón, na destruição do juízo lógico, senão na clausura da "lei do reforço do antecedente". É necessário, nesta situação hipotética, fazer um juízo de lógica derrotável (por defeito) que perceba que todo este antecedente normativo acima explicitado cria apenas uma obrigação prima facie, que, diante das circunstâncias concretas (o fato da CEF, aqui, não estar explorando atividade econômica s.s., mas implementando política pública de moradia a pessoas de baixa renda) pode efetivamente não incidir. Ainda que Pontes de Miranda não o aceite, é perfeitamente factível que "H implique não-C", ou seja, é necessário visualizar neste exemplo que todo o antecedente normativo conjuntivo do ordenamento jurídico nacional (se a CEF é proprietária fiduciária de imóvel devedor de IPTU, se a CEF é empresa pública exploradora da atividade econômica e com regime jurídico de direito privado) não incide, e nem por isso quebra a lógica do sistema ou se perde a validade normativa.

Tem-se, então, um conjunto normativo no antecedente que, pelas peculiares situações do exemplo (o que Juliano Maranhão denomina de derrotabilidade normativa implícita) admite um juízo de lógica de exceção, operada por um refinamento (e não qualificação), que não implica no consequente (então, não incide a regra imunizadora recíproca dos entes federados). Todo aquele conjunto normativo previsto como antecedente é derrotado em razão da existência de uma interpretação com ele incompatível, que faz ressaltar a simples existência de um "dever prima facie" já que o antecedente se aplicaria ao exemplo, a menos que (eis a cláusula essencial do juízo de derrotabilidade) não estivesse a CEF – empresa pública – não explorando atividade econômica. Assim, a prótase (seguindo Vilanova) é válida, qual seja, que, em princípio, a realização fática do antecedente implicaria na obrigação da CEF figurar na condição de contribuinte de IPTU (posto como condição ordinariamente necessária e presumivelmente suficiente (MacCormick), todavia, a apódase, ter de contribuir, não é válida, posto que, por exceção, não se realiza por não estar a CEF sob o regime jurídico de direito privado neste exemplo.

Argumentação da lógica do razoável. Luís Recaseans Siches, em oposição à lógica formal e sua direta relação de causalidade, sustenta uma nova técnica capaz de permitir a aplicação do direito de um modo mais justo que a simples subsunção positiva. Para tanto, crê que existam regras gerais de interpretação, no entanto, entende-as insuficientes, servindo apenas para seguir o raciocínio, sem ser determinante. O raciocínio do aplicador do direito, especialmente o magistrado, deve ser flexível e se perguntar diante de uma eventual e aparente injustiça da norma posta quais os valores apropriados para uma dada realidade, quais os propósitos concretamente factíveis e quais os meios convenientes sob a perspectiva ética e que são admissíveis e eficazes para o raciocínio jurídico.

Seguindo seus mestres Stammler, Heller e Del Vecchio, Récaseans Siches afirma no relevante capítulo V, item VII do seu *Nueva Filosofia de la Interpretación del Derecho* (1956) que o intérprete deveria construir uma interpretação a partir da norma posta, mas de modo razoável a adaptá-la à realidade de acordo com as circunstâncias políticas, sociais e culturais. Sua função é essencialmente criativa e exige o debater com valores dispersos no ordenamento jurídico e na sociedade. Então, inevitavelmente, seu juízo é sempre axiológico e segue passos mentais que podem ser extraídos no seguinte esquema: (i) inicialmente, o juiz encontra a solução pertinente e justa por meio de sua particular intuição criativa do justo (denominada por Récaseans Siches de *corazonada*); (ii) em seguida, ele vasculha o ordenamento jurídico em busca da norma que seja capaz de sustentar o raciocínio da *corazonada* empreendido, qualificando adequadamente os fatos. Há, portanto, na lógica do razoável antes uma "intuição heurística", uma intuição emocional do justo" pelo magistrado que permite que a aplicação do ordenamento jurídico seja, além de correta e adequada, fundada no que é humano e razoável.

A racionalidade de tal interpretação e justificação é lógica, mas não segue, naturalmente para o autor espanhol, a "lógica do racional", típica das ciências exatas e biológicas (cap. II). Trata-se de uma lógica material predisposta e peculiar a solucionar os problemas humanos, seja no plano individual, seja social, pois leva em conta não apenas as regras de inferência, mas os sentidos e nexos entre significados, bem como os valores pertinentes e as finalidades de ações e omissões desejadas ou esperadas pela comunidade.

Como a realidade humana é impregnada de escolhas e valores a depender do contexto histórico (e Récaseans Siches afirma isso logo no pós-guerra e todos os esforços iniciados com Viehweg e Perelman para demonstrar a falibilidade do raciocínio positivista), os instrumentos lógicos de categoriais, variáveis, hierárquica, métodos etc. da lógica formal se tornam insuficientes a resolver problemas práticos da vida cotidiana. Então, apenas a decisão judicial, como manifestação desta *lógica de la acción humana* é que pode vir a perfectibilizar o direito, pois nele se trabalha não apenas com normas formais, mas valores objetivamente existentes e "sentidos" a partir de uma intuição intelectiva.

Portanto, enquanto a lógica tradicional permite a fundamentação das decisões judiciais de modo absoluto, abstrato e desligado da realidade, a *lógica del razonable* está intimamente determinada pelo contexto histórico-social e particular, servindo a tensionar o conteúdo fático previsto hipoteticamente no ordenamento jurídico. Os valores perpassam esta lógica e devem ser intuídos pelo magistrado na sua concretização do direito, sopesando possibilidades e finalidades desejadas. Não bastam os conectivos ônticos, é necessária a existência de *relações de congruência* entre a realidade social, os valores, as normas abstratas e as circunstâncias particulares, assim como entre os valores, os propósitos e os fins adequados e os meios postos pelo ordenamento jurídico. É a manifestação viva da experiência histórica da vida humana sendo ponderada no exercício interpretativo da norma jurídica.

Argumentação de proporcionalidade. O postulado da proporcionalidade é um dos temas de grande relevância no âmbito da teoria geral do direito, em especial, do direito constitucional, à medida que a leitura tradicional positivista dos comandos normativos há muito cedeu espaço para o campo das visões axiológicas do direito. A percepção da incompletude normativa do sistema, bem como da dinamicidade a que se submete o direito frente à complexidade da realidade, conduziram os juristas a discutir instrumentos aptos a abrir a dogmática jurídica a outros campos que não o estrito território do lícito-ilícito. Se de um lado, técnicas processuais procuraram melhor adaptá-lo às relações materiais, por outro, técnicas materiais procuraram atualizar o homem e o sistema, na tentativa de harmonizá-los num mesmo percurso epistemológico.

Deste os fatores que influenciaram tal processo de abertura sistêmica (como já suso explorado), sem dúvida, as vicissitudes do constitucionalismo e do Estado estão entre os principais. A ideia inicial é que o constitucionalismo constitui a marca do Estado de Direito. O grande problema sempre posto foi do paradoxo: constitucionalismo *vs* democracia, ou, dito de outro modo, entre o postulado de haver limites às deliberações populares em busca do bem comum e o ideal de autodeterminação do povo. Em suma, como conjugar novos valores e supremacia do interesse público, como conjugar segurança jurídica e não-enrijecimento do sistema normativo?

Tal contradição se enfatiza à medida que mais valores são incorporados ao texto constitucional, e, naturalmente, um grupo maior de decisões se torna insuscetível de revisão pelas maiorias futuras. A passagem do Estado de Direito para um Estado Social, ou do Estado formal para o Estado material operou no séc. XX a "materialização da CF". Esse processo se avolumou no pós-Guerra, no fenômeno conhecido como neoconstitucionalismo. (Frank Michelman). Para este processo, a constituição deixou de ser mera delimitadora da atuação

Estatal (protegendo liberdades, estruturando e limitando a formação política e o poder) para se transformar num instrumento de "positivação jurídica" de valores fundamentais da vida coletiva.

A jurisdição constitucional passou a influenciar sobre as deliberações políticas de órgãos de cunho representativo. Nesse sentido, surge a ponderação dos postulados ético-morais feita pelo Judiciário e os questionamentos sobre a sua legitimidade em pensar a Constituição como "ordem de valores". A primeira grande percepção deste fenômeno foi o Caso Lüth – BverfGE 7, 198 – (1950, Erich Lüth, dirigente do Clube de Imprensa de Hamburgo, chamou os distribuidores cinematográficos para boicotar o filme Amante Imortal – *Unsterbliche Gelibte* de Veit Harlan, antigo partidário de Hitler e divulgador de ideologias anti-semitas. Em detrimento da liberdade de expressão, sustentou-se que os direitos fundamentais também se aplicam nas questões privadas, e não apenas na relação estado-indivíduo, logo, que o espírito da Constituição privilegiava os bons costumes em contrário a liberdade total de manifestação de opinião art. 5.1), quando o Tribunal Constitucional Alemão optou pela recepção da teoria axiológica, aceitando que a Constituição não seria neutra. Desvendou-se, assim, a "dimensão objetiva" dos direitos fundamentais (Dieter Grimm).

Percebeu-se, então, naquele processo de objetivação dos direitos fundamentais, que tais direitos não poderiam ser mera garantia de posição subjetiva do indivíduo face ao Estado, mas valores básicos da sociedade política, base do Estado Democrático. Com isso, atribui-se maior poder ao Judiciário de materializar os valores abstratos da CF. Já que o Estado Social impôs um incremento na intervenção do Poder Legislativo e do Poder Executivo na vida privada, cumpre ao Poder Judiciário conter os eventuais abusos contra a dignidade da pessoa humana (Otto Bachof) – afirmação esta naturalmente perigosa e não isenta de fundadas críticas.

Numa perspectiva tradicional da proporcionalidade, é possível afirmar que um dos grandes instrumentos para que o Poder Judiciário possa trabalhar com os valores sociais e corrigir falhas dos demais poderes tem sido a proporcionalidade, vez que capta conflitos axiológicos e permite uma melhor adaptação da situação material ao ordenamento jurídico. Por essa razão, não é exatamente nova a discussão em torno dela, mas certamente é muito mais robusta a sua fundamentação nos dias de hoje. Fundamentação essa que não passa ilesa de críticas, sejam quanto ao seu alcance, quanto à sua sustentação

4. APLICAÇÃO E ARGUMENTAÇÃO DO DIREITO

intrassistêmica, quanto mesmo à sua própria definição dentre as inúmeras categorias da Ciência Jurídica.

Como bem sustenta Humberto Ávila, a proporcionalidade não é um princípio, mas um dever, um "postulado normativo aplicativo" que serve à resolução de conflitos. Não é princípio, quanto também não é regra. Dworkin e Alexy diferenciam (como visto acima), apesar de algumas contradições entre ambos, os princípios e as regras como base em dois critérios: a) grau de abstração e generalidade da prescrição normativa (princípios se dirigem a um número indeterminado de pessoas e de situações, sendo mais amplos que as regras); b) fundamento de validade (os princípios se encontram baseados na noção do Estado de Direito, enquanto as regras em texto normativo). Partindo dessa breve distinção feita pelos jusfilósofos, percebe-se que a "proporcionalidade" não é um princípio, mas um postulado, como bem sustenta Humberto Ávila, capaz de evitar que um princípio destrua o sentido do outro. Uma vez que os princípios possuem pesos distintos diante da casuística (tal Dworkin "*dimension of weight*"), ao contrário das regras, que se sustentam na regra "tudo ou nada" (*all-or-nothing, alles-oder-nichts*), os princípios só podem ser aplicados com base numa "cláusula de reserva", isto é, só aplicados se outro princípio não tiver maior peso.

Compete ao "postulado da proporcionalidade" (*Verhältnismässigheitsprinzip*) captar a melhor realização dos princípios diante do caso concreto, ponderando-os segundo as "possibilidades fáticas" (adequação – *Geeignetheit* e necessidade – *Erforderlicheit*) e as "possibilidades normativas" (razoabilidade) (Robert Alexy). Isto implica dizer que o meio escolhido deve ser necessário, adequado e razoável diante da colisão de princípios. [Luis Fernando Schuartz]. Nesse sentido, o dever de proporcionalidade cria as condições necessárias para que a interpretação normativa possa se realizar diante de um caso concreto, sempre que valores distintos e positivamente consagrados estejam em jogo. Humberto Ávila resume seus requisitos: "Uma medida é *adequada* se o meio escolhido está apto a alcançar o resultado pretendido; *necessária*, se, dentre todas as disponíveis e igualmente eficazes para atingir um fim, é a menos gravosa em relação aos direitos envolvidos; *proporcional ou correspondente*, se, relativamente ao fim perseguido, não restringir excessivamente os direitos envolvidos." Logo, o dever de proporcionalidade abre um espaço à subjetividade judicial, à medida que o intérprete, diante do conflito entre bens jurídicos materiais (liberdade, vida, segurança, dignidade humana, interesse público etc.), numa relação meio-fim, compõe a solução com vistas mais adequada, necessária e proporcional proteção do fim desejado. Destaque-se, como bem afirma Humberto Ávila, que o dever de proporcionalidade se difere da "razoabilidade", pois esta informa que as condições pessoais e individuais dos sujeitos envolvidos hão de ser consideradas na decisão, logo, relaciona-se ao que normalmente, cotidianamente acontece com os indivíduos. Por isso, o autor resume a definição da proporcionalidade como "postulado normativo aplicativo decorrente da estrutura principal das normas e da atributividade do Direito, e dependente do conflito de bens jurídicos materiais e do poder estruturador da relação meio-fim, cuja função é estabelecer uma medida entre bens jurídicos concretamente correlacionados."

Em busca das suas origens doutrinárias e jurisprudências, é possível encontrar traços singulares, basicamente, em dois ordenamentos: o germânico e o norte-americano (sem embargo a experiência escandinava e a canadense, de grande evolução, conquanto pouco originais do ponto de vista de suas racionalidades, já que emprestas daqueles modelos). No *modelo alemão* não há uma hierarquia entre os direitos fundamentais, apenas no caso concreto é que se sustenta, eis porque a análise é contextual, assim como nos EUA e no Canadá, seus casos tendem mais a se limitar às situações de atos legislativos, abstratos, que aos dos atos do executivo. Contudo, é visível a existência de três etapas claramente definidas.

Desde os anos 1930 já se aplicam critérios de proporcionalidade, porém foi só em 1953, numa tese formulada por Rupprecht Kraus é que o terceiro passo apareceu. Ali passou a se valorizar a ponderação *stricto sensu*: "Quanto maior é o grau de não satisfação ou de prejuízo de um dos princípios, tanto maior deve ser a importância da satisfação do outro princípio". (Robert Alexy). Desde então, a corte foi aprimorando a sua recepção, e, atualmente, os modelos de Robert Alexy e de Bernard Schlink têm se destacado. De outro lado, o *modelo norte americano* também apresenta as suas singularidades. Alexander Aleinikoff, mostra que os primeiros casos em que a Suprema Corte usou por voto de maioria a ponderação (*balancing*) foi no final dos anos 1930 e início dos anos 1940, pois antes prevalecia o "modo categórico", em que as normas constitucionais eram regras e não princípios. Exemplo dessa primeira fase é o caso Lochner, em que não se efetuou uma ponderação entre interesses

4. APLICAÇÃO E ARGUMENTAÇÃO DO DIREITO

públicos e particulares para se verificar se era válido o estatuto de NY que limitou a jornada de trabalho dos padeiros. Apenas se discutiu se a lei poderia ou não ser tida como expressão do poder de polícia do Estado. (Alexander Aleinikoff).

Diante do debate entre PE e PL, é que a partir dos anos 1940 a Suprema Corte passou, no ambiente do *New Deal*, a se fazer a calibração de interesses. A lei passou a ser vista como um "meio" para um "propósito", logo, era preciso fazer um escrutínio dos interesses sociais em jogo quando diante de um conflito (Paulo Branco). Essa visão ganha fôlego nos anos 1950, por força da filosofia do pragmatismo de William James e John Dewey, que reconhece limites à lógica, relativizando a noção de verdade, tornando o direito funcional e experimental. Assim, é preciso buscar ver quando a norma consegue melhor atingir o fim social buscado, eis porque fazer o balanço de interesses. Nessa época se reconheceu constitucional a lei que previu moratória de hipotecas para os afetados pela Depressão.

No final dos anos 1950, aprimorando-se o sistema, nas questões envolvendo "liberdade de expressão" e "religião", passou a se exigir um cuidado maior na intervenção sobre o direito individual apenas quando houvesse um "interesse público peremptório" (*compelling state interest*) e que a medida não fosse além do necessário (*least restrictive means, narrowly drawn*). Famoso caso de 1951, em que se manteve o processo judicial contra líderes do Partido Comunista, no auge do período Macartista. A liberdade de expressão não poderia se sobrepujar aos valores de alto relevo para o momento, que era o medo do avanço comunista. (a ponderação deveria ser feita caso a caso). O grande problema é que a ponderação passou a ser vista como um "instrumento pró-governo" e nos anos 1960 e 1970 houve um recuo no seu uso na Corte de Waren, privilegiando-se posturas categóricas. A partir de meados de 1970, volta a ponderação em jogo, no Caso Roe v. Wade de 1973, em que se fez uma ponderação abstrata, conceitual, válida para casos seguintes e não apenas ponderação *ad hoc*, em que se entendeu ilegítima a lei punitiva do aborto no Texas (também houve a valorização do direito de voto das comunidades negras – o *Reapportionment Cases* nos anos 1960 – e o discurso do ódio de Brandenburg v. Ohio de 1969) (Paulo Branco).

Hoje, o que se tem é a exigência de que haja uma proporcionalidade entre o objetivo da medida e seus bons efeitos e os efeitos maléficos por ela causados nos direitos fundamentais: (*loss for the fundamental right vs. gain for the good protected by the law*) (Dieter Grimm). Assim, é que se obrigo o "teste intermediário" (*intermediate review*), tal a proporcionalidade estrita européia. Exemplo dessa aplicação foi o Caso Texas, em que, embora a necessidade da redução de gastos do sistema educacional, esta não poderia prevalecer sobre o interesse de crianças filhas de imigrantes ilegais. Assim também o Caso Craig v. Boren de 1976, em que se entendeu indevida a lei estadual que proibia a venda de cerveja para homens menores de 21 anos e para mulheres menores de 18 anos, pois nada justificava o volume de crimes para essas diferenciações. Em suma, os americanos também fazem na razoabilidade (*reasonableness*) um juízo de adequação e necessidade, mas não separam claramente as fases.

Dieter Grimm, comparando os modelos alemão e canadense, aponta as diferenças de perguntas no exame da proporcionalidade: i) no primeiro passo, a Corte Canadense se concentra em entender a conexão racional entre os propósitos da lei e os meios empregados pelo legislador para atingi-los – já a Corte Alemã se preocupa em entender se a lei é hábil para alcançar os seus fins; ii) no segundo passo, a Corte Canadense perquire se, buscando os seus fins, a lei ofende o menos possível o direito fundamental – a Corte Alemã pergunta se a lei é necessária para alcançar o seu fim e se outro meio menos ofensivo existe; iii) no terceiro passo, ambas fazem uma análise de custo-benefício, equilibrando interesses fundamentais, porém, este passo é nítido na Alemanha, enquanto no Canadá acaba por ser um resumo dos outros. Para evitar as incertezas que o uso da ponderação gera, inúmeros autores procuraram estabelecer procedimentos, etapas mentais, as quais deveriam ser seguidas para garantir rigor e logicidade no uso da proporcionalidade como critério de decisão. Haja vista que os princípios constitucionais, por si só, guardam certa carga subjetiva, é preciso organizar um caminho epistemológico apto a conduzir a uma decidibilidade segura. Para tanto, dois modelos parecem se destacar na doutrina como os mais bem organizados: o modelo de Bernhard Schlink e o modelo de Robert Alexy.

Robert Alexy propõe alguns passos a serem seguidos para se realizar o teste da ponderação (para ele, se for uma medida questionada, analisa-se primeira a ponderação da lei, em seguida, da medida):

(a) Numa primeira abordagem genérica:
 (1º) Identificar princípios, valores e interesses cotejados
 (2º) Explicitar benefícios e sacrifícios envolvidos
 (3º) Fixar os contornos normativos dos princípios, segundo o conhecimento técnico acumulado na comunidade
(b) Passar para o exame da adequação:
 (4º) Para verificar qual o objetivo buscado pela medida interventiva sobre o direito fundamental, verifica-se:
 (4.1.) Se o objetivo buscado se conforma com o sistema constitucional
 (4.2.) Se a medida a ser tomada é capaz de tornar mais factível o objetivo
 (4.3.) Se, dentre os conhecimentos existentes, a medida é apta a reclamar o princípio protegido
(c) Passar ao exame da necessidade:
 (5º) Para verificar se a medida escolhida é a menos opressiva das existentes:
 (5.1.) Qual o grau de afetação no princípio
 (5.2.) Analisar as medidas alternativas
 (5.3.) Havendo custos envolvidos, verificar se outra medida intrusiva não é também conveniente
 (5.4.) Qual o grau de interferência dessa medida em outros direitos
(d) Passar ao exame da proporcionalidade em sentido estrito:
 (6º) Para verificar a ponderação entre princípios colidentes:
 (6.1.) Apurar o grau de não satisfação de um dos princípios em confronto
 (6.2.) Ver a importância do princípio que sofre prejuízo (peso do princípio abstratamente)
 (6.3.) Verificar a relevância do princípio prevalecente na realidade (peso do princípio concretamente verificado)
 (6.4.) Analisar a duração da medida interventiva
 (6.5.) Privilegiar os de maior importância, como: vida humana e autonomia do indivíduo
 (6.6.) Definir a importância do cumprimento do princípio contrário
 (6.7.) Cotejo da vantagem para o princípio preferido através da escala triádica dos pesos: leves, médias e graves. Pesos leves não admitem medidas de profunda intervenção (como admitir o uso de arma de fogo para repudiar o estacionamento em vaga equivocada)

Igualmente, Bernhard Schlink expõe um quadro, embora separe para as situações de ponderação abstrata e concreta:

(a) Exame da constitucionalidade da lei restritiva de direito:
- (1º) Ver se a conduta regulada pela lei está no âmbito da proteção do direito fundamental
- (2º) Se as medidas tratadas na lei configuram intervenção no âmbito protetivo dos direitos fundamentais
- (3º) Verificar se a intervenção tem justificativa constitucional
- (3.1.) Se foram observados os parâmetros constitucionais formais para o processo legislativo
- (3.2.) Se for um parâmetro constitucional sujeito à reserva legal, esta foi observada corretamente
- (3.3.) Ver se outros valores constitucionais são afetados pela lei
- (3.4.) Ver se os outros valores não prejudicados pela lei também não estão em conflito
- (4º) Verificar se houve respeito à adequação
- (5º) Analisar se a intervenção é necessária
- (6º) A medida é proporcional em sentido estrito
- (7º) Ver se o núcleo essencial foi preservado
- (8º) Ver se a lei não é casuística
- (9º) Ver se a lei restritiva é suficientemente clara e determinada
- (10º) Qual a relação desta lei com outras normas de direito constitucional

(b) Exame da proporcionalidade de uma medida concreta do PE ou PJ:
- (1º) Ver se a conduta afetada está protegida pelo direito fundamental
- (2º) Ver se se trata de uma medida interventiva
- (3º) Analisar se há base constitucional para a medida e base legal
- (3.1.) Ver se a medida serve a aplicar a lei de acordo com a constituição
- (3.2.) Ver se a medida é proporcional
- (3.3.) Ver se a medida é clara e determinada para o fim desejado

Para melhor compreender o modelo ideal como forma de raciocinar o conflito de valores e a ponderação, convém pensar num problema hipotético, comum nos casos concretos, a partir da teoria de Robert Alexy, e que permite correr esses passos específicos para um bom rito da ponderação.

4. APLICAÇÃO E ARGUMENTAÇÃO DO DIREITO

Pense-se no seguinte caso: *A Secretaria do Meio Ambiente do Estado X, em atenção à competência comum outorgada pela CR (art. 23, VI), teve notícia de que a Sociedade Empresarial Ltda Y, além da exploração do plantio de Bracatinga para a posterior produção de Carvão Vegetal, com o devido plano de manejo aprovado pelo Instituto Ambiental, não teria feito a averbação de parte de sua propriedade equivalente a 20% da área total, que seria de "reserva florestal legal", nos termos do Código Florestal (L. 4771/65). Por essa razão, a autoridade ambiental lavrou Auto de Infração contra a empresa, embasado pelo D. 6514/08, com redação final dada pelo D. 6.686/08, com fulcro na L. 9605/98, em razão do cometimento da infração administrativa de não averbação da reserva, aplicando-lhe a multa prevista. Ainda, também embasado no mesmo decreto das infrações administrativas, o agente ambiental impôs como sanção o "embargo da atividade" da empresa (art. 15-A do D. 6514/08). Tendo se desenrolado o processo administrativo, restou confirmada a imposição das sanções pelo servidor. Inconformada, recorre ao Poder Judiciário, cabendo ao juiz fazer o uso da ponderação.* Então, valendo-se dos passos de Robert Alexy, seria possível assim raciocinar:

1. Definições Preliminares: a) Primeiro Passo – Identificar princípios, valores e interesses cotejados: o caso parece trazer à tona, sobretudo, o conflito entre o "dever de fiscalização da administração ambiental" x "proteção à livre iniciativa".

   (b) Segundo Passo – Explicitar benefícios e sacrifícios envolvidos: A inscrição da reserva legal é requisito para a efetivação da proteção ao meio ambiente, e, por conseguinte, o acesso de todos e de todas as gerações futuras ao meio ambiente equilibrado. Por outro lado, o dever de inscrever, embora gere sanção administrativa, não pode sofrer punição além do necessário para a sua efetivação. À medida que sanções administrativas sejam excessivamente onerosas, eventual proteção ambiental sucumbe diante do exercício da livre iniciativa. Ademais, não podendo a empresa funcionar, outros princípios constitucionais serão ofendidos, como a busca do pleno emprego, a dignidade humana etc., ainda que indiretamente.

   (c) Terceiro Passo – Fixar os contornos normativos dos princípios, segundo o conhecimento técnico natural na sociedade. Partindo-se de doutrinas tradicionais, sem qualquer peculiaridade, entende--ser por "dever de fiscalização da administração ambiental"

o poder de polícia outorgado pela própria CR, consoante dito acima, para que o poder público averigue eventuais infrações ambientais, como forma de proteção do interesse público. por outro lado, entende-se por "livre iniciativa" o direito de escolher os próprios caminhos profissionais, com ausência de coação do Estado, em busca da máxima eficiência.

2. Critério da Adequação:
   (d) Quarto Passo – Verificar se o objetivo buscado se conforma com o sistema constitucional: dentre as inúmeras modalidades de atuação do Estado no exercício do poder de polícia, verifica-se neste caso que o uso da "interdição do estabelecimento" é uma das medidas aceitas pela legislação infraconstitucional e não encontra óbice no âmbito constitucional.
   (e) Quinto Passo – Verificar se a medida a ser tomada é capaz de tornar mais factível o objetivo: ainda que de modo exagerado, se o objetivo é a proteção ao meio ambiente, poderia se sustentar que, dentre as medidas existentes no ordenamento, a interdição é uma forma de aproximar a situação do objetivo que se deseja, vez que o proprietário será forçado indiretamente a realizar a inscrição.
   (f) Sexto Passo – Verificar se, dentre os conhecimentos existentes, a medida é apta a reclamar o princípio protegido: apenas olhando sob o ponto de vista da eficácia, há que se perceber que o uso da interdição consegue proteger, ainda que formalmente, o princípio da proteção ao meio ambiente e o dever fiscal da autoridade ambiental.

3. Critério da Necessidade:
   (g) Sétimo Passo – Verificar se a medida escolhida é a menos opressiva das existentes: partindo do ponto de vista do decreto das infrações ambientais, é possível verificar que outras sanções existiriam e que seriam menos opressivas, tal a suspensão parcial de atividades, multa simples, multa diária, advertência, restrição de direito (como perda ou restrição de incentivos e benefícios fiscais; suspensão da

participação em linhas de financiamento em estabelecimentos oficiais de crédito; proibição de contratar com o poder público etc.). Ou seja, a medida adotada não é essencialmente necessária, havendo outras possíveis.

(h) Oitavo Passo – Verificar qual o grau de afetação no princípio: o uso da interdição das atividades da empresa acaba por excluir o núcleo essencial e completo do princípio da livre iniciativa, à medida que não lhe sobraria nada, vez que a empresa obrigatoriamente encerra, ainda que por um período, qualquer exercício no mercado.

(i) Nono Passo – Verificar as medidas alternativas: como salientado acima, a autoridade ambiental poderia se valer das outras sanções administrativas para atingir o fim desejado, que é a averbação da reserva legal, sobretudo, as mencionadas restrições de direito, como perdas de incentivos, subvenções econômicas etc.

(j) Décimo Passo – Verificar se outra medida intrusiva não é mais conveniente diante dos custos envolvidos: neste caso concreto, não há que se falar em custo sob o ponto de vista do agir do Estado, haja vista que, em sendo exercício de atuação negativa em face dos direitos subjetivos, quaisquer medidas terão o mesmo custo. Fica, portanto, prejudicado o critério.

(k) Décimo Primeiro Passo – Verificar qual o grau de interferência dessa medida em outros direitos: o uso da interdição, embora medida adequada para forçar a empresa a averbar a reserva legal, acaba por ofender outros valores constitucionais, pois, uma vez inoperante, terá que reduzir o seu capital humano, o que importará em demissões e não busca de pleno emprego; ademais, o encerramento das atividades pode representar, a depender das circunstâncias concretas, o fim de um certo ramo, setor ou estágio da linha de produção de uma região, o que, por conseguinte, faria do Estado não o promotor do desenvolvimento econômico, mas o ente que emperra, engessa e atravanca o fluxo das relações econômicas. Logo, a interdição ofende ao menos outros dois valores constitucionais. Em síntese, parece, por enquanto, que a interdição não seria a medida necessária para resolver tal fim.

4. Critério da Proporcionalidade em Sentido Estrito:
   (l) Décimo Segundo Passo – Verificar o grau de não satisfação de um dos princípios em confronto. Haja vista que o objetivo deste passo é verificar que maior é o grau de não realização de um princípio se maior for a atenção dada ao outro, verifica-se que a medida de interdição deixa de realizar ao máximo o outro princípio, o da livre iniciativa, não sendo, portanto, numa análise subjetiva, o instrumento ponderado para tal fim.
   (m) Décimo Terceiro Passo – Verificar a importância do princípio que sofre prejuízo: é necessário destacar que o "dever de fiscalização da autoridade ambiental" é, de fato importante, sobretudo porque a sociedade atual elegeu a proteção intergeracional do meio ambiente como um valor fundamental. Contudo, se o presente e o futuro estão devidamente protegidos por este princípio, não há como deixar de perceber que abstratamente, também num juízo de ordem subjetiva, que o princípio da livre iniciativa tem uma "dimensão de peso", para seguir Dworkin, como dito acima, maior do que a proteção ao meio ambiente, vez que o exercício profissional é garantir de condição existencial do homem, muito mais viva e robusta do que, embora importante, viver num meio ambiente adequado. Assim, igualmente neste raciocínio se percebe que a interdição total não é o meio adequado.
   (n) Décimo Quarto Passo – Verificar a relevância do princípio prevalecente na realidade (peso do princípio concretamente verificado): no caso concreto é, como dito acima, de fácil percepção que o exercício da atividade profissional, já feita com um plano de manejo sustentável e aprovado, é correta, embora pequena é a ofensa indireta ao meio ambiente, diante da inexistência de averbação. Assim, percebe-se que a livre iniciativa é prevalecente.
   (o) Décimo Quinto Passo – Verificar a duração da medida interventiva: como não houve previsão no auto de infração e nem na decisão administrativa, a continuidade da interdição pode representar o definitivo encerramento do exercício da atividade da empresa. Contudo, sob esse raciocínio, caso a medida só tenha sido prevista para até a data da averbação, não esbarraria na ponderação.

4. APLICAÇÃO E ARGUMENTAÇÃO DO DIREITO

(p) Décimo Sexto Passo – Verificar, dentre todos os valores constitucionais, se não estão sendo ofendidas os de absoluta maior importância como: vida humana e autonomia do indivíduo: de fato, como já destacado, o não exercício da atividade empresarial pela interdição atenta contra a vida humana, de modo indireto, porque impede a garantia de subsistência, e, mais diretamente à autonomia do indivíduo, vez que impede o primado da liberdade no exercício profissional.

(q) Décimo Sétimo Passo – Verificar a importância do cumprimento do princípio contrário: muito embora se deva reconhecer maior peso à livre iniciativa, aqui, em desfavor do raciocínio da ponderação, não há como negar que o dever de fiscalização também é fundamental.

(r) Décimo Oitavo Passo – Verificar o cotejo da vantagem para o princípio preferido através da escala triádica dos pesos: leves, médias e graves. Pesos leves não admitem medidas de profunda intervenção (como admitir o uso de arma de fogo para repudiar o estacionamento em vaga equivocada): é perfeitamente visível que a medida interventiva é grave e a infração é leve, o que demonstra a desmedida do seu uso.

5. Resolução do Conflito: assim, é perfeitamente conclusivo que o uso da interdição é medida drástica e exagerada, diante da reduzida infração que é a não averbação da reserva legal, razão pela qual se conclui, neste caso concreto, que a medida é desproporcional e não merece guarida do Poder Judiciário, devendo ser desfeita.

Pensados os modelos e compreendida a definição e a origem histórica do postulado decisório da proporcionalidade, é possível então procurar compreender as diversas posições na doutrina que aceitam ou descartam o uso da ponderação, para que se possa, ao final, esboçar uma certa visão sobre o assunto. Há, como em qualquer debate acadêmico, duas grandes posições em torno do tema da proporcionalidade: alguns autores que a criticam e procuram expurgá-la dos Tribunais Constitucionais, e, outros, que a defendem. O debate não encontrou ainda nenhum fim, e, enquanto isso, as cortes continuam a aplicá-la para solução de conflitos entre direitos fundamentais.

É possível encontrar uma grande variedade de autores, e aqui se esboçarão os principais, que refutam o uso da proporcionalidade, por argumentos vários, que convém serem trazidos, ainda que sem uma profundidade maior, apenas para que se permita a formulação de um juízo. Apesar das diferenças, os autores abaixo citados acabam por ter uma postura muito uniforme, tão-somente conduzindo a sua visão crítica a olhares distintos, como forma de fundamentar ainda mais a exclusão do inseguro critério da proporcionalidade. Dentre os autores, estão, sinteticamente (Paulo Branco):

(i) *Ernest Fortshoff*, que acredita que a ponderação é fruto de uma aproximação equivocada do Estado Constitucional de Direito com o Estado Social, vez que transforma o Estado de Direito em Estado Judicial, sem a devida formalização. O Estado Social depende de comportamento ativo, contraditório ao Estado de Direito. Neste, as normas são gerais e abstratas (gravadas pela previsibilidade e calculabilidade), enquanto naquele os direitos de participação dependem de regulação prévia e diferentes modulações. Grande parte das Constituições atuais acaba por trazer esse antagonismo de ser tanto Social quanto de Direito, de modo que o juiz, procurando compor tais interesses, retira a competência decisória do legislador ao ver a Constituição como uma ordem de valores. Abre-se, então, espaço para que as interpretações se transformem em tema de opinião.

(ii) *Carl Schimitt* sustenta que a ponderação gera a "tirania dos valores", dissolvendo conceitos e métodos jurídicos. O grande problema é que tais valores construídos no caso concreto não representam o interesse de todos, vez que se aproximam de interesses e ideologias (guerra de todos contra todos).

(iii) *Ernst-Wolfgang Böckenförde*, ex-Juiz da Corte Constitucional alemã saiu vencido numa ação que se reconheceu a constitucionalidade de uma lei que regulava a objeção de consciência ao serviço militar, impondo a necessidade de apresentação de um extenso currículo para mostrar a sua compreensão do mundo. Böckenförde entendia que o Tribunal não poderia ter declarado constitucional com base no balanço entre o "direito de objeção" e a "efetiva defesa nacional". Para ele, ressaltam as seguintes críticas, e talvez seja o autor mais duro da proporcionalidade: (a) deveria prevalecer a objeção simplesmente, para não se retirar a fundamentalidade do direito. O entendimento assumido pelo Tribunal representava que os direitos fundamentais haviam se transformado em meros interesses, cuja base não estava mais na Constituição, mas no juízo de ponderação do juiz. Refutou a "teoria axiológica dos direitos"; (b) sustenta que a invocação da proporcionalidade para resolver conflitos revela uma aparência racional, mas não tem "fundamentação real"; (c) a proporcionalidade, baseada no "decisionismo judicial ou interpretativo", abre espaço para que os direitos fundamentais sejam interpretados por juízos de valores e concepções de momento, que às vezes são de rápida mutação; (d) essa rápida mutação tende a frustrar a função protetiva dos direitos fundamentais, à medida que se privilegiam interesses individuais contra a vontade das maiorias; (e) as liberdades fundamentais acabam por se expor à "consciência valorativa social e às exigências axiológicas da comunidade estatal", e não no sentido pleno de "liberdade valiosa" (A CF deixa de servir à "liberdade de modo incondicionado" em prol de uma "socialização da liberdade", amoldada ao sistema de valores reconhecido); (f) abrir à concepções momentâneas pela ponderação, cria espaço para que regimes totalitários encontrem voz; (g) há, também, o perigo do "totalitarismo constitucional", diante do monopólio da interpretação dos postulados ou valores; (h) um problema evidente é que a constituição materializada pela concretização judicial é mais a "atribuição" do que "aclaração" de sentidos, de modo que o legislador deixa de ter a preferência diante de um Tribunal Constitucional com supremacia; e, (i) a ponderação promove uma mudança no centro de gravidade entre Legislativo e Judiciário.

(iv) *Bernhard Schlink* também apresenta uma série de críticas, que podem assim ser organizadas: (a) é contra a ponderação de atos legislativos, pois é função genuinamente política, porém aceita o terceiro passo apenas nos atos do executivo e decisões de juízes inferiores; (b) os direitos fundamentais vistos como "direitos", restringem-se a direitos subjetivos, assegurando-lhes o seu *status* constitucional, porém, vistos como "princípios", sujeitam-se às inseguranças constantes das mutações jurídicas; (c) os direitos fundamentais devem ser apenas vistos como "direitos subjetivos", como direito do indivíduo de ser respeitado pelo Estado, logo, nas suas liberdades individuais, no seus direito de participar das ações públicas como cidadão etc., mas, visto como "princípios", tornam-se apenas "mandados de otimização", máximas para coordenar as relações sociais; (d) apesar de ser contra, acredita que houve uma evolução por força da adoção da ponderação no Tribunal Constitucional: Caso *Hochschul-Urteil* (1979, que deu o direito aos professores de terem 50% dos votos válidos em todos os órgãos de direção da Universidade), Caso do Aborto (1975, que obrigou o estado a tomar parte positivamente para garantir o direito da não--ingerência de terceiro) e o Caso *Numerus Clausus* I (permitiu os indivíduos cobrarem do estado a prestação de serviços diante da igual distribuição de meios já disponíveis); (e) a justificativa dada por Schlink é que, no pós-guerra, houve um grande desprestígio da classe política, concomitantemente ao crédito dado à lei e ao Tribunal Constitucional, razão pela qual houve um destacamento do "ativismo judicial"; (f) Esse ativismo judicial acabou por transformar todo o problema político e social como um problema de direitos fundamentais; (g) tal Habermas, o problema está na última fase, pois os direitos fundamentais devem se restringir a serem proibições ao Estado para buscar determinadas finalidades; (h) não cumpre ao juiz ponderar "bens individuais" em relação a "bens coletivos", entre liberdade do indivíduo e finalidade do Estado, pois isto é tarefa da política. Logo, padece do problema de falta de legitimidade.

(v) *Jürgen Habermas*, desde um outro ponto de vista, mais filosófico, também não são poucos argumentos para desconstituir a legitimidade da proporcionalidade enquanto critério decisório. Suas críticas são efetivamente contundentes, e, embora Robert Alexy tenha tentado rebatê-las (para melhor compreender essa não-refutação de Alexy, convém ler Frederick Schauer) não parece ter conseguido delas se desvencilhar. Sucintamente são: (a) embora admita que os princípios constroem a ordem jurídica pela interpretação construtiva, acredita que é indispensável que ocorra uma "justificação externa". É contra a vinculação de valores por normas, pois estas têm sentido deontológico e obrigação indeclinável, além de uma pretensão binária – válidas ou invalidas – enquanto que os princípios/valores são teleológicos, vinculados a um agir teleológico, apenas determinam relações preferenciais. Logo, norma e princípio não admitem uma aplicação equivalente. Por isso, é preciso perceber que os direitos fundamentais são "normas", de ação obrigatória, e não "valores", segundo modelo de bens atraentes. Assim, permitir a validação de princípio pelos juízes em detrimento de direitos fundamentais significa criar uma "jurisprudência de valores", sem legitimidade, vez que cria uma "legislação concorrente"; (b) acredita que a ponderação converte os direitos humanos em valores, retirando-lhes a natureza jurídica; (c) critica a falta de racionalidade no método da ponderação e seu caráter antidemocrático, posto que se constroem argumentos funcionalistas e irracionais; (d) as normas jurídicas, para serem válidas ou inválidas, não podem depender de uma análise de custo/benefício, pois elas essencialmente já têm uma dignidade de preferência, uma obrigatoriedade geral; (e) depende, seguindo Klaus Günther que o melhor é a busca de uma "norma adequada", isto é, dentre as normas aplicáveis *prima facie*, é necessário buscar a que melhor se adapte à situação de modo exaustivo sob todos os pontos de vista. Com isso, se assegura a validez e o sentido deontológico dos direitos fundamentais, além de garantir a coerência do sistema jurídico; (f) a crítica se dirige precisamente ao terceiro passo adotado pelo Tribunal Alemão, que seria o balanço de valores, sopesando-se vantagens e desvantagens. Para ele, a tomada de decisão dos juízes não goza de legitimidade, pois não há deliberação racional pública, diversamente do que ocorre no momento da formação das leis. O processo democrático assegura a autonomia privada e pública dos sujeitos de direito, e, eventual afetação em seus direitos privados, pressupõe o esclarecimento anterior em decisões públicas, pressupondo um "poder comunicativo". Sustenta uma "compreensão procedimentalista do Direito", pois os pressupostos comunicativos e as condições do processo de formação democrática da opinião e da vontade são a única fonte de legitimação. Apenas a "deliberação pública" anterior é que seria a "fonte pós-metafísica da legitimidade". O "agir comunicativo" pressupõe: (i) comunicação interpessoal; (ii) busca de um entendimento comum; (iii) pessoas genuínas e não manipuladas; (iv) harmonia de planos com os demais participantes do debate. Assim, apenas um "processo livre de formação de vontade", que se opera num "alto nível de intersubjetividade", existente no parlamento e nas redes informais da esfera pública, é que gozar do "poder comunicativo", e, legitimamente, pode ser transformar num "poder administrativo". É indispensável uma "sociedade descentralizada", para que a teoria do discurso construa a legitimidade das deliberações, por essa razão, então, que a ponderação não é o instrumento legítimo para proteger os mais fundamentais dos direitos: igualdade e autonomia privada, bases da democracia. O risco de deixar a cargo do Judiciário a densificação de direito é a criação de um "paternalismo judicial", que substitui a concepção ética formada pelo agir comunicativo pela identidade ética que o juiz confere à sociedade. Ao juiz cumpre um juízo de adequação (corrigir procedimentos e verificar a abertura efetiva do processo democrático) e não de justificação. É, em suma, fundamenta o "processo comunicativo de formação de opinião e de vontade política pelo agir comunicativo". Nesse sentido, haveria uma "teoria da democracia deliberativa", posto que o que mais importa é a justificação pública das decisões, assim, prefere-se dar atenção à "qualidade dos debates" do que às "deliberações".

(vi) *John Hart Ely* também criticando, mas por argumentos completamente originais, entende que o juiz não tem o papel de resolver questões morais, nem mesmo ponderar valores, pois tal se deve dirigir a foros deliberativos populares. O papel do Judiciário é garantir a participação dos interessados no processo político e reforçar a representação popular. Ainda, aproxima o papel do juiz ao das agências reguladoras, como no antitruste, em que o papel do juiz é regular intervenções no mercado político quando este funciona mal e é anticoncorrencial, porém não pode atribuir bens ou valores. (a crítica que sofre é que não existem apenas direitos procedimentais, e os direitos materiais não podem admitir apenas uma imagem passiva do judiciário).

(vii) Por fim, Alexander Aleinikoff, igualmente, com a propriedade de ser o clássico autor norte-americano sobre o tema, lança suas críticas: (a) ausência de um critério objetivo que permita comparações; (b) falta de uma escala de valores externa ao subjetivismo do juiz; (c) abordagem intuitiva e superficial; (d) falta de fundamentação dos julgados da Suprema Corte; (e) o juízo de ponderação existe que se levem em conta todas a circunstâncias relevantes, o que dificilmente ocorre; (f) trata-se de um processo rudimentar de comparação, pois os pesos atribuídos não são fundamentados.

Com base no que os autores acima deixam de críticas, é possível resumi-las didaticamente nos seguintes raciocínios: (a) o sistema constitucional fica frágil, diante dos valores atribuídos pelos juízes; (b) a materialização da CF foge ao controle democrático pelas decisões judiciais; (c) trata-se de um discurso que não é técnico-jurídico e sim político; (d) normalmente não é um discurso persuasivo, previsível e reproduzível no futuro; (e) gravado pela irracionalidade e pouca fundamentação; (f) nítida perda democracia, vez que se retiram de todos o direito de estabelecer os valores constitucionais; (g) flexibilizam-se as proteções aos direitos fundamentais; (h) os direitos fundamentais perdem qualidade, se tornando apenas valores, logo, há perda de vitalidade e previsibilidade; (i) a apreensão da extensão dos direitos fundamentais dependeria do cotejo ao caso concreto, do contrário, não seria previsível; (j) o âmbito de proteção de tais direitos não ficaria claro, e sua força normativa e segurança jurídica dependeria de um exame judicial; (k) desvinculam-se os poderes constitucionais aos direitos fundamentais; (l) ausência de critério objetivo deixa os direitos fundamentas reféns do juiz; e, (m) o terceiro passo gera *policy decisions* e não *legal decisions*.

De outro lado, há uma imensa gama de autores que, embora nada tenham mencionado, acabam por concordar com o uso da proporcionalidade como critério decisivo. Como argumentos, existem: (a) contra o argumento do "déficit democrático", o autor sustenta que o juiz não é único agente político que não foi designado diretamente pelo povo, inclusive, algumas figuras do Executivo também não o são; (b) apesar do juiz se deixar levar por valorações políticas, o importante é que se garanta a independência do juiz; (c) não é possível, nos casos difíceis, encontrar a solução justa pela simples subsunção, pois a premissa maior não é unívoca; (d) a sociedade é plural, tendo valores colidentes num mesmo contexto, cuja solução casuística é a única possível para enfrentar os conflitos axiológicos; (e) abre-se a múltiplos pontos de vista, o que traz o caráter democrático; (f) apenas através do seu uso é que se garantem condições de igualdade social; (g) a realização da Justiça se torna mais forte, vez que se ajusta a lei aos casos concretos; (h) permite-se o controle externo do exercício do poder, o que, por si, já representa uma fiscalização democrática; (i) desde que se garantam participações externas nos processos concentrados, haverá democracia; (j) países com democracia jovem trazem aspirações distintas e de valores contundentes, que precisam ser trabalhados no caso concreto; e, (k) criam-se modelos *prima facie*, mas que podem ser novamente questionados (Paulo Branco).

Em síntese, convém que se faça a ponderação, sobretudo num país como o Brasil, em que a democracia se construiu tardiamente, que a CF consagra valores evidentemente contraditórios, que a CF foi construída num momento pós-ditadura, nitidamente diversa dos dias de hoje, que a pluralidade cultural é marcadamente distinta de outros países etc. O importante, como salienta Robert Alexy, acima, e como termina Dieter Grimm em seu clássico artigo: o importante é disciplinar e racionalizar o mecanismo para que os efeitos sejam nítidos e previsíveis, e, sobretudo, separar claramente as fases para evitar arbitrariedade e falta de fundamentação.

CONCLUSÃO

O texto escrito nestas linhas propôs-se originalmente a expor ao acadêmico as linhas gerais da filosofia e da teoria do direito, e se espera que tal pretensão tenha sido alcançada. Porém, mais do que acessar as primeiras teorias e as primeiras categorias do direito, pretende-se que o acadêmico tenha despertado o gosto pelo exercício filosófico, pelo saber prudencial, pelo acúmulo de raciocínios, e, sobretudo, pelo desejo de exercer uma atitude crítica diante do universo jurídico.

Como exaustivamente dito nas considerações iniciais, de nada adianta um bom técnico do direito, com imenso domínio das dogmáticas, um exímio instrumentador dos problemas sociais, se não lhe socorrer o saber crítico, a capacidade de exercer o espanto diante das cotidianidades e da naturalização constante que se processam no ambiente jurídico. A falta de sensibilidade, atrelada ao manejo descuidado e imprudente da técnica, bem como a incapacidade de dominar os conceitos básicos das teorias críticas, pode produzir resultados desastrosos na vida das pessoas, muitas vezes sem retorno e esse sem dúvida é o problema do direito, já que não é mera ciência da natureza ou dos números.

No entanto, tudo começa pelo despertar do gosto e desejo por ingressar neste universo, de se perder no emaranhado das teorias mais complexas, as quais, por mais que aparentem ser distantes do dia-a-dia, sobretudo forense, estão, no fundo, mais presentes do que se possa imaginar. Toda aplicação do direito é, antes, uma escolha ideológica do modo como se observa o mundo, o Estado e as relações intersubjetivas, e nisto nada há de errado, exceto ignorar que este processo existe e que as coisas sempre foram, como não poderiam ter sido diversas, assim. Aos alunos, à *atitude crítica*.

REFERÊNCIAS

Apresentação Crítica

BARTHES, Roland. *L'aventure sémiologique*. Paris: Éditions du Seuil,1985.
_____. *Mythologies*. Paris: Éditions du Seuil, 1957.
_____. *Essais critiques*. Paris: Points, 1964.
_____. *Critique et vérité*. Paris: Éditions du Seuil, 1966.
_____. *Le degré zéro de l'écriture*. Paris: Éditions du Seuil, 1947.
_____. *Le bruissement de la langue: essais critiques IV*. Paris: Éditions du Seuil, 1984.
_____. *S/Z*. Paris: Éditions du Seuil, 1970.
CANTARELLA, Eva. *L'amore è un dío: il sesso e la* pólis. Bologna: Feltrinelli, 2007.
DUSSEL, Enrique. *Hipótesis para el estudio de Latinoamérica en la historia universal*. Chaco: Resistencia, 1966.
_____. *El humanismo semita*. Buenos Aires: Eudeba, 1969.
_____. *La dialéctica hegeliana*. Mendonza: Ser y Tiempo, 1972.
_____. *América Latina dependencia y liberación*. Buenos Aires: Talleres Gráficos de Americalee, 1973.
_____. *Ética de la liberación*. Buenos Aires: Siglo XXI, 1973.
_____. *Historia de la filosofía y filosofía de la liberación*. Bogotá: Nueva América, 1994.
FERRAZ JÚNIOR, Tercio Sampaio. *Filosofia do direito: do perguntador infantil ao neurótico filosofante*. In.: O que é a filosofia do direito? São Paulo: Manole, 2004, p. 107-120
GROSSI, Paulo. *Mitologie Giuridiche della Modernità*. Milano: Giuffrè, 2001.
_____. *Prima lezione di diritto*. Roma: Laterza, 2006.
HONNETH, Aexl. *Das Ich im Wir*. Berlin: Suhrkamp, 2010).
LUDWIG, Celso Luiz. *Da ética à filosofia política crítica na transmodernidade: reflexões desde a filosofia de Enrique Dussel*. In.: FONSECA, Ricardo Marcelo (Org.). Repensando a teoria do estado. Belo Horizonte: Fórum, p. 283-325, 2004.
_____. *Para uma filosofia jurídica da libertação: paradigmas da filosofia, filosofia da libertação e direito alternativo*. Florianópolis: Conceito Editorial, 2006.
_____. *A transformação jurídica na ótica da filosofia transmoderna: a legitimidade dos novos direitos*. In.: Revista da Faculdade de Direito da UFPR, v. 41, n. 0, p. 29-42, 2004.

_____. *Filosofia política da libertação: reflexões sobre alguns aspectos a partir da filosofia de Enrique Dussel.* In Revista Problemata, v. 7, n. 3, p. 10-28, 2016.
LYRA FILHO, Roberto. *Por que Estudar Direito, Hoje?* Brasília: Edições Nair, 1984.
MIAILLE, Michel. *Introdução crítica ao direito.* 3 ed. Lisboa: Estampa, 2005.
PLATÃO, *Banquete.*
ROUANET, Sérgio Paulo. *As Razões do Iluminismo.* São Paulo: Companhia das Letras, 1992.
_____. *Mal estar na Modernidade.* São Paulo: Companhia das Letras, 1993.
SANTOS, Boaventura de Sousa. *A Crítica da Razão Indolente: contra o desperdício da experiência.* São Paulo: Cortez, 2000.
WARAT, Luiz Alberto. *Introdução geral ao direito: interpretação da lei e temas para uma reformulação.* Porto Alegre: Fabris, 1994.
_____. *A rua grita Dionísio! Rio de Janeiro: Lúmen Júris,* 2010.
_____. *A pureza do poder.* Florianópolis: UFSC, 1982.
_____. *Epistemologia e ensino do direito: o sonho acabou.* Florianópolis. Fundação Boiteux: 2004.
_____. *Saber crítico e senso comum teórico dos juristas* In.: Revista Seqüência, Florianópolis, v. 3, n. 5., p. 48-57, 1982.

Delimitações de Campo

ADOMEIT, Klaus. *Rechts- und Staatsphilosophie I.* Berlin: UTB Verlag, 2001.
AMADO, Juan Antonio Garcia. *Algunas consideraciones sobre la filosofía del derecho y su posible sentido actual.* In.: Anuario de Filosofia del Derecho, v. 7, p. 261-280, 1990.
CATANIA, Alfonso. *Manuale di teoria generale del diritto.* Roma: Laterza, 1998.
COELHO, Luiz Fernando. *Teoria da ciência do direito.* São Paulo: Saraiva, 1974.
DEL VECCHIO, Giorgio. *Lezioni di filosofia del diritto.* Castello: Società Anonima Tipographica Leonardo da Vinci, 1930.
DIAS, Gabriel Nogueira. *Positivismo jurídico e a teoria geral do direito na obra de Hans Kelsen.* São Paulo: RT: 2010.
DREIER, Ralf. *Was ist und wozu allgemeine Rechtstheorie?.* Frankfurt: Verlag Mohr Siebeck, 1975.
DROIT, Roger Paul. *La philosophie expliquée à ma fille.* Paris: Éditions du Seuil, 2004.
ECHAVARRÍA, José Medina. *Filosofía jurídica.* Madrid: Cultura Hispanica, 1935.
FASSÒ, Guido. *Storia della filosofia del diritto.* Roma: Laterza, 2007.
FERRAZ JÚNIOR, Tercio Sampaio. *Filosofia do direito: do perguntador infantil ao neurótico filosofante.* In.: O que é a filosofia do direito? São Paulo: Manole, 2004, p. 107-120.
FOUCAULT, Michel. *L'herméneutique du sujet.* Paris: Gallimard, 2001.
_____. *Les techniques de soi.* (trad. F. Durant-Bogaert). In.: Dits et Écrits (org. Daniel Defert et François Ewald). Paris: Gallimard, v. 4, p. 783-812, 1994.
HADOT, Pierre. *La philosophie comme manière de vivre.* Paris: Albin Michel, 2001.
HERVADA, Javier. *Lecciones propedéuticas de filosofía del derecho.* Pamplona: Eunsa, 1992.
HORSTER, Detlef. Rechtsphilosophie. Stuttgart: Reclam, 2014.
KAUFMANN, Arthur. *Rechtsphilosophie zum Mitdenken.* In.: Jura, n. 73, 1993.

_____. *Grundprobleme der Rechtsphilosophie: eine Einführung in das rechtsphilosophische Denken.* München: Mohr Siebeck, 1994.
_____. *Rechtsphilosophie.* 2 ed. München: Mohr Siebeck, 1997.
LAFER, Celso. *Filosofia do direito e princípios gerais: considerações sobre a pergunta "o que a filosofia do direito?"* In.: O que é a filosofia do direito? São Paulo: Manole, p. 51-74, 2004.
MÁYNEZ, Eduardo García. *Filosofía del derecho.* Mexico: Editorial Porrua, 1974.
NAWIASKY, Hans. *Allgemeine Rechtslehre als System der rechtlichen Grundbegriffe.* Eisiedeln: Benziger Co, 1948.
PIOVANI, Pietro. *Linee di una filosofia del diritto.* Milano: Bompiano, 1958.
SICHES, Luis Recàsens. *Filosofía del derecho* 11 ed. México: Editorial Porrúa, 1995.
TROPER, Michel. *La philosophie du droit.* Paris: PUF, 2003.
WEBER-GRELLET, Heinrich. *Rechtsphilosophie.* 3 ed. Frankfurt: Verlag und Schmidt, 2006.

A Cientificidade do Conhecimento Jurídico

ABBAGNANO, Nicola. *Dizionario di filosofia.* Torino: UTET, 1961.
ABBOUD, Georges; CARNIO, Henrique Garbellini; OLIVEIRA, Rafael Tomaz. *Introdução à teoria e à filosofia do direito.* São Paulo: RT, 2013.
ADEODATO, João Maurício. *Conjetura e verdade.* In.: ADEODATO, João Maurício. Ética e retórica: para uma teoria da dogmática jurídica. São Paulo: Saraiva, 2002, p. 309 e segs.
AZEVEDO, Plauto Faraco. *Aplicação do direito e contexto social.* São Paulo: RT, 1996.
BACHELARD, Gaston. *Le materialisme rationne.* Paris, PUF, 1953.
_____. *La philosophie du non.* Paris: PUF, 1940.
_____. *Le rationalisme appliqué.* Paris: PUF, 1951.
BELLOMO, Manlio. *Ius Commune.* Rivista Internazionale di Diritto Comune. Roma: Il Cigno Galileo Galilei, v. 7, p. 201-215, 1996.
BENEYETO, Juan. *La Universidad de Bolonia y la cultura española.* In.: Studi e memorie per la storia dell'Università di Bologna, v. 1, Bologna, p. 589 e segs.1956.
BRETONE, Mario. *Storia del diritto romano.* Bari: Laterza, 1987.
BRITO, Alejandro Guzmán. *„Mos italicus" y „mos gallicus".* Conferencia presentada en Aula Magna de la Facultad de Derecho de la Universidad de Chile, Santiago, Chile. Recuperado de https://hdunab2010.files.wordpress.com/2010/04/20-guzman-britoalejandro--mos-italicus-y-mos-gallicus.pdf.
BUNGE, Mario. *Epistemología. Racionalidad y realismo.* Madrid: Alianza, 1985.
CAENEGEN, Raoul Van. *Uma introdução histórica ao direito privado.* São Paulo: Martins Fontes, 1995.
CALASSO, Francesco. *Diritto romano comune.* In: Annali di Storia del Diritto: Rassegna. Internazionale . IX. Milano: Giuffrè, p. 33-56, 1965.
_____. *Il Problema Storico del Diritto Comune e i Suoi Riflessi Metodologici Nella Storiografia Giuridica Europea.* Archives d'Histoire du Droit Oriental: revue internationale des droits de l'Antiquité. Bruxelles, t. 2, p. 441-463, 1953.

_____. *Medio Evo del Diritto.* I – Le Fonti. Milano: Giuffrè, 1954.
_____. *Storia e Sistema Delle Fonti del Diritto Comune.* I. Le Origini. Milano: Giuffrè, 1938
CANGUILHEM, Georges. *Le normal et le pathologique.* Paris: PUF, 1966.
_____. *La formation du concept de réflexe aux XVIIe et XVIIIe.* Paris: PUF, 1955.
_____. *La connaissance de la* vie. Paris: PUF, 1952.
CANNATA, Carlo Augusto. *Per una storia della sicenza giuridica europea.* Torino: G. Giappichelli, 1997.
CAPPELLINI, Paolo. *Storie di concetti giuridici.* Torino: G. Giappichelli, 2010,
_____. *Dal diritto romano al diritto privato moderno.* In.: Diritto privato romano. Un profilo storico, a cura di A. SCHIAVONE, Torino, G. Giappichelli, p. 453-474, 2003.
CARNELUTTI, Francesco. *Metodologia del diritto.* Padua: CEDAM, 1938.
COELHO, Luiz Fernando. *Teoria da ciência do direito.* São Paulo: Saraiva, 1974.
CORTESE, Ennio. *Tra glossa, commento e umanesimo.* In.: Rivista SS, n. 104, p. 462-464, 1995.
_____. *Alle origini della scuola di* Bologna. In.: Rivista RIDC, n. 4, p. 7-49, 1993.
COSSIO, Carlos. *Teoría egológica des derecho y el concepto jurídico de* libertad. Buenos Aires, Losada, 1936.
COSTA, Emilio. *La scuola bolognese di diritto.* Appreso, XI, Bologna, 1926.
COSTA, Newton Carneiro Afonso da. *Conjetura e quase-verdade na obra de Miguel Reale* (artigo 2000). In Cidadania e cultura brasileira: homenagem aos 90 anos do professor Miguel Reale. São Paulo: EDUSP.
DEL VECCHIO, Giorgio. *L'insegnamento del diritto comune.* In.: Annali di Storia del Diritto: rassegna internazionale. Milano: Giuffrè, v. 9, p. 5-13, 1965.
DIELS, Hermann, KRANZ, Walther. *Die Fragmente der Vorsokratiker.* Berlin: Weidmann, 1951.
DU PLESSIS, Paul. J. *News frontiers: law and society in the roman* world. Edinburgh: Edinburgh University Press, 2013.
DURKHEIM, Émile. *La division du travail* social. Paris: PUF, 1893.
FALCÓN Y TELLHA, María José. *Lecciones de teoría del derecho.* Madrid: Universidad Complutense de Madrid, 2009.
FERRAZ JÚNIOR, Tercio Sampaio. *La philosophie du droit au Brésil après la deuxième guerre mondiale: le rôle de Miguel Reale.* In.: Direito, Política, Filosofia e Poesia, estudos em homenagem ao Professor Miguel Reale no seu octogésimo aniversário/ Coords. Celso Lafer, Tercio Sampaio Ferraz Junior, São Paulo, Editora Saraiva, 1992.
FÖGEN, Marie Theres. *Römische Rechtsgeschichten. Über Ursprung und Evolution eines sozialen* Systems. Göttingen: Vandenhoeck und Ruprecht, 2002.
FOUCAULT, Michel. *L'archéologie du* savoir. Paris: Gallimard, 1969.
_____. *Les mots et les* choses. Paris: Gallimard, 1966.
_____. *Revenir à l'histoire.* Dits et Écrits, v. 1, p. 1141 e segs., 2001.
GARCÍA-GALLO, Alfonso. *Casuismo y jurisprudencia romana.* Madrid: Artes Gráficas, 1973.
GAUDEMET, Jean. *La droit romain dans la pratique et chez les docteurs aux XIe e XIIe siècles.* In.: CCM, n. 8, p. 365-80, 1965.
_____. *Tentatives de systématisation du droit à* Rome. In.: INDEX, n. 15, p. 79-96, 1986.
GIL, Antonio Gernandez. *Metodologia de la ciencia del derecho.* Madrid: Espasa-Calpe, 1988.
GROSSI, Paolo. *L'ordine giuridco medievale.* Roma: Laterza, 2006.

GUALAZZINI, Ugo. *L'origine dello studium bolognese nelle più vicende della licentia docendi*. In: Studi e Memorie per la Storia dell'Università di Bologna. v 1., Bologna, p. 97-115, 1956.

GUARINO, Antonio. *Inezie di giureconsulti*. Napoli: Jovene, 1978.

GUZMÁN BRITO, Alejandro. *El concepto de ius commune en el lenguaje de los juristas romanos*. In.: Revista de Estudios Histórico-Jurídicos. Valparaíso: Ediciones Universitarias de Valparaíso, n. 13, p. 39-78, 1990.

HESPANHA, António Manuel. *Cultura jurídica européia*. Coimbra: America, 1996.

HORN, Norbert. *Die juristische Literatur der Kommentatorenzeit*. In.: Ius Commune II, p. 84-129, 1969.

JAPIASSU, Hilton Ferreira. *Introdução ao pensamento epistemológico*. Rio de Janeiro: Francisco Alves, 1977.

KANTOROWICZ, Ernst. *Studies in the Glossators*. Cambridge, 1938.

KIRSTE, Stephan. *Einführung in die Rechstphilosphie*. Berlin: Verlag, 2010.

KUNKEL, Wolfgang. *Die römischen Juristen. Herkunft und soziale* Stellung. Köln: Böhlau, 1967.

LALANDE, André. *Vocabulaire technique et critique de la philosophie*. Paris: PUF, 1902.

LECOQ, Anne-Marie. *La querelle des anciens et des Moderne*. Paris: Gallimard, 2001.

LÉVY-BRUHL, Henry. *La science du droit ou "juristique"*. In.: Cahiers Internationaux de Socologie, p. 123-133, 1950.

MACHADO, Roberto. *Ciência e* saber. Rio de Janeiro: Graal, 1982.

MANTOVANI, Dario. (org.) *Per la storia del pensiero giuridico romano*. Torino: G. Giappichelli, 1996.

MARQUES NETO, Agostinho Ramalho. *A ciência do direito*. Rio de Janeiro: Forense, 1981.

MARUOTTI, Laura Solidoro. *La tradizione romanistica nel diritto europeuo*. Torino: G. Giappichelli, 2001.

MERÊA, Paulo. *Direito romano, direito comum e boa razãoi*. In.: Boletim da Faculdade de Direito da Universidade de Coimbra. Coimbra Editora, v. 16, p. 539-543, 1940.

MORTARI, Vicenzo Piano. *Glossatori* In: Enciclopedia del Diritto. (Giunta-Igi). Varese: Giuffrè, v. 19., p. 626, 1970.

PACE, Giacomo. *'Garneiurs Theutonicus'. Nuove fonti su Irnerio e i 'quatro dottori'*. In.: RIDC, p. 124-125, 1991.

PARADISI, Bruno. *La diffusione europea del pensiero di Bartolo e le esigenze attuali della sua conscenza*. In.: SDHI, n. 26, p. 6 e segs, 1960.

POPPER, Karl. *The logic of scientific discovery*. New York: Basic Books, 1959.

REALE, Miguel. *Teoria Tridimensional do* Direito. São Paulo: Saraiva, 1968.

_____. *O Direito como Experiência*. São Paulo: Saraiva, 1968.

_____. *Verdade e* conjetura. Rio de Janeiro: Nova Fronteira, 1983.

RICCOBONO, Salvatore. *Mos italicus e mos gallicus nell'interpretazione del Corpus Iuris*. In.: Instituto Giuridico della Regia Università, Torino, p. 47-65, 1937.

ROUX, Simone. *Le monde des ville au Moyen Âge*. Paris: Hachette, 1994.

SCAPINI, Nevio. *Manuale elementare di dirtto romano* (2002).

SCHIAVONE, Aldo. *Storia del diritto romano e linee di diritto privato*. Torino: Giuffrè, 2000.

SOUTHERN, Richard. *Scholastic humanism and the unification of* Europe. California: Blackwell, 2001.

STROUX, Von J. *Summum ius summa iniuria: Ein Kapitel aus der Geschichte der interpretatio iuris* (1926 não publicado, mas aparece em H. Kornhardt 1953).
SURGIK, Aloísio. *Gens Gothorum*. Curitiba: Edições Livro é Cultura, 2002.
TALAMANCA, Mario. *Il diritto romano fra modello istituzionale e metodologia casuistica*. Napoli: Jovene, 2009.
TAMAYO Y SALMORÁN, Rolando. *Jurisprudencia y formulación judicial del derecho (principium)*. In.: Isonomía, n. 21, p. 193-215, 2004.
USSANI, Vicenzo Scarano. *L'ars dei giuristi*. Torino: G. Giappichelli, 1997.
VACCA, Letizia. *La giurisprudenza nel sistema delle fonti del diritto romano*. Torino> G. Giappichelli, 1989.
VERGOTTINI, Giovanni de. *Lo Studio di Bologna, l'Imperio, il Papato*. Bologna: Fondazione CISAM, 1956.
VIEHWEG, Theodor. *Topik und Jurisprudenz*. München, C. H. Beck, 1953.
VILLEY, Michel. *La formation de la pensée juridique moderne*. Paris: Montchrestien, 1969.
WIEAKER, Franz. *Privatrechtsgeschichte der Neuzeit unter besonderer Berücksichtigung der deutschen Entwicklung*. Göttingen: Vandenhoeck und Ruprecht, 1967.

Os Contornos da Juridicidade

A cientificade do direito e o fenômeno jurídico

ALEXY, Robert. *Mauerschützen: zum Verhältniss von Recht, Unrecht und Strafbarkeit*. Göttingen: Vandenhoeck und Ruprecht, 1993.
BEAUCHET, Ludovic. *Histoire du droit privé de la république athénienne*. Amsterdam: Rodopi, 1969, 4 v.
BISCARDI, Arnaldo. *Diritto greco antico*. Milano: Giuffrè, 1982, IX, 409p.
_____. *Diritto greco e scienza del diritto*. In.: Scritti di diritto greco. (a cura di Eva Cantarella e Alberto Maffi) Milano: A. Giuffrè, p. 133-156, 1999.
_____. *On 'aequitas' and 'epieikeia'*. In.: Scritti di diritto greco. (a cura di Eva Cantarella e Alberto Maffi) Milano: A. Giuffrè, p. 287-298, 1999.
_____. PAOLI, Ugo Enrico. *Altri studi di diritto greco e romano*. Milan: Istituto Editoriale Cisalpino-La Goliardica, 1976, XVII, 631p.
BONNECASE, Jules. *L'école de l'éxegèse en droit civil: les traits distinctifs de sa doctrine et de ses méthodes d'après la profession de foi de ses plus illustres représentants*. Paris: Boccard, 1919
_____. *La pensée juridique française de 1804 a l'heure présente* . Bourdeaux: Delmas, 933.
BRETONE, Mario; TALAMANCA, Mario. *Il diritto in Grecia e a Roma*. Roma; Bari: Laterza, 1981, VI, 181p.
CALHOUN, George Miller. *Greek legal science*. Oxford: Scientia, 1944.
CANTARELLA, Eva. *Antologia di oratori attici sull'omicidio nel diritto greco*. Milano: Mursia, 1990, 130p.
_____. *Diritto greco: appunti delle lezioni*. 2 ed. Milano: Cuem, 1994.
_____. *I supplizi capitali in Grecia e a Roma: origini e fuzioni della pena di morte nell'antichità classica*. Milano: Biblioteca Universitaria Rizzoli, 1991.

COHEN, David. *Crime, punishment, and the rule of law in classical Athens.* In.: The Cambridge Companion to Ancient Greek Law. (Org. Michael Gagarin and David Cohen). New York: Cambridge University Press, p. 211-235, 2005.

CORNIOLEY, Pierre. *'Ius' et 'lex': leurs rapports.* In.: Studi Arnaldo Biscardi. p. 31-58, 1983.

CRAWFORD, Michael. *The Roman republic.* Cambridge: Cambridge University Press, 1974.

D'IPPOLITO, Federico. *I giuristi e la città.* Napoli, Edizioni Scientifiche Italiane, 1978.

DAVID, Jean-Michel. *La République romaine, de la deuxième guerre punique à la bataille d'Actium (218-31).* Paris: Le Seuil, 2000.

EFFENTERRE, Henri van. *Préliminaires épigraphiques aux études d'histoire du droit grèc.* In. Symposion 1982 – Vorträge zur griechischen und hellenistischen Rechtsgeschichte, Köln, Böhlau Verlag, p. 01-08, sept. 1982.

FERREIRA NETO, Arthur Maria. *Metaética e a fundamentação do direito.* Rio Grande do Sul: Elegantia Juris, 2015.

FINLEY, Moses Isaac. *The problem of the unity of greek law* In.: The use and abuse of history, p. 134-152, 1975.

FLACH, Dieter. *Die Gesetze der frühen römischen Republik. Text und Kommentar.* Darmstadt: Wissenschaftliche Buchgesellschaft, 1994.

GAGARIN, Michael. *Early greek law.* New York: University of California Press, 1989.

_____. *Early greek law.* In.: The Cambridge Companion to Ancient Greek Law. (Org. Michael Gagarin and David Cohen). New York: Cambridge University Press, p. 82-94, 2005.

_____. *From oral law to written laws: Draco's Law and its homeric roots.* In. Symposion 2005 – Vorträge zur griechischen und hellenistischen Rechtsgeschichte, Köln, Böhlau Verlag, p. 3-17, sept. 2005.

_____. *The unity of greek law.* In.: The Cambridge Companion to Ancient Greek Law. (Org. Michael Gagarin and David Cohen). New York: Cambridge University Press, p. 29-40, 2005.

_____. *Writing greek law.* Cambridge: Cambridge University Press, 2008.

GERNET, Louis. *Droit et institutions en Grèce antique.* Paris: Flammarion, 1982.

_____. *Recherches sur le développement de la pensée juridique et morale en Grèce.* Paris: Ernest Leroux, 1917.

GIOFFREDI, Carlo. *Nuovi studi di diritto greco e romano.* Romae: Pontificia universitas Lateranensis, 1980, 282p.

GSCHIEGL, Stephan. *Politik und Recht.* Wien: Facultas Verlags und uchhhandlung, 2013.

GUARINO, Antonio. *La rivoluzione della plebe.* Napoli: Liguori, 1975.

_____. *La democrazia a Roma.* Napoli: Liguori, 1979.

MAZZARINO, Santo. *Dalla monarchia allo stato repubblicano.* Catania: G. Agnini, 1945.

HANSEN, Mogens Herman. *Die athenische Volksversammlung im Zeitalter des Demosthenes.* Konstanz: Universität Konstanz, 1984.

HARRINSON, Alic Robin Walsham. *The law of Athens.* Oxford: Oxford University Press, 1998.

HARRIS, Edward M. *Feuding or the rule of law? The nature of litigation in classical Athens: an essay in legal sociology.* In. Symposion 2001 – Vorträge zur griechischen und hellenistischen Rechtsgeschichte, Köln, Böhlau Verlag, p. 125-142, sept. 2001.

_____. *Open texture in athenian law.* In.: Rivista Díke, Università di Milano, n. 3, p. 27-79, 2000.

HERNÁNDEZ GIL, Antonio. *Metodología de la ciencia del derecho.* Madrid: Tecnos, 1971.

HÖFFE, Otfried. *Politische Gerechtigkeit.* Berlin: Suhrkamp, 1987.

HORN, Christoph. *Einführung in die Politische Philosophie.* Darmstadt: Wissenschaftliche Buchgesellschaft, 2004.

KANT, Immanuel. *Metaphysik der Sitten.* Riga: Hartknoch, 1785.

KOLLER, Peter. *Theorie des Rechts.* Wien: Böhlau, 1997.

LIPSIUS, Justus Hans. *Das Attische Recht und Rechtsverfahren.* Leipzig, 1905. (2 nach. Leipzig, 1984. (Hildesheim, Olms, 1905-1915.).

MACDOWELL, Douglas. *The Law in classical athens: aspects of greek and roman life.* New York: Cornell Universit, 1978.

MAFFI, Alberto. *Gli studi di diritto greco.*In.: Etica e Política, Milano, IX, n. 1, p. 11-24, 2007.

MARTINI, Remo. *Diritti greci.* Bologna: Zanichelli, 2005.

MÉLÈZE-MODRZEJEWSKI, Joseph. *Greek law in the hellenistic period: Family and marriage* In.: The Cambridge Companion to Ancient Greek Law. (Org. Michael Gagarin and David Cohen). New York: Cambridge University Press, p. 82-94, 2005.

MITTEIS, Ludwig. *Reichsrecht und Volksrecht in den östlichen Provinzen des römischen Kaiserreichs.* Leipzig, 1891.

NIÑO, Carlos Santiago. *Consideraciones sobre dogmática jurídica.* Mexico: UNAM, 1974.

OSTWALD, Martin. *Nomos and the beginnings of the Athenian democracy.* Oxford: Clarendon Press, 1969.

PAOLI, Ugo Enrico. *Dirrito attico e diritto greco.* Milano: Hoepli, 1943, 573p.

_____. *Studi di diritto attico.* Firenze: Bemporad, 1930, 344p.

POHLENZ, Max. *Nomos und Physis.* In.: Hermes, v. 81, n. 4, p. 418-438, 1953.

RADBRUCH, Gustav. *Gesetzliches Unrecht und übergesetzliches Recht.* In.: Süddeutsche Juristen Zeitung, a. 1, n. 5, p. 105-108, 1946.

RÉMY, Philippe. *Eloge de l'exégèse.* In.: Droits Revue Française de Théorie Juridique, n. 1, p. 115-1191985.

ROMILLY, Jacqueline de. *La loi dans la pensée grecque: de origines à Aristote.* 2 ed. Paris: Les Belles Lettres, 2002, 265p.

RUBINSTEIN, Lene. *Differentiated rhetorical strategies in the athenian courts.* In.: The Cambridge Companion to Ancient Greek Law. (Org. Michael Gagarin and David Cohen). New York: Cambridge University Press, p. 129-145, 2005.

_____. *Litigation and cooperation: supporting speaker in the courts of classical Athens.* Stuttgart: Steiner, 2000.

SCHIAVONE, Aldo. *Giuristi e nobili nella Roma repubblicana.* Roma: Laterza, 1992.

_____. *Ius: L'invenzione del diritto in Occidente.* Torino: Einaudi, 2005.

SERRAO, Feliciano. *Classi, partiti e legge nella Roma repubblicana.* Pisa: Pacini, 1974.

STOLFI, Emanuele. *Introduzione allo studio dei diritti greci.* Torino: G. Giappichelli, 2006, VII, 246p.

TODD, S. C. *The shape of athenian law*. New York: Oxford Clarendon Press, 1984.
VINOGRADOFF, Paul. *Outlines of historical jurisprudence: jurisprudence of the greek city*. 2v. Oxford: Oxford University Press, 1922.
WESEL, Uwe. *Geschichte des Rechts. Von den Frühformen bis zur Gegenwart*. München: C. H. Beck, 2001.
WOLF, Erik. *Griechisches Rechtsdenken*. IV. 2. Frankfurt: Vittorio Klostermann, 1952.
WORTHINGTON, Ian. *Persuasion: greek rhetoric in action*. London: Routledge, 1994.
ZIPPELIUS, Reinhold. *Das Wesen des Rechts*. München: C. H. Beck, 1997.

Juspositivismo

ALEXY, Robert. *Theorie der Grundrechte*. Baden-Baden: Verlag Nomos-Verlagsgesellschaft, 1985.
_____. *Begriff und Geltung des* Rechts. Frankfurt, Karl Alber, 2002.
AUSTIN, John. *The province of jurisprudence determined*. London: John Murray, 1832.
_____. *Lectures on jurisprudence or the philosophy of positive law*. London: John Murray, 1869.
BENTHAM, Jeremy. *A fragment on government*. Cambridge: Cambridge University Press, 1988 [1776].
_____. *Introduction to the principles of morals and legislation*. Oxford: Oxford University Press, 1789.
BOBBIO, Norberto. *Teoria dell'ordinamento giuridico*. Torino: G. Giappichelli, 1960
_____. *Dalla struttura alla funzione: nuovi studi di teoria del diritto*. Roma: Edizioni di Comunità, 1977.
BOURDÉ, Guy; MARTIN, Hervé. *Les écoles historiques*. Paris: Le Seuil, 1983.
BOURDEAU, Louis. *L'histoire et les historiens: essai critique sur l'histoire considéré comme sicence positive*. PAris: F. Alcan, 1888.
BURCKHARDT, Carl Jacob Christoph. *Der Cicerone: Eine Anleitung zum Genuss der Kunstwerke Italiens*. Basel: Schwabe und Co., 1855.
_____. *Griechische Kulturgeschichte*. Basel: Schwabe und Co.1872.
CARBONNEL, Charles Olivier. *Historie et historiens: une mutation idéologique des historiens français 1865-1885*. Toulouse: Privat, 1976.
DILTHEY, Wilhelm. *Die Wissenschaft vom Menschen, der Gesellschaft und der Geschichte*. Göttingen: Vandenhoeck und Ruprecht, 1977 [1865].
DROYSEN, Johann Gustav Ferdinand. *Geschichte der Gegenreformation*. Berlin: Grotesche Verlagsbuchhandlung,1893
_____. *Grundriss der Historik*. Leipzig: Verlag von Veit und Comp., 1868.
HART, Herbert. *The concept of law*. London: Clarendon Law Series, 1961.
_____. *Essays in jurisprudence and philosophy*. London: Clarendon Law Series, 1983
_____. *Law, liberty and morality*. California: Stanford University Press, 1963.
HEEREN, Arnold Hermann Ludwig. *Geschichte der europäischen Staaten*. Göttingen: J. F. Röwer, 1829.
GATTERER, Johann Christoph. *Oratio de artis diplomaticae difficultate*. Nurenberg: Typis IOH Iosephi Fleischmann I, 1756.

HEGEL, Georg Wilhelm Friedrich. *Vorlesungen über die Philosophie der* Geschichte. Berlin: Duncker und Humblot, 1837.

JELLINEK, Georg. *System der subjektiven öffentlichen Rechte*. Freiburg: Akademische Verlagsbuchhandlung von J. C. B. Mohr,1892.

_____. *Allgemeine Staatslehre: Recht des modernen Staates*. Freiburg: Akademische Verlagsbuchhandlung von J. C. B. Mohr,1895.

KELSEN, Hans. *Allgemeine Theorie der Normen*. Wien: Manz-Verlag, 1979. [1925]

_____. *Reine Rechtslehre*. Tübingen: Morh Siebeck, 2008. [1934].

LANGLOIS, Charles Victor. *Manuel de bibliographie historique*. Paris: Hachette, 1901.

_____.; SEIGNOBOS, Charles. *Introduction aux études* historiques. Paris: Hachette, 1898.

LAVISSE, Ernest. *Étude sur l'histoire de la* Prusse. Paris: Hachette, 1879,

_____. *La Jeunesse du Grand Frédéric*. Paris: Hachette, 1891.

MEINECKE, Friedrich. *Die Entstehung des Historismus*. München: R. Oldenbourg, 1936.

MONOD, Gabriel. *Du progrès de études historiques en France*. Paris: Germer Baillière, 1876,

_____. Manifeste. In.: Revue Historique, Paris,1876.

NIPPERDEY, Thomas. *Gesellschaft, Kultur, Theorie. Gesammelte Aufsätze zur neueren Geschichte*. Göttingen: Vandehoeck und Reprecht, 1976.

RANK, Franz Leopold von. *Geschischte der romanischen und germanischen Völker von 1494 bis 1514*. Leipzig: Verlag von Duncker und Humblot, 1824.

_____. *Weltgeschichte*. Leipzig: Duncker und Humblot, 1881.

RAZ, Joseph. *The Concept of a Legal System*. London: Clarendon Law Series, 1970.

_____. *The Authority of Law: Essays on Law and Morality*. Oxford: Oxford University Press, 1979.

SAVIGNY, Friedrich Carl von. *Vom Beruf unserer Zeit für Gesetzgebung und* Rechtswissenschaft. Heidelberg: Mohr und Zimmer, 1814.

SCHLÖZER, August Ludwig von. *Vorstellung einer* Universalgeschichte. Göttingen: Johan Christian Dieterich, 1772.

SEIGNOBOS, Charles. *Histoire narrative et descriptive de la Grèce ancienne*. Paris: A. Colin, 1892,

_____. *Historie narrative et descriptive du Peuple Romain*. Armand Colin, 1894.

SPITTLER, Ludwig Timotheus. *Landesgeschichte in der Zeit der Deutschen Spätaufklärung*. Göttingen: Muster Schmidt, 1780.

TROELTSCH, Ernst. *Die Bedeutung des Protestantismus für die Entstehung der modernen Welt*. In.: Historische Zeitschrift, v. 97, n. 3, p. 1-66, 1906.

WITTKAU-HORGBY, Annette. *Historismus: zur Geschichte des Begriffs und des Problems*. Göttingen: Vandenhoeck und Ruprecht, 1992.

Jusnaturalismo

AQUINO, São Thomás. *Opera maiora: summa contra gentiles*. In.: Loeb Classical Livrary, Harvard Press,1259.

COTTA, Sergio. *Giustificazione e obbligatorietà delle norme*. Milano: Giuffrè, 1981.

_____. *Il diritto nell'esistenza: linee di ontofenomenologia giuridica*. Milano: Giuffrè, 1985.

DWORKIN, Ronald. *Taking Rights Seriously*. Massachusetts: Harvard University Press, 1977.
_____. *Law's Empire*. Massachusetts: Harvard University Press, 1986.
FINNIS, John Mitchel. *Natural Law and Natural Rights*. Oxford: Oxford University Press, 1980
_____. *Fundamentals of ethics*. Oxford: Oxford University Press, 1983.
FULLER, Lon Luvois. *The Case of The Spelucian Explorers*. In.: Harvard Law Review, v. 62, n. 4, p. 1-28, 1949.
_____. *The Morality of Law*. Yale Press, 1964.
GROTIUS, Hugo. *De iure praedae*. In.: Loeb Classical Livrary, Harvard Press, 1604
_____. *De iure belli ac pacis*. In.: Loeb Classical Livrary, Harvard Press 1625.
HOBBES, Thomas. *De cive*. In.: Loeb Classical Livrary, Harvard Press, 1642.
_____. *Leviathan or the matter, forme and power of a common walth ecclesiasticall and civil*. In.: Loeb Classical Livrary, Harvard Press 1651.
LOCKE, John. *Two treatisis of government*. In.: Loeb Classical Livrary, Harvard Press, 1689.
_____. *Essay concerning human understanding*. In.: Loeb Classical Livrary, Harvard Press, 1690.
PUFFENDORF, Samuel Von. *De iure naturae et gentium (liber quintus – liber octavus)*. In.: Loeb Classical Livrary, Harvard Press, 1672.
_____. *De officio hominis et civis prout ipsi praescribuntur lege naturali*. In.: Loeb Classical Livrary, Harvard Press, 1673.
RADBRUCH, Gustav. *Rechtsphilosophie*. Leipzig: Verlag von Quelle und Meyer, 1932
_____. *Fünf Minuten Rechtsphilosophie*. In.: Rhein Neckar Zeitung, 12.09.1945.
_____. *Gesetzliches Unrecht und übergesetzliches Recht*. In.: Süddeutsche Juristen Zeitung, a. 1, n. 5, p. 105-108, 1946.
SUAREZ, Francisco. *Tractatus de legibus ac Deo legislatore*. In.: Loeb Classical Livrary, Harvard Press,1612.
_____. *De defensio fidei catholicae*. In.: Loeb Classical Livrary, Harvard Press, 1613.

Realismo norte-americano

CARDOZO, Benjamin Nathan. *The natural of judicial process*. New Haven: Yale University Press, 1921.
_____. *The paradoxes of legal science*. New York: Columbia University Press, 1928.
COHEN, Felix. *Ethical systems and legal ideals: an essay on the foundations of legal* criticism. Cornell University Press, 1933.
_____. *The legal conscience: selected papers*. New Haven: Yale University Press, 1960.
FRANK, Jérome. *Law and modern mind*. New York: Brentano's, 1930.
_____. *Courts on* trial. Princeton: Princeton Univerity Press, 1949.
HOLMES, Oliver Wendell. *The common* law. Boston: Little, Brown and Co., 1881.
_____. *The path of the* law. In.: Harvard Law Review, n. 457, p. 1-20, 1897.
LLEWELLYN, Karl. *The bramble bush: on our law and its* study. New York: Oceana Publications, 1930.
_____. *A realistic jurisprudence*. In.: Columbia Law Review, v. 30. n. 4, p. 431-465, 1930.

POUND, Roscoe. *An introduction to the philosophy of law*. New Haven: Yale University PRess, 1922.

Realismo escandinavo

EKELÖF, Olof. *Free evaluation of evidenci*. In.: Scandinavian Sutides in Law, Stockholm, 8, p. 45-66, 1964.
_____. *The expression 'valid rule': a study in legal terminology*. In.: Scandinavian Studies in Law, Stockholm, n. 15, p. 57-74, 1971.
HÄGERSTRÖM, Axel. *Das Prinzip der Wissenschaft*. Uppsala: Almqvist und Wiksell, 1908.
_____. *Inquires into the nature of law and morals*. Uppsala: Almqvist und Wiksell, 1953.
LUNDSTEDT, Wilhelm. *Superstition or rationality in action for peace?*. London: Longmans Green and Co., 1925.
_____. *Die Unwissenschaftlichekeit der Rechtswissenschaft*. v. 1 e 2. Berlin: Rothschild, 1932 e 1936.
_____. *Legal thinking revised*. Stockholm: Almqvist und Wiksell, 1956.
OLIVERCRONA, Karl. *Law as Fact*. London: Oxford University Press, 1939.
_____. *Is a sociological explanation of law possible*. In.: Theoria, v. 14, n. 2, p. 167-207, 1948.
_____. *The legal theories of Axel Hägerström and Vilhelm Lundstedt*. In.: Scandinavian Sutides in Law, Stockholm, 3, p. 125-150, 1959.
ROSS, Alfred. *On law and justice*. London: Stevens, 1958 [1953].
_____. *Directives and norms*. London: Routledge and K. Paul, 1968.

Antiformalismo alemão e francês

BÜLOW, Oskar. *Gesetz und Richteramt*. Leipzig: Duncker und Humblot, 1885.
_____. *Das Geständnissrecht*. Freiburg: Mohr, 1899.
_____. *Klage und Urteil*. In.: Zeitschrift für deutschen Zivilprozess, v. 31, 1993.
EHRLICH, Eugen. *Freie Rechtsfindung und freie Rechtswissenschaft*. Leipzig: C. L. Hirschfeld, 1903.
_____. *Ein Institut für lebendes Recht*. In.: Juristische Blätter, n. 20, p. 229-231, 1911.
_____. *Des Staat, die Gesellschaft und ihre Ordnung*. In.: Zeitschrift für Rechtssoziologie, n. 13, p. 3-15, 1912.
_____. *Grundlegung der Soziologie des Rechts*. München: Duncker und Humblot, 1913.
_____. *Die juristische Logik*. Tübingen: Mohr, 1918.
Einführung in das juristische Denken. Stüttgart: Kohlhammer, 1956.
GÉNY, François. *Méthode d'interprétation et sources en droit privé positif: essai critique*. Paris: Marescq,1899.
_____. *Essai critique sur la méthode d'interpretation juridique en vue d'une orientation nouvelle des études de droit privé*. Paris: Marescq, 1897.
_____. *Science et technique en droit privé positif: nouvelle contribution à la critique de la méthode juridique*. 4v. Paris: LGDJ, 1914/1924.
GURVITCH, Georges. *Essai de sociologie*. In.: Revue de Métaphysique et de Morale, v. 46, n. 2, p. 345-346, 1939.

_____. *La vocation actuelle de la sociologie*. In.: Revue de Métaphysique et de Morale, v. 58, n. 3, p. 292-307, 1953.
HAURIOU, Maurice. *L'histoire externe du droit*. Paris: F. Pichon, 1884
_____. *La gestion administrative: étude théorique de droit administratiff*. Paris: L. Larose, 1899.
_____. *Les facultés de droit et la sociologie*. Paris: E. Thorin et fils, 1893.
_____. *Principes de droit public*. Paris: Librarie du Recueil Sirey, 1911.
_____. *Aux sources du droit: le pouvoir, l'ordre et la liberté*. Paris: Bloud et Gay, 1933.
JHERING, Rudolf Von. *Der Geist des römischen Rechts*. 4v. Leipzig: Breitkopf und Härtel, 1852, 1854 e 1865.
_____. *Der Kampf ums Recht*. Wien: J. Manz'schen Buchhandlung, 1872
_____. *Der Zweck im Recht*. 2v. Leipzig: Breitkopf und Härtel, 1872, 1877.
_____. *Scherz und Ernst in der Jurisprudenz*. Leipzig: Breifkopf und Gärtel, 1884.
_____. *Über die Entstehung des Rechtsgefühles*. In.: Allgemeine Juristen-Zeitung, n. 7, p. 11-15, 1884.
KANTOROWICZ, Hermann. *Der Kampf um die Rechtswissenschaft*. Heidelberg: C. Winter, 1906.
LÉON DUGUIT, Pierre Marie Nicolas. *L'état, le droit objectif et la loi positive*. Paris: Fontemoing & Cie, 1901.
_____. *Les transformations générales du droit privé depuis le Code Napoléon*. Paris: Librerie Félix Alcan, 1912.
_____. *Les doctrines juridiques objectivistes*. PAris: Marcel Giard, 1927.

Movimentos críticos contemporâneos

AZEVEDO, Plauto Faraco de. *Crítica à dogmática e hermenêutica jurídica*. Porto Alegre: Sérgio Antonio Fabris, 1989.
CASTANHEIRA NEVES, António. *Fontes do direito: contributo para a revisão do seu problema*. In: Boletim da Faculdade de Direito, Coimbra: Coimbra, vol. LVII, pp. 169-287, 1982.
_____. *O sentido actual do direito: o problema da sua autonomia*. Curso proferido na Pós-Graduação da Faculdade de Direito da Universidade Federal do Paraná, nos dias 20,21,22 e 24 de junho de 2005.
CLÈVE, Clèmerson Merlin. *Temas de direito constitucional e de teoria do direito*. São Paulo: Acadêmica, 1993.
COELHO, Luiz Fernando. *Teoria da ciência do direito*. São Paulo: Saraiva, 1974.
_____. *Teoria crítica do direito*. Porto Alegre: Fabris, 1991;
_____. *Lógica jurídica e interpretação das leis*. Rio de Janeiro: Forense, 1978.
COSSIO, Carlos. *La Valoración Jurídica y la Ciencia del Derecho*. Santa Fé: Imprenta de la Universidad Nacional del Litoral, 1941.
_____. *Teoría Egológica del Derecho y el Concepto Jurídico de la Libertad*. Buenos Aires: Losada, 1944.
COSTA, Alexandre Bernardino. *Direito Vivo* (org). Brasília: EdunB, 2013.
FERRAZ JÚNIOR, Tércio Sampaio. *A ciência do direito*. 2 ed. São Paulo: Atlas, 1995, 111 p.
_____. *A dimensão social da democracia*. Digesto Econômico, v. 35, n. 263, p. 41-48, set./out. 1978.

_____. *A filosofia como discurso aporético uma analise da filosofia do angulo lingüístico-pragmático*. Série Filosofia. Cadernos da PUC/SP, São Paulo, n. 1, p. 53-67, mar. 1980.
_____. A opção entre os sistemas. Carta: Falas Reflexões Memórias, n. 6, p 203-205, 1993.
_____. *A teoria da norma jurídica em Rudolf von Jhering*. Jhering e o Direito no Brasil. (org. João Maurício Adeodato) Recife: Ed. da UFPE, 1996, p. 227-258.
_____. *A vida da mente, um tema fascinante*. Jornal da Tarde, São Paulo, n. 21, out. 1978.
_____. *Constituição brasileira e modelo de estado: hibridismo ideológico e condicionantes históricas*. Cadernos de Direito Constitucional e Ciência Política, v. 5, n. 17, p.38-49, out./dez. 1996.
_____. *Constituição e ideologia*. Constituição e Constituinte. São Paulo: Revista dos Tribunais, 1987, p. 29-36.
_____. *Democracia e conscientização social*. Revista Brasileira de Filosofia, São Paulo, v. 28, n. 112, p. 407-414, out./dez. 1978.
_____. *Direito, retórica e comunicação: subsídios para uma pragmática do discurso jurídico*. 2 ed. São Paulo: Saraiva, 1997, 188p.
_____. *Direitos humanos – o que fazer?* Folha de São Paulo, São Paulo, Tendências e Debates, p. A3, 30 de janeiro de 1991.
_____. *Do discurso sobre a justiça*. Revista da Faculdade de Direito da Universidade de São Paulo, v. 74, p. 153-166, jan./dez. 1979.
_____. *Em que medida os direitos humanos podem legitimar uma ordem jurídica?* Vox Legis, v. 12, n. 140, p. 7-22, ago. 1980.
_____. *Função social da dogmática jurídica*. São Paulo: Limonad, 1998, 205p.
_____. *Institucionalização da violência*. Ciência Penal, v. 6, n. 1, p. 93-104, 1980.
_____. *Introdução ao estudo do direito: técnica, decisão, dominação*. 2 ed. São Paulo: Atlas, 1994, 368p.
_____. *Justicia material*. Anales de la cátedra Francisco Suarez, Granda, n. 23-24, p. 133-145, 1983-1984.
_____. *Liberdade e irracionalidade uma reflexão sobre Hegel no limiar do seculo XXI*. Direito, Cidadania e Justiça. São Paulo: Revista dos Tribunais, 1995, p. 209-215.
_____. *O pensamento jurídico de Norberto Bobbio*. In: Bobbio no Brasil. Org. Carlos Henrique Cardim. Brasília: Edunb, 2001, p. 43-52.
_____. *Perversão ideológica dos direitos humanos*. Ciência Penal 3, São Paulo: J, Bushatsky, 1974, v. 3, p. 397-427.
_____. *Política e ciência política*. Brasília, Documentação e Atualidade Política, n. 5, p. 9-14, out./dez. 1977.
_____. *Política e Ciência Política*. Brasília: Edumb, 1979, 65 p.
_____. *Razão técnica, razão política*. Folha de São Paulo, São Paulo, p. 1-3, 17 de maio de 1995.
_____. *Teoria da norma jurídica: ensaio de pragmática da comunicação normativa*. 3 ed. Rio de Janeiro: Forense, 1999, 181p.
LUDWIG, Celso Luiz. *Da ética à filosofia política crítica na transmodernidade: reflexões desde a filosofia de Enrique Dussel*. In.: FONSECA, Ricardo Marcelo (Org.). Repensando a teoria do estado. Belo Horizonte: Fórum, p. 283-325, 2004.
_____. *Para uma filosofia jurídica da libertação: paradigmas da filosofia, filosofia da libertação e direito alternativo*. Florianópolis: Conceito Editorial, 2006.

_____. *A transformação jurídica na ótica da filosofia transmoderna: a legitimidade dos novos direitos*. In.: Revista da Faculdade de Direito da UFPR, v. 41, n. 0, p. 29-42, 2004.

_____. *Filosofia política da libertação: reflexões sobre alguns aspectos a partir da filosofia de Enrique Dussel*. In Revista Problemata, v. 7, n. 3, p. 10-28, 2016.

LYRA FILHO, Roberto. *Por que Estudar Direito, Hoje?* Brasília: Edições Nair, 1984.

_____. *O que é direito*. São Paulo: Brasiliense, 1980.

MACHADO, João Baptista. *Introdução ao direito e ao discurso legitimador*. Coimbra: Almedina, 2000.

MARQUES NETO, Agostinho Ramalho. *Subsídios para pensar a possibilidade de articular direito e psicanálise*. In.: Direito e neoliberalismo. Curitiba: Edibej, 1996.

_____. *A ciência do* direito. Rio de Janeiro: Forense, 1981.

MIAILLE, Michel. *Introdução crítica ao direito*. 3 ed. Lisboa: Estampa, 2005.

PÊPE, Albano Marcos Bastos; WARAT, Luís Alberto. *Filosofia do direito: uma introdução crítica*. São Paulo: Moderna, 1996.

REALE, Miguel. *Teoria Tridimensional do* Direito. São Paulo: Saraiva, 1968.

_____. *O Direito como Experiência*. São Paulo: Saraiva, 1968.

_____. *Verdade e conjetura*. Rio de Janeiro: Nova Fronteira, 1983.

RECASÉNS SICHES, Recaséns. *Direcciones contemporáneas del pensamiento jurídico*. Barcelona: Labor, 1929

_____. *Estudios de filosofía del Derecho*. Barcelona: Bosch, 1936.

RODRIGUES, Horácio Wanderlei. *Ensino jurídico: Saber e poder*. São Paulo, Acadêmica, 1988.

SOUTO, Cláudio. *Tempo de direito alternativo*. Porto Alegre, Livraria do Advogado, 1997.

SOUZA JÚNIOR, José Geraldo. *Para uma crítica da eficácia do direito*. Porto Alegre: Fabris, 1984.

_____. *O direito achado na rua*. In.: Revista Humanidades 30, v. 8, n. 4, Brasília: Unb, 1992.

_____. *Sociologia jurídica: condições sociais e possibilidades teórcias*. Porto Alegre: Fabris, 2002.

_____. *Movimentos sociais: emergência de novos sujeitos: o sujeito coletivo de direito*. CNBB, n. 8, 1994.

WARAT, Luis Alberto. *A ciência jurídica e seus dois maridos: fragmentos de uma expedição pelo direito, pela ciência e outros lugares de arrogância*. Santa Cruz do Sul: Faculdades Integradas de Santa Cruz do Sul, 1985.

_____. *À procura de uma semiologia do poder*. In: Epistemologia e ensino do direito: o sonho acabou. v. 2. Org. Orides Maezzaroba et alli. Florianópolis: Fundação Boiteux, 2004, p. 345-350.

_____. *A desconstrução da razão abstrata e o outro pensar: os arquivistas utópicos*. In: Surfando na pororoca: o ofício do mediador. v. 3. Org. Orides Maezzaroba et alli. Florianópolis: Fundação Boiteux, 2004, p. 269-310.

_____. *A pedagogia do novo*. In: Epistemologia e ensino do direito: o sonho acabou. v. 2. Org. Orides Maezzaroba et alli. Florianópolis: Fundação Boiteux, 2004, p. 407-424.

_____. *A puertas abiertas: intensidades sobre el plano inconciente en la filosofía del derecho*. In: Surfando na pororoca: o ofício do mediador. v. 3. Org. Orides Maezzaroba et alli. Florianópolis: Fundação Boiteux, 2004, p. 229-248.

_____. *Diatribes de amor contra os filósofos sentados: imagens do cemitério*. In: Epistemologia e ensino do direito: o sonho acabou. v. 2. Org. Orides Maezzaroba et alli. Florianópolis: Fundação Boiteux, 2004, p. 399-406.

_____. *Ecocidadania e direito: alguns aspectos da modernidade, sua decadência e transformação*. In: Surfando na pororoca: o ofício do mediador. v. 3. Org. Orides Maezzaroba et alli. Florianópolis: Fundação Boiteux, 2004, p. 249-264.

_____. *Educación y derecho*. In: Epistemologia e ensino do direito: o sonho acabou. v. 2. Org. Orides Maezzaroba et alli. Florianópolis: Fundação Boiteux, 2004, p. 361-372.

_____. *El cine y el horror del olvido*. In: Territórios Desconhecidos: a procura surrealista pelos lugares do abandono do sentido e da reconstrução da subjetividade. v. 1. Org. Orides Maezzaroba et alli. Florianópolis: Fundação Boiteux, 2004, p. 541-548.

_____. *Incidentes de ternura*. In: Epistemologia e ensino do direito: o sonho acabou. v. 2. Org. Orides Maezzaroba et alli. Florianópolis: Fundação Boiteux, 2004, p. 373-394.

_____. *Interpretación de la ley: poder de las significaciones y significaciones del poder*. In: Surfando na pororoca: o ofício do mediador. v. 3. Org. Orides Maezzaroba et alli. Florianópolis: Fundação Boiteux, 2004, p. 395-423.

_____. *Introdução geral ao direito: interpretação da lei e temas para uma reformulação*. v. 1 Porto Alegre: Fabris, 1994.

_____. *Introdução geral ao direito: a epistemologia jurídica da modernidade*. v. 2 Porto Alegre: Fabris, 1995.

_____. *Introdução geral ao direito: o direito não estudado pela teoria jurídica moderna*. v. 3 Porto Alegre: Fabris, 1997.

_____. *La cinesofia y su lado oscuro: la infinita posibilidad surrealista de pensar con la cinesofia*. In: Territórios Desconhecidos: a procura surrealista pelos lugares do abandono do sentido e da reconstrução da subjetividade. v. 1. Org. Orides Maezzaroba et alli. Florianópolis: Fundação Boiteux, 2004, p. 549-562.

_____. *Literasofia*. In: Territórios Desconhecidos: a procura surrealista pelos lugares do abandono do sentido e da reconstrução da subjetividade. v. 1. Org. Orides Maezzaroba et alli. Florianópolis: Fundação Boiteux, 2004, p. 19-26.

_____. *Manifesto do surrealismo jurídico*. São Paulo: Acadêmica, 1988.

_____. *Manifestos para uma ecologia do desejo*. In: Territórios Desconhecidos: a procura surrealista pelos lugares do abandono do sentido e da reconstrução da subjetividade. v. 1. Org. Orides Maezzaroba et alli. Florianópolis: Fundação Boiteux, 2004, p. 187-288.

_____. *Metáforas para a ciência, a arte e a subjetividade*. In: Territórios Desconhecidos: a procura surrealista pelos lugares do abandono do sentido e da reconstrução da subjetividade. v. 1. Org. Orides Maezzaroba et alli. Florianópolis: Fundação Boiteux, 2004, p. 529-540.

_____. *Mitos e teorias na interpretação da lei*. Porto Alegre: Síntese, 1979.

_____. *O amor tomado pelo amor: crônica de uma paixão desmedida*. In: Territórios Desconhecidos: a procura surrealista pelos lugares do abandono do sentido e da reconstrução da subjetividade. v. 1. Org. Orides Maezzaroba et alli. Florianópolis: Fundação Boiteux, 2004, p. 289-368.

_____. *O direito e sua linguagem*. 2 ed. Porto Alegre: SAFE, 1995.

_____. *O outro lado da dogmática jurídica*. In.: Teoria do direito e do estado. (org. Leonel Severo Rocha) Porto Alegre: SAFE, 1994, p. 81-95.

_____. *O sentido comum teórico dos juristas*. In.: A crise do direito numa sociedade em mudança. (org. José Eduardo Faria) Brasília: Editora UnB, p. 31-42.
_____. *Os quadrinhos puros do direito*. In: Territórios Desconhecidos: a procura surrealista pelos lugares do abandono do sentido e da reconstrução da subjetividade. v. 1. Org. Orides Maezzaroba et alli. Florianópolis: Fundação Boiteux, 2004, p. 563--583.
_____. *Saber crítico e senso comum teórico dos juristas*. In: Epistemologia e ensino do direito: o sonho acabou. v. 2. Org. Orides Maezzaroba et alli. Florianópolis: Fundação Boiteux, 2004, p. 27-34.
_____. *Sobre a impossibilidade de ensinar o direito*. In: Epistemologia e ensino do direito: o sonho acabou. v. 2. Org. Orides Maezzaroba et alli. Florianópolis: Fundação Boiteux, 2004, p. 425-446.
WOLKMER, Antonio Carlos. *Introdução ao pensamento jurídico crítico*. São Paulo: Acadêmica, 1991.
_____. *Pluralismo jurídico*. Rio de Janeiro: Renovar, 2001.

Geral

BALLESTEROS, Jesús. *Sobre el sentido del derecho*. Madrid: Tecnos, 1984.
BATIFFOL, Henri. *La philosophie du droit*. Paris: PUF, 1960.
BRAUN, Johann. *Einführung in die Rechtsphilosphie*. Frankfurt: Mohr Siebeck, 2006.
BRUGGER, Winfried; KIRSTE, Stephan; NEUMANN, Ulfrid. *Rechtsphilosophie im 21. Jahrhundert*. Berlin: Suhrkamp, 2008.
BUCKEL, Sonja; CHRISTENSEN, Ralph; FISCHER-LESCANO, Andreas. *Neue Theorien des Rechts*. Frankfurt: Mohr Siebeck, 2009.
CIARAMELLI, Fabio. *Istituzioni e norme*. Roma: Laterza, 2009.
COLEMAN, Jules; FEINERG, Joel. *Philosophy of law*. Belmont: Thomson/Wadsworth, 2004.
COLEMAN, Jules; SHAPIRO, Scott. *The oxford handbook of jurisprudence and philosophy of law*. Oxford: Oxford University Press, 2002.
CUNHA, Paulo Ferreira. *Síntese de filosofia do direito*. Coimbra: Almedina, 2009.
_____. *Memória, método e direito: iniciação à metodologia jurídica*. Coimbra: Almedina, 2003.
DEL VECCHIO, Giorgio. *I presupposti filosofici della nozione del diritto*. Bologna, Zanichelli,1923.
_____. *Il concetto del diritto*. Bologna, Zanichelli,1906.
FARALLI, Carla. *La filosofia del diritto contemporanea*. Roma: Laterza, 2006.
_____. *Profili di storia della filosofia del diritto*. Bologna: Gedit, 2006.
GÓMEZ, Maria Isabel Garrido; ZAPATERO, Virgilio. *El derecho como proceso normativo*. Madrid: Universidad de Alcalá, 2007.
HERVADA, Javier. *Qué es el derecho?* Pamplona: Eunsa, 2002
Lecciones propedéuticas de filosofía del derecho. Pamplona: Eunsa, 1992.
HOERSTER, Norbert. *Was ist Recht?*. München: C. H. Beck, 2006.
HORSTER, Detlef. *Rechtsphilosophie*. Sttütgart: Reclam, 2014.

KLEINHEYER, Gerd; SCHRÖDER, Jan. *Deutsche und europäische Juristen aus neun Jahrhunderten.* Frankfurt: Mohr Siebeck, 2008.
MACEDO JÚNIOR, Ronaldo Porto. *Do xadrez à cortesia.* São Paulo: Saraiva, 2013.
_____. *Ensaios de teoria do direito.* São Paulo: Saraiva, 2013.
MONREAL, Eduardo Novoa. O Direito como obstáculo à transformação social. Porto Alegre: Fabris, 1988.
PALOMBELLA, Gianluigi. *Filosofia del diritto.* Padua: CEDAM, 2005.
SANDKÜHLER, Hans Jörg. *Recht und moral.* Hamburg: Felix Meiner Verlag, 2010.
TREVES, Renato. *Sociologia del diritto.* Torino: Einaudi, 1987.
VILLEY, Michael. *Philosophie du droit.* Paris: Dalloz, 1975.
ZANNONI, Eduardo. *Crisis de la razón jurídica.* Madrid: Astrea, 1980.
ZIPPELIUS, Reinhold. *Juristische Methodenlehre.* München: C. H. Beck, 2006.
_____. *Rechtsphilosophie.* München: C. H. Beck, 2007..
_____. *Einführung in das Rrecht.* Heidelberg: C. F. Müller UTB, 2008.
_____. *Das Wsen des Rechts.* München: C. H. Beck, 1997.

A Construção do Direito como Norma

ADEODATO, João Maurício. *Uma teoria retórica da norma jurídica e do direito subjetivo.* 2 ed. São Paulo: Noeses, 2013.
_____. *Filosofia do direito – uma crítica à verdade na ética e na ciência (em contraposição à ontologia de Nicolai Hartmann).* 5 ed. rev. e ampl. São Paulo: Saraiva, 2013.
_____ Bases para uma metodologia da pesquisa em direito. Revista do Centro de Estudos Judiciários, ano III, vol. 7. Brasília: Conselho da Justiça Federal, p. 143-150, 1999.
_____ (org.). *Jhering e o direito no Brasil.* Recife: Editora Universitária da UFPE, 1996.
_____. Brasilien. Vorstudien zu einer emanzipatorischen Legitimationstheorie für unterentwickelte Länder. Rechtstheorie, 22. Band, Heft 1. Berlin: Duncker und Humblot, p. 108-128, 1999.
BUCHHEIM, Thomas. *Nomos on physis.* In.: Φύσις and Νόμος: power, justice and the agonistical ideal of life in high classicism. (ed. Apóstolos L. Pierris). Patras: Institute for Philosophical Research, p. 283-304, 2007.
BURNET, J. *Law and nature in greek ethics.* In.: International Journal of Ethics, n. 7, p. 328-333, 1897;
CHEVALLIER, Jacques. *L'ordre juridique.* In.: Jacques Chevallier and Danièle Loschak (eds), Le droit en procès (Paris: Presses universitaires de France 1983.
CIARAMELLI, Fabio. *Istituzioni e* norme. Torino: g. Giappichelli, 2009.
CLASSEN, Carl Joachim. On ἀρετή and φύσις. In.: *Thucydides histories* In.: Φύσις and Νόμος: power, justice and the agonistical ideal of life in high classicism. (ed. Apóstolos L. Pierris). Patras: Institute for Philosophical Research, p. 89-110, 2007.
COHEN, Edwar E. Wealthy slaves and elite prostitutes: a study of juridical, sexual, and economic power at Athens. In.: Φύσις and Νόμος: power, justice and the agonistical ideal of life in high classicism. (ed. Apóstolos L. Pierris). Patras: Institute for Philosophical Research, p. 45-88, 2007.
DELMAS-MARTY, Mireille. *Le flou du* droit. Paris: PUF, 1986.

REFERÊNCIAS

EHRENBERG, V. *Anfänge des griechischen Naturrechts* (artigo 1923).
FARAONE, Christopher A. *Curses and social control in the law courts of classical Athens*. In.: Rivista Díke, Università di Milano, n. 2, p. 99-121, 1999.
EHRENBERG, Victor. *Man, state and deity: essays in ancient history*. London: Methuen Co Ltd, 1974.
FERRAZ JÚNIOR, Tercio Sampaio. *Justicia material*. Anales de la Cátedra Francisco Suarez, Granda, n. 23-24, p. 133-145, 1983-1984.
_____. *La noción aristotelica de justicia*. In: Revista Atlántica, Madrid, v. III, p. 44-51, mar.- -abr. 1986.
GAGARIN, Michael. *Nomos and physis in Antiphon*. In.: Φύσις and Νόμος: power, justice and the agonistical ideal of life in high classicism. (ed. Apóstolos L. Pierris). Patras: Institute for Philosophical Research, p. 355-380, 2007.
GASTALDI, Viviana. *El derecho en la antigua Grecia: fuentes literarias y perspectivas de analisis*. Palestra proferida no dia 13 em maio de 2005, as 10h30, no Salão Nobre da Faculdade de Direito da UFPR.
HARDY, Jörg. *Die Bebeutung von "nomos" und "physis" in Platons Kratylos*. In.: Φύσις and Νόμος: power, justice and the agonistical ideal of life in high classicism. (ed. Apóstolos L. Pierris). Patras: Institute for Philosophical Research, p. 305-330, 2007.
LONG, A. A. *Law and nature in greek thought*. In.: The Cambridge Companion to Ancient Greek Law. (Org. Michael Gagarin and David Cohen). New York: Cambridge University Press, p. 412-430, 2005.
MÁYNEZ, Eduardo García. *Filosofía del derecho*. Mexico: Editorial Porrua, 1974.
MENDONÇA, Daniel. *Compendio de una teoría analítica del derecho*. Madrid: Marcial Pons, 2011.
_____. *Las claves del derecho*. Barcelona: Gedisa, 2000.
MORAL SORIANO, Leonor. *Qué discurso para la moral*. In.: Doxa, n. 21, v. 1, 1998.
MUELLER, Ian. *ΦΥΣΙΣ ΑΝΘΡΟΠΟΥ*. In.: Φύσις and Νόμος: power, justice and the agonistical ideal of life in high classicism. (ed. Apóstolos L. Pierris). Patras: Institute for Philosophical Research, p. 209-260, 2007.
MUNN, Mark. *From science to sophistry: the path of the sun, the shape of the world, and the place of Athens in the cosmos*. In.: Φύσις and Νόμος: power, justice and the agonistical ideal of life in high classicism. (ed. Apóstolos L. Pierris). Patras: Institute for Philosophical Research, p. 111-134, 2007.;
NARCY, Michel. *Three versions of the nomos-physis antithesis: Protagoras, Antiphon, Socrates*. In.: Φύσις and Νόμος: power, justice and the agonistical ideal of life in high classicism. (ed. Apóstolos L. Pierris). Patras: Institute for Philosophical Research, p. 381-400, 2007. OST, François. *Raconter la loi* (2004).
OST, François; KERCHOVE, Michel Van de. *Le système juridique entre ordre et* désordre. Paris: PUF, 1988.
PAPAKONSTANTINOU, Zinon. *Justice of the 'kakoi': law and social crises in theognis*. In.: Rivista Díke, Università di Milano, n. 7, p. 05-17, 2004.
PENDRICK, Gerard. *The sophistic antithesis νόμος-φύσις and natural law*. In.: Φύσις and Νόμος: power, justice and the agonistical ideal of life in high classicism. (ed. Apóstolos L. Pierris). Patras: Institute for Philosophical Research, p. 261-268, 2007.

PIERRIS, Apóstolos L. *The order of existence: φύσις, μοῖρα, ἀνάγκη, θεσμός, νόμος*. In.: Φύσις and Νόμος: power, justice and the agonistical ideal of life in high classicism. (ed. Apóstolos L. Pierris). Patras: Institute for Philosophical Research, p. 261-268, 2007.

POHLENZ, Max. *Nomos und Physis*. In.: Hermes, v. 81, n. 4, p. 418-438, 1953.PARKER, PATTARO, Enrico. *Temi e problemi di filosofia del diritto*. Bologna: Gedit, 2007.

ROCHER, Guy. *Pour une sociologie des ordres juridiques*. In.: Les Cahiers de Droit, v. 19, n. 1, p. 91-120, 1988.

ROMANO, Santi. *L'ordinamento giuridico*. Firenze: Sansoni, 1918.

ROMILLY, Jacqueline de. *La loi dans la pensée grecque: de origines à Aristote*. 2 ed. Paris: Les Belles Lettres, 2002, 265p.

SALOMON, M. *Der Begriff des Naturrechts bei den Sophisten*. In.: Zeitschrift der Savigny--Stiftung für Rechtsgeschichte, Romanistische Abteilung, n. 32, p. 129-167, 1911

SCHMITT, Carl. *Der Nomos der Erde im Volkerecht des Jus Publicum Europaeum* (1950). *Nehmen/Teilen/Weiden* (1924-1954).

SCHUARTZ, Luis Fernando. *Norma, contingência e racionalidade*. Rio de Janeiro: Renovar, 2005.

TARRANT, Harold. *Agonistic contexts for appeals to nomos and physis: are "rites of passage" significant?* In.: Φύσις and Νόμος: power, justice and the agonistical ideal of life in high classicism. (ed. Apóstolos L. Pierris). Patras: Institute for Philosophical Research, p. 135-154, 2007.

WALLACE, Robert W. *Nomos/phusis: the anti-democratic context*. In.: Φύσις and Νόμος: power, justice and the agonistical ideal of life in high classicism. (ed. Apóstolos L. Pierris). Patras: Institute for Philosophical Research, p. 23-44, 2007.

WOLF, Erik. *Griechisches Rechtsdenken*. IV. 2. Frankfurt am Main: Vittorio Klustermann, 1952.

ZELLER, E.; NESTLE, W. *Die Philosophie der Griechen in ihrer geschichtlichen Entwicklung*. 6 ed., t. I, n. 2, Leipzig, p. 1394-1404, 1952

Os Estratos Hermenêuticos do Direito

ALLARD, Julie; GARAPON, Antoine; GROS, Frédéric. *Les vertus du juge*. Paris: Dalloz, 2008.

COELHO, Luiz Fernando. *Crítica do direito e criticismo ontognoseológico*. In.: Revista Seqüência, Florianópolis, v. 2, n. 3, p. 120-132, 1981.

COSSIO, Carlos. *La Valoración Jurídica y la Ciencia del Derecho*. Santa Fé: Imprenta de la Universidad Nacional del Litoral, 1941.

_____. *Teoría Egológica del Derecho y el Concepto Jurídico de la Libertad*. Buenos Aires: Losada, 1944.

_____. *Los valores jurídicos*. In.: Anuario de Filosofia del Derecho, Madrid, n. IV, 1956.

FERRAZ JÚNIOR, Tercio Sampaio. *Ars judicandi e senso de justiça*. In.: Boletim da Faculdade de Direito de Coimbra, 2008.

GADAMER, Georg-Hans. *Wahrheit und Methode*. Tübingen: Mohr Siebeck, 1960.

GARCÍA, Pedro. *El tránsito del positivismo jurídico al positivismo jurisprudencial en la doctrina constitucional.* In.: Tería y realidad constitucional, n. 1, p. 65-88, 1998.

GODOY, Miguel Gualano *Constitucionalismo e democracia.* São Paulo: Saraiva, 2012.

GSCHIEGL, Stephan. *Politik und Recht.* Wien: Facultas Verlags und uchhhandlung, 2013.

GUARINO, Antonio. *Giusromanistica elementare.* Napoli: Jovene, 2002.

HEIDEGGER, Martin. *Sein und Zeit.* In.: (Hrsg.) von Friedrich-Wilhelm v. Herrmann 2. Auflage, Frankfurt: Vitorio Klostermann 2018. [1927].

HUSSERL, Edmund. *Die Idee der Phänomenologie.* Hamburg: Felix Meiner, 1907.

_____. *Die Lebenswelt: Auslegungen der vorgegebenen Welt und ihrer Konstitution* In v. 39, Dordrecht: Springer, 2008. [1916-1937].

KASER, Max. *Das altrömische ius.* Göttingen: Vandenhoeck und Ruprecht ,1949.

LAPORTA, Francisco. *El imperio de la ley.* Madrid: Trotta, 2007.

MAXIMILIANO, Carlos. *Hermenêutica e aplicação do direito.* Rio de Janeiro: Forense, 1924.

MOMIGLIANO, Arnaldo. *Roma arcaica.* Firenze: Sansoni, 1989.

PAOLI, Ugo Enrico. *Altri studi di diritto greco e romano.* Milano: Istituto Editoriale Cisalpino la Goliardica, 1976.

SCHIAVONE, Aldo. *Giuristi e nobili nella Roma repubblicana.* Roma: Laterza, 1992.

_____. *Ius: L'invenzione del diritto in Occidente.* Torino: Einaudi, 2005.

TAMAYO Y SALMORÁN, Rolando. *Jurisprudencia y formulación judicial del derecho (principium).* In.: Isonomía, n. 21, p. 193-215, 2004.

WARAT, Luis Alberto. *Introdução geral ao direito: interpretação da lei e temas para uma reformulação.* v. 1 Porto Alegre: Fabris, 1994.

_____. *Introdução geral ao direito: a epistemologia jurídica da modernidade.* v. 2 Porto Alegre: Fabris, 1995.

_____. *Introdução geral ao direito: o direito não estudado pela teoria jurídica moderna.* v. 3 Porto Alegre: Fabris, 1997.

ZIPPELIUS, Reinhold. *Das Wsen des Rechts.* München: C. H. Beck,1997.

Aplicação e Argumentação do Direito

ADEODATO, João Maurício. *Ética e retórica – para uma teoria da dogmática jurídica.* 5 ed. rev. e ampl. São Paulo: Saraiva, 2012.

_____. *A retórica constitucional – sobre tolerância, direitos humanos e outros fundamentos éticos do direito positivo,* 2 ed. São Paulo: Saraiva, 2009.

ALCHOURRÓN, Carlos. *Fundamentos para una teoría general de los deberes.* Madrid: Marcial Pons, 2009.

_____. BULYGIN, Eugenio. *Introducción a la metodología de las ciencias jurídicas y sociales.* Madrid: Astrea, 1998.

ALEINIKOFF, Alexander. *Constitutional Law in the Age of Balancing.* In.: Yale Law Journal, v. 96, n. 5, p. 943-1005, New Haven, 1987.

ALEXY, Robert. *Balancing, Constitutional Review, and Representantion.* In.: International Journal of Constitutional Law, v. 3, n. 5, p. 572-581, 2005.

ATIENZA, Manuel. *El sentido del derecho.* Barcelona: Ariel, 2001.

ÁVILA, Humberto Bergmann. *A distinção entre princípios e regras e a redefinição do dever de proporcionalidade*. In.: Revista de Direito Administrativo, v. 215, p. 151-179, 1999.

BACHOF, Otto. *Der Richter als Gesetzgeber?*. In.: Otto Bachof et al (eds), Wege zum Rechtsstaat., p. 344-358, 1979.

BÖCKENFÖRDE, Ernst-Wolfgang. *Escritos sobre derechos fundamentales*. Baden-Baden: Nomos, 1993.

BRANCO, Paulo. *Juízo de ponderação na jurisdição constitucional*. São Paulo: Saraiva, 2009.

CANE, Peter. *The Hart-Fuller Debate in the Twenty-First Century*. Cambridge: Peter Cane, 2010.

CONCELLOS, Fernando. *Hermenêutica Jurídica e derrotabilidade*. Curitiba: Juruá, 2010.

COPI, Irving M. *Introduction to logic*. New York: Macmillan, 1961.

CHUEIRI, Vera Karam de. *Constituição radical: uma ideia e uma prática*. Revista da Faculdade de Direito da UFPR, v. 58, p. 25-36, 2013.

_____.; SAMPAIO, Joana. *Coerência, integridade e decisão judicial*. In.: Revista de Estudos Jurídicos Unesp, v. 16, n. 23, p. 367-391, 2012.

DWORKIN, Ronald. *Taking Rights Seriously*. Massachusetts: Harvard University Press, 1977.

_____. *Law's Empire*. Massachusetts: Harvard University Press, 1986.

ECHAVE, Delia Teresa, URQUIJO M. Eugenia e GUIBOURG Ricardo A. *Lógica, proposición y norma*. Madrid: Astrea, 1980.

ELY, John. *Democracy and Distrust*. Cambridge: Harvard University Press, 1980.

FERREIRA DA CUNHA, Paulo; MALATO, Maria Luísa. *Manual de retórica e direito*. Lisboa: Quid Juris, 2007.

FORSTHOFF, Ernst. *Die politischen Parteien im Verfassungsrecht*. Frankfurt: Mohr Siebeck, 1950.

GRIMM, Dieter. *Proportionality in Canadian and German Constitutional Jurisprudence*. In.: University of Toronto Law Journal, n. 57, p. 383-397, 2007.

HABERMAS, Jürgen. *Faktizität und Geltung*. Berlin: Suhrkamp, 1992.

HART, Herbert. *The Ascription of Responsability and Rights*. In.: Proceedings of the Aristotelian Society, New York, v. 49, p. 171-194, 1948.

ITALIA, Vittorio. *Il ragionamento giuridico*. Milano: Giuffrè, 2009.

JACOB, Robert. *La grâce des juges*. Paris: PUF, 2014.

KOZICKI, Katya; BARBOSA, E. *Judicialização da política e controle judicial de políticas públicas*. In.: Revista da FGV, v. 8, n. 1, p. 59-85, 2012.

MACDOWELL, Douglas. *The Law in classical athens: aspects of greek and roman life*. New York: Cornell University, 1978.

MAMAN, Jeannette Antonios. *Contribuição para o pensamento jurídico brasileiro* (Tese DFD/USP) 1996.

MARANHÃO, Juliano. *Estudos sobre lógica e direito*. São Paulo: Marcial Pons, 2013.

_____. *Lógica e ontologia das normas jurídicas*. In,: Revista Brasileira de Filosofia, v. 233, p. 7-36, 2009.

_____. *Lógica formal e lógica material dos juristas*. In.: Cadernos Direito GV, v. 6, p. 113-132, 2009.

MÁYNEZ, Eduardo García. *Lógica del raciocinio jurídico*. México: Fontamara, 1994.

MAUS, Ingeborg. *Justiz as gesellschaftliches Über-Ich — Zur Funktion von rechsprechung in de*

'vaterlosen Gesellschaft'. In: Faulstich, Werner e Grimm, Gunter E. (orgs.). Stürzt der Götter? /M.: Suhrkamp, 1989.
MORRISON, Wayne. *Jurisprudence*. Sheffield: Cavendish, 1997.
NINO, Carlos Santiago. *Consideraciones sobre la dogmática jurídica*. México: Unam, 1974.
ORTEGA, Manuel Segura. *La racionalidad jurídica*. Madrid: Editorial Centro de Estudios Areces, 1998.
PALMER, Richard. *Hermeneutics*. In.: Evanston: Northwestern University Press, 1969.
PIEROTH, Bodo; SCHLINK, Bernhard. *Grudrechte: Staatsrecht*. Heidelber: C. F. Müller, 2005.
POSNER, Richard. *How judges think*. Cambrige: Harvard University Press, 2008.
POSTEMA, Gerald. *Treatise Of Legal Philosophy And General Jurisprudence*. North Carolina: Springer, 2011.
RAYNAUD, Philippe. *Le juge et le philosophe*. Paris: Armand Colin, 2010.
RODRÍGUEZ, Jorge Luiz; SÚCAR, Gérman. *Las trampas de la derrotabilidad*. In.: Doxa Cuadernos de Filosofia del Derecho, n. 21, v. 2, p. 403-420, 1998.
SALMON, Wesley. *The Foundations of Scientific Inference*. Piitsburgh: University Press, 1967.
SCHAUER, Frederick. *Balancing, Subsumption, and the Constraining Role of Legal Text*. In.: Law and Ethics of Human Rights, v. 4, n. 1, 2009.
SCHLINK, Bernhard. *Proportionality in Constitutional Law*. Lectures in Duke University (in https://www.youtube.com/watch?v=MzOvVEtR0Tk).
SCHMITT, Carl. *Verfassungslehre*. Berlin: Duncker und Humblot, 1954.
SCHUARTZ, Luis Fernando. *Norma, contingência e racionalidade*. Rio de Janeiro: Renovar, 2005.
SERBENA, Cesa Antonio. *Teoria da derrotabilidade*. Curitiba: Juruá, 2011.
SIMMONDS, Nigel. *Law as a Moral Idea*. Oxford: Oxford Scholarhip, 2008.
VILANOVA, Lourival. *As estruturas lógicas e o sistema do direito positivo*. 4. ed. São Paulo: Noeses, 2010
_____. *Causalidade e Relação no Direito*. 2. ed. São Paulo: Saraiva, 1989.
_____. *Escritos Jurídicos e Filosóficos*. v. I e II. 1. ed. São Paulo: Axis Mundi: IBET, 2003
WACK, Raymond. *A Very Short introduction to Philosophy of Law*. Oxford: Oxford Press, 2004.